大明 300年

阮景东◎著

新世界出版社
NEW WORLD PRESS

图书在版编目（CIP）数据

大明300年 / 阮景东著. -- 北京：新世界出版社，2024.5

ISBN 978-7-5104-7939-7

Ⅰ. ①大… Ⅱ. ①阮… Ⅲ. ①中国历史—明代—通俗读物 Ⅳ. ①K248.09

中国国家版本馆CIP数据核字（2024）第076805号

大明300年

作　　者：阮景东
责任编辑：张晓翠
责任校对：宣　慧　张杰楠
责任印制：王宝根
出版发行：新世界出版社
网　　址：http://www.nwp.com.cn
社　　址：北京西城区百万庄大街24号（100037）
发 行 部：（010）6899 5968（电话）　（010）6899 0635（电话）
总 编 室：（010）6899 5424（电话）　（010）6832 6679（传真）
版 权 部：+8610 6899 6306（电话）　nwpcd@sina.com（电邮）
印　　刷：天津旭非印刷有限公司
经　　销：新华书店
开　　本：710mm × 1000mm　1/16　尺寸：165mm × 230mm
字　　数：455千字　印张：28
版　　次：2024年5月第1版　2024年5月第1次印刷
书　　号：ISBN 978-7-5104-7939-7
定　　价：79.00元

前言

明朝处于中国农耕文明发展达到巅峰的时期。这一时期有成熟完备的政治体制——内阁，有颠覆农业文明的商业文明，有空前繁华的市井文化，有意志决绝的士大夫，有激烈辩论开放式的儒学思想，有孤独无助的君主，有为了命运抗争的底层人物，有东方第一位开眼看西方的人物——瞿太素，还有中国第一位启蒙思想家——王艮，更有东方的布鲁诺——何心隐。

一个将儒家文明推向极致的王朝，一个严格遵循儒家行为规范的王朝，一个商业文明极度发展的王朝，一个产业时代来临的王朝，一个各项指标在农耕时代达到临界点的王朝，为何最终轰然倒塌？历史留给我们的究竟是什么？

历史上总有些事情罕为人知，却影响了整个历史进程。846 年只是历史上一个渺小的点。在这一年，唐朝持续了四十年的牛李党争以李党的失败而告终。从此中国结束了贵族政治时代，取而代之的是文官政治时代。文官政治能够保持局部政治运行的稳定，但失去贵族集团制衡后，皇权与文官集团的两极运作会加剧政治斗争。除此之外，从牛李两党对于藩镇的不同态度，可以看出贵族与文官在政治决策上的全局性与局部性。现在看来，正统十四年即 1449 年也是明王朝的政治分水岭。在这一年，经历土木之变，勋贵阶层折损殆尽，政权重回文官政治运行的模式。就这样，在经过大明王朝八十余年的统治后，历史又回到了本来的运行轨道。从此，一个既强大又虚弱、既意志决绝又精神涣散的大明王朝呈现在我们面前。

中国历史从经济形态方面可以划分为三个时期：部落时期、农耕时期、机器时期。铁犁牛耕的出现将中国社会从部落时期推向农耕时期，1840年西方势力的入侵将中国从农耕时期推向机器时期，而处于农耕社会巅峰时期的明王朝给人留下了许多值得关注的东西。本书力求以客观、凝重的笔法和别样视角展现一个真实而磅礴的明朝，并从体制和经济角度探讨王朝兴衰和明王朝灭亡的本质原因，对嘉靖和万历两朝会着墨较多。

洪武帝朱元璋创立明王朝并非如后世想象的那么艰难，因为在他前面已有许多英雄人物作了铺垫。有感于元朝思想领域的混乱，朱元璋在统一天下后开始用理学来禁锢人们的思想。他通过抑制豪强，还给天下一个自耕农社会。洪武帝是一个偏激而纯粹的人，在他治理下，政治风气僵硬而沉闷。官僚们都在等着他死，他尽快死去成了这个时代官僚们的唯一希望。

建文帝朱允炆按照儒家伦序原则继承了皇位。这个不懂事的孩子在几个腐儒的唆使下盲目削藩，最终葬送了自己的帝位。

第三任皇帝是太宗文皇帝朱棣。外藩夺位的身份一直是他心中的阴影。为了昭示他的伟大，他开始折腾这个国家和人民。如果王朝在他的统治期间灭亡，那么朱棣在历史上的名声将会跟隋炀帝一样糟糕。

朱棣的死是明朝的转折点。从这之后，帝国结束了洪武、永乐的那种扩张态势，开始一意主守。在这个过程中，权力开始从皇帝手中向官僚手中转移。洪熙、宣德两位皇帝在位的时候开始对洪武、永乐两朝的一些政策进行调整，但宣德帝仍是一个生气勃勃的人，尚能压制住跃跃欲试的文官。

宣德帝的死亡标志着君主与官僚的融洽关系再也无法成为可能。后面的君主虽然年纪幼小而且娇生惯养，却显示出跟祖辈不一样的特点，那就是阴晴不定、性情古怪，难以驾驭。正统年间，三杨对政事消极应付，宦官王振走上前台。王振试图将天下拉回洪武时代，这是全体官僚所不允许的。于是明王朝在王振的主持下在一些政务上产生了偏差，不仅搞得人怨沸腾，而且还对蒙古实行了强硬政策。这最终导致土木之变的发生，明朝由此进入动荡期。

再次继位的英宗皇帝成熟起来了。他任用贤臣、能臣，同时开始躲在幕后。他头脑清晰、冷静，以一双阴骘的眼睛盯着那些勋贵和官僚。这个皇帝已经不信任任何朝臣，他不会因为谁帮助他而感谢谁。

英宗皇帝的继任者是成化皇帝。这是一个很木讷的皇帝，迷恋他的保姆万贵妃。他信奉道教和方术，他绕开内阁直接发旨。成化朝无疑是整个明朝的转折点。从这个时期开始，官僚政治正式成熟，皇帝开始垂衣拱手，商业与思想领域也开始松动。

从洪武到成化，我们所关注的是体制的推进。它从元朝体制向具备明朝特色的体制转变，内阁开始成熟，制约内阁的司礼监也在形成。朝政开始依靠两套班子来运作，一套文官班子，一套宦官班子。一切都已经程序化，所有的政务最终都是依靠文牍来处理。而这种程序化的政务在任一环节出了问题，都会受阻。这的确是一种优越的政治制度，能够保证帝国即便在没有君主的情况下也能够按照惯性平稳运转多年，并杜绝了一切不稳定因素的干扰。它不需要能人、强人，所需要的只是技术官僚。但是它阻碍变革的力量又是那么强大，一些早已程式化或者惯性化的东西又将会束缚王朝的发展，使得明王朝最终在一些技术条件达不到的情况下轰然倒塌。

从弘治开始，明王朝表现出来的突出特征是文官已经兴起，以嘉靖朝的大礼议事件为标志，明王朝的文官集团全面崛起，并在万历晚期达到了最高峰。

在奉行儒家文化的古代中国，政治权力终将会落入文官手中。政治益发依赖娴熟的官僚集团来运作，而不再是英明的君主。这是各种因素共同发展的结果，贵族的没落是一个因素，官吏的选拔日益依赖科举是一个因素，印刷术的发展导致受教育人口增多是一个因素，商业发展、财富积累、市民意识的觉醒也是一个因素，后世君主对权力的淡薄也同样是一个因素。这种文官政治对于小国寡民的西方来说没有什么，但对于复杂而庞大的东方大国来说往往会带来消极影响。因为文官政治运行的结果往往是私有制的盛行，中央集权的削弱，财富日益向士绅手中集中。这些都会使一个庞大国家在面对大的突发事件时显得捉襟见肘，这点在晚明时显得尤为突出。

我们对于这种文官政治的评价也同样是矛盾的。文官政治会减少君主专制所带来的决策上的风险性，但是由于文官政治决策的局部性和君主政治决策的全局性所带来的偏差也会掀起波澜。这也是我们不得不考虑的问题。对于这个问题已经很难做出评价，因为历史自然有其运行规律。世界上没有完美的政治模式，封建王朝的周期性震荡已是历史必然。任何想阻止这个历史规律的行为都是徒劳的，我们所能做的就是把历史问题讲清楚。

弘治皇帝被认为是一位严格遵循儒家行为规范的君主。他主政的十八年是皇帝与文臣关系最融洽的时期。虽然如此，但弘治帝在位的十八年本质上说仍然是平平淡淡的十八年。他的继任者正德最为反感儒家的说教，而且是一个活泼好动的人。从正德开始，皇帝与文官的矛盾开始成为帝国以后政治运行的主要特点，并一直持续到明朝灭亡。而正德时期中国的商业和思想文化进一步发展，例如唐伯虎和王阳明都是这个时期的代表人物。在这个时期，中国的心学也发展到了它的顶峰。

接下来是嘉靖时期。嘉靖被认为是明朝最糟糕的一个皇帝，明朝由盛转衰的拐点就在这个时期。嘉靖对文官的憎恨达到了极点。他非常喜欢看着文官们斗来斗去。这个时期虽然商品经济进一步发展，但明王朝面临立朝以来最大的一次军事危机，那就是倭寇问题。嘉靖时期也是明王朝仅次于万历的一个重要时期。因为嘉靖皇帝御宇四十五年，仅次于万历皇帝的四十八年。这四十五年也是明朝党争和各种社会矛盾开始爆发的四十五年。

嘉靖的继任者为隆庆皇帝。隆庆普遍被认为是一个无能且受人操纵的皇帝，但这只是表象。隆庆皇帝虽然安居幕后，但隆庆的七年时期是明王朝政治决策最好的七年，能与宣德、弘治相媲美。隆庆皇帝有着寻常人看不出来的政治运作艺术，能在不费很大力气的情况下达到一切政治目标，并使得朝野安静、宁和，不再那么无聊地吵吵闹闹。隆庆时期我们还可以看出朝中清流的虚伪与狡诈。为了达到目的，清流也是不择手段。

万历朝是明代最重要的一朝。这不仅因为万历皇帝是明代御宇时间最长的一个皇帝，还因为万历朝是中国农耕文明的巅峰时代，所有的指标在这个时期都达到了临界点。

资本主义雇佣关系开始出现，工人运动正式发端，行会组织开始形成，基督教传入中国，启蒙思想进一步发展，白银成为唯一流通的货币，市井文化进入成熟期，海外贸易空前活跃，党社运动在民间蔓延，参政群体日益扩大，舆论开始民间化，士大夫的活跃也达到了历史的顶峰，皇帝与文官的矛盾更是空前激化，商业文明与农耕文明的矛盾同样空前尖锐，所有这一切都在这个伟大的时代上演。

万历皇帝跟明代大多数皇帝一样，并不是一个有为的君主。这正像我们前面讲的，政治的发展使得朝政运转日益依靠娴熟的官僚和平衡的体制，而不再是君主的个人意志。无论君主在其中扮演何种角色，最终要么将问题弄糟，要么就是无功而返。洪武帝的强大个人能力都未能对历史产生任何改变，更别说后世的君主了。所有这一切又都只能在因循苟且中度过。这种因循苟且最终会导致整个国家或政权都无法运转，而这个时候皇帝与官僚的矛盾又会突显出来。皇帝这个时候的专权与擅政绝不是胡来，而是为了这个国家。在这个过程中我们又将看到许多人虚伪的嘴脸。

万历皇帝十岁登基。前十年外廷有张居正，内廷有李太后、冯保。当张居正死去、冯保被贬黜、李太后不再管事的时候，皇帝发觉仍然无法按自己的意愿处理政务。因为有个强大的官僚集团横在前方，皇帝只要执行礼仪上的规定即可。但渐渐地他发现单纯地垂衣拱手也是不可，因为君主考虑的是整体，而官僚考虑的是局部。这是个复杂而庞大的农耕国家，不能像英国那样完全将权力交给士绅们去打理。所以，我们看到万历后期皇帝与官僚们的矛盾已经不可调和。

万历中期出现了一个新的流派——东林党。这个党派的特点是抵制一切非本党人士，他们蹦得很高，拿道德文章替自己涂脂抹粉。万历增加商业税收的命令遭到了这个党派的一致抵制。这个党派的结局并不好，在下一朝，他们会在魏忠贤的打击下集体噤声。魏忠贤死后他们又死灰复燃，并在崇祯朝以民间社团的方式干预朝政。

万历晚期，努尔哈赤统一了女真各部。这个过程中并没有受到明廷的干涉，其原因在于努尔哈赤表现得十分恭顺。万历也希望他能够约束其他部落不要对明朝边境实行骚扰。但当连年的雪灾、荒灾沉重地打击了这个部落，且明廷加大对女真各部经济封锁的时候，情势已经不再那么美妙。在饥饿和绝望面前，努尔哈赤开始铤而走险。这种铤而走险无疑是成功的，在几十年后建立了一个新的王朝。

万历时期虽然有三大征，但抛去朝鲜战争不说，另两场战争是由于地方官吏的挑拨而导致的。从这个意义上来说，万历朝的武功也要大打折扣。我们推崇万历朝，是因为这个伟大的时代。这个时代既有惯性的推进，又跟皇帝的松散管理和开阔心胸不无关系。

万历朝是本书的描写重点，而我们的讲述也主要放在国本之争上。这是万历朝的一件大事，体现了本朝的政治特点和官僚矛盾，而在事情的背后是整个王朝政治暗流的涌动。

万历死后，他的可怜的长子朱常洛终于登上了皇位。但身体不好的朱常洛上任一个月便死掉了。他的长子朱由校登上了皇位。在朱常洛、朱由校主政的最初日子里，重返朝政的东林党继续揪住梃击案、红丸案、移宫案这三案不放，将三案矛头指向万历和郑贵妃。这不仅引起了朱常洛的愤怒，也引起了朱由校的愤怒。东林党的表演再次弄巧成拙。天启四年（1624 年）是天启朝的分水岭。从这一年开始，皇帝开始任用一些新的官员来排斥东林党人。也就是从这之后，皇帝开始隐居于幕后。

天启朝是意志决绝的，它至少看起来没有像崇祯朝那么散乱，也不像前几朝那样叽叽喳喳。皇帝仍然坚持征收商业税，同时控制言论。天启皇帝的治国手段是毒辣的，他以屠戮东林党的代价实现了嘉靖所期待的那种治国效果。群臣不再鼓噪了，政治上的专制时代来临。

天启的继任者是崇祯皇帝。在崇祯手里，明朝最终走到无法挽回的境地。这一方面是因为自然灾害的加重，另一方面是由于崇祯皇帝在用人上的混乱无序。崇祯皇帝最初想重用东林党人，当他发现这个党派排除异己的时候，便又开始任用新的阵营的人。在温体仁、周延儒的辅助下，中枢保持了稳定。但在一般人事任用上，皇帝显得急躁而混乱。

朱由检渐渐地发现了这些科举出身的人大多只会夸夸其谈，并无治国才能，他便想打破这种科举选才的制度。旧的体系被打破，新的体系又没有建立起来。崇祯轻易用人，轻易罢人，其结果只能是越来越混乱。

崇祯朝的最大问题是皇帝在很多问题上显得急切而冒进。他不顾王朝已处于疲弱的状态，多疑滥杀，贪功冒进，苛刻昏庸。一旦问题得不到解决，就会显得急躁不安，甚至会迁怒于人。不仅如此，文官制度的那种僵硬性也不符合明末的实际情况。以往的一些僵硬政策仍旧在执行，尤其是在跟满洲人议和问题上。所有人都不愿意为一些灵活的政策再负责任，其中当然包括好面子的皇帝。

1644 年清兵入关后，清政权控制的还只是黄河以北，所以南京的弘光政权仍然是一个全国性的政权，再加上大明王朝拥有两京一十三省，所以从这个意义上说明朝的末代皇帝乃是弘光而非崇祯。

当北京城失去后，南方的官员以及逃到南方的官员扶植万历的孙子朱由崧登上皇位。但此时那种能够稳定局势的文官政治已经不复存在。更加激烈的党争开始了，破产的财政使得朝廷失去了军队的指挥权，军阀政治重新出现，而弘光政权也并没有鼓励地方豪强参与镇压农民军或者抵御清兵。实际上无论是农民军还是清兵来得都很迅猛。

南方的弘光政权是涣散的。虽然在此之后又建立了隆武、绍武、永历政权，并维系了十七年，但这一切都已经毫无意义。

在晚明时期，财富日益向少数人手中集中，明王朝的征税权被官僚集团所抵制，再加上延绵七十年的北半球气候冰河期以及过度的商业化导致粮食减产，这些都使得明王朝的廷续已不可为。

但实际上最根本的问题还是在于，那种儒家思想的死结禁锢了这个王朝。在以后的岁月中，甚至需要引入部落民族的新风或者西方的某些思想来破解晚明迷局。

目录

第一章 大明肇基

洪武、建文、永乐

这一章讲述洪武、建文、永乐三位皇帝。这三位大明开国期的帝王，在他们手中主要是开创了王朝和巩固了王朝。

朱元璋出身小农，通常在这类帝王身上容易体现出过于理想化的治国模式——注重道德、节俭，排斥财富与才子、佳人。在朱元璋执政的三十年中，主要做了两件事情，一件是清除淮西集团；另一件是进行制度建设，如军户制度、成年皇子必须离京、以文驭武、皇室只能跟平民联姻、遍布全国的御史分巡道制度、内阁雏形……这些都是为了大明王朝的安定而设计的。

俗话说，物极必反。任何事情矫枉过正，又要重新矫枉。建文皇帝在尚未完全掌握权力的情况下，就跌入腐儒的陷阱。他盲目削藩、鼓捣复古，与贵族、武将离心离德，最终葬送了帝位。

还有一类皇帝会给国家带来副作用，那就是继位不正。这类皇帝非常注重声誉。朱棣就是这样的人。他编纂《永乐大典》、开通运河、修长城、迁都、五征漠北、派郑和下西洋。洪武朝的底子到了永乐朝已被折腾得山穷水尽，唐赛儿起义就是信号。

1 百年国运的元王朝

无论从何种角度来看，元王朝在中国古代史上都是一个另类。这是一个开放与封闭并存的王朝，一直按照它那无序的惯性往前运转。官方的语言为蒙古语，蒙古统治者信奉的是藏传佛教，统治者采用的是蒙古人、色目人、汉人共治的方式。汉文明只是作为枝叶而存在，失去了它的主干地位。统治者对中华文化中的浩瀚典籍提不起兴趣，它更像一个拼凑起来的王朝，没有主轴地运转着。

元王朝的统治是宽松的。军队全部驻扎在黄河以北，拱卫着漠北草原和元大都，而黄河以南都是依靠地方民团维持秩序。县治以下从来没有深入，全部是依靠自治。律令也是极其宽松，盗贼通常是被判以罚赎金或打板子了事，对于反叛者也是采取招安的方式。所以在元王朝除了科举外，“反叛”也似乎是进入仕途的一种途径。

这还不是元王朝最糟糕的事情，最糟糕的是它的财政政策。元王朝的税赋极低，在元王朝御宇的近百年间，流民、灾荒、水患却是持续不断，所以开支一直很紧蹙。终元一朝，最让统治者头痛的就是理财问题。税收已经被文官把持住了，面对文官的不合作，元廷采取的是让色目人理财的方式。忽必烈朝两任理财大臣被暗杀和诬陷。在这种严峻的形势下，第三任理财大臣桑哥开动了印钞机。失去了与白银挂钩的大元宝钞开始贬值。破产的财政和崩溃的经济直接将国家带到了悬崖边沿。

宰相脱脱无疑是出色的。他重视农业、编修三史、兴修水利，干的都是实事。但至正十一年（1351 年）将所有的一切都推到了风暴的顶点。在这一年，黄河又泛滥了，数十万流民无家可归，不安的骚动正在古老的中原大地蔓延。对此，历代中原王朝所处理的莫不是同样的事情，那就是消除水患、稳定农业生产和在灾荒来临的时候抵御部落民族的攻击。面对这滔滔而来的黄患，年轻的元惠宗下定决心整治。平黄任务自然落在脱脱肩头上，所有的资源都供其调配。这次水患是史无前例的，治理规模也是史无前例的。一百八十四万锭中统钞锭砸了下去，十五万的民夫被征调，两万军队驻守，所有这一切无不昭显工程的浩大。具体办法就是开凿河道将泛滥的黄河水引入以前的河道，然后再将以前河道的缺口堵塞。最后一处缺口实在无法堵塞，治河总监贾鲁灵机一动，将二十七艘装满石头的大船停在缺口上，任凭滔滔河水从船下流过。贾鲁一声令下，河工凿沉了这二十七艘船，接着成袋的石块和沙土被抛入。就这样堵住了最后一处缺口。

治河工程还没有结束，元王朝疆域内已是风起云涌。

可以说从靖康二年（1126 年）开始一直到至正十一年（1351 年）这二百多年的时间内，北方汉民的起事从来没有间断。而元明清三朝的反叛者选择的大都是一个载体——白莲教。白莲教起源于南宋，为佛教的一个分支。初期信仰阿弥陀佛，后来信仰弥勒佛。那么这两种佛有什么区别呢？阿弥陀佛代表出世，而弥勒佛是未来佛，代表着入世，故而白莲教信仰弥勒佛具备了反叛性质。元廷对于这种不安分团体采取的是收编方式，正是这种绥靖政策带来白莲教的迅猛发展，也正是这种绥靖政策带来了白莲教的分裂。拥有田产的上层教徒开始跟统治者合作，继承着原教旨；下层贫困教徒开始跟民众结合，走向反叛道路。

早在数年前，白莲教就在黄河流域散布“莫道石人一只眼，挑动黄河天下反”。白莲教为什么要在这里散布这种言论？因为黄河不停泛滥，这里百姓穷苦异常，缺衣少食。在一个不断发生灾难的地方鼓动人们最恰当不过。至正十一年的水患让白莲教的头领们觉得机会来了。他们事先在河道即将挖到的黄陵岗埋下一个石人。果然石人挖出来后，天下震动。这些穷苦的百姓终于知道黄河为什么要泛滥了，他们也知道接下来会发生什么事情。既然他们知道了天意，那么接下来就要顺应天意。

两位精英人物站上了历史舞台，他们是农民韩山童和富商刘福通。

韩山童出身于河北的白莲教世家，祖祖辈辈为白莲教教主。他无疑是一位狂热的白莲教信徒，有着极好的口才和极强的煽动性。他能够在农民和教书先生两种身份间完成华丽的转身。身为士绅家庭的刘福通居然也对白莲教这么虔诚，这真是一件令人费解的事情。韩山童跟刘福通大约很久前就已经认识，俩人在一些关键问题上有着一致认识。至正十一年的到来，使得两人成为点燃这场风暴的发动机。黄河流域内数十万无家可归的流民，十五万怨声载道的河工成了上天赐给两人最好的礼物。他们需要的就是这个时机，这个时机终于来了。

韩山童自称是宋徽宗八世孙，应为中国之主。刘福通自称是南宋大将刘光世的后代，应当辅佐之。打起复宋的旗号比单纯地造反更有号召力。因为曾经的正统并没有随着时间流逝而消弭。这么一来，“天意”有了，“正统”也有了，剩下来的事情就是顺理成章。韩山童和刘福通聚集三千名白莲教教徒正在安徽阜阳杀猪祭天，当地县令带领人马突然杀到，三千名教徒一哄而散，韩山童被捕杀。

逃出生天的刘福通返回阜阳，面对韩山童的死他并没有悲观丧气。他很快召集了失散的教徒，一举攻克阜阳。元末声势浩大的农民起义正式爆发。接着，红巾军击溃前来围剿的各路官军，并连下亳县、项城、罗山、正阳、确山、舞阳、叶县、潢川、息县，并打开大元位于固始的大粮仓赈济灾民，此时的红巾军已经发展到十万人。

参加暴动的人以教众、盗匪、破产的农民、手工业者和僧侣为主。 在刘福通红巾军起义的影响下，淮河南北各路人马纷纷涌动，如徐州的李二、蕲春的徐寿辉、巢湖的彭莹玉、邓县的王权、襄阳的孟海马、濠州的郭子兴、浙东已经多次起事的方国珍，还有江苏泰州的张士诚。这些相继起事的各路人马相约头扎红巾，身穿红袄。其中方国珍、张士诚不属于白莲教体系。北方红巾军受刘福通的领导，南方的红巾军则受徐寿辉的领导。北方红巾军较为注重起义的正统性，所以一直以恢复故宋江山和宣扬弥勒诞生、明王转世为主。

面对突然发生的农民暴动，整个元廷束手无策。因为此时的大元统治者不知道这些叛军要干什么，是要夺江山呢，还是要解决临时性的温饱问题？其实从忽必烈开始，元廷对于一系列事情就开始反应迟钝。如今的皇帝更是深居宫中，朝政被蒙古权臣掌控。退化的军队战斗力、松散的政治架构、迟钝的军事体系导致叛乱势头越来越大，心烦意乱的元惠宗只好又把事情推给脱脱。治黄工程早已耗尽了大元的资源，面对已经崩溃的中央财政，脱脱只好对叛军采取安抚的办法，所能提供的也就是职位。历史走到这里，反叛者对于职位已经兴致索然。

在这种局面下，历史的轮回又将开始，那就是依靠地方民团镇压红巾军起义。

颍州沈丘的乃蛮人察罕帖木儿和河南罗山的汉人李思齐登上了历史舞台。几场战斗下来，刘福通的军队跟地主武装陷入僵持。而此时元军的进攻重点转向了南方，重点进攻徐寿辉、方国珍、张士诚三部。徐寿辉兵败退入沔阳湖。接下来，元军连屠杭州和徐州。此时，元廷似乎找到了感觉，看到了起义军会被绞杀的希望。接着，惠宗命脱脱率军二十万进攻江苏高邮，一场关乎大元国运的战斗就此拉开序幕。

至正十四年（1354 年），南方的张士诚打下高邮，自立为王。高邮被攻陷后，南北交通阻塞，所以元廷开始着意收复高邮。脱脱的二十万大军从九月起围攻高邮四十天不克，就在张士诚即将崩溃之际，元惠宗的诏书来到军中，要求削去脱脱爵位，并令脱脱交出兵权。消息传出，从各地征调来的二十万元军一哄而散，有的还投入张士诚军。整场高邮大战改变了义军的命运，也彻底葬送了大元王朝。从此，南方数十万义军开始转向进攻，彻底吹响了埋葬元朝的号角。

那么脱脱为什么会被临阵撤换？主要原因是脱脱跟奇后的关系起了微妙的变化。在脱脱之前，大元的朝政主要由脱脱的叔叔伯颜把持。在脱脱的帮助下，元惠宗和皇后——高丽女子奇氏废掉了伯颜。脱脱掌权后全靠奇氏的支持，才渡过了很多险关。

但这奇氏只是第二皇后，此时还有第一皇后。第一皇后无子，奇氏有一子。奇氏一直希望元惠宗立她的孩子为太子，对于她来说这才是最重要的事情。但脱脱对此却不置可否。他认为第一皇后现在无子，不代表日后无子，一旦日后第一皇后产下一子，那么这位嫡长子又该如何放置？虽然脱脱深受儒家影响，但按照儒家礼制，奇氏之子立为皇太子也未尝不可。脱脱的僵化思维给他带来了灾祸，皇后奇氏在这个关键问题上没有换得脱脱的支持，她怒了。

奇氏、皇太子还有其他大臣一起向元惠宗进言。很快脱脱被以“劳师费财，坐视盗寇”的名义撤去所有职务发配云南，后被赐死。历史总是这么相似，266年后辽东经略熊廷弼一样是以这个名义被罢免，可见一个“不动如山”的君主是何等重要。脱脱死后，元朝大军的军事指挥权交给了军事天才察罕帖木儿。

脱脱一死，刘福通将韩山童之子韩林儿迎至安徽亳州，立其为帝，称小明王。立其母为皇太后，国号大宋，年号龙凤，仿元制设中书省、枢密院、御史台，分管行政、军事和监察，并在中书省下设置六部，地方设行省。

这种安排表明了刘福通并不具备领导全局的能力。淮河南北的大小山头不说，就是在北方的红巾军内部，杜遵道的威望似乎也超越了刘福通，还有方国珍、张士诚这两位不属于白莲教派系的领军人物。所以刘福通需要韩林儿来对天下诸侯发号施令，正所谓“挟天子以令诸侯”。

大宋江山似乎已经恢复了，如果韩林儿真是徽宗的九世孙的话，那的确恢复了。下一步就是收复故都开封了，事实上也的确如此。

此时刘福通的红巾军已经打开了局面，政权、官吏、编制、赋税都在有条不紊地运行，并且在其他红巾军占领区设置地方行省。一个属于刘福通和他领导的红巾军时代即将来临。

2 史上最强悍的北伐军

“北伐”在中国历史上一直是个屡见不鲜的名词。古有诸葛亮、祖逖北伐，近有吴三桂、洪秀全北伐，但“孤军奋战”“后援不济”总是与北伐相伴随。北伐为何大多失败？主要原因是南北经济力量的不同，加上战马养于北方高寒之地，南北民风也不同。但在14世纪的中国却突然诞生了最强悍的北伐军，一支没有经过训练的北伐军、一支风餐露宿的北伐军、一支没有战马的北伐军。他们却有着狂热的信念和不屈的精神，以至飘荡大漠、异国达数年之久。这就是刘福通麾下的三支北伐军。

后宋政权定都亳州后，元廷猛然将进攻的矛头从徐寿辉那里调转过来，转为进攻刘福通。红巾军驻守亳州城，顶住了元军一轮又一轮的猛攻。为了变被动为主动，刘福通将红巾军派到外围主动出击。毫无疑问这是一个英明的决策，亳州的困境立马得到解除。外围的红巾军一方面阻挡了从各路而来围攻亳州的元军，另一方面又得以发展壮大。龙凤三年（1356年），龙凤政权麾下的红巾军已达三十万人。头脑发热的刘福通突然产生了一个大胆想法，那就是凭借一己之力开始消灭这个世界上曾经最强大的帝国。他的内心激动了。这个想法无疑是灾难性的。

刘福通开始派遣三路大军北伐。西路军由白不信、大刀敖、李喜喜率领进攻陕西、甘肃，中路军由关先生、破头潘、冯长舅、沙刘二率领进攻山西，东路军由毛贵率领由山东进攻大都。这些人物的名字都颇为陌生，详细情况已经不可考。但他们在历史进程中发挥的作用不亚于后来的徐达、常遇春。

破头潘本名叫潘诚。我们从他的绰号中可以了解一二。首先他应该是刘福通家乡人。因为在刘的故乡阜阳有这样一个风俗，那就是到了灾年或者过年的时候，生活不下去的人会割破头皮找富户要钱。潘诚的绰号由此而来。由此我们也可以得知红巾军这些将领皆是底层民众。这里还要介绍的一个人是毛贵。毛贵原为红巾军赵均用部下，而赵均用是徐州军阀芝麻李的手下。徐州被元军攻破后，芝麻李被杀，赵均用南下攻下淮安，杀镇南王，接受龙凤号令。刘福通设立淮安行省，赵均用为行省平章，而毛贵就是赵均用的部下。龙凤二年，赵均用遣部将毛贵进入山东。这是一个英明的决策，它开创了红巾军的全盛时代。此时山东已经成了进攻大都的桥头堡，元廷在这里耗费了太多的力量，以至于山东的红巾军被消灭后不久，大明大军就开始北上了。

让我们还是将视角转移到三路北伐军。三路大军打出“虎贲三千，直抵幽燕之地；龙飞九五，重开大宋之天”的旗号，一路斩帅夺旗、高歌猛进，沿途的元军纷纷起义响应。此时在北方，只有李思齐和察罕帖木儿的两支军队像幽灵一样缠着这三支北伐军。李思齐一直在陕西，察罕帖木儿在山西、河北、河南、山东数省之间机动。西路军在西北首先就遭到了李思齐和察罕帖木儿的围攻，经过数年苦战，西路军最终败退入四川，加入明玉珍部。而中路红巾军跟察罕帖木儿的军队在山西展开了拉锯战。龙凤四年，刘福通命令东中两路军分别向元大都进攻，以形成合围之势。但由于东路军行军速度过快，中路军还没有抵达大都，东路军就在大都附近战败退回了山东。如此，中路军也只好退了回去。大元依然强大，它所有的精锐力量都在拱卫着大都，仅凭着这三支北伐军是无法灭掉元廷的。在南方，元廷统治力量薄弱，所以起义军才能够不断做大。真正的较量刚刚开始，刘福通已经感受到了。面对这种僵局需要的是一种破局，破局着落在中路军身上。破局开始了，但结局也开始了。

在察罕帖木儿不断的打击下，中路红巾军在山西已经无法站稳脚跟。中路军改变了策略，他们有一个大胆的设想，那就是占据元廷防守薄弱的辽东，然后从辽东威逼大都。如果要去辽东就只有出塞了，这支红巾军果然出塞了。红巾军在关铎、破头潘的带领下直向上都奔去，属于红巾军的巅峰时代终于来临。

上都一直是蒙古人的政治中心。这里靠着蒙古族的元老通过集体决策来影响着蒙古人的五个帝国。昔日忽必烈行汉法就受到了上都元老们的指责，如今这里被红巾军攻占。红巾军所到之处如同浩劫，上都也不例外。红巾军焚毁了这里的宫室，上都昔日的繁华在这浩瀚的草原上随风而逝。

上都一破，天下震动。这支红巾军折向东直向辽东杀来，沿途皆闻风丧胆，如避瘟神。北伐军很快攻占了辽东，刘福通立即设立辽东行省。这支红巾军像一颗钉子一样扎在了元廷的大后方。

但接下来辽东的红巾军却走了一步臭棋——他们调转矛头进攻高丽。这是一件令人费解的事情，为什么他们要进攻高丽？原来蒙古人通过跟高丽联姻，双方已结成一体。中土大乱，蒙古人为了镇压南方的义军，开始从高丽借兵。大批高丽士兵通过海路从中国南方沿海登陆，参与元廷剿灭红巾军的行动，梁子在那个时候就结下了。如今辽东的红巾军要想破关而攻入大都，就必须解决这个后患。但红巾军的领袖对高丽只知其一不知其二，他们不知道这个国家一定程度上是受元廷胁迫的，另一方面辽东这些拧着刀子的“北漂族”已经令四方敬畏，高丽此时不会没事找事。这批红巾军的确是杀起人来不要命的家伙。从至正十九年（1359 年）开始，这批红巾军不断攻打高丽，被打出来又打进去，到了至正二十二年（1362 年）这批红巾军竟然打下高丽的王京开城，赶跑了高丽王。从此我们知道除了隋唐征过高丽，后宋也征过高丽。红巾军进入高丽后，受贵族压迫的高丽人民不断加入，队伍越来越壮大，或许这才是令高丽贵族感到害怕的事情。但好景不长，就在 1362 年高丽大将李成桂收复开城，关铎、沙刘二战死，破头潘带着剩下的红巾军退回辽东行省治所辽阳。元军得知辽东红巾军征高丽大败而归，遂乘机杀向辽东，破头潘战败被俘。

到了此时，虽然山东红巾军主力还在，但三路北伐军已经失败。这又是一件令人惋惜的事情，人们又开始寻找原因。或许不该分兵是一个原因，或许不该出塞是一个原因，或许不该进攻高丽是一个原因，但根本的原因还是元廷依然强大，还有察罕帖木儿这个战争天才。

机动性在战争中是一个重要因素，能够让你保持灵活性，避免被对方包围，但机动性的保持需要的是空间性。刘福通分兵的策略是对的，如果三股红巾军合兵一处，其结果只能是被对方包围歼灭，而且人数众多的红巾军行动起来多有不便，粮草的消耗也会增多，更不利于红巾军的发展壮大。刘福通的错误就在于过于冒进的战略。

这些横亘甘陕、塞外、异国达数年之久的军队终于湮灭了，但他们的执着、决绝、勇往直前的精神在元末历史上留下了浓重的一笔。

3　真正的反元领袖刘福通

历史往往都是胜利者书写的，所以我们对于奠基者却不见其踪。汉前有秦，唐前有隋，明前有龙凤，但由于朱元璋一直致力于跟龙凤政权撇清关系，所以今天我们对于龙凤政权的一些详细情况已经不可考，甚至于要从其他人的传记中找寻支离破碎的信息。

无论如何，在元末众多的英雄好汉中，刘福通是首屈一指的人。在反元大业中，他也是贡献最大的一个。刘福通的功绩就在于将各处的义军统一在“明王”旗帜下，增加了行动的协调性。虽然元末红巾军山头林立，但并没有发生严重的内讧，这固然有民族革命的因子，但也由此可以看出韩氏家族在教内的凝聚力和历史的传承性。或许韩家跟几个主要的红巾军首领是世交，韩家对于革命的贡献绝不在于韩山童这一代，而是在几代人之前就已经开始了。这样才能解释为什么韩山童在首义中死去，其子还能号召群雄。

刘福通应该是个急躁的人，迥异于徐寿辉、张士诚、明玉珍诸人。他的行事风格是速度、速度，还是速度。从阜阳首义失败，他立刻潜回阜阳重新举事；在高邮之战元军失利后，刘福通迅速迎韩林儿在亳州建立龙凤政权；其他各路红巾军每攻占一地，刘福通都会以龙凤政权的名义设立行省；他还能够调动各路人马在三路红巾军北伐之际猛攻开封，实现后宋政权还都的夙愿。

龙凤四年（1358 年），这个愿望终于实现。历经二百三十一年，后宋终于实现了还都的夙愿。中原民众从杨进领导的八字军起义始至红巾军起义终，终于迎来了王师北定中原之日。整个中原大地沸腾了，民众奔走欢呼。

形势一片大好，但这种形势却因为一个人而改变，他就是赵均用。前面说过，赵均用本是芝麻李的手下。徐州城破后，赵均用跑到濠州去投靠郭子兴。赵均用有个习惯，那就是去了哪里都喜欢排挤地主。赵均用自然想把郭子兴排挤走，但郭子兴和他那帮兄弟自家人都在濠州城斗得不亦乐乎。赵均用找了个不痛快后便去了淮安。后来淮安失陷后，赵均用便去山东投了自己的老部下毛贵。毛贵是个人才，仅次于刘福通。毛贵深知红巾军没有根据地不可能长久，便把山东作为根据地着意经营。如今的山东已成了进攻大都的桥头堡，也成了扼元军南下的屏障。所以，山东的得失关系到龙凤政权的得与失。

赵均用来到山东后自然要将毛贵取而代之，可是令人惊诧的是他竟然杀死了毛贵，这是至正十九年（1559 年）的事情。分裂已经开始就没那么容易结束。得知毛贵被杀的消息后，毛贵的部将续继祖从辽东返回，怒杀赵均用。山东红巾军进入相互仇杀的局面。赵均用死后，山东红巾军由毛贵部将田丰掌管。不知什么原因，中路红巾军将领王士诚也来到山东，跟田丰开始争权夺利，双方互相攻伐。乘着山东红巾军内讧之际，察罕帖木儿率大军于至正二十一年（1361 年）直扑山东，田丰、王士诚降元。元军开始进攻山东红巾军的治所益都。元军久攻益都不克，这时戏剧性的变化又一次开始，投降元军的田丰、王士诚杀死了察罕帖木儿，回归红巾军。察罕帖木儿这位大元的军事强人竟然如此殒落，真是世事弄人。察罕帖木儿一死，大元将他的权力移交给他的养子王保保。王保保带着大军向山东的红巾军发起最后的攻势。至正二十二年（1362 年），经营山东六年之久的红巾军全部覆没。

为了对付开封的龙凤政权，大元的另一位军事统帅孛罗帖木儿先后攻占了大同和曹州，切断了开封跟中路红巾军和东路红巾军的联系。龙凤五年（1359 年）开封再次被攻破，龙凤政权的五千名官吏、红巾军的数万家属被俘。刘福通带着韩林儿逃到了江苏安丰，继续用龙凤政权的名义对各部发号施令。

私盐贩子张士诚登场了。张士诚、方国珍这些人时叛时降，如今眼见龙凤政权倒台，自然又投降了元廷。至正二十三年（1363 年）二月，张士诚的大军猛攻安丰，刘福通遣人向南京的朱元璋求救。关于韩林儿和刘福通的历史迷雾即将揭开。

《明实录》《明史记事本末》《明通鉴》《蒙兀儿史记》的记载都是安丰城破，刘福通战死，而韩林儿突围到了滁州，之后朱元璋亲率大军赶到。这种记载可信度是最高的。固然是由于史料的权威性，但还有其他的判断。刘福通是龙凤政权的领导者，如果他在安丰没有死，去了滁州一定还会东山再起，一定还会发号施令。但历史关于刘福通的叙述在安丰这个地方戛然而止，这就说明他已经退出了历史舞台。那小明王的问题又该如何呢？

他应该在安丰，没有死，所以朱元璋才会又把龙凤旗号扛了几年，说明小明王在滁州。那么小明王最终结局如何？是不是被朱元璋在瓜洲溺死了？答案应该是这样的。无论是明修《元史》，还是明载《实录》都没有关于明王结局的记载，看得出朱元璋对此讳莫如深。

一个首义人物，一个坚持反元十二年的人物，一个在北方抵抗大元最凶猛军队进攻的人物，一个利用白莲教将各方凝聚在一起的人物，在明修《元史》中只是被定义为贼而草草收场。以至于后世人只知道朱元璋，不知道刘福通。

龙凤政权、龙凤年间的往事只能跟这占据中原百年的元廷一样，随风而逝。

4　为什么最后是朱元璋？

在反元的各路英雄豪杰中，最初没有人会注意到朱元璋，没有人会认为他会崭露头角。朱元璋出生于凤阳县一个穷苦家庭。这没什么，那个年代的英雄人物大都如此。一个底层人物为什么能够崭露头角？为什么能够在仅有二十几人的情况下收编数万人？历史的答案究竟是什么？

这是一个相貌英武的人，这是一个步步为营的人，这是一个有王者气质的人，这是一个能给人以希望的人，这才是周围人效忠他的原因，也是郭子兴将义女嫁给他的原因。他不需要一种才干，需要的只是一种先天优势，一种别人认可的优势。占据南京后的朱元璋有着极强的优势，东面是不思进取的张士诚，西面是搞内讧的陈友谅，北面的刘福通挡住了元军主力。朱元璋利用这个间隙加强根据地建设。无论如何建设，他依然弱小，或许他还不知道腥风血雨的主力会战是怎么回事。

至正二十二年（1362 年），朱元璋安逸的生活结束了。察罕帖木儿打废了北方的几十万红巾军，他的继承者王保保就要带兵南下了。此时的南方正是一盘散沙，更为要命的是官军一旦南下，首当其冲的就是朱元璋。为此，朱元璋忧心忡忡。

怎么办？朱元璋首先想到的是保住自己。最大的敌人仍然是元廷，于是他开始主动向元廷示好。由于此时的朱元璋对元廷来说并不是主要威胁，主要威胁仍然是继承南方红巾军主力的陈友谅。所以，一纸行省平章的敕书飘到了朱元璋面前，矛盾又暂时缓和了。但对于朱元璋来说，真正的危局开始了。

过去有刘福通罩着，陈友谅和张士诚都不敢拿朱元璋怎么样。现在刘福通死了，朱元璋周围顿时危机四伏。东面的方国珍、张士诚、陈友定及四川的明玉珍都是没有想法的人，西边的陈友谅属于有想法没有行动的人，而朱元璋属于既有想法又有行动的人。此时南方的三大势力陈友谅、朱元璋、张士诚中，还数朱元璋的力量最为薄弱。朱元璋明白，再不行动，很快就会被吃掉。

但摆在他面前的是先打西还是先打东的问题。一旦征东，陈友谅一定会扑过来；如果征西，张士诚会不会扑过来？朱元璋认为张士诚不会扑过来。因为此时的张士诚已经混成了陈叔宝，每日在艳词、歌舞中度过。朱元璋明白只要打败陈友谅，就会取得天下。既然目标已经明确，那就是如何打的问题。

早在龙凤六年（1360 年），陈友谅大军攻占了南京外围的太平、采石，可是陈友谅的舰队行驶到了这里就不动了。朱元璋也好生奇怪，看来陈友谅真是一个有想法没行动之人。他为什么没有动？因为他的心里没有底，他在犹豫。朱元璋并没有实力跟陈友谅硬拼，他的做法是引诱陈友谅深入。朱元璋的水军刚露头，陈友谅就方寸大乱，直接退到了九江。从这里就可以看出，此时的陈友谅心中根本没有一个明确的消灭朱元璋的作战计划，难以应对突发事件的发生。朱元璋虽然取得了暂时胜利，但实力仍旧无法跟陈友谅抗衡，双方开始了拉锯战。

三年后，最后的决战终于到来，双方各自带上自己的全部家当决战于鄱阳湖。人类历史上最大规模的一次水战爆发了。陈友谅这边有二十万人马，数百艘战舰，朱元璋这边有十万人马，数十艘从陈友谅处俘获的战舰外加数百条渔船，双方实力悬殊。当朱元璋看见陈友谅那如山一般屹立在湖面上的战舰时，他蒙了。但他很快镇定下来，思索着破敌计划。

水战中的关键因素往往不是战舰的体积，而是战舰的灵活性。一旦对方的阵形被打乱，那么对方的战船就会开始自相攻击。二百年后朝鲜水军统领李舜臣发动的鸣梁海战以十二艘战船击退日本水军正是如此。水战中战船的数量同样也不是关键因素。一旦起火，连带着其他战船也被点燃。一千年前的赤壁之战据说也是如此。很快赤壁之战、鸣梁海战将会在这里同时上演。

朱元璋十分清楚，这是一场决定命运的战斗。一旦失败，他将一无所有，甚至会赔上自己的性命。而此时的陈友谅却没有这种感觉，他认为这是一场必胜的战斗。这不仅是一场影响了朱、陈和历史走向的战斗，还是一场影响到了生活在21世纪你我的战斗。

既然硬打不可能，朱元璋采取的措施是用十几条小船围攻汉军的一条大船。眼看一艘艘战舰被围困，陈友谅想出一个令人毛骨悚然的主意。他将一排排战舰用铁链连接起来。这些铁链事先都是准备好的，大概他早就有了这个主意。这时候《三国志通俗演义》还没有手抄本，那是二十年后才会有的事。历史上的赤壁之战陈友谅不可能不知道。他既然用铁链把战船连接起来，就说明真实的赤壁之战并非《三国演义》所描绘的那样。罗贯中大约在写《三国演义》的时候，把鄱阳湖水战搬进了小说中。

当朱元璋看到汉军的战舰都一排排被连了起来，他大概比看到察罕帖木儿突然死亡还要高兴。朱元璋知道机会来了。最后的结局就是无数燃烧的渔船冲进汉军的战舰，陈友谅大败，最后被乱箭射死。陈的部队全部投降了朱元璋。此时的朱元璋终于从后台走向了前台。他已经不可能再躲藏了，必须背负责任与压力前行了。

接下来便是东征，方国珍、张士诚、陈友定的部队如摧枯拉朽般被打垮，已完全占据东南一隅的朱元璋开始了二十二年的统一战争。

此时敌对势力有北方的大元、两广的元军、四川的明玉珍和云南的段氏家族。朱元璋制定的是南北并举的方针。

一场导致大元覆灭的真正变局开始了。大元两大军事统帅王保保、孛罗帖木儿开始了火并，两人的矛盾实际上是父辈恩怨的延续。两人在宫外对敲，元惠宗的儿子们在宫内对敲。保保敲赢了孛罗后，又跟李思齐敲了起来。他们两个没敲完，大明大军已经北上了。

元朝的统治者很奇怪，你不知道他们在干什么，他们也没有明确的治国思路，能够证明帝国存在的大约便是四通八达的驿站。从他们面对南方的义军就可以看出来，能镇压就镇压。镇压不了，就走吧。他们还有退路，那就是草原。治理国家对于他们来说是负担，也许只有在草原上自由奔驰才是他们的精神所系。元室对于手下的大将也无从控制，王保保和孛罗帖木儿、李思齐的吵闹也不是皇帝能够左右得了的。元末的惠宗已经渐渐迷上了木匠活儿。当大明兵北上后，大元统治者未作任何抵抗便出逃。出逃是早已设计好的，他们一直等待这一天到来。所以我们看到除了王保保和李思齐在西北有像样的抵抗外，在整个北方看不到像样的抵抗。当王保保带着未经大规模战斗而实力保存完整的蒙古军队退入草原后，这支军队便成了日后明朝生存的严重威胁。

解决了北方问题后，在明朝建立后的第三年，朱元璋发动了进攻西南的战争。四川一直由明玉珍占据。明玉珍本是徐寿辉的部下，因不满陈友谅杀害徐寿辉而进入四川。这跟后来的石达开有些类似。明玉珍带着部队击溃了四川的元军，建立了大夏政权。刚刚建立政权的明玉珍踌躇满志，当他进攻云南的军队被镇守云南的蒙古梁王和大理段氏击败后，便开始了偏安一隅的生活。当大明兵准备进入四川的时候，明玉珍已经去世，大夏政权由明玉珍幼子明昇继位，其母摄政。大明军队由北路和东路攻入四川。北路从甘肃下，进攻成都。东路由长江三峡进，进攻重庆。大夏政权的都城正在重庆，大部分兵力也集中在重庆。双方的决战在瞿塘峡爆发。

瞿塘峡的战斗打得异常艰苦，夏兵不要命地往上填人，明昇孤儿寡母抵抗意志异常坚决，打得明军想撤退。经过数月的鏖战，瞿塘峡终于被攻破。明军兵临重庆城下后，明昇投降。投降后的明昇被送到南京跟陈友谅的儿子陈理住在一起，俩人经常在一起发牢骚，后被朱元璋送去高丽。相比之下，张士诚的后人就没有这般待遇了。

解决了四川问题后，朱元璋又将目光看向了北方。这次他想把广大的蒙古地区纳入明王朝的版图。虽然明军数次深入蒙古腹地，斩获颇多，但一系列的失败使朱元璋最终放弃了这个努力。王保保带入草原的军队最终保卫了北元政权的存在，看来蒙古人的逃跑策略还是有效的。征讨蒙古的失利也使得朱元璋意识到只能依靠长城来防守了。

在北征蒙古受挫的情况下，明廷再次将眼光放到了西南。这次要进攻的是非汉族统治地区——大理。大理从秦代起就被纳入中央王朝版图，但一直到元代才被中央王朝真正征服。由于元统治者是将大理和宋的传统区域分割开来治理，此时的大理依然没有纳入汉文明。况且大理虽被征服，元朝对大理的管理却是象征性的，管事的依然是大理段氏家族，梁王把匝剌瓦尔密负责的是军事。当年大理国抵抗忽必烈的进攻时就异常坚决，此时面对大明军队的进攻，大理的抵抗依然坚决。

洪武十四年（1381 年），朱元璋命傅友德为征南将军，蓝玉、沐英为副将，挥师入滇。一年后，蒙古梁王投滇池而死，大理段氏家族仍旧在抵抗。两年后，大理平，段氏家族被朱元璋迁到北方居住。朱元璋封沐英为镇国公，世代镇守云南，随后大批的汉人军民和犯人迁入云南，加快了云南的汉化进程。

大明平滇后，沐氏家族取代了段氏家族在云南的统治，一直到沐天波陪着永历帝度过了最后的孤寂岁月。沐氏家族在云南的治理相当成功，使云南度过了近三百年平静的岁月。

云南平定后，朱元璋最后将目光转移到了辽东，此时的辽东仍然处在北元的统治下。洪武二十年（1387年）辽东平定，到了洪武二十二年（1389年）疆域初定，此时的疆土已经达到了明王朝统治的极限。明王朝在历史上首次实现了对辽东、云南、贵州的有效统治，并在这些地方设省。明王朝版图的有效控制面积不仅超过了汉唐，更让失去达四百三十年的幽燕之地重回汉族政权手中。朱元璋起于一介平民，历经三十六年征战，终于统一了天下。为什么最后是他？原因就在于他的隐藏与忍耐，以及对于时局的正确判断。以前有刘福通给他做挡箭牌，后来有陈友谅给他做挡箭牌，当他不需要挡箭牌的时候，就意味着他已经成功了。元末那场轰轰烈烈的红巾军起义，打废了多少英雄豪杰，余下来的陈友谅、张士诚、明玉珍甚至包括大元的统治者都已厌倦了战争，而此时的朱元璋却刚刚开始。统一大业必须由他来完成。如果没有朱元璋，余下的张士诚和陈友谅能不能完成统一还是个疑问，到那时中国的分裂局面还将继续，甚或起义会被元廷完全镇压下去。

明朝的建立使得汉文明得以延续。元朝末年，汉族的一些上层精英分子已经开始了主动胡化，说胡语、穿胡服、改胡姓。朱元璋对于胡化的禁止也标志着明王朝的建立带有强烈的回归意味。明朝的建立从此一改1127年以来汉文明的积贫积弱局面，重归本土文化治国，在宋的基础上再次将汉文明推向了高峰。在此意义上，夹杂在元王朝与清王朝之间的明王朝显得尤为珍贵。

由此我们也可以看出，强大需要的是破局，破局需要的是来自底层民众的呐喊。

此时的朱元璋面对新兴的明王朝，他又是如何治理的呢？

5 大国寡民的治国模式

朱元璋的治国理念可以总结为三点：稳定农业生产、以严刑峻法惩治贪官、以道德的力量治理乡村。

让我们还是回到明初的治理阶段。元末商品经济对农业的冲击，自然灾害的长期发生，加上二十多年战乱导致人口减少和土地的大量荒芜，决定了快速恢复农业生产是稳定统治的首要前提。

恢复农业生产首先要应对流民问题，如何将农民束缚在土地上是当务之急。为此洪武朝编制了黄册和鱼鳞图册。黄册就是今天的户口本，上面不仅记载了个人的详细资料，更是规定了世袭的职业，且世代不许换籍。鱼鳞图册相当于今天的土地证。全国所有的黄册和鱼鳞图册都被集中放在玄武湖中的岛上。所以终明之世，玄武湖一直是皇家禁地。除了黄册的编立，朱元璋还设立了里甲和粮长制度，进一步加大了对农民的人身束缚。同时还限制僧人数量和没收寺院的土地，四十岁以上的妇女开始被禁止当尼姑，二十岁以上的男子若想为僧还要通过考试。在对农民束缚的同时，奖励耕种也在同时进行。

为了加大边疆农田的开垦，朝廷实行了开中法。也就是说，如果有商人运粮去边疆充实那里的军粮，就会获取一定的盐引，即买卖食盐的专利。这种政策实施的结果就是大量的商人开始雇用劳动力去边疆垦荒，到后来将北疆的骏马贩到关内也可以获取盐引，这又增加了朝廷的战马数量。为了鼓励农民种粮的积极性，赈济、免除赋税和收取低额的税也成了国策。朝廷对于垦荒者不仅给予土地所有权和免除赋税，而且还免费发给耕牛、农具和种子，但对于撂挑子的农民则处以极严厉的刑罚。洪武朝还把南方大批的人口迁到北方地广人稀的地方垦荒。

跟垦荒相对应的是军屯和兴修水利。为了减轻农民负担，各地卫所的军士开始主动屯田，战时作战，闲时种地。大规模地兴修水利使得普通农民能够在水利建设中成为主角，毕竟实践者最有发言权。他们几十年来的农垦经验都在这个过程中得以采纳，这无疑增强了他们的主人翁意识。跟对农民人身约束加强相反的是对手工业者控制的放松，轮班制的实行使得工匠有闲暇时间来从事其他事情，大大提高了工匠的劳动积极性。

抓农业生产的同时，洪武也开始了对豪强富户主要是江南富户的打击。这些富户在元末已经把持了地方政治，元朝官府竟然也束手无策。一方面百姓交纳赋税，另一方面官府的税收却不见起色，可见天下的财富都到了谁的手里。明朝建立后，这些江南豪绅仍想抗争，但在强势的洪武帝面前，这些抗争显得尤为苍白，能够保住性命已经不错了。洪武帝对他们处理的结果是没收全部土地发给自耕农，迁到京畿居住，割断他们与地方官府的联系。

在发展农业的同时，洪武朝实行海禁。民间海外贸易被禁止，这样做能短暂起到稳定作用。它避免了新王朝被外部文明干扰，还可以保证充分的农业人口数量，避免粮食作物被大规模改种成经济作物，最终结果就是稳定农业生产。此时的海外贸易是以官方朝贡贸易的形式进行，但方明珍海上余党和始于元代倭寇在海上的骚乱使得帝国关闭了明州（宁波）和泉州的两处市舶司。这两处市舶司主要负责对日本与琉球的官方贸易。明廷只保留了广州市舶司，用于跟东南亚朝贡国的交往。

民间海外贸易的禁止和朝贡贸易的缩减一方面稳定了农业生产，另一方面也巩固了海防，使帝国能够腾出手来应对北方的战事。

朱元璋有感于宋元以来的纲纪松弛，开始逐步加强皇权。中书省、御史台、大将军都督府相继被撤，行政、监察、军事权力被分散。改革中央权力的同时，朱元璋对地方权力也进行改组。地方的行中书省被一分为三，分为承宣布政使司、按察使司、都指挥使司。组织结构扁平化使得权力从中央到地方都掌握在皇帝手中。权力的高度集中也渐渐使得朱元璋力不从心。

洪武十三年（1380 年），他设置了四辅官。四辅官全部由年事已高的乡间老儒担任。这些老儒给皇帝提供的更多是顾问服务。皇帝既想有人来承担政务，又不想赋予彼方过多的权力。但很显然，这些老儒达不到皇帝的要求。洪武十五年（1382 年），皇帝又设置了内阁大学士。内阁大学士仍然充当的是咨询角色，军政大权仍旧掌握在皇帝手中。洪武十五年的内阁也就是后来内阁的雏形。行政权力的变更始终没有达到皇帝满意的效果，军权的分散也使军队出现了将不知兵、军无常将的局面。

行伍出身的朱元璋在逐步取得天下的过程中加大了对文人的任用。文人集团设想把朱元璋改造到他们所希望的轨道上去，但这是不可能的事情。明朝建立后，监察的加强充分展示了朱元璋对文官的不信任，御史、给事中的设立标志着朝廷开始用位卑权重的官吏来制衡文官。朱元璋是一个纯粹的人，天下必须按照他那纯粹的理想去治理。在他的眼里所有的官员都应该奉行孔孟之道、廉洁奉公、体国察民，所以他对稍有不法情事的官吏处罚是极其严厉的。洪武朝的官吏是在这种沉闷的气氛下，战战兢兢。

中国古代王朝的治理体系通常是由帝王、文官、胥吏三级构成。除了奉行孔孟之道的文官集团，还有大量的基层胥吏。对于百姓来说，数目庞大的胥吏才是朝廷的代言人。这些胥吏通常文化不高，无法走科举之路，且出身卑微，只能依靠这份工作养家糊口。他们没有工资或者薪水低廉，有的还要依靠打零工才能勉强度日。他们上受文官的分派，下受百姓的敌视。他们的存活之道就是向百姓索取。昔日来朱元璋家里收钱的就是这类人，所以朱元璋对这类人的痛恨可想而知。

元代统治者由于不熟悉儒家文化，便将胥吏提拔到相当的高度。到了明初胥吏仍旧跋扈异常，发生过数起胥吏殴打上司的例子。虽然朱元璋对跟他理念不符的文官采取了极端的方式，但对数量众多的胥吏却无可奈何。朱元璋为对付胥吏而发明了一种崭新的方式，那就是允许农民绑架为非作歹的胥吏进京城，且沿途官员不许拦截，还要负责进京农民的饭食。在朱元璋的支持下，很快出现了两位农民主角。

在朱元璋亲自用口语化风格编写的《大诰三编》中，记载了这样一件事情：赵罕晨是北平布政使司辖下的一个农民，一天他和当地的三四十个农民把乐亭县的主簿汪铎还有一些其他官吏捆绑押送南京。原来这个汪铎设计了一种徭役，向农民摊派。行到半路上，王铎向赵罕晨求情，述说着自己的痛苦往事和艰辛奋斗过程。赵罕晨并不懂这些东西，他们对帝王是信任的。到京后，朱元璋下令砍了这些官员的脑袋。血腥的场面震慑了官吏，也震慑了这些农民。这些农民明白了，如果自己不好好种地，其结果也跟这些官吏一样。

第二位主角是江苏农民陈寿六。陈寿六受当地官吏顾英的迫害，手持朱元璋亲编的《大诰》将顾英抓起来押送京师，沿途拦截的官吏后来也受到朱元璋的处罚。朱元璋赏了陈寿六衣服和钱，并免除了他三年的徭役，并亲颁圣旨对陈寿六进行人身保护，并警告陈寿六不许借此嚣张跋扈。从此陈寿六成了大明治下只受朱元璋领导的新型农民，并成为万千农民的楷模。

洪武十八年（1385 年），皇帝颁布《大诰》赋予了农民新型权利。但整一年并没有出现朱元璋预期的效果。次年，朱元璋采取了更为激进的鼓励措施。在朱元璋的鼓动和明星农民的榜样下，效果初步显现，但随后出现的过激行为导致朱元璋陷入深深的思索。皇帝亲自处罚了因不愿种地而自残身体的农民和为了逃避赋税、徭役而鞭打官吏的农民。在《大诰》的颁布下，逃税、逃役的农民越来越多，更有一些农民开始无端冲击地方官府。朱元璋也逐渐陷入地方官府和农民之间一些鸡毛蒜皮的扯皮上。朱元璋动摇了，在胥吏和民众之间他无法找到一个满意的平衡点。

从朱元璋赋予农民新型权利的这件事情上可以看出，他实行的是一种自下而上的监督方式。他甚至对那些没有按要求捆绑当地污吏的百姓也进行了处罚。但他也知道对农民放任的结果会出事，所以民众对官员的监督也仅限于胥吏，对于更高级别的文官则只允许民众控告，并没有赋予民众直接动手的权利。这件事情也使得朱元璋感觉到了治民的复杂性与艰难性。朱元璋对胥吏的整治体现了儒家道统的恢复性，但他对农民的号召又对儒家的等级观念产生了冲击，带有强烈的异端模式。

我们再来谈谈朱元璋如何用道德来治理这个国家。

《明实录》上记载了这样一件事情。朱元璋看见南京城内有一些沿街露宿、无家可归的流民，便让南京官员在南京城内找一块空地，盖二百六十间房屋给无房的南京人免费居住。接着，朱元璋又让江苏华亭县的官员将当地宋朝遗留下来的居养院进行翻修，好让无房的当地人居住。眼看这两件事相继落实，朱元璋十分高兴。洪武八年（1375 年）正月朱元璋下圣旨将这种办法推行到全国，要求中书省派人四处寻访无衣食、无住房的人，给以衣食和住房。并说道，自己在民间的时候目睹民间的疾苦，恨当时不能给天下饥民以庇护。为了实现这个理想，他扫平四海，但御宇十余年来仍不能实现当初之志，各位臣工应该帮助他实现这个理想。如若不然也就没有必要来辅助他，所以万不能使天下有一人无衣穿、无饭吃、无房住。

另外，在明朝建立后，朱元璋在每一个乡村都设立了旌善亭和申明亭。旌善亭用来将那些榜样的人物姓名写在其中，以激发其他村民向其学习；申明亭则是处理村中纠纷的场所，由村中年高望重者来仲裁。每年的正月和十月，每个乡村都要举行免费的会餐，以增强乡民的凝聚力。

第一件事情表明朱元璋的民本思想。的确，平民出身的朱元璋代表的就是这个阶层的利益。不仅如此，教育、医疗、养老、丧葬也有一部分由官府来包办。无论是国子监还是各地的儒校都使得贫苦人家的孩子得到免费受教育的机会，开办于各地的惠民药局使得穷苦人能够免费抓药，养济院使得无子女老人能得以依靠，义冢专门用来安葬那些无处埋葬的逝者。当然了，这其中有些制度是宋元遗留下来的。

第二件事情表明朱元璋注重用道德的力量来治理乡村。朱元璋将这个国家改造成一个大的乡村。这么庞大的乡村依靠法治是难以遍及的。道德的规范和乡村的自治使得这个庞大的国家能够保持稳定运转，孝子和贞妇甚至可以免除法律制裁。而各地乡村可以直接越过地方官府向皇帝报告，这也使得明初的政权组织形式中存在官治与民治的双轨制。

为了使每一个村民遵循道德规范，朱元璋亲手颁布用口语化风格写成的《大诰》。每户一册，由村中长老宣读。《大诰》以血淋淋的案例教导村民如何做人，如何遵循道德规范。当初在南京讲读《大诰》的时候，就有二十万人前来观摩，朱元璋无一例外地给这二十万人发放了路费。《大诰》被印制了数千万册，传遍疆域内每个角落。《大诰》通篇充满了酷刑与灭族，见证了这个新兴王朝的专制与残暴。经过十几年的实践,《大诰》最终被《大明律》替代。

朱元璋是一个纯粹的人，平民出身的他鄙视那些潜规则。他不知道人性都存在两面性，也不知道世间万物都存在阴与阳。在他看来，所有的人都应该遵循他的规范，所有的事都应该按照他的标准去做。农民应该辛勤耕作，军人应该勇敢打仗，工匠应该积极劳动，商人应该本分经营，官吏应该尽职尽责。所有不符合这些行为规范的人，都会受到严厉的处罚。

朱元璋明白，他所设计的这个宏伟蓝图面临最大的挑战就是权贵和地方豪强。朱元璋明白政权的逻辑就应该是最强有力的、猛烈的和无所畏惧的，就像一座巨大的堤坝，在惊涛骇浪中屹立不动，一切反对力量在他的面前都被撞得粉碎。一旦他退缩松动，那么他所设计的宏伟蓝图将会出现什么样的结果。朱元璋以他那种强有力的个人能力跟整个社会惯性做了一次对抗。他数十年来如一日，我们只看到了他的决绝，但体会不到他内心的孤独与无助。

文官们反对他，武将们疏远他，太子不认可他，天下的士绅们更视他为死敌，也许他身边能倾诉的只有马皇后。在马皇后死后，这种情形更加如影随形。但朱元璋依然是那个他的女婿欧阳伦贩卖点茶叶也要被处死，宁可让胡大海反叛也要处死他儿子的朱元璋。晚年的朱元璋越发偏激，用刑苛刻、无端猜忌、朝赏暮戮、忽死忽赦、法外施刑……这已经不是性格的问题了，已经是人格的问题了。

无论朱元璋如何坚持他的理想，他仍然是一个偏激的皇帝，一个有着人格缺陷的皇帝。那么造成这种情况的原因是什么？我认为还是跟朱元璋寒微的出身以及从军后过于顺利的境况有关。他不明白人性的本质是自私的，封建官僚的本性是易腐败的。一个没有经历过挫折的皇帝，一个无论做什么都成功的皇帝，自然不能对人生有另外一种感悟。

洪武之治的结果基本符合朱元璋的要求，但这是一套僵硬的制度。朱元璋甚至规定后世子孙不得随意更改他的主张，这就使得这套制度在以后岁月中不能随着形势的改变而灵活运作。从表面上看，朱元璋加强了皇权，但他没有找到一种真正使皇权稳固的制度。这使得洪武之治就像一列在冰面上行驶的火车，面临随时倾覆的危险。

无论如何，洪武之治还给了天下一个自耕农的社会，以极其自律的精神重塑了道德规范。朱元璋时代是一个怎样的时代？朱元璋时代是一个普通农民的名字可以写入史书的时代；朱元璋时代是一个劳动光荣的时代；朱元璋时代是一个人人平等的时代；朱元璋时代是一个扫除一切贪官、权贵的时代；朱元璋时代是一个人人有房住、有衣穿、有饭吃的时代；朱元璋时代是一个令官员战战兢兢、如履薄冰、无所适从的时代；朱元璋时代是一个平民可以进京表达自己权利与诉求的时代；朱元璋时代是一个打垮了世界上最强大征服者的时代；朱元璋时代是一个汉文明重新成为历史主角的时代。但它也同时是一个沉闷的、一个僵化的、一个单调的小农经济时代。

阴冷与专制、灭族与无情的洪武朝，终是伴随着朱元璋的死去，化为历史的尘埃。

6　大明奠基石李善长

整个洪武朝，我们关注的焦点还是皇帝跟李善长的关系。可以说，朱、李二人的矛盾斗争成为明初的政治脉络，朱元璋在整个洪武时代所关注的最大一件事情就是如何清除以李善长为首的淮西集团。淮西，又名淮右，主要指今安徽省的江淮地区。

李善长本是朱元璋的同乡。虽然有志官场，奈何天赋不高，无法在科举中胜出。到了不惑之年依然一事无成，但长期的隐忍早已使得李善长内心波澜不惊。到了天下大乱的时刻，李善长或许意识到他的机会来了。他选择了朱元璋。他为什么选择了朱元璋？有的说辞是他看中了朱元璋，但我想更合理的原因大概是他无法在其他山头找到位置。

李善长淮西人的身份和处事稳重的特点很快博得朱元璋的信任。他开始替朱元璋打理内务，总管钱粮、赋税、田土、人口。他能够把每一件事情处理得天衣无缝，令朱元璋无后顾之忧。李善长具备的是经世济用之才，而非经天纬地之才。李善长的淮西身份和非士子身份也使得他能够跟朱元璋手下武将们打成一片，由此带来一个盘根错节的淮西集团。无论这个集团看起来多么松散，但它都是那么牢不可破。这个集团成就了一代帝王，也束缚了一代帝王。

大明开国后，李善长位极人臣，被任命为中书省左丞相。从这里可以看出李善长的功劳与威望。朱元璋跟李善长的微妙关系从何时开始或许我们无从知晓，但李善长位列中枢后却无疑放大了这种微妙。

历史上皇权与相权的矛盾一直存在。从汉至宋都是采取提高内侍的地位或其他平行机构的地位来削弱相权。到了元朝，相权又有所加强。明初承元制，中书省总揽一切权力，级别还高于当时的大都督府和御史台，而且担任右丞相的徐达又常年在外。这样，朝政大权都集中在李善长手里。这是制度的结果，不是个人的结果。只要制度在那里，皇权被抑制已是必然。此时的朱元璋已经开始产生不快，但王朝统一天下的战争仍在继续，朱元璋只好先行搁置此事。

李善长坐上了这个位置，开始培植淮西势力。这样一来，众人纷纷走李善长的门路。甚至到了后期面对朱元璋的嗜杀雄猜，文臣武将也去早已致仕的李善长那里倾诉衷肠。这些都被朱元璋看在眼里。

虽然明初李善长位极人臣，但朱元璋已经对李善长显示出了冷漠。这种冷漠，当事人是清楚的。洪武三年（1370 年），在外领兵打仗的将军们都回来了，按例封赏晋爵，而坐镇后方的李善长也被封为韩国公，位列将军们之上。从这个微妙的举动我们可以看出朱元璋已经忌惮他了。一个令帝王忌惮的人终是离死亡不远的，相反一个让君主不断欺负的人却有着大好的前程。

李善长终于明白皇帝要赶他走了，但他在临走前却把胡惟庸安插进了中书省。这表明他并不想彻底离开庙堂，他想退居幕后，遥控一切。

我想这个时刻，朱元璋已经动了杀机。李善长到底还是缺乏处理复杂而微妙政治局面的哲学智慧。他的悲剧是他自己造成的。

十年的时间，皇帝虽然不断处罚不符合他标准的官吏，但手中的刀始终没有向李善长挥去。他在忌惮，他在等待。十年后这把刀终于砍倒了胡惟庸，也砍向了李善长。接下来又是一个十年，大批李善长的人马因为各种原因遭到诛杀，到了最后时刻朱元璋仍在犹豫，那就是对李善长的最终处理问题。我们看到了一个皇帝二十年的隐忍，我们看到了一个皇帝抉择的痛苦，毕竟对方在王朝的创建中立下不朽功勋，毕竟对方在自己创业初期就陪伴在侧。

此时的李善长已经是风烛残年，此时的朱元璋也是风烛残年。朱元璋不知道李善长会不会死在他的前面。朱元璋看到的是李善长依然有着影响力，依然有着号召力。朱元璋看到的是在他的重压下越来越多的人的内心向那个忠厚的长者靠近，朱元璋看到的是即使李善长死后他的后代依然具备号召力。朱元璋闭上了眼睛，还是你死吧。你死了，我才放心。

洪武二十三年（1390年），李善长以莫须有的“谋反罪”被处死。

人们都知道“功高震主”，但却不知道“功高未必震主”；人们也知道“狡兔死，走狗烹”，但却不知道“狡兔死，走狗未必烹”。

中国士子既讲入世，也讲出世，以出世之心做入世之事，此乃人生之最高境界。唐朝李泌在这方面是个代表。李泌七岁时即被唐玄宗召入宫中作诗，后来因作诗讽刺杨国忠、安禄山而被贬。安史之乱爆发后，李泌主动去向刚刚继位的唐肃宗陈述治乱方略，深得肃宗赏识。肃宗本想授予李泌官职，但李泌只愿意以一个宾客的身份参与朝廷决策。李泌在后来的收复长安、洛阳等地立下功劳，后来却遭宦官李辅国嫉妒。为了避祸，李泌退出朝廷争斗的旋涡，隐居衡山。唐德宗在奉天时，又召赴行在，授左散骑常侍。纵观李泌一生，历仕三朝，实际地位和作用相当于宰相。这给他施展政治才能提供了极好机会。但他却能审时度势，常常在大局转危为安后功成身退，而当朝廷出现危机时再度出山，一旦功成又隐退保身。可见李泌是聪明的，他的政治观是成熟的，他将中国古代那种士子之心发挥到了极致。他在年轻的时候写过一首诗：“一丈夫兮一丈夫，平生志气遂良图。请君看取百年事，业就扁舟泛五湖。”这首诗可以说是他一生的写照。

如果李善长能够彻底、干净地离开庙堂，结局也许会是另外一番景象。

7　死于“通倭”的胡惟庸

洪武朝的很多事情都已成谜，时至今日我们都无法得到确切的答案，但确切的答案似乎已经不那么重要。明初臣子们之间的倾轧，可以看作是出自朱元璋的政治平衡术。其实整个洪武一朝，朱元璋所做的最大一件事情就是如何削弱以李善长为首的淮西集团，而胡惟庸的被杀可以看作是这种削弱的开始。

在说胡惟庸一案之前，先来说说另一人——汪广洋。

在明初那段峥嵘岁月中，并没有多少令皇帝满意的文臣。李善长水平不高且为人刻薄，刘伯温清高而矫情，胡惟庸小吏角色，杨宪又过于愚蠢，真正有名士风度的唯汪广洋一人而已。

汪广洋是元朝末年的一名进士，但并没有授缺，一直在安徽太平这个地方闲居。朱元璋攻下太平后，便召见了汪广洋，两人相谈甚欢，从此汪广洋在朱元璋麾下既管军又管民。可以说这是一个独立于淮西和浙东集团（以刘基为首保持独立操守的文官集团）之外的人，另外一个独立于两大集团之外的人是杨宪。

杨宪是检校出身，负责查核公事文牍，他能够把他所知道的一切事情报告给朱元璋，所以深得朱元璋信任。在整个官场皆被淮西势力控制的情况下，在以刘伯温（刘基字）为首的浙东集团出工不出力情况下，朱元璋能够用来制衡淮西集团的也就是汪广洋跟杨宪两人。

名士风度的汪广洋有着独立操守，不愿意成为政治斗争的棋子，他对朱元璋的怂恿与暗示充耳不闻。洪武二年（1369 年），在前期中书省参知政事汪广洋不能令朱元璋满意情况下，朱元璋又将杨宪塞进了中书省，任右丞，是想让他制衡李善长，但后来朱元璋发现杨宪是一个蠢人。

明初第一酷吏是杨宪，善于捕风捉影，心狠手辣。杨宪一进入中书省便开始向李善长展开猛烈的进攻，直接叫嚣李善长能力平庸，应该下台。这明显超出了朱元璋的预期。洪武皇帝并不想让他这样搞李善长，只是想让他制衡。此时的朱元璋意识到当务之急是压制住杨宪，而不是李善长了。于是，朱元璋将外放陕西的汪广洋重新塞进中书省任左丞。这中书省职位排序为左丞相、右丞相、左丞、右丞、参知政事，此时的左丞相李善长已经离职，右丞相徐达又领兵在外，所以这中书省的实际负责人便是汪广洋。

汪广洋并没有像朱元璋期待的那样压制杨宪，反而消极怠工，将一切政事交给杨宪。朱元璋只得将汪广洋再次外放海南。

汪广洋离开了中书省，杨宪越发肆无忌惮，继续向淮西集团猖狂进攻，终于被李善长抓住了把柄，逼迫朱元璋杀了杨宪。朱元璋并不想杀杨宪，但杨宪的存在打乱了皇帝对付淮西集团的全盘计划。或许我们也可以认为面对李党的威逼，朱元璋不得不用杀杨宪的方式来安抚李党成员。李善长依然强大，从中枢到地方仍然都是他的人，但仇恨会在朱元璋心中越积越多。

杨宪死后，在李善长的安排下，胡惟庸由参知政事升任中书省左丞。面对李善长咄咄逼人的架势，朱元璋又将汪广洋从海南调回中书省，升任右丞相，用于对付胡惟庸。朱元璋认为在海南那个荒蛮之地汪广洋应该有所醒悟，但他又一次错了。

朱元璋找了十几年，找了刘伯温，找了杨宪，找了汪广洋，都不行，那得了，自己动手吧。

他要靠自己，能依靠的力量只有检校。

为了安抚李善长，洪武九年（1376年），朱元璋将他的女儿嫁给李善长的儿子。这是朱家给李家最后的殊荣。洪武十年（1377年），朱元璋已经开始了动作，成立了一个新的机构——通政使司。他规定所有奏章送交通政使司，然后由通政使司直接送交皇帝，这样政务就越过了中书省。此时的胡惟庸依旧不知道，屠刀已经临近。

朱元璋并不满足于此，大批的检校监视着中书省，时刻等待着胡惟庸犯错，可小心翼翼的胡惟庸始终让他们无法抓到把柄。直到洪武十二年（1379年）九月，占城国使者进京了。中书省并没有把这件事情报告给朱元璋，胡惟庸自己处理完事情便打发使者回国，但检校们把这件事情报告给了朱元璋。按理说这等事情属于可报告可不报告之列，可朱元璋似乎要就此大做文章了。

朱元璋将礼部官员和胡惟庸、汪广洋都叫了来，现场质问。胡惟庸被搞得措手不及，他不明白皇帝为什么要突然追究这件事。他很快推给了礼部官员，礼部官员也毫不示弱，把这件事推给了中书省。朱元璋当场把负责此事的礼部官员下狱，并令检校彻查此事。

朱元璋认为查出的结果一定是胡惟庸，但他错了，检校们查出来的结果是汪广洋。朱元璋惊愕了。并不是检校们背叛了朱元璋，这个结果只能说明一个问题，即胡惟庸的势力大到检校们查不出真实的结果来。朱元璋意识到，不用查了，他需要的就是一位大臣揭发胡惟庸谋反，然后直接抓人。

朱元璋自己肯定不能这样说，最好能有一名御史出面上书。朱元璋找来找去，找到了御史中丞涂节。这涂节本来跟胡惟庸是一伙的，不知道朱元璋给他许下了什么好处，或者跟胡惟庸有什么过节，再或者他自己已经嗅到了政治气候的变化，在朱元璋的授意下，他开始酝酿发动弹劾。

既然事情已经布置下去了，那必须先稳住胡惟庸，以免胡惟庸提前出招，打乱部署。为了稳住胡惟庸，朱元璋最后一次将汪广洋贬到广东。朱元璋被逼到这一步并不是他所希望的，他更希望的是汪广洋能够搞掉胡惟庸，身为九五之尊，如此硬出手是很没面子的。他对汪广洋希望了九年，也失望了九年，终于希望与失望都变成了怒火。他又追加了一道诏命，将走到半路上的汪广洋赐死。

洪武十三年（1380 年）正月，一场政治风暴在毫无预兆的情况下正式开始。御史中丞涂节突然上书，声称胡惟庸谋反。在没有找到谋反证据情况下，正月初六，胡惟庸以“通倭罪”被处死。十一日，朱元璋连发两道圣旨，废除中书省和大都督府。整个朝廷的官僚都被打蒙了，但朱元璋对于废除中书省和大都督府后的有序安排表明了计划酝酿的长期性。

其实无论在朱元璋打天下的时候还是明朝建立以后，胡惟庸都是一个小人物。朱元璋并没有把他当作宰相，天下的人也没有把他当作宰相。胡惟庸并没有跋扈，相反他一直战战兢兢、如履薄冰。胡惟庸是有才能的，他是一个干吏，能够把事情做得滴水不漏，可以说他的风格跟李善长有些相似。但在政治场上都需要一股力量来压制他们。

朱元璋对于胡惟庸的处理只是面对李善长砍的第一刀，从此正式拉开了皇帝与李善长势力集团的争斗。后人总认为胡惟庸一案是洪武朝的大案，实际上胡惟庸一案只是采摘李善长这根大树的第一片叶子，等到所有的叶子都采完，就该砍树了。

胡惟庸死后，朱元璋用了十年时间来不断清洗李善长的人，依靠的力量就是检校，以及后来的锦衣卫。数千人被处死，数以万计的人遭到调查、关押或流放。朝野内外政治气氛顿紧，许多官员战战兢兢，不知道何时锦衣卫会冲进自己的家门。

胡惟庸一案基本上改变了洪武年间的政治风格，监视和恐怖活动加剧的年代到来了。朱元璋的辣手开始显现，他以日益激进的手段实现他的治国理想。

8　忠诚而纯粹的武将们

明初是朱元璋一个人的舞台，无论文臣还是武将都没有太多的个性色彩，以至于今人研究起来只能从一些琐碎的事例中寻找文臣武将耐人寻味的东西。明初的武将是低调的，是朴素的，是老实的。他们忠于皇命，冲锋在最前面。无论是北方的大漠之地，还是南方的烟瘴之地，都留下了他们奔波的身影。在长期的征战中，将军们大都早死，盛年而衰，徐达、常遇春、李文忠、邓愈、汤和皆是如此。

如果说李善长是明初第一文臣，那么徐达就是第一武将。徐达可以说是韩信与卫青的集合体。他既有着韩信的谋略，也有着卫青的低调。明初大部分战争以及所有关键性战役都是在徐达的直接指挥下进行的。朱元璋对徐达是放心的，在徐达平定北方的战争中并没有派出监军。徐达也是争气的，他也不需要谋士，身兼谋士和武将双职的徐达始终向人们展示一个全才的形象。

徐达进行的第一场关键战役是攻克常州。刚取下南京的朱元璋正面临东面张士诚的威胁，而解除威胁的最有效办法就是拿下常州。常州是防范张士诚进攻的最好门户。打下常州后，徐达接着又拿下江阴和太湖西边的宜兴。这样从北到南拉成一条防线，使得张士诚无法西进，从而免除了朱元璋跟陈友谅决战的后顾之忧。

天下平定后，徐达便在北平驻扎，守卫北疆。在此期间，徐达重点修建了山海关，从此北平附近的居民再也不受游牧民族的骚扰之苦。徐达是一个完美的人，完美到你挑不出他的任何毛病。出身贫苦的徐达并没有读过多少书，但他不断地向儒士请教却奠定了他谋略的基础。在统一天下过程中，朱元璋走了四步棋：攻占南京，拿下常州东拒张士诚，消灭陈友谅，先取山东、河南再取大都，正是这四步棋成就了朱元璋。对于这四步棋，朱元璋是构思者，徐达是实践者，正是这两人缔造了大明王朝。

徐达是伟大的，伟大到超越了历史上大多数知名将领，但他的名声并不响亮。因为他没有任何的个性化色彩。徐达的低调正是他的聪明之处。洪武十八年（1385 年）二月，徐达在南京病逝。朱元璋追封他为中山王，立庙。

如果说徐达擅长指挥、带队和大规模的步兵兵团作战，那冲锋最厉害的就是常遇春了。常遇春开始在刘聚麾下，因看不惯刘聚的所作所为而投奔了朱元璋。从此在进攻陈友谅和张士诚的战争中，常遇春始终冲在前面。常遇春跟徐达一前一后的运动模式奠定了明初的版图。

常遇春是明初最勇猛的人，他这一生没有打过一场败仗。常遇春是一个纯粹的人。如果说徐达的忠厚后面还有他的心思，那么常遇春的内心就像一张白纸。他的一生只有一个目标，那就是忠于他的使命。洪武二年（1369 年）七月，常遇春从蒙古上都班师回来，行走到河北地界时累死。

从常遇春跟随朱元璋起，他就不顾一切地冲在最前面。如果把洪武二年（1369 年）常遇春的作战路线图梳理一下，你就会发现他的死因。洪武二年春开始，徐达和常遇春自山西率兵征陕西，迫使李思齐投降。这时候，身在上都的元惠宗命丞相也速率兵向北平反扑。得到消息的常遇春亲率一万骑兵从陕西向北平猛赶，赶走了元军后又奔袭千里追赶，然后又向西折向上都。从这里就可以看出在四个月内，常遇春在整个北方来回折腾，而且都是快速的长途奔袭。我们可以预见的是在过去的征战岁月中，常遇春已经积劳成疾，而洪武二年的来回折腾只是一个诱因而已。

明初武将除了徐达、常遇春，第三号人物就是李文忠。李文忠用兵的特点就是快，跟其他战将一样，李文忠也有着辉煌的战绩。在常遇春死后，李文忠顶替了常遇春的角色。但今天看来，李文忠的武将身份并没有给他带来太多的亮点，他的亮点就在于他是当时军队中唯一的文人。

李文忠是朱元璋的外甥，从小聪明伶俐，甚受朱元璋喜爱。后来从北方回来后，朱元璋曾让其执掌大都督府。李文忠退休后便过起了儒生的生活，披上战袍是武将，脱下战袍是儒生。朱元璋一朝也只有李文忠能够实现如此华丽的转身。

赋闲在家后，李文忠便整日与一批儒生谈古论今、吟诗作赋。有些人想给皇帝劝谏，走不了马皇后的渠道，便开始走李文忠的渠道。李文忠数次上书朱元璋，虽然最后遭到朱元璋斥责，但终归是对朱元璋施加了影响。洪武十七年（1384年），李文忠病死。

除了这三位将领外，还有一位冯胜也值得介绍。冯胜的亮点就在于洪武五年（1372年）的一场战役。这是一场关键性战斗。在这场战斗中王保保取得了第一次胜利，徐达和李文忠遭受了从军以来的第一次大败。这场战斗也是明朝建立以来的第一次大败，但冯胜却在这场战斗中胜了。

为了彻底肃清草原势力，经过两年的酝酿，明军又一次对草原发起了冲锋。此次的布局显示了朱元璋的决心，全军一共十五万人，中路军由徐达率领，李文忠率领右路军，冯胜率领左路军，三路大军一起向漠北草原奔去。此次三路大军的主力是徐达和李文忠。既然主力是徐达和李文忠，那么对方对付的重点也是他们两个。此次王保保学会用计了，而从徐达和李文忠的进攻特点来看，两人由于之前的一直胜利而明显轻敌了。

徐达和李文忠被元军引诱深入，虽然中了埋伏，但这些对强大的帝国正规军来说算不上什么。很快徐达和李文忠带着各损失了一万人马的队伍退出了战场。

而西路军冯胜的表演则刚刚开始。冯胜和傅友德率数万军马在整个西北七战七胜，彻底肃清了元军在西北的势力，也结束了元军在西北的骚扰。

此次的出征没有达到预期目的，朱元璋对蒙古的进攻开始暂停，而蒙古也转向防御。那么从此次事件中我们可以看出冯胜的战力。

明初武将都有一个特点，那就是早死。从常遇春、李文忠，再到邓愈、汤和，都是盛年而衰。其实这也可以从侧面说明一个问题，那就是明初的一系列战事过急、过猛，另一方面也说明了明初战将的性格特点，那就是忠于王命、使命。明初的武将是伟大的，也是可爱的。大多数武将并无私欲，且出身贫苦。他们勇猛、品性优良，在明初舞台上将一个个武臣的角色演绎到了完美。

经过数十年的征战，战将们逐渐谢幕。朱元璋也没有亏待他们，他们大都被封了爵位，子孙也得到了荫泽。但也有一些武将因为跋扈、犯事或者不符合朱元璋的心意而受到残酷的诛杀。

明初是朱元璋一个人的舞台，没人能够影响到他。在整顿完了文官队伍之后，他又把矛头对准武官，蓝玉是一个切入点。

蓝玉在开国功臣中算不上是有影响的人物。他是常遇春的内弟。蓝玉第一次走上战争舞台是洪武十四年（1381 年）征讨云南的战争，蓝玉走上人生的顶峰是洪武二十一年（1388 年）的一仗。这一仗明军一直打到捕鱼儿海（即今中蒙两国边界的贝尔湖），彻底打垮了成吉思汗的黄金家族。此后，蒙古高原又再次进入成吉思汗统一蒙古前的混乱状态，各部为了汗位而相互仇杀。

这一仗也是继洪武五年（1372 年）徐达、李文忠北征蒙古失利后对蒙古的决定性一仗。这一仗又给朱元璋培养了一个像李善长那样的棘手人物——蓝玉。

这一仗后，蓝玉变得越发骄纵。他在军中安插私人、畜养家奴、侵占田亩，这些都触动了朱元璋的神经。如果说胡惟庸案是对不法文官的清洗，那么蓝玉案则是对不法武官的清洗。从洪武三年（1370 年）李善长告病起，朱元璋就已经开始酝酿对文官的整治，而洪武二十年（1387 年）朱元璋颁布《大诰武臣》实际上就是酝酿对武官的整治。

洪武朝的军中已经开始出现很多弊端，如军官冒领军饷、侵占军田、虐待士兵，导致军士逃亡。朱元璋颁布的《大诰武臣》正是在这种背景下诞生的。《大诰武臣》虽已颁布，却并没能制止军中的违规行为，朱元璋只得开始酝酿采取其他办法了。

蓝玉事件不过是洪武整治军队的一个借口。《大诰武臣》中列举的军队犯罪案件皆是触目惊心、令人发指。无论有没有蓝玉，洪武朝对军队的整治都会发生，只是蓝玉的骄纵使得整治集中在一点而爆发。

整个蓝党一案，被杀、被流放、被关押、被刑处的一共是一万五千人。洪武二十六年（1393 年）四月份案发，当时捉拿的是一千人，短短五个月涉案人数就达一万五千人。当然了，这其中大部分是家族人员被牵连。那么可以说明一个问题，跟胡惟庸一案相比，锦衣卫办案效率大大提高。锦衣卫办案效率为什么会大大提高？这里有两点原因：一是锦衣卫在数年前已经开始对有关人员进行监控；二是定罪的随意性，也就是说罪名大都是罗织的。不像胡惟庸一案还耗费大量时间寻找罪证。朱元璋为了证明蓝玉一党确实有罪，还亲自编了一本《逆臣录》，但这本《逆臣录》却是漏洞百出。

锦衣卫的办事效率引起了朱元璋的恐慌。跟胡惟庸一案相比，整个朝廷为之噤声更是引起了朱元璋的恐惧。锦衣卫办案的波及面早已超出了朱元璋所圈定的范围，朱元璋意识到这种疯狂行为必须停止。于是他中止了对蓝党一案的调查，大部分在押人员被释放，经办此案的锦衣卫人员也被朱元璋处理了。

“蓝玉案”基本上结束了朱元璋当初持有的那个纯粹的理想。锦衣卫们的办案风格和官员们的唯唯诺诺，让朱元璋有了改变治国方略的想法，所以他对后继者表达了宽刑法的思想。无论朱元璋杀了多少人，处罚了多少文臣武将都是徒劳的。它既不能使国家变好，也不能使国家变坏。因为它违背了人性，也是治国无能的表现。

9　朱元璋对知识分子的高压统治

有一种现象不得不引起我们的注意，那就是皇帝与元末明初士大夫们的那种微妙关系。这种关系表面上看是见微知著，实际上却潜意识影响到了整个明初的政治运行脉络。明初虽然一切都是如火如荼、如刀如锯，但这些都不干士大夫们的事情。士大夫们对于这个新兴政权并没有表现出多么热衷，甚至骨子里异常地排斥。他们不仅为元朝唱赞歌，而且还为元政权殉节、断指、断腕或隐居。这的确是一种奇怪现象，但这些都好理解，因为元政权符合他们的利益。

在士大夫看来，一个政权应该是宽松、和蔼的，能够保护士绅们的田产。很显然元政权符合他们的标准，甚至比宋政权更符合他们的标准，也很显然明政权不符合这个标准。蒙古人是好糊弄的，而朱元璋是不好糊弄的。他们不明白这样糊弄下去只能是政权的崩溃，政权崩溃后他们的田产也得不到保留。明初士大夫可以分为三类：第一类如喊出“我生为皇元人，死作皇元鬼，誓不从尔贼”的吴德新，第二类如跟明政权若即若离的刘伯温，第三类如跟明政权保持亲密合作以获取最大利益的李善长。

对于第一类人和第三类人已经无可赘述。我们这里就对第二类人进行一下分析，选取了两个例子——刘伯温和高启。

刘伯温是一个矛盾的人，他的一生都是在矛盾中度过。刘基是忠于元廷的，奈何他无法在元廷造成多大的影响，也长期得不到重用。元末红巾军起事后，刘伯温举乡兵镇压，虽然有功但仍旧得不到重用，忧愤之下辞职隐居。虽然是隐居，但刘伯温心中仍旧是波涛澎湃。他已经对元廷彻底失望，他在暗中观察，观察着新的力量。

但从镇压反叛者到投靠反叛者，这个坎儿毕竟不容易迈，刘伯温开始做理论上的准备。他在青田隐居期间写下了《郁离子》。《郁离子》等同于是宣言书，宣布跟元廷彻底决裂，也是向四方新贵释放出的暗示。

后来的刘伯温虽然投靠了朱元璋，但他对朱元璋是鄙夷的，对于这个由底层民众建立起来的政权是鄙夷的。朱元璋自然清楚这一点，朱元璋需要刘基这个花瓶，以此来笼络天下士子之心。刘伯温的气质跟这个新生的明政权格格不入，这个新生的明政权也跟他格格不入。洪武三年（1370 年），朱元璋封刘伯温为诚意伯，是对他人格的讽刺。洪武四年（1371 年），刘伯温的告退与其说是避李善长的锋芒，更可以说是对自己失败人生的一种顿悟。

如果说刘伯温代表了这第二类人，那么高启则是这第二类人中的典型。

文皇在御升平日，上苑宸游驾频出。

——《听教坊旧妓郭芳卿弟子陈氏歌》

我生幸逢圣人起南国，祸乱初平事休息。从今四海永为家，不用长江限南北。

——《登金陵雨花台望大江》

上引诗人高启所作两首诗中，第一句是给元王朝唱赞歌，第二句是给明王朝唱赞歌。皇帝只能盯着魏观，来找高启的错误。

机会终于来了。这苏州府衙本是以前张士诚的皇宫。张士诚死后，皇宫被明军焚毁。大明建国后，苏州知府一直在废墟上办公，所以魏观一直想重修知府衙门。这也无可厚非，可事情就出在这上头。到了上大梁那天，魏观特意让高启写了首《上梁文》。时至今日，这《上梁文》已经失传，里面具体写了些什么，我们已经无从得知。但高启在《上梁文》中形容苏州府衙是“龙盘虎踞”，要知道这里昔日是张士诚的府邸。不管高启是无心还是有心，我们都可以看出高启的狂妄与过分。魏观和高启尽皆被杀，其中高启还是腰斩而死。后来朱元璋为魏观平了反，承认魏观是冤枉的，但对高启却并没有平反。

明初此类例子比比皆是。草莽出身的朱元璋非常在乎文人对他的看法，他常常从文人留下作品的字里行间捕捉文人的思想脉络，但结果表明通常是自寻烦恼。的确，明初的文人由于怀念元王朝和张士诚那种宽松的统治氛围，所以大多在诗词中对明政权表达了不满。朱元璋的心灵却偏偏无法得到释放，去跟这些过了气的文人计较，其结果只是徒给自己留下闲言碎语而于事无补。

高启一案是朱元璋对那些不肯合作的文人发出的一个明确信号。在他的高压下，举国文人战战兢兢，沉闷的政治环境掐灭了文人的创作热情。无论这些文人是高尚还是卑下，他们如此结局都说明这是一个时代的悲剧。

10 建文皇帝引发的动荡

洪武中的“洪”字代表宏伟、雄大，“武”字代表以武建国、以武治国。这个词的确符合朱元璋人设。那么“建文”顾名思义就是以文治国。朱允炆确实在跟他的爷爷唱对台戏。从小在儒家文化熏陶下成长起来的一代君主的确跟上代君主在气质上截然不同。

朱元璋一旦死去，继位的建文皇帝迫不及待地纠正了朱元璋的一系列错误。

他平反冤案，被关押的犯人相继被释放，被流放的家属也都回来了，减刑罚、宽赋税也在进行中。大明帝国的儒生们在这种新气象中看到了他们的前途。

他们欢呼雀跃："朱允炆！你是好样的！我们需要的就是像你这样的君主。"

朱允炆也在心中呐喊："我的老师们，这个国家我已经没有依靠的对象了，我能依靠的只有你们。"

建文之治没推行多久就出现问题了。建文帝被他的老师方孝孺带到了复古的彀中，两个人成天在宫里鼓捣如何恢复井田制，如何把各个州县的名字、各个街道的名字、所有文武官职的名字、宫殿内每个宫门的名字都复原到周代的标准。哪怕是在北方战事如火如荼的时刻，好似有着强迫症的两人依然闷在宫里搞着这些无聊的事情。

方孝孺是个狂热的复古分子，言必称三代。在他眼中只有周代是最好的。不仅礼乐应该恢复到周代，人们的思想，土地所有制度，甚至政权的组织形式都应该恢复到周代。无独有偶，董仲舒、王莽、王安石、朱熹这些大儒都是井田制的倡导者。建文皇帝和方孝孺的日益偏激引起了藩王和武将们的不满。

建文朝并没有改变洪武朝那种不稳定性，不安的骚动正弥漫着整个大明王朝，人们对于未来都有一致的看法，那就是封藩的遗留问题。

秦始皇统一天下后，并没有实行分封制，而是实行郡县制。事实表明这一制度的实行操之过急，因为经过周代八百年的分封制，各地的贵族依然势力巨大。天下一乱，这些贵族首先起来造反。汉吸收秦的灭亡教训，实行郡县和封国并存的制度，实践表明这种制度保证了两汉四百年的时间跨度。有人说自汉朝后，中国再无诸侯，直到洪武皇帝朱元璋。这里首先要声明的是朱元璋的分封制跟前代已大为不同，实封的就是北边的几个藩王，其他的都是虚封。

那么朱元璋为什么捡起了历朝历代早就丢弃的分封制度？我认为这里有三个原因。

一是因为京城在南边，离边塞太远，不好控制北疆。封王戍边刚好可以起到让藩王守边的作用。二是这一行为体现了朱元璋的朴素和小家子气的思想。他认为老子打了天下就应该让子孙们帮着一起守。一旦出现权臣，或者后世皇帝昏庸，其他藩王可以靖难或者取而代之。三是嫡长子一旦被立为太子，其他皇子就必须离京，避免争权夺利，而封藩则可以在异地解决他们的身份问题。

可是后世子孙和文臣不理解这一番良苦用心。

在朱元璋还没有死的时候，朱允炆已经开始思考如何对他这些叔叔们下手了。建文时代，围绕在建文身边的就是方孝孺、齐泰、黄子澄这三名儒臣。跟方孝孺鼓捣建文复古不同的是，齐泰、黄子澄鼓捣的是削藩。齐泰建议先削燕王，而黄子澄建议先削势力弱小的藩王。建文皇帝最终采纳了黄子澄的意见。实际上，先削谁后削谁已经不重要，关键的是削藩此举既违背洪武祖训，又不得人心。

建文皇帝的第一刀挥向了周王朱橚。周王是朱棣的同母弟弟，处理了周王就等于翦除了燕王的一只臂膀。建文皇帝的动作相当快。朱元璋死了一个月，他就动手了。周王痴迷于医学，他自己种植植物园，自己品尝药材。建文帝拿下周王后将他发配云南。云南这个边远的地方给了周王的医学研究很大的便利，那里有丰富的物种，有奇花异草，有烟瘴，有长期患病无法得到医治的民众。周王到了云南便联合当地的医官开始研究医药、著书。虽然后来朱棣夺得皇位后给了周王自由，但周王的一生都在钻研医学，在抑郁中度过。

周王被削后，湘王、齐王、代王、岷王又进入建文皇帝的视野，厄运很快降到湘王朱柏头上。朱柏跟周王朱橚一样也是个文化人。解缙对他的评价相当高，说他“幼而美异，长而通明，温恭粹德”。朱柏除了文采好外，武功也不错。他还是个虔诚的道教徒，跟朱元璋和朱棣一样，他也寻访过张三丰。

建文元年（1399年）四月，建文以谋反罪和私印钞票罪着有司兵马逮捕朱柏进京询问。时年二十八岁的朱柏为了免受刀笔小吏之辱，全家自焚而死。

即使是建文这样的仁君，在面对政治斗争的时候依然是毫不手软。而以黄子澄、齐泰为首的削藩者，打着儒教、礼治的旗号，在面对自己的利益受威胁时仍旧是行霸道、走诈术。我们可以很明显地在这里看到了双重标准。朱棣夺位后，黄子澄、齐泰死得冤吗？我觉得并不冤。

建文皇帝可不是一个简单的孩子，如果你认为他老实那你就错了。在洪武三十一年（1398 年）刚处理完周王，对其他四个藩王的处理还没有开始的时候，对燕王的处理就已经开始了。从洪武三十一年十一月起，大批的军队和锦衣卫被派往北平监视朱棣。

在建文削藩如火如荼的时候，朝中的不同声音就一直没有断过。建文皇帝也曾犹豫过，但都被齐泰、黄子澄硬顶了下来。从建文元年开始，北平与南京之间消息不断，官道上常常是快马加鞭，双方心照不宣，气氛一天比一天紧张。到了六月，燕王的左护卫、百户倪琼进京被锦衣卫捕获。倪琼供出了燕王准备谋反的情况，建文皇帝得知后只得提前动手。

建文皇帝首先动手了，派去燕王府捉拿朱棣的军队反被燕王府的卫队打败。接着，燕王的卫队乘势夺取了北平九门，控制了北平防务。朱棣终是被逼到了这条路上。虽然控制了北平的防务，若想南下，还必须控制整个北平的外围，这样才能有一个稳固的后方。于是朱棣便率领王府的卫队和从外地奔过来的燕王卫队迅速扫荡了北平的外围，控制了整个北平周围要地的防务，内战终于爆发了。

11 叔侄内战爆发

燕王经营北平已多年，手下燕军已经是大明战斗力最强的军队，北平周围朝廷所属军队的迅速溃败也就不难理解。而且因为燕王的人脉熟络，还有不少朝廷军队投降燕军，进一步增强了燕军的实力。

既然要谋反了，总要找一个谋反的理由吧。其实理由很好找，翻翻史书就知道了。对于燕王其实不需要翻史书，翻翻《明皇祖训》就知道了。朱元璋为了防止后世子孙变质，特地刊印《明皇祖训》。在《明皇祖训》有一条规定，如果朝中出现了奸佞，各地藩王有权力带兵进京勤王。可见朱元璋封王除了戍边外，也是为了防止江山变色。不过，这条记录给朱棣的谋反提供了借口，而且还是合法的借口。话又说回来，朱元璋在世的话也会支持朱棣这样做。黄子澄、齐泰的做法已经超出了身为人臣的本分。建文皇帝刚即位，大明皇族便已陷入刀光剑影。

这虽然出自建文皇帝的圣裁，但齐泰、黄子澄的推波助澜也不无作用。

建文元年（1399年）七月，朱棣打起了“靖难”的大旗，并发布对建文皇帝本人和黄子澄、齐泰一系列的指责。这些指责在当时看起来，似乎比黄、齐的削藩和方孝孺的周礼更能争取人心。的确，从那个时期起，人心便已开始微妙地向燕王转移了。

为了平叛，建文皇帝起用了老将耿炳文。为什么要用耿炳文？因为建文皇帝的姐姐嫁给了耿炳文的儿子。建文皇帝将平叛权交给耿炳文后，便接着去跟方孝孺鼓捣复古改制了。对于建文皇帝来说，燕王造反也许是好事，因为他也可以名正言顺地处理燕王了。

耿炳文率军刚到真定，便遭朱棣率燕军突袭，又遭部将叛变、被围城，正待重整旗鼓，却被临阵换帅。原来在黄子澄的推荐下，建文起用了李景隆接替耿炳文指挥。李景隆从山东德州挥师进攻北平。而此时忠于朝廷的大明辽东军开始破关南下，攻打永平府。永平是个非常重要的地方，是北平的东门户，一旦永平被攻下，辽东兵就可以随时攻打北平。此时的形势对于朱棣来说已是危如累卵。南边有李景隆的几十万大军，东边有已经破关的辽东军，朱棣正陷入夹击之中，此刻正是朱棣一生中的至暗时刻。朱棣很快冷静了下来。他知道对付李景隆的大军最好的办法是拖，而已经入关的辽东兵才是最大的威胁。朱棣将一部分军队留下守城，自己带着精锐去驱赶辽东军。为了提高防守的效率，朱棣撤除了北平城外一切守军，集中力量防守北平，并把守城的任务交给了长子朱高炽，自己带着次子出发。朱棣的这一防守策略十分正确，可惜二百多年后的人们不明白这个道理，面对关外的后金军，蓟辽督师孙承宗不集中力量防守山海关，反而大修关宁锦防线，拖垮了大明朝的财政。

朱棣的心里也没有底，但他只能这么办，他寄希望于儿子朱高炽能够守住北平。历史总是惊人地相似，朱高炽守北平的局势跟当年的朱文正守洪都的局势如出一辙。无论朱棣如何心乱如麻，此刻的他只有冷静下来稳扎稳打。接下来，朱棣迅速击退了南下的辽东兵，与此同时北平的攻防战打得正激烈。当他得知他的儿子防守北平正严密，朱棣又做出一个大胆的决定，带着军队往北奔袭至关外的大宁，收缴了宁王朱权的军队，包括军中精锐的朵颜部蒙古骑兵。

朱棣带着宁王的军队轻而易举地击溃了已经攻城近一个月的李景隆大军，此时的朱棣已经有了完全可以对抗朝廷的本钱。

李景隆兵败后退回了德州，双方歇息了近半年。建文二年（1400 年）四月，李景隆率三十万军队再次北上，与朱棣十万军队在白沟河展开了“靖难之役”中最大规模的一场主力会战。李景隆再次败北，退到德州。这次朱棣开始了穷追不舍，李景隆又退到济南，朱棣又追到济南。在济南朱棣遇到了真正的对手——都指挥使盛庸和布政使铁铉。朱棣围城三月而不破。这是一种奇怪的现象，为什么奇怪？因为对于朱棣这样一个反叛者，朝廷竟然没有援军来支援济南守军。这也就说明，朱允炆能控制的资源其实就是济南城的守军。朱棣越打下去越胆寒，这时候他做出了一个愚蠢的决策，退回了北平。

朱允炆立即任命盛庸为平燕将军，总督平叛兵马。盛庸随即跟朱棣大战东昌，朱棣再次战败。从建文元年（1399 年）七月朱棣起兵以来，一直到建文三年（1401 年）底，朱棣一直在北平附近晃悠，打不开局面。朱棣本来的策略是稳扎稳打，拿下山东后，再南下安徽，攻取南京。朱棣明白如果继续这样搞下去，不仅济南打不下来，就是德州也拿不下来，而一旦建文皇帝醒悟过来，调各地人马围剿，自己将死无葬身之地。如今他只有一个办法，那就是越过山东，直取南京。

朱棣在赌，他赌的就是大明的军队不来插手这件事。朱棣在三年的战争中已经捕捉到了这一点，所以他才敢这样做。

从建文四年（1402 年）正月起，朱棣率领不足十万的人马开始从北平出发，绕过德州，渡过黄河进入徐州。驻扎在山东境内的朝廷军队得知消息后，开始在后追赶。双方在安徽境内大战一场，朝廷军队失利。接着，燕军攻破淮河上的盛庸防线，强渡淮河，进入南方，接着攻下扬州，抵达浦口。此时盛庸的水军正在长江上布置防线，与燕军对峙。

很不妙的是，盛庸手下的都督佥事陈瑄叛投燕王，保卫南京的最后一道防线破产。此时南京城内有两种不同的声音，黄子澄和齐泰力主守城，李景隆和兵部尚书茹瑺力主谈判，可已经到了这个时候，还怎么可能谈判呢？

最终李景隆打开了城门，迎接燕王入城。李景隆为什么要打开城门？因为没有办法，此时各地的兵马已经不愿意拱卫南京，建文皇帝只好在南京附近招募义兵守卫南京。这些毫无作战经验的新兵如何能够守卫南京？

就这样，朱棣进入南京，承继大统。

朱棣进入南京城后，看见的是熊熊大火，建文皇帝的结局究竟如何已经不再重要。中国的文官们试图改造中枢的努力只能以失败而告终，明王朝的政治特点在一定程度上重回洪武之治的轨道。

建文皇帝失败的原因不是由于朱棣多么睿智，也不是由于燕军战斗力多么强悍，而是由于建文皇帝手中掌握的资源太少，无人愿意帮助平叛。虽然李景隆、盛庸带兵平叛，但他们更多的是出于道义上的帮助，真正对建文皇帝忠心耿耿的大约便只有那帮文臣。

从持续四年的内战可以看出，建文皇帝能够调动的也就是李景隆和后来盛庸率领的那支军队。当朱棣的一支孤军从北平南下的时候，竟然没有一处勤王之师前来拦截，这就说明这些将领都在隔岸观火。

所以削藩先削谁、后削谁已经不重要了，复古不复古已经不重要了，井田制究竟要不要恢复也不重要了，重要的是对于一个继任者来说如何快速稳定局势，获取威望。而建文皇帝一系列的改革失误最终葬送了自己。

建文皇帝的削藩跟汉景帝的削藩有相似之处，都是在形势还不成熟的情况下受到文臣的蛊惑。但景帝手中掌握的资源要比建文皇帝多得多，景帝有梁王做屏藩，有周亚夫、窦婴等平叛大将。而且建文皇帝跟景帝在削藩前后的态度也惊人地相似，先是态度坚决，待天下突变又优柔寡断。

封藩跟儒家的礼治是相抵触的，儒家奉行干涉主义，主张通过维护君主的权威来实现干涉主义，而藩王制度恰恰影响到了儒家的干涉主义。这也是汉明两代儒臣皆力主削藩的原因。

“夫抱火厝之积薪之下而寝其上，火未及燃，因谓之安，方今之势，何以异此。”贾谊的《治安策》深刻论述了这种盛世下由于藩王制度而潜伏的末日危机。

不光如此，苏轼也针对削藩问题发表了一番议论。苏轼在《晁错论》的开篇提到世上最难办的事情是表面上一片太平，暗地里却埋藏着隐患，实际上就是指封藩。接下来苏轼指出要想削藩成功必须具备三个前提条件：第一，要把削藩这件事情搞清楚，也就是要对敌我双方的力量进行科学评价，要清楚削藩的后果；第二，一旦由于削藩带来不利后果，要镇定处之而不要害怕；第三，削藩要讲究循序渐进。苏轼在提出这三个条件的基础上，也点明汉代的晁错并不适合做这件事情。

建文皇帝在没有掌握军权的情况下过急过快地削藩，是其失败的根本原因。无论你承认不承认，朱棣的造反是被建文皇帝所逼迫的，造成此种局面的责任在建文皇帝而不在朱棣。虽然建文皇帝失败了，但建文皇帝的仁政、礼治在明初的政坛上留下一抹余晖。这对朱棣日后的施政也产生了深远的影响。

12 朱棣和华夏“正统”

朱棣取得了这场战争的胜利，但他依然纠结。他纠结的是如何对建文皇帝定位的问题。在明代实录中，建文皇帝被定义为一个昏聩、残害手足、不遵循洪武皇帝遗愿之人，甚至建文皇帝篡夺了本应该属于永乐皇帝的皇位。如此一来，朱棣的靖难之役似乎名正言顺。光有这些还不够，建文朝大多数文献被焚毁，以致今人研究建文一代的历史是那么艰难。虽然没有过多的史料对建文皇帝进行描述，但我们透过历史的脉络，依然可以看到一个温文而又残酷、意志决绝而又步履维艰的皇帝。

永乐皇帝开始不遗余力地展示他的正统性。为纪念朱元璋和马皇后，他重新修建大报恩寺，这确实有欲盖弥彰之嫌。朱棣对此也很清楚，他要的就是堵住天下悠悠众口。不光如此，更加残酷的还在后面，让我们还是回到南京城破的最初阶段。

南京城破在文人心目中不亚于一场改朝换代。对于一些人来说，建文四年（1402年）南京城破跟顺治二年（1645年）的南京城破没有任何区别。的确如此，在那个年代，为此殉节的大有人在，甚至有跟此事无关的农民投身赴水。在他们心目中，那个好皇帝不见了。在文人心中，他们的那个政治梦想破灭了，在南京城熊熊的大火中无情破灭了。

朱元璋虽然没有给他的孙子留下一帮武将，但是却留下了一帮铮铮铁骨的文臣和文人。如果你看一下名单，就会发现这是一个多么豪华的阵容。

> 黄子澄、齐泰、方孝孺、景清、连楹、卓敬、练子宁、铁铉、暴昭、陈性善、王彬、宋忠、崇刚、陈迪、黄魁、颜伯玮、王省、胡闰、高翔、王度、戴德彝、谢升、丁志方、甘霖、董镛、陈继之、韩永、叶福、王艮、高逊志、廖升、魏冕、邹瑾、龚泰、周是修、程本立、黄观、王叔英、林英、黄钺、曾凤韶、王良、陈思贤、龙溪六生、台温二樵、程通、黄希范、叶惠仲、黄彦清、蔡运、石允常、韩郁、高贤宁、王琏、周缙、牛景先、程济。

这批文臣和文人不仅是建文一朝最后的绝唱，更结束了中国古典意义上的士大夫精神。此后的士大夫们从气质上来说都跟前代不同。这场政治变动在士大夫的眼中丝毫不亚于宋元两朝的灭亡，他们心目中的那个明王朝的确已经灭亡了。

很快，明王朝历史上最震撼的事情发生了。这批儒生要么被处死，要么自杀殉节。朱棣不知道这些大儒是整个民族的灵魂，大儒杀之不祥。即便是在那个恐怖的洪武朝，朱元璋对这些大儒也是礼敬有加。虽然悲剧发生了，但这些儒生在明初的舞台上进行了一次最精彩的表演。他们终于有机会来诠释心中的理想与信念。

时至今日，历史研究者对朱棣的行为也很难定性。如果儒家思想是国家宪法，那么朱棣的行为逃不过一个“篡”字；如果《皇明祖训》是朱家家法，那么朱棣的行为是正当的。面对儒生的反对，朱棣没有像他的后世子孙万历皇帝那样消极应对，而是以铁血的政策来镇压。

> 公仪仲子之丧，檀弓免焉，仲子舍其孙而立其子，檀弓曰：“何居？我未之前闻也。”趋而就子服伯子于门右，曰：“仲子舍其孙而立其子，何也？”
>
> 伯子曰：“仲子亦犹行古之道也。昔者文王舍伯邑考而立武王，微子舍其孙腯而立衍也。夫仲子亦犹行古之道也。”
>
> 子游问诸孔子，孔子曰：“否，立孙。”

这是《礼记·檀弓上》中的记载，意思是公仪仲子的长子去世，仲子不立其孙而立其另一个儿子。檀弓就此问伯子，伯子拿文王和微子来举例证明仲子的决策是正确的。但孔子却说出如此截然相反的观点，那就是立孙乃是符合正统的决策。

《礼记》乃儒家十三经之一，从这里可以看出孔子对于在嫡长子不在情况下立嫡孙问题给予了明确答复。

从儒家经典来看，朱棣的行为有违华夏道统，只能在朝廷的运作中偶尔为之。这种行为不可成为国家政治运行的常态，一旦成为常态只会陷入无休止的纷争中。华夏的核心思想之一就是“正统”，一个庞大而复杂的农耕国度需要的不是英明睿智的领袖，而是稳定的秩序传承。

13 永乐朝的治世与阴影

这一节我们来探讨多姿多彩的永乐治世。无论从何种角度来看，永乐朝都是明王朝最强大的时代。在这个时代中国人一反常态地抛弃了不干涉主义，开始了全球扩张步伐。朱棣派陈诚出使西域，重开了从土耳其连贯东西方的商路；派郑和下西洋，将明王朝的影响力扩张到非洲；亲率大军五出塞外，干涉安南的内部事务。中国人在这个时代的干涉主义不符合这个帝国的运行特点，而自有它复杂的原因。

永乐朝仍然是一个高度集权的时代。永乐皇帝重新树立了武将们的地位，让他们继续在这个帝国发挥作用。不仅如此，永乐朝在政权组织上还出现了跟洪武朝截然不同的特点，而这种特点一直横亘整个大明王朝。

这个不同的特点就是将宦官提拔到一个新的高度。洪武朝监察就已经有了新型的特点，朱元璋最初设立的纠察机构叫御史台。为了更好地纠察官吏，朱元璋废御史台成立按地域分工的都察院，并成立六科给事中监察六部，还有各省提刑按察使司的分巡道制度。可以说明代的监察系统比前几个朝代都大大加强。但这些还不能满足朱棣的需要，朱棣需要的是一种新的忠于自己的监察系统，于是选中了一个新的团体——宦官。

出使、专征、监军、分镇、刺隐成为明朝太监们的新职业。出使也就是作为外交礼节出使国外。这本来是文官的工作，但朱棣竟然让宦官代表天朝出使邦国，可见在他的心目中太监已经等同于文官，甚至还高于文官。专征就是指太监独立带兵出征，最明显的例子就是郑和下西洋。监军就是督察军务。分镇就是派太监到地方去督察文官。刺隐就是派太监刺探王公、大臣、将军的隐私，担当这个任务的是一个全新的机构——东厂。

由此可见，朱棣通过庞大的宦官系统维持着明初政治结构的平衡。大明的宦官们先于文官们一步登上政治舞台，一直到嘉靖时期才衰落。但无论宦官在这个舞台上如何表演，却始终无法超越汉末和唐末的宦官专政，因为明代已经没有了宦官生存的土壤。他们只是作为制衡文官的棋子而存在，并扮演皇帝亲密好伙伴角色。在后期跟文官集团的对抗中，他们跟他们的皇帝一样是绝望的。

虽然朱棣的行事风格依然不符合文官的标准，但朱棣还是要跟这些文官达成最终的谅解。为了标榜自己是一位圣人君主，他开始编纂圣人经典，重新树立起理学的指导思想。废除朱元璋的举荐制，重开科举考试。并通过他编纂的典籍来告诫后世子孙，怎样做才能成为一位好君主。这俨然是很搞笑的事情，没有人会把这些当作金玉良言，后世子孙也根本不会理会这些。朱棣想通过编书和著书来显示他的仁君形象和符合中国社会传统道德的合法继承者。无论他如何粉饰，历史必将还原他的本来面目，那就是一位奉行法家思想、行霸道的强悍君主。

前面说过“正统”一说对于我们这个庞大国家的重要意义，历史已经证明任何继位不正的人都会给这个国家带来一系列麻烦。因为他们总是会做出一系列出格的事情来表明他们的正统性。

朱棣仍然将那个漠北的民族当作强大对手。皇帝亲自征调大军五出蒙古，前两次还斩获颇多，后三次连对方的踪迹都没有找到。五次出征一次比一次纠结，一次比一次令人沮丧。永乐帝在那荒凉的大漠中感触颇多，曾经繁荣的大草原，阡陌纵横、人丁兴旺，如今随着那飘逝的功业成了如烟往事。朱棣在这阴冷的大草原上倾听着大自然的安静，也倾听着自己生命终结钟声的敲响。

朱棣不仅通过武力来彰显自己的实力，他更想通过和平而霸道的方式来展露天朝无与伦比的辉煌。郑和的船队终于出发了。

大明永乐三年（1405 年），欧洲人刚从睡梦中醒来，美洲仍处于部落社会，高原上的蒙古部落处于无序的分裂状态，东边的朝鲜国正陶醉于小中华的美称之中，海洋中的日本正处于刀光剑影的战国时代，西亚的帖木儿帝国正处于骚动与不安之中，南亚的诸国正在寺庙的钟声中恬然。

1405 年 7 月郑和的船队从南京龙江港起航，沿着长江东进，打算从长江口出海。郑和的舰队共两万多人，几十艘巨舰横行在江面上。当这支船队驶出长江口，面对浩瀚的大洋的时候正是清晨，一缕霞光照在身着冠服的郑和身上。郑和的船队沿着浙江、福建沿岸南下，接着驶入南海，贴着越南继续前进。

在明朝人眼里，以文莱为界，文莱以东称东洋，以西称西洋。东洋对于明人来说是熟悉的，或者说在大明的势力范围之内，而西洋对于明人来说则是神秘、遥远的。

此时的南洋诸国，远到波斯、东非，近到吕宋、占城，都处于海洋贸易不太活跃的境地，究其原因，还是由于洪武帝变自由贸易为官方贸易，导致海外贸易量急剧萎缩。私人贸易的禁止也使得越来越多的人铤而走险，一方面是巨大的利润诱惑，另一方面是这种走私也用不着交税。所以无论东洋还是西洋，都由各国的水师、商队、海盗维持着各个航道之间的平衡。

郑和的到来使南洋诸国沸腾了。他们终于盼望到了那个神秘而高高在上的天朝上国来眷顾他们的这片土地，而且还是如此隆重地眷顾。郑和不仅带来了册封的诏书，还带来了琳琅满目的商品。这些邦国的国主们和大大小小的部落领袖们无不希望通过天朝的册封来取得合法地位以进行朝贡贸易。在那个海洋文明还没有破土裂出的时代，正是东方的皇帝和西方的罗马教皇通过册封来维持了两个体系的稳定，郑和的航海只是在体系内的涌动。

郑和下西洋的确是一件损耗国力的事情。郑和带去的都是硬通货如金银、丝绸、茶叶、瓷器，而带回来的香料、苏木、胡椒都是价值相对低廉的物品，而且这种物品只在官府间流通，并没有流入民间市场。永乐后期在财政困难的情况下，发生了以苏木、胡椒折俸事件。由此可以看出苏木、胡椒的积压何其严重。

郑和下西洋的花费全部由大内出，由南京的太监们就地采办。因为没有文官插手，所以也就没有记录。对于郑和七次下西洋的花费究竟多少我们已经无从得知。但我们知道的是在郑和几十年的下西洋过程中一直伴随着文官的反对声音，且一次比一次凶猛，后来他们居然将郑和下西洋的图纸藏匿起来。文官这么做的原因是什么？一是害怕耗费国力太大，二是下西洋这种活动有违儒家理念。整场下西洋活动没有文官的参与，它只能扩大君王的权力。

中国人的这场远洋活动终于在宣德八年（1433 年）戛然而止。自大唐天宝十年（751 年）唐与大食在怛罗斯之战中失败后，中原王朝就失去了对外干涉的能力，直到郑和下西洋，这才意味着“天朝上国”通过海路重返东方舞台中心。但由于不符合儒家规范，短短三十年，这场远洋活动已经走到了尽头。

一个以农业为基础的国家，一个本身物产丰富的国家，一个自然经济占统治地位的国家，一个不需要原材料和海外市场的国家，一个陆地上的领土面积已经达到极限的国家，一个信奉内圣外王的国家，其对海洋根本产生不了任何兴趣，所关注的永远都是内部事务。在信奉儒家道德规范的古代中国，产生不了任何现代的因子。它对内不能抚平经济波动，对外也无法参与大航海时代的竞争，有的只能是在自然经济下缓慢而被动地前行。

此时明王朝的威胁仍然是来自北方的强大民族，而南方的京城跟北方九边重镇沟通起来多有不便。洪武时代通过封藩的方式来戍边。到了永乐时代，封藩已经不可能，那干脆我自己来守吧。永乐皇帝就是这样想的。那都城究竟应该在哪里呢？在那个时代，建都北平是唯一正确的选择。

定都于传统的西安或洛阳没有必要，丝绸之路的没落使得控制西域已经没有必要了。历史的教训表明“得中原者得天下”是个伪命题。此时摆在皇帝面前的，已经不是得中原的问题，而是如何虎视中原的问题。历史的教训也同样表明，一旦散失了黄河以北的产马地，农耕民族只能以血肉之躯对抗部落民族。

定都北京至少有以下几个好处：明王朝的军事中心会布置在沿长城一线。北京城处在塞外和辽东进入中原的咽喉之处，定都北京刚好可以遏制外敌深入中原腹地，也使得即使有外敌破关而入也无法有效深入内地。因为都城的北移也使得整个王朝的军事重心北移。无论如何，定都北京等于把明王朝的防御线推进到了边防一线，变防御性国都为进攻性国都，对关外之敌有着极大的震慑作用。外敌入关首先要面对的不是柔弱的百姓，而是君临万方的天子。

如果从当时的地图上来看，北京的确是属于边塞影响范围。骑马从边塞赶到京城，连一天的时间都用不到。但守住了京城，就守住了京城下面的万里河山。“天子守国门”的确需要极大的胆量与气魄。明朝的皇帝将自己置于危险境地，却保护了黎民众生。

跟迁都几乎同时进行的另一项大的工程是开通漕运。京杭大运河对于明清两代有着极其重要的意义，它是沟通南北的大动脉，是保持国家有效运转的重要条件。运河流经的地方带来了繁华的城镇，解决了就业人口，增加了税源。

朱棣将首都北移，带来的一个现实的问题就是粮食问题。因为首都的北移，大量的人力开始了北移，大量的军队开始了北移，带来了对粮食的巨大需求。而当时的粮食主产区在江南和湖广，不像现在在华北平原和东北平原。在元代，由于运河的淤堵，粮食依靠海路来运输。但海路运粮风险大，而陆路运粮漫长而累人，所以运河运输是当时唯一的出路。

运河跟长城一样是中原王朝的两大工程。长城的修建虽然牺牲了很多人，但它保护的生命远比牺牲的要多得多。大运河对于任何一个王朝来说都是经济能否正常运转的关键。河道的疏通和整治也成了每个王朝必修的功课。

对于运河的疏通依然是调用了很多民力，尤其是在山东这个地方。永乐皇帝自登基以来的一系列劳民伤财，最终导致了明初最大规模的一场农民起义。大元王朝灭亡五十年后，历史又一次重演。这就是唐赛儿起义，依托的仍然是白莲教衣钵。

这场农民起义虽然只持续了短短数月，但是它给永乐王朝传递了一个信号。它更是对永乐之治的一次打脸，也成了皇帝至死也无法挥去的一块心病。

永乐王朝的盛世下潜藏着危机，疲弱的财政、民力的滥用、连绵的灾荒。朱元璋时代留下的底子都在朱棣时代的扩张中消耗殆尽，后世的紧缩已成必然。

14　死于立储之争的大明才子

永乐一朝，皇帝任用的文官皆是前朝位卑没有得到重用的文官。这些文官大多没有什么个性化色彩。在强势的永乐皇帝面前，无论是立储还是北征这样的事件，这些官员大都是以极其式微的方式表达自己的观点。洪武、永乐两朝大都具备相同的特点，那就是这两朝都是文官被压制的时代。

我们对于永乐文官的关注还是从立储问题切入。

明王朝是中国的文官思想意识迸发的年代，但那只是明中期以后的事情。洪武、永乐两朝文官具备后期文官性格特点的唯解缙一人而已。解缙的行为放在永乐时代叫“拎不清”，如果放在明代日后的岁月，解缙的行为根本算不上什么。毕竟明初的政治环境迥异于明代后期。

解缙是江西吉水人，十九岁那年得中进士。朱元璋非常欣赏解缙的才华，想把他培养成官员的典范，好让世人知道朱元璋手下也能出名士。朱元璋对解缙这样的青年才俊也尤其喜爱。他私下里对解缙说朕与你“恩犹父子”。解缙把这句话当了真，实际上也确实是真话。

第二天，解缙开始上书指责朱元璋刑罚过重、变度太繁，令人无所适从。应该说解缙的上书清晰地指明了朱元璋身上存在的问题。解缙的上书在沉闷的洪武王朝响起了一声惊雷，人们纷纷等着看解缙的结局。朱元璋对解缙的话并没在意。因为他只是将此当作童言。事实表明解缙头脑极其机械。虽然这次朱元璋没有处罚他，但他随后又陷入跟地方官员的扯皮中。他弹劾了一名官员，最后甚至发展到为李善长辩冤。朱元璋意识到如果任由解缙发展下去，解缙最终会跌入政治旋涡而毁了自己。出于保护解缙的考虑，朱元璋在洪武二十四年（1392 年）让解缙的父亲来京将解缙领回了家，并说十年后再叙用。朱元璋本想让解缙历练十年，希望这十年的历练能够让解缙明白世事，事实证明十年后的解缙依然不明世事。

时间进入到了建文朝，解缙虽然重返官场，但依然得不到重用，只是以一微末小吏的身份存在于建文朝廷。才子的光环早已淡去，没人会注意到他。燕王发动靖难之役后他的机会来了。由于在建文朝廷没有得到重用，他无须为建文效忠。当朱棣进入南京城后，他很显然会为新朝效忠。朱棣对于解缙这个才子的投奔欢喜异常，毕竟曾经的光环还在。

解缙在永乐朝是为修书而存在的。无论是修《永乐大典》，还是重修《太祖实录》，解缙都是最佳人选。但永乐一朝一直有一个阴影，一个悬在所有人头上的达摩克利斯之剑，虽然没有人提，但它时刻悬在所有人头顶，那就是立储问题。

洪武朝本来没有立储问题，立储问题只是在朱标死后才凸显出来。后来朱元璋为了杜绝其他皇子觊觎皇位，最后严格按照宗法制立了皇太孙为储君。而永乐朝刚一建朝的时候，这个问题就显露出来了。朱棣一共有四子，第四子夭折，前面三个都是徐皇后所生，分别为朱高炽、朱高煦、朱高燧。朱棣最喜欢的并不是皇长子朱高炽，而是皇次子朱高煦。朱高煦身材高大、相貌英武，像极了朱棣本人。靖难之役的四年中，朱高煦一直陪伴在朱棣左右，甚至数次救其于危难之中。

客观来讲，朱高煦是比朱高炽更适合当皇帝的人选。他英姿勃勃，有战场上的实战经验。如果他能继任，大明王朝的政治轨道必然沿着洪武、永乐的模式继续运行下去。中国的文官集团全面掌握朝政的进程必然又被推迟。但这一假设在永乐朝就彻底结束了。无论如何，皇室的后世子孙不可能永远从战场中厮杀出来，权力必然还是会交到文官手里。的确在这个奉行儒家体制的国度，皇位的平稳过渡才是第一要务。皇长子被“闲置”对于帝国来说的确是一件瘆人的事情。虽然永乐皇帝取得皇位的方式违背了儒家原则，但当他坐上了这个位置后又不得不遵循这一原则。但他内心仍在犹豫，平心而论他的确是想把皇位传给朱高煦。面对这种局面，皇帝开始征询群臣的意见。

他首问的仍然是解缙的意见。对于这个问题群臣显而易见地支持朱高炽，无论从伦理道德来讲，还是从文官的利益来讲都是如此，解缙自然也是如此。但朱棣仍然在犹豫，解缙开始打朱瞻基的牌。

朱瞻基是朱高炽的长子，从小就相貌英武、体格健壮，长相颇似朱棣，能文能武。朱棣行军打仗都将他带在身边。父亲的软弱使朱瞻基很早就有一种危机感。他性格平稳、胸有城府，从不轻易表露自己的观点。他的目光坚定、勇敢，他的意志决绝。他无疑是一个早熟的孩子。很多时候不是父亲在保护他，而是他在保护父亲。

朱高炽身体肥胖，走路不稳，需要太监搀扶。有一次朱高煦在后取笑道：“前人蹉跌，后人知警。”朱高煦话刚说完，就听见一个声音说道：“更有后人知警也。”朱高煦扭头一望，原来是朱瞻基。

永乐十一年（1413 年）的端午节，宫中射柳时，朱瞻基不仅屡射屡中，当朱棣吟出“万方玉帛风云会”时，朱瞻基随即附和道：“一统山河日月明。”

这样一位人物，无疑是这个王朝最出色的继承人。既优于前世君主，更胜于后世君主。不错，朱棣的心中也是这样想。但是对于朱棣来说，朱高煦似乎也是一个最佳人选。解缙不断在朱棣耳边高声叫道：“好圣孙！”这种叫喊似乎促进了朱棣下决断的决心。但现在来看，朱棣选择最终立长子的原因还是从政权过渡的合法性来考虑。立长不立幼的确能够使这个国家保持稳定，即使是最伟大的君主也不愿轻易挑衅这一原则。

永乐二年（1404年），朱棣立朱高炽为太子。天下人终于安心了，但朱棣本人的心仍没安。

朱棣觉得自己亏欠了朱高煦，希望通过其他方式来弥补。随着朱高炽被立为太子，朱高煦也被封为汉王，就藩云南。但朱高煦不愿意去那个遥远的边疆，他宁愿待在南京。对此朱棣没有说什么，他一直有愧于朱高煦，朱高煦的这个请求并不算什么。朱棣给予朱高煦比一般藩王更多的封赐，而且规格日益隆重，竟隐隐直逼太子。大学士们坐不住了，第一个跳出来的仍是解缙。

“皇上，你不能给予汉王更高规格的封赐，这让太子情何以堪啊！”解缙对朱棣说道。

朱棣听了这话勃然大怒，立即将解缙贬去了交趾省。

解缙跟皇帝的关系似乎来了个一百八十度的大转弯。在极短的时间内，君臣关系为何产生如此大的巨变？按说不好理解，其实如果把朱棣的内心世界理顺了，那么就好理解了。

虽然皇帝立了长子为太子，但皇帝的内心却很失落，他觉得有愧于二儿子，所以他千方百计通过其他方式弥补。虽然朱棣接受了解缙的主张立长子为太子，但毕竟解缙是造成这种局面的一个有力推手，可以说从立了太子这个时刻起，解缙就已经不容于皇帝。

对此，汪广洋有着深刻的理解。他知道李善长是王朝的缔造者之一，即使朱元璋想处理他，但这也是他们两人的事，即使自己扳倒了李善长，最终也会不容于朱元璋。所以，装疯卖傻成了汪广洋唯一的选项，但不幸的是他仍然没有逃脱朱元璋的处罚。

从立储那天起解缙就已经坐在了火山口上，只是他自己浑然不知而已，由此可以看出此人对于世事的暗昧竟至于此。如今他又说出这番话来，朱棣对他积攒的不满爆发了。

实际上朱棣对于解缙并没有个人意见，解缙所说所作只是尽了一个人臣的本分，并无过错。朱棣对于解缙的处罚的根本原因还在于他那惶愧的内心，他因为没有立二儿子为太子而感到愧疚不安。他把这种情绪发泄到解缙身上，以图通过对解缙的处罚来使自己的心获得安宁。

事情并没有结束。永乐八年解缙进南京办事，恰巧朱棣北征不在京中，解缙跑到东宫跟太子进行了一番交谈。他们具体谈些什么已经无从知晓，但我们知道的是朱棣从塞外回来后闻知此事，勃然大怒，立即将解缙从交趾押回南京，关在锦衣卫诏狱。

在敏感的时局，身份敏感的两个人进行了一次敏感的谈话，朱棣怎会不猜忌。实际上这个时候太子的日子也很难过。朱棣经常不在京中，一直是由太子监国。太子的行事风格跟朱棣大为不同，一直为朱棣不满。朱棣最忌讳的事情就是太子私交大臣，尤其是像解缙这样处于风口浪尖之人。

解缙在锦衣卫诏狱中大约受到了拷打，拷打的目的是让他交代同党。朱棣明显想扩大此案的波及面，给太子和群臣以警告。好在时任锦衣卫指挥使的纪纲是个文化人，他仰慕解缙的才华，才给予解缙特殊的照顾。纪纲经常向解缙请教一些文艺的问题，两人经常促膝长谈。解缙在狱中作下一首诗：手扶日月归真主，泪洒乾坤望掖庭。身死愿为陵下草，春风常护万年青。这首诗表达了他对朱高炽的认同和那种融融君臣关系的向往。

所有的文臣包括纪纲在内都在寻找机会营救解缙，机会终于来了。永乐十三年，解缙已经在狱中度过了四个春秋。这年的正月十五，皇帝与群臣在午门观赏花灯时发生了火灾，禁军都督马旺被大火烧死，群臣立即上书建议大赦天下，以此冲销此无妄之灾。朱棣斜着眼睛看着这些官员，他知道他们想干什么。

指挥使纪纲把解缙的名字藏在赦免人员名单中一个最不起眼的地方。他期望解缙的名字不会被朱棣所发现，但这显然是不成立的。朱棣看的就是解缙的名字。如果解缙的名字没有写上去，解缙犹可活，可以拖到朱棣死去，到了洪熙朝定会被释放出来，而且还会得到重用。可是这个名单一上去，解缙断无活的可能。人生的很多东西需要的就是等待。

“怎么解缙还在？”纪纲听见的是这么一句话。

纪纲的表情僵住了。他知道皇帝的话意味着什么。因为被解缙一案牵连进去的官员，已经有五位死去。皇帝对于这一案的主角解缙还活着，感到不解。

纪纲默默地回去了，准备了一桌酒菜与解缙痛饮一番，然后他扛着烂醉如泥的解缙来到屋外。他望着漫天纷纷扬扬的大雪，他将解缙放在雪地上，然后用雪将解缙活埋而死。大明永乐十三年（1415 年）的正月，才子解缙就在这样一个大雪纷飞的季节凋零在南京的雪地里。

立储问题随着解缙的死暂时告一段落了。朱棣那因立储而愧疚的心暂时得到了平静，他随后将朱高煦迁到山东就藩。

第二章 文官兴起

洪熙、宣德、正统、景泰、天顺、成化

从洪熙皇帝朱高炽至成化皇帝朱见深，中国历史经历了六十三年。这六十三年中国发生了许多大事情，但总体较安静，还没有发生类似后世那种激烈的党争、生产关系的裂变。这六十三年主要是在推进文官制度上的成熟，内阁决策、司礼监审议、六科执行……一切都已程序化。即便没有君主，它也能够平稳运转。

洪熙皇帝身体肥胖，并且努力按照一个仁德之君的标准要求自己，但即便如此也无法换来文官的完全赞同。宣德皇帝无疑是一个明朝历史上最好的皇帝。他既仁慈又霸道，既对文官给予自由又予以压制。但可惜历史只给了他十年。正统、景泰、天顺三朝严格起来说只有一朝，因为中间发生了土木堡事变，景泰皇帝由此不得以上位，后来英宗皇帝又复位。

英宗是一个复杂的人。在被俘之前，可以用懵懂来形容他。他被宦官王振忽悠。但在成为阶下囚的日子，或者回宫后被软禁的日子，他都不慌不忙，以一颗平常心应之。他在第二次君临天下后，也并没有表现出太多的欣喜。人生经历过大喜大悲，已没有任何事再能激起心中波澜。对于英宗来说，皇宫就是一个囚笼，他的一生就是一个囚徒。

成化皇帝肥胖、木讷，迷恋保姆万贵妃。这是一个阴沉的皇帝，喜欢与民间术士搅在一起，也是大明王朝第一位不理政的皇帝。与之对应的是，成化朝各项制度正式成熟，这才使得皇帝的垂衣拱手成为可能。成化朝也是明朝唯一一个历史分水岭，自此之后，明朝的思想开始松动，商品经济开始活跃。

15 被御史气死的洪熙皇帝

永乐二十二年（1424 年），雄才大略的朱棣在最后一次北征的途中死去，从此大明王朝结束了一个扩张的时代，迎来了内敛而自省的时代。

无论永乐时代强势扩张的形势下掩盖着多少虚弱与孤寂，这都是一个给后世留下宝贵遗产的时代。迁都北京、重修万里长城使得这个王朝能够更有效地应对来自北方的攻击，从而延续帝国的国祚；漕运的开通使得南北连贯起来，王朝的整体性大大加强；郑和下西洋留下的精神遗产远大于物质遗产。这些遗产，在一定程度上保持了王朝的平稳运转。

文官们历经明初三朝才使得整个王朝开始倾向于自己设计的体系并运转起来。洪熙皇帝虽然仅在位十个月，但他作为太子监国长达二十年。在永乐王朝还没有迁都北京的前十九年，朱棣的大部分时间都是在北京度过的，而留在南京处理政事的就是朱高炽。迁都北方后，朱棣又出征在外，所以留守监国的仍然是后来的洪熙皇帝。对于皇储身份的朱高炽来说，这二十年无疑是难熬的。父皇不喜欢自己，自己虽然被立为太子，但这个位置似乎从来没有稳当过，不知道什么时候会被拿去。父皇无时无刻不在监视自己，自己一直小心翼翼、如履薄冰，即便如此也经常招来父皇的无端指责与谩骂。自己不敢跟任何大臣亲近，亲近自己的大臣被关进诏狱，自己也只能眼睁睁地看着而无能为力。现在父皇死了，终于可以按照自己的意愿做事了。

朱高炽一登上大宝，便开始大刀阔斧地对永乐时代的政策进行修正。反对朱棣北征的夏原吉被释放出来，跟自己走得近而受迁怒下狱的黄淮、杨溥也被释放出来。这些人分别被委以重任，成为洪熙、宣德两朝的重臣。不仅如此，跟建文朝有牵连而被处理的官员全部被平反，他们的家属后代都从流放的边疆回到了南京，而且很多被授予官职。从这两件事情上我们迅速联想到一个人，那就是建文皇帝。的确，洪熙皇帝的所作所为跟他的堂兄建文皇帝如出一辙，但洪熙皇帝对朝政的大规模调整还在后面。

从元至正年间一直到永乐年间，老百姓一直就处于疲于奔命状态。战争、修堤、迁徙、运输、伐木、营造、疏通都是伴随着百姓的事项。天下的百姓早已不堪重负，民力已经用到了极限，唐赛儿起义就是一个信号。如今永乐皇帝西去，上任的洪熙皇帝必然会中止这一切。的确，洪熙皇帝继位伊始就下令停止各地太监的采购项目，所有在建和没上马的工程全部停止，取消郑和下西洋的一切事项，派出调查组前往各省调查减税和赈灾情况。但还没有等到各地调查组的反馈，洪熙皇帝就已经离去。虽然如此，但终是给宣德皇帝开了一个好头。

除了这些事情，还有一件事情萦绕在洪熙皇帝的心头，那就是把都城迁回南京。在南方长大的朱高炽并不适应北方的气候和生活习惯，他更思念那个飘洒着雨丝的南方城市，那丝竹琴声、秦淮河畔、吴侬软语。朱高炽似乎下定决心跟他的父皇决裂，如今连朱棣迁都北京这样的大事都要废除。

洪熙皇帝似乎隐藏很深，纵然对迁都北京如此不乐意，但在永乐朝他也从来没有表露出来。二十年来朱高炽都是这样度过，没有人知道他内心的凄苦，大概只有他的儿子朱瞻基默默地陪着父亲承受着这一切。朱高炽几次大的危难靠的都是文臣以极其隐讳而坚决地面对朱棣的方式化解，这里虽然有文官加持的因果，但更为重要的是朱高炽的那种坚忍的性格。朱高炽深深知道在这种微妙的时局下只能是以不变应万变，将自己深深埋藏起来，一切都要等到自己登上皇位再说。政治需要的是等待，只有经过漫长的等待后才会开花结果。

朱瞻基也跟他的父亲一样处于内心煎熬之中。他深知如果父亲的皇位不保，那么自己也终将一无所获。父子俩终于熬过了那艰难的岁月，但此时的洪熙皇帝已是身心俱疲。

对于将首都迁回南京的事情对朱高炽来说似乎势在必行。他将郑和派往南京任守备，将北京改为行在，派长子朱瞻基提前去南京打前站。迁回南京除了个人原因外，更为深层次的原因是从大明王朝的成本开支来考虑。迁都北京后大量的人力聚集北方，而粮食、物资都需要从南方转运，这些无疑加大了整个国家的财政开支，同时也跟洪熙皇帝的行事方略不相符合。但他只是看到了局部，而没有从全局和更高的战略角度来考虑。迁回南京虽然会减少行政开支，但无疑会削弱整个国防。如果当时真的回都南京成功，那么用不着等到崇祯十七年，明王朝就会出现跟南宋一样的局面。

洪熙一朝所为，在我们看来都是对前朝进行政策上的调整，但有两件事情值得我们关注。那就是派郑和任南京守备，还有李时勉事件。虽然洪熙一朝只有短短十个月，但这两个事件向我们揭露了洪熙朝一些潜在的东西。皇帝与文官的关系并不像表面上看起来那么融洽。

洪熙皇帝跟建文皇帝不一样，他不像建文皇帝那么单纯。二十年的隐忍表明他是一个坚定、复杂的人。他按照自己的方式做事，没有人能够影响到他。当我们打开《仁宗实录》会看到他对于武官、勋贵、宦官的重用，在用人方面他似乎依然延续着永乐时代的主线。文官与皇帝之间的关系似乎也开始微妙起来，终于在李时勉身上爆发出来。

李时勉是御史，属于言官体系。他对问题的看法通常比较偏颇，又是一个易冲动的人，在永乐朝曾因为反对迁都北京而受到处理。到了洪熙朝虽然被释放出来重新授予官职，但他对皇帝的个人生活表示了浓厚的兴趣。皇帝对于这个人表示出了比他父亲还要大的愤怒，对于他的处罚也比永乐皇帝为甚。

李时勉的行为虽然只是一个个案，但他显然代表了当时一部分文官的看法。这些文官已经对皇帝的私生活表示出了兴趣。通观正德朝和万历朝，我们会知道这只是一个开始。不仅如此，李时勉对皇帝任用宦官提出了异议。这更说明文官想把一切都纳入自己的模式。虽然洪熙皇帝在处罚完了李时勉后就突然死去，但我们可以预见的是如果皇帝不死，他跟文官之间的矛盾有扩大化的趋势，届时大明王朝的政治模式向何处运转我们还不得而知。但无论是洪熙皇帝、宣德还是朱家的后世子孙都明白这样一个道理，那就是对于文官这个团体不能赋予太多的信任。既要提高他们的地位来使他们更好地为朝廷服务——毕竟历史的惯性最终需要赋予他们更多的责任，也要对他们保持压制以使朝政取得平衡。

文官和勋贵对洪熙皇帝移都南京的态度如何，历史并没有明确表明。史书上对这个问题既然没有记载，那么就说明移都南京一事并没有遇到太大阻力，抑或还没有展开洪熙皇帝就已经离世。

洪熙元年皇帝的死给历史留下一个谜团。史书并没有明确记载死因，只能依靠后人推测。洪熙皇帝身体肥胖，喜静不喜动，大概患有心血管类疾病，加上长期抑郁，我们可以预见的是洪熙皇帝很早就患有慢性病。洪熙元年李时勉上书责难导致了皇帝动怒，或许血压急剧升高导致脑出血也不是没有可能。

洪熙皇帝隐忍了这么多年，到了终于实现自己理想的时候了。的确永乐皇帝一死他就把这些想法付诸实施。他等待得太久了，他希望能给人们树立一个仁德之君的形象。但李时勉的上书无疑击碎了他的这种想法。无论他做得再好，也不能令所有人满意。李时勉的上书是对洪熙皇帝的一次试探，是对洪熙之治的一次压力测试。皇帝顶住了，他发了有生以来的第一次火，几十年的怒气、怨气终于在这一刻爆发了，但是他却付出了自己的生命。大明王朝皇帝与文官的斗争或许在这一刻才真正开始。从这件事情我们也可以看出洪熙皇帝的另一面——他实际上是个气量狭小的君主。

历史的光亮照进洪熙朝，一个崭新的时代开始了。文官们不需要像过去那样遮遮掩掩了。但失去压制的文官集团与皇权之间的矛盾也越发显性，朝廷表面的平静下实际上暗流汹涌，宣德朝以后这一矛盾开始爆发出来。洪熙之治虽然只有十个月，但它给我们留下深刻印象的是停办大的工程和停止对外征战，大明王朝进入了休养生息的时期。

16　宣德皇帝的王道和霸道

洪熙皇帝死去，朱瞻基登上历史舞台。他的时代是一个伟大的时代。我需要告诉读者的是，宣德皇帝朱瞻基是明朝历史上最好的皇帝。宣德皇帝在任的十年是大明王朝最好的时期。

宣德皇帝不似他的先祖们那般专制、冷酷，也不似他的后世子孙们那般懦弱、消极。这是一个既推崇文官又压制文官的君主。仁德之君并不是好皇帝标准，因为此时的大明王朝形势复杂，既要面对来自北方部落的攻击，又要面对水患、流民问题。一个既行王道又行霸道的君主无疑可以称为标准。在这方面，宣德皇帝无疑是出色的。

我们可以发现，宣德皇帝朱瞻基从小就身体健壮，很少生病，长得虎头虎脑，颇有英气。他的性格沉稳、自信，有自己的想法但从不轻易表露出来。朱棣很欣赏他，经常带他狩猎，北征蒙古也把他带在身边，并且选用当世最优秀的文人来给他授课。

朱瞻基从小就在北方长大，相对于南方那个陌生城市，更喜欢北平的空旷，那种习武的战场。他善骑马，能拉开大码弓。

朱瞻基无疑是崇尚武力的，在朱棣死后他仍然保持着经常狩猎的习惯，他甚至带着几个侍卫深入北京附近的山中打猎，充分展示了狩猎这一项活动的私密性。他也曾经亲自率领三千精骑从喜峰口出关进攻兀良哈所部可怜的牧民。

除了对军事活动发生兴趣外，这位皇帝还工于绘画。跟历史上其他皇帝一样，他也对动物画感兴趣，大凡帝王都似乎对山水画兴趣不大，他们更专注于精致的静物描绘。他的画作明亮、生动，善于表现动物的情感。

这位皇帝不仅工于绘画，而且还精于其他乐艺，甚至喜爱蟋蟀。他是明代第一位开始享受宫廷生活的皇帝。经过明初几位皇帝的励精图治，此时的大明王朝已经政通人和、民生宽松，皇帝已经有条件享受这种宫廷生活，而宫廷画家的笔触也向我们生动地展现了这一宫廷生活的情趣。宣德皇帝乐而不嬉、欲而不淫、威而不苛，从他的那种自信而自乐的气质来看，他更具魏晋名士风范。还要提到的是宣德朝的青花瓷也达到了顶峰。

宣德皇帝对宫廷生活的眷念并没有妨碍他关注民生。在出游途中他遇见耕地的农夫，拿过犁推了几下便已感到很吃力，于是问道："你们平日有空闲时间吗？"

农夫答："春天耕种，夏天除草培土，秋季收获。"

"那冬天呢？冬天有闲吗？"宣德帝继续问道。

"冬天还要服力役。"农夫答道。

听了农夫的话，宣德皇帝感慨万分，回去作了《耕夫记》，记载了这次谈话的内容。他还作了反映农妇劳动的《织妇词》。无论是《耕夫记》还是《织妇词》，都反映了宣德皇帝对底层劳动人民的关切。

宣德五年（1430年）的清明节，皇帝和文武大臣一齐陪太后张氏前往万寿山拜谒朱棣和朱高炽的陵寝。这是大明王朝最大的一场盛会，沿途的百姓纷纷前来一睹皇帝和太后的尊容。他们看见一个英武的年轻人骑着高头大马在前面引导着太后乘坐的辇车，当百姓得知这位年轻人是天子的时候，他们被皇帝那种孝心所感动，众人一起跪下来高呼万岁，场面令人震撼。这些百姓的下跪和呼喊是发自内心的，发自内心地对君王表达尊重。国家君主与人民的融洽在此一时刻达到了极致。此后的君主被文臣限制出宫，终明之末就再也没有这等令人感动的场面出现了。

百姓的跪拜场面是乱糟糟的，动作是笨拙的，但这却显示出了真实，太后很高兴。当她看见大人、小孩都围拢在辇车周围，看着四周百姓脸上洋溢着真挚而幸福的表情时，她也被感染了。太后由皇帝牵着辇车，走到百姓中间，并让随行人员将财物、锦帛、糕点发给这些百姓。百姓看着这些御用之物高兴得手舞足蹈，人们分着这些财物，其乐融融。

太后拉着朱瞻基的手，信步来到路边的一户农户，并跟这家人以及围过来的百姓拉起了家常。百姓将自家的食物和酿造的酒献给太后和皇帝品尝，太后出身平常人家，对这些食物不嫌弃。她对宣德皇帝说道：“这是农家食，你当知道。”但宣德皇帝却难以下咽。在这里没有身份的尊卑，没有官吏的呵斥，没有百姓的哭诉，有的只是我们这个帝国温情的一面。这种温情在宣德皇帝死后仍然由这个女人延续着。

宣德八年（1433年）正月，皇帝下令全国延长假日，从初一放到正月二十五。皇帝命令将皇宫内的灯笼全都点着，还下令百姓也可进宫观看灯展。消息传出，京城百姓扶老携幼，熙熙攘攘进入皇宫看灯展。百姓看着一辈子也看不到的无与伦比的宫灯，惊叹到了极点。

宣德皇帝力图塑造亲臣爱民贤君的形象终是招致了汉王朱高煦的不满。他开始上书指责宣德帝重用文臣，乱了祖宗章法。朱高煦的上书言辞激烈，使宣德皇帝和文臣们不安起来。朱高煦的上书影响到了文臣的利益，群臣开始蛊惑皇帝除掉这个不尊重他们的藩王。

皇帝对他的这位叔叔一直保持着警觉。在他还是太孙的时候，他就开始跟二叔针锋相对。事实证明朱高煦也并不是一个多坏的人。朱瞻基登基后，他还经常向皇帝提一些治国的建议。这说明朱高煦虽然蜗居于山东安乐，心中依然装着天下苍生。在朱瞻基入继大统后，朱高煦跟朱瞻基本人的联系也未中断，朱高煦也经常派人进京联络，但这些都被文官们解释为打探消息。

文官们开始不断给皇帝灌输历史重演论、斩草除根论。大学士杨荣第一个蹦出来劝皇帝亲征，以避免当年李景隆平叛不力的局面。皇帝终于带着大军向山东安乐进发，围城数日后朱高煦开城投降。朱高煦被带到北京囚禁起来，跟朱高煦有牵连的文臣武将共有六百多人被处死，流放的达两千多人。事情并没有完结，数年后朱瞻基前往看望朱高煦，愤怒的朱高煦踢了朱瞻基一脚。朱瞻基让人找来一铜鼎将汉王罩在了里面，天生神力的朱高煦竟将铜鼎举了起来，大惊失色的朱瞻基赶忙让人将鼎重新压了下去，并在鼎四周架上柴将朱高煦炙死在里面。英俊神武的汉王殿下就这样殒命。这段戏剧性历史的真实性无从可知。但事后，汉王的子孙全部被斩杀。

史书对于这段历史的记载虽轻描淡写，但其血腥程度不亚于朱棣的靖难之役。我们所要知道的是，此次政治事件导致朱高煦一脉尽诛，这在建文朝、永乐朝属于未有之事。以仁德著称的宣德皇帝杀起人来也丝毫不手软，洪武皇帝的《皇明祖训》并没有起到应有的作用，而在明初的这两场血腥同宗残杀中，文官们两次扮演了不光彩的角色。

宣德一朝各项事业都处于收缩阶段，后人称宣德皇帝为守成君主，但“守成”不应该作为一个贬义词而存在。因为大明王朝的体量过于庞杂，仅仅关注于内部已令人疲于奔命，如果再分心于外部，那只会拖垮这个王朝。

到了宣德年间，交趾问题已呈尾大不掉之势。从永乐年间起，大明王朝在越南北部这个地方投入了太多的人力、物力，依然没有取得大的进展。所有的人早已疲倦，却又无人敢提出放弃。因为这关乎天朝上国的尊严。

宣德皇帝似乎要从更高的角度来对待交趾问题了。宣德元年（1426年），皇帝召见了内阁大学士杨士奇、杨荣，表达了想放弃交趾的意思。皇帝的想法得到了二杨的支持，这一摆不上台面的想法终于在小范围内公开起来。很快数日后，皇帝又在蹇义、夏原吉、杨士奇、杨荣面前重提此事，此事遭到了蹇义和夏原吉的反对。毕竟一旦放弃交趾，意味着二十年之功毁于一役，投入大量的财力、物力不说，死在交趾十万以上的孤魂答应不答应还是一个问号。但宣德皇帝似乎对于此事已经下定决心，他说道："交趾南蛮小国，限山隔海，僻在一隅，得其力不足供给，得其民不足使令。"皇帝的意见已经提前令群臣知晓，当然也传到了镇守交趾的成山伯王通耳里。

此时皇帝对于撤军交趾还没有一个通盘考虑，大约他只是开始有了这个打算，但事情的发展明显超出了所有人的预料。宣德二年，安远侯柳升在倒马坡中伏全军覆没，王通在没有上报皇帝的情况下率军撤出了安南。

虽然宣德年间各项事业都处于收缩中，但有一件事情无疑唱了反调，那就是郑和的最后一次远洋航行。宣德六年（1431）年，郑和的最后一次远航启动了。远航的光环早已淡去，这次远航多多少少有些勉强为之的色彩，已经无法令人们再兴奋，年迈的郑和最后一次迈向了那茫茫大海。当他看着那起伏的波涛，闻着腥味的海风，过往的峥嵘岁月浮现在眼前。

这次远航照例沿着既定的路线走了一遍，并且抵达非洲东北海岸。这次航行并不是由郑和独自完成的，宦官洪保在郑和返航后前往麦加。关于郑和的最终结局，一说死于返航途中，一说死于南京。郑和最后一次下西洋更像是应付一次毫无意义的差事。的确，它已经成了强弩之末。我们在这里提到这件事情，主要是要弄清楚宣德皇帝为什么要实行这一背离其施政方针的举措。

明朝大军在安南栽了一个大跟头，宣德皇帝试图通过郑和下西洋的方式来挽回朝廷失去的尊严，所以无论文官对于这一举措反应如何激烈，宣德皇帝都是不遗余力地贯彻执行。但这明显是乏力的、毫无意义的。因为宣德年间早已不具备永乐朝那种扩张的土壤了。

17 宣德朝——宦官崛起的时代

宣德朝的迷雾似乎至今也参不透，以至于我们今天研究起来竟也思路混淆。但我们拉大历史的视角，从更宏观的角度来看，似乎也可以得出三条结论。

第一，宣德皇帝试图通过减税、降赋还给天下百姓一个宽松的环境；第二，宣德皇帝试图将一些随机、悬浮的问题制度化；第三，皇帝试图从文官、宦官两种体制上来保持政治的平衡性和大明王朝的长治久安。总结了这三条，我们可以得出一个最终结论，那就是宣德皇帝力图通过体制来保持王朝的稳定，而不是依靠洪武皇帝和永乐皇帝的那种超强个人能力。

宣德朝似乎像文官所预计的那样，一切都沿着洪熙朝的轨道向前滑行，但宣德朝还是跟洪熙朝不一样。因为从深层次来说宣德皇帝具备洪武皇帝、永乐皇帝那种强悍的品质，但到了此时，已经不再具备洪武和永乐朝的那种土壤。宣德皇帝更注重将他的这种品质发挥在体制上。

他不仅将巡抚这一临设机构正常化，而且将内阁这一机构长期化，并新成立一个机构司礼监予以制衡。

巡抚这一职官从朱元璋最初让太子朱标巡抚陕西始，一直到宣德年间才得以制度化、长期化。所谓巡抚，顾名思义就是巡视、安抚。宣德皇帝重建天下御史体系后，更是拔高了对地方的监察，这一战略使得御史中丞巡抚地方已成必然。不光如此，宣德年间大明朝已经出现了隐伏的危机，那就是流民问题。经过洪武、永乐两朝对豪强的打击，洪熙年间刚一松口，此问题立刻就死灰复燃。大量的土地被兼并，加上延续几朝的灾荒，这些都使得数十万计的流民开始在北方骚动。无论是监察地方还是处理流民问题，都使得朝廷对地方的控制势必加强。

君主受制于个人精力有限，不可能将所有的政事揽于一身，所以聪明的君主懂得如何既放权又控权。秦汉采用三公九卿制度，决策权、审议权、执行权都在丞相手中；隋唐将相权一分为三；宋朝情况特殊，将财权从相权中分离出来；到了元朝中书省又总揽一切大权；到了朱元璋，则废除丞相，将决策、审议权控制在自己手中。从朱元璋设立内阁起，内阁就只有建议权，没有决策、执行权，后来永乐年间内阁渐渐地有了决策权。随着时间的推移，虽然法律没有赋予内阁决策权，但实际上内阁已经掌握住了决策权。因为一切政事都要通过内阁，内阁的建议通常都会被采纳。到了宣德朝，皇帝明白内阁已经成了朝廷不可缺失的因子，倒不是因为洪武皇帝的祖训在那里，而是因为这一制度既成功地解决了相权问题，又使得皇帝不必精于政务。

宣德皇帝最终赋予内阁决策权，使得内阁更加制度化、长期化，但它始终不是律法赋予的常设机构。皇帝依然明白，这一机构必须要予以制衡，皇帝这回选中的是太监。

宣德一朝的复杂性就在于它相对于文官来说出现了偏差。这些偏差无论对本朝的文官还是对于如今的历史研究者来说都是值得考虑的问题，但最值得关注的一件事情就是皇帝对宦官的深层考虑。皇帝对宦官的考虑无疑是长期和深虑的，他并不是像永乐皇帝那样简单地赋予宦官某种官职，而是将司礼监提到内廷之首，更为重要的是他在大内设置内书堂，并由翰林院学士教授太监们读书习字。从此帝国多了一群能以极高效率办事情又忠于皇帝的准官僚。宣德皇帝这一行为无疑是英明的、及时的，成功地保持了大明王朝的稳定。我们可以设想的是，如果推后一朝或两朝再实行这一举措，面临的阻力无疑会大大增加。

朝廷中枢的权力分为两部分，内阁用蓝笔在奏章上写下决策意见，名曰“票拟”；皇帝红笔在奏章上写下“照准”，名曰“批红”。如此一来此项决议便生效，可以通发六科执行。宣德朝批红还由皇帝亲批，但似乎此项体力劳动可以由太监代笔，如正统年间批红便由太监代理。但太监绝对是在执行皇帝的意思，或许是皇帝设定一个更为宏观的框架，在这个框架下一些无关紧要的事情太监便没必要报知皇帝了。

存在即合理，万物都是相生相克的。文官势力的崛起必然需要其他力量来制衡，一旦没有力量来制衡它时，只能通过周期性的封建震荡来重新洗牌。这是政治运行的规律，我们无需太多不解与感触。

至此，也许士大夫们开始发现，我们的这位皇帝并不是他们想象的那样，只是他们不知道他们与后世皇帝们的矛盾才刚刚开始。斗争已经开始，士大夫们准备好了吗？

宣德一朝太监的活动范围大大超过了永乐朝，宣德皇帝并不是仅仅提高了司礼监的地位，还赋予镇边太监统领火器部队的职责，甚至在皇帝巡边时留守京城的官员遇到大事还要跟太监们商量，最后太监还插手起瓷器、木材的生产。皇帝的推崇和纵容使得太监们跋扈起来，也使得对太监的清洗更早到来。的确，洪武、永乐两朝的清洗都没有针对宦官，而此次宣德皇帝却将刀挥向了他们。在宣德六年（1431 年）年底不到一个月内皇帝连杀十几名高级宦官，整个宫内一片肃杀，也许连皇帝也被此种气氛所感染。宣德七年的新年刚过，皇帝就安抚了宦官。宦官们明白一切都已经过去了，终于可以吐口气了。皇帝并不想将宦官们整死，之所以要处理违规的宦官，只是想让他们更好地为朝廷服务。

宣德皇帝对宦官的力推是显而易见的，他向后世子孙明确发出一个信号，那就是这伙人也是大明王朝的一分子。

明代二百七十七年的政治架构是在宣德皇帝手中奠定的。从此以后这一政治架构再也没有改变过。无论大明王朝采取何种政治体制，都无法改变这个王朝重回宋代以来的文官政治模式。

18 三杨与明朝的老人政治

宣德十年（1435 年）正月，皇帝突然死去，时年三十七岁。皇帝的死去使得刚刚上了轨道的大明政治戛然而止，大明王朝似乎重心不稳，没人知道它将要滑向何方。

皇帝的死因至今没人能解释清楚，一说死于仙丹中毒，一说外出巡游着了风寒。无论何种缘由这个皇帝的确已经离去了，留下来的政治真空又由何人填补？

洪熙和宣德两朝被后世冠以“治世”的名号。在中国历史上既然能够称为

“治”，就说明王朝在这个阶段治理宽松。大明开国以来经过洪武、永乐两朝的开拓，此时已进入了稳定期。洪武朝的那种严厉、永乐朝那种巨额开支已使得王朝无法向前运转。洪熙、宣德两任皇帝上任后平冤狱、消刑罚、减赋税、从安南撤军、停止下西洋和采办，都使得王朝能够平稳向前运转。

仁宣、宣德两朝的十年的确是大明王朝最好的十年，是大明王朝的黄金时期。从前看，这十年没有严苛的政治，没有劳民伤财的重大工程；从后看，这十年没有后世那种尖锐的君臣冲突，也没有大规模外患和流民问题，党争还没有出现，农业的基础地位依然稳固。但潜藏的危机已经昭示着宣德朝以后的走向，被洪武皇帝、永乐皇帝强行按下去的土地兼并、官吏腐败、流民问题正在这片古老大地上跃跃欲试。宣德皇帝当然知道这些，他也明白解决这些不能永远靠君主的个人能力，因为后世君主不一定有那样的能力。他更期待从制度上找到答案，但无论是强势君主还是制度都无法改变历史的规律，周期性的震荡已成了封建王朝必修的功课。

朱瞻基于盛年离世后，留下了八岁的朱祁镇，未成年皇帝在这个王朝提前到来。所幸在15世纪初期的中国有一个庞大而稳定的摄政团。他们共由八人组成，太皇太后张氏，内阁三杨，宦官金英、范弘、王瑾，资深元老、英国公张辅。内阁和司礼监代表一对合作又矛盾的集团，太皇太后与英国公互为表里保持政治结构的稳定性。这是一种由皇室、文臣、宦官、贵族组成的复杂的政治机构，成功保证了宣德皇帝死后朝廷的政治稳定性，但大明王朝由此也不可避免地滑向了老人政治。

纵观整个大明王朝我们可以看到，除了文官集团外，没有太多跋扈的人物，太后、皇后、皇妃、外戚、宦官、武将、贵族都是极其内省而自律的人，前朝的很多事情都在本朝得以避免。很显然这位太皇太后张氏也是一位内敛而自律的人，从不干涉朝政，她娘家的人也没有因她而获取殊荣。张氏一生的亮点就在于宣德皇帝想换皇后的情况下给予了支持。絮絮叨叨的胡皇后终是招致皇帝的不满。换皇后这一举措大大不容于华夏礼法，皇后被废不亚于太子被废，天下震动。太后心中大约也不乐意，但她还是给予了支持。她是从这个国家考虑，从江山社稷考虑。她很清楚皇帝要做什么，一旦皇帝的心愿没有得到支持，那么将会给这个国家带来什么。太后张氏无疑避免了宣德朝的一场潜在危局，甚至是可能出现的立储危局。

三杨指杨士奇、杨荣、杨溥。这三人都是建文朝的人，五朝元老。杨士奇是江西泰和县人，人称西杨，建文元年以举荐方式进入仕途。杨士奇行事恭谨，精于内政，在永乐至宣德三朝中发挥着稳定器作用；杨荣是福建建安人，建文二年进士，人称东杨，精于边事，朱棣数次北征杨荣都是随从；杨溥是湖北石首人，建文二年进士，人称南杨，永乐朝为太子洗马。杨溥并不像东西二杨一样显赫，他是以低调闻名，生怕踏错一步。其实其他二杨又何尝不是如此。

三杨之所以能历五朝，跟他们的保守与谨慎是分不开的。他们知道如何与君主保持合作关系，而君主也知道如何利用他们的谨小慎微来压制整个文官集团。

金英、范弘、王瑾作为宣德朝的三位资深太监，跟很多宦官一样是从安南而来。他们不仅在宣德六年的清洗中得以保全，而且在宣德七年更进一步。他们属于拎得清的人，称得上正直。他们已经开始把自己当作朝廷的一分子而不仅仅是家奴，家事、国事、天下事都操之于心，甚至在三杨死后，这些太监迅速弥补了文臣的空缺来应对突发事件。

英国公张辅已经成了朝廷中最为元老级的人物，他经历了从永乐至正统朝的一切大事。作为河间王张玉的长子，他首先随父参加了靖难之役。父亲在东昌会战中战死，张辅继承了家族的一切荣誉。朱棣登上皇位后，张辅迅速被派到安南战场。朱能死后，张辅冲锋在最前线，随后他又随同皇帝几次北征漠北。宣德年间他又参与了对汉王朱高煦的进剿，最终于正统十四年（1449 年）以七十五岁高龄殒命于土木堡。

大明王朝不可避免地滑入老人政治，但老人政治能够使洪熙、宣德两朝的政策得以延续，能够使政局得以平稳，但它不可避免地带来一系列执政危机，那就是面对一些潜在问题时使得这个王朝步履蹒跚，而不再是那么决绝。

无论是太皇太后、张辅，抑或内阁和司礼监都失去了革新的动力。有了前朝血淋淋的教训，以金英、范弘、王瑾为首的宦官集团不敢对朝局有大的改变，三杨已至暮年，对于大明王朝的国事已是有心无力。三人经常举办一些小型聚会，不求菜肴精致、饮酒多少，只求兴之所至。在这种小型聚会上，三老依托“台阁体”创作了一些平淡乏味且歌颂太平的诗词。兴致、恬淡后面，是三老深深的无奈与消极。

老人政治已成了落日余晖，它已经显得跟这个时代是那么不合拍。所有人都知道新生力量即将破土而出，所有人对于王朝命运也开始忧心忡忡。

19 被一个宦官带偏的正统王朝

明朝如果按照时间段来划分，可以分为初期、中期和晚期。正统朝标志着明王朝已经进入了中期，万历三大征的结束基本标志着明王朝驶入了晚期，这是从时间段来划分。如果从君臣关系来划分，明王朝也可以分为三个时期，洪武到永乐是文臣被压制的时期，洪熙、宣德两朝是君臣融洽的时期，从正统年间开始一直到明王朝灭亡这大段时间都是君臣斗争的时期。

正统初年的一切虽然都按照洪熙、宣德两朝的惯性往前走，但此时的王朝已经偏离了轨道。也许多年后人们仍在思索造成这种偏差的缘由究竟是什么，是皇帝的教育问题，还是三杨的无能，或者是小皇帝的天性？

正统朝是明王朝的转折点。宣德朝在它的表面平静下实际上已是危机四伏，吏治腐败、军队退化的战斗力、周边民族的虎视眈眈、土地兼并、流民四起。宣德皇帝虽然也曾整治过此类问题，但他更偏向于通过制度安排来解决诸如此类问题。通过这些读者可以感受到洪熙、宣德两朝的平静是暂时的，洪武、永乐两任皇帝过分压制的问题在后世宽松的环境下必然又将出现，而这也清楚地表明宣德朝以后的政治走向似乎又将重回洪武与永乐的政治脉络。

面对吏治腐败、军事危机、土地兼并、流民问题，三杨自然无能为力。无论是杨士奇还是杨荣、杨溥，他们只能在太平盛世的时候起到润滑的作用，到了政治出现拐弯的时候他们却手足无措。有才干的一代文臣皆在靖难之役中死去，永乐朝留下的皆是一帮平庸之辈，而三杨以后的文官又皆是矫揉造作、文过饰非之人。可以说当朱棣带着他的队伍进入南京城的时候，就标志着一个精英已死的时代开始了。

三杨既然无能为力，后辈们又自以为是，这个重任落在了两个愤青身上。他们是大愤青王振和小愤青朱祁镇。

王振是这个时代的佼佼者。王振是山西人，在当地大约是一个县治下的教谕。朱棣在位的时候为了给宫女授课，说服了一批儒生净身入宫，王振便是其一。王振的身上集中了一些特殊的基因，这种基因甚至影响到了小皇帝朱祁镇，最终使得正统朝的脉搏居然也随同跳动。

王振来源于底层，体会了底层民众的艰苦。他对这个世道有着自己的看法，那就是愤世嫉俗。他不喜欢文人政治，他更推崇洪武、永乐的那种武人政治；他对洪熙、宣德两朝的政策也很不以为然；他认为吏治要严、刑法要苛；对于明朝势力从安南撤退更是他所不能认同的。为此，他三次派兵大规模征讨麓川，确保云南边陲的稳定。虽然王振怀揣着伟大的理想抱负，但作为一个教谕的他不可能具备实现这些理想的条件。为了实现这些抱负，他最终走上了净身入宫这条路。入宫后，他抓住了一根能实现此等理想抱负的救命稻草，那就是皇太子朱祁镇。王振负担起了教育小皇子的重任，他便在潜移默化中灌输着他的思想与理论。

明代有“经筵”一说。“经筵”就是让有名望的大儒为皇族讲经论史而设的御前讲席。这既是朝廷的一件大事，更是儒生的一件大事。天朝的儒生们挖空心思也要把这一工作控制在手中。因为只有这样才能够让皇位继承人在很小的时候就接受儒家文化的熏陶，从而使其在成年后跟他们保持一致。很不幸，朱祁镇的教育问题文人没有控制住，反而被宦官王振抓住了。从这一刻起明王朝的政治轨道开始偏离文人政治的方向。无论后世之人如何辱骂三杨，此时的政治走向都不可避免地出现了偏差。

年方冲龄的朱祁镇对三杨的讲课丝毫不感兴趣，更喜欢听王振给他讲外面的世界，讲民间的生活，更喜欢王振带着他骑马射箭。而王振也若隐若无地告诉皇帝，你要掌握住兵马，文官并不可信。而掌握兵马最好的方式就是经常狩猎、经常出巡、经常巡阅军队，乃至亲征。

朱祁镇登基后，王振看到实现他的理想与抱负这一天到来了。他要凭一己之力扭转洪熙、宣德两朝的政治走向，他要施展辣手来重新还给大明王朝一个朗朗乾坤。无论这种朗朗乾坤是属于他自己的，还是属于这个王朝的，这位宦官的确是这样做了。

太皇太后和英国公张辅对政事撒手不管，三杨对政事又是消极应付，所有的一切都压在了王振肩上。从正统元年起，这位宦官似乎就开始在朝廷中扮演起了重要角色。

王振做的第一件事情就是停派宫内宦官前往各地采购。我们知道宣德皇帝是个好玩的皇帝，他曾让宫中太监前往各地搜集珍奇的玩意儿，也为此杖毙了一些为非作歹的太监。明英宗登基后，王振开始禁止宫内太监从事这些采购，成功地将宣德朝的这一弊病消于无形之中。

面对权力出现了真空，王振开始主导官吏的任用。针对三杨即将退去的情况，王振也有考虑。王振曾征询过三杨，谁能接替他们的位置，三杨举荐了陈循、高谷、苗衷三人。王振对此也欣然接受。但这三人也皆是平庸之辈，在历史上没有留下什么显赫政绩。王振对于干练的官吏也多赏识、提用，对于出现问题的官吏处罚起来也毫不留情面。可以说正统初年在王振的主政下，政局并没有出现大的动荡，但大明王朝毕竟出现了宦官干政的局面，这跟我们的礼法不容。

王振既是宦官，又有文化，这是他的双重优势。在朱祁镇很小的时候，宣德皇帝就派王振入东宫负责他的教育。王振对朱祁镇要求很苛刻，不允许其他太监跟朱祁镇过分玩耍，也一再告诫朱祁镇应以学业为主，而朱祁镇对王振却颇为忌惮。他不敢在王振面前公开玩耍，当他玩耍被王振发现时则会低下头表示认错。

不仅如此，王振还让小皇帝告诉太皇太后不要经常去佛堂，最好将佛像供奉在宫内。王振对于阁臣也是极为尊敬，每次去内阁都是让别人叫了几遍才进去，进去后也是恭恭敬敬地站在那里。三杨的建议王振也大多能接受。无论是太皇太后还是三杨似乎对王振都能接受，他们也需要王振充当一个稳定器的作用。

但这些光景都是短暂的，持续不断的灾荒、农民起义、南北边境战争很快撕裂了正统初年的安静，大明王朝进入震荡期。以至于后来的学者研究起来，都对明王朝能从那种危局中走出来而没发生大的动乱感到惊讶。

20 瓦剌——一个漠北崛起的部落

当永乐皇帝在北征蒙古途中死去的时候，就标志着大明王朝放弃了它的干涉主义。但仅仅过了十年，漠北形势又风起云涌。

明初，蒙古部落一分为三，从东到西是兀良哈、鞑靼、瓦剌。挨着喜峰口的兀良哈三卫内附大明王朝，另外就是东面的鞑靼部和西面的瓦剌部。鞑靼部继承了铁木真的黄金家族血脉，仍旧以游牧为主，保持着蒙古族的传统习俗；西面的瓦剌属于山地森林蒙古族，以渔猎为主。无论是朱元璋还是朱棣，最害怕的事情就是黄金家族重新统一蒙古，所以黄金家族一直是大明王朝打击的主要目标。

螳螂捕蝉，黄雀在后。在明王朝对黄金家族所在部落持续不断的打击下，瓦剌部却在积蓄力量。从宣德年间起，瓦剌部的杰出领袖脱欢就逐渐蚕食瓦剌各部，接着又将手伸向了鞑靼部。而宣德朝已放弃了永乐朝的那种对外扩张政策，明廷对于脱欢的这种行为并没有表现出过强的干涉性。脱欢是想统一蒙古各部，重现铁木真的辉煌的，但蒙古人只承认黄金家族。在他们眼里铁木真只有一个，黄金家族只有一个。在此种形势下脱欢必须找一个人，一个能号召全局的人。他找到了脱脱不花。

脱脱不花是大草原上黄金家族的继承人。脱欢把女儿嫁给他，自称太师、丞相，依靠他重新号令整个漠北高原，不仅控制了鞑靼与瓦剌，更控制了兀良哈三卫和东北女真各部，以松散的方式建立了一个东达朝鲜、西抵青海的国家，其控制的领土面积竟也不亚于明王朝，并在甘肃设置行省。大元王朝似乎依然存在。的确，它依然存在，在新一代的领袖人物脱欢的领导下，它竟然一步步强大起来。

我们必须要清楚一点，纵使脱欢重新控制了蒙古各部，但这依然是一种松散的联盟，跟铁木真时代不可同日而语。脱欢更多情况下是依靠一种强大的经过整合后的力量向明王朝施压，以换取贸易上的平等化。

蒙古部落作为典型的游牧部落，以肉食为主，过多食用肉食所积累的脂肪在体内无法消化，这就需要用茶叶加以分解，而茶叶只产于关内。另外，食盐和铁器也是蒙古需要的物资，这些本土也没有。除此之外，蒙古贵族也需要丝绸和瓷器，这些都导致蒙古部落需要依靠关内的物资来生存。而明王朝为了抑制蒙古势力，对此类物资严格控制。蒙古人的需求在得不到满足的情况下，往往以战争的方式来解决。所以我们纵观整个明朝，可以清晰地看见关内关外贸易正常化或活跃情况下，鲜有战事，而一旦双方贸易陷入梗塞，则多会引起战火。

正统年间的土木堡事件就是发端于双方的贸易问题。

明廷跟蒙古的贸易以三种形式进行。第一种形式是通贡。蒙古方面派使团来朝，带来马、牛羊、兽皮等物，换取丝绸、布匹、药材、瓷器、茶叶或金银。明廷回馈物品的价值一般高于贡使朝贡物品的价值。历史教科书中对此称为“朝贡贸易”。教科书的解释是，此种厚彼薄此的朝贡贸易既满足异邦对中原王朝的物资需求，又能满足天朝的心态。但天朝又对朝贡贸易的次数和规模进行严格的限制。如果不进行严格的限制，通常是这批使者未回，下批使者又来。

通贡贸易更多的是满足蒙古统治者的需求，更多蒙古牧民的需求还是要通过互市和私市满足。明王朝对互市也是严格限定的，每年只能开那么几次。互市以官方贸易为主，明廷通常委派宦官监督。易货的物资是茶、马，因为高大的骏马通常都产于高寒之地，关内是养不出好的战马的。在通常情况下，蒙古人辛辛苦苦养大的马匹只能换那么一百来斤茶叶，而且是又黑又苦又涩的茶砖。这显然不是一种公平的贸易。就是在这种情况下，明朝对边市也是时关时开，坚固的长城和沿长城一线部署的百万大军起到的作用似乎还不如给蒙古人点茶叶和粮食。

正统四年（1439年），北元丞相脱欢死去，其子也先继位。也先雄心虽有，才具不足，缺乏其父统驭全局的能力。也先称太师，自封淮王，在其主政期间跟明廷在通贡问题上摩擦越来越大。

从正统元年（1436年）起，也先麾下的蒙古部落来明朝朝贡的人数、规模和频率越来越高。从最初的几人发展到上千人，从最初的一年一两次发展到最后一月一次。这边使团还没有走，那边使团又来了。这些人来到关内，从礼部到地方都要热情接待，因为涉及外交问题，无人敢怠慢他们。这些人来到关内时常滋事，而且夹带私货跟边境的军队做生意，用马匹、兽皮换取硬弓和刀剑。这些都被王振侦知，王振心里自然有数。

到了如今，蒙古人的朝贡问题已经成了令朝廷头痛的一大难题。蒙古人的胃口越来越大，每次朝贡规模越来越大，逗留时间越来越长，甚至秋天来，第二年春天才离去。朝贡已明显给大明王朝带来了负担，朝贡也成了继天灾、起义、滇乱之后的第四大问题。也先在关外大兵压境，始终保持着咄咄逼人的态势，而明英宗和王振都忍了。他们宁愿多花些钱省去兵灾，毕竟这个时候朝廷还没有解决南面的问题而腾出手来。但正统十三年（1448年）的到来，使得这一切都明朗化了。

明朝与蒙古之间通贡还隐藏着一个问题，就是蒙古人虚报朝贡人数，以骗取更多的赐品。对于这些问题，户部官员并没有认真核实。王振得知后，于正统六年（1441年）对户部官员刘中敷、吴玺、陈瑺进行了责罚。到了正统十三年，北方的灾情有所减缓，南方三省的暴动，如浙江叶宗留矿工暴动、福建邓茂七抗租暴动、广东黄萧养起义等，虽然未彻底剿灭但已无大碍，云南麓川战役已近尾声，此时的明英宗和王振遂开始酝酿解决蒙古朝贡问题。

在蒙古朝贡这个问题上英宗与王振隐忍了十几年，终于到了要解决的时刻。正统十三年十二月，蒙古规模最大的一次朝贡到来，也先报了三千五百九十八人，王振突然让负责接待的会同馆核查人数，结果查出实际人数为两千五百二十四名，虚报人数一千零七十四人。王振立即以此为借口削减马价。也先被搞得措手不及，他不明白王振为什么突然要如此。本来我也先来朝贡虚报点人数，你天朝多给点东西，大家已多年相安无事。为何你王振突然如此？也先心中明白，这对蒙古来说是个可怕的开始。一旦王振这一行为未遭抵制住，那么明朝方面将会产生连锁反应，比如限制使团规模乃至取消朝贡、关闭边境集市等，都是极有可能发生的。而这些一旦发生，那么对于蒙古来说都是灾难性的。

战争即将开始，王振难道不害怕吗？他当然不害怕，他巴不得呢。

也先的叩关似乎是所有人都预料到的，但它还是迟来了半年，因为也先需要积蓄力量。

21　朝堂上关于出兵塞外的争论

从这一节开始，大明王朝建立后最重要的历史事件之一的土木堡之变将拉开序幕。明王朝二百七十七年间虽然发生了许多故事，但究其重要的历史事件也就三件。它们是正统朝的土木堡之变、嘉靖朝的大礼议事件、万历朝的国本之争。这三件事情都激化了朝堂上的倾轧，都加剧了大明王朝的精神内耗，并使其在这种精神内耗中走向了灭亡。

从正统十四年（1449 年）元月一直到七月，史书上再也没有也先使团前来朝贡的记录，停留在内地的使团也陆续被打发回去。太师也先的心已经凉到了底，他望着那道高耸的城墙，那堵墙再也不会为他打开。昔日骑着高头大马，带着自己的族人浩浩荡荡开进大明吃喝玩乐的日子一去不复返了。这些都怨那个该死的太监王振。我要打他，打到他疼为止。

从七月份开始，也先四路大军开始叩关。一路由也先率领进逼大同，蒙古汗王脱脱不花率军进逼辽东，知院阿剌率兵进逼宣府，还有一路大军进逼甘肃张掖。四路大军形成威逼之势，也先希望通过这种方式迫使王振就范。但此时的王振兴奋异常，因为所有的一切都开始在他设计的轨道上运转起来。王振感到属于他的巅峰时代终于来临。

王振作为一个底层人物，放弃儒生身份净身入宫，就是为了实现他的以武治国的梦想。他希望年轻的英宗皇帝也能像他的祖辈们那样，亲自带兵巡视关外，甚至是亲自带兵出征。至此正统之治终于展开了全貌，那就是王振企图带着英宗像朱元璋那样跟整个历史惯性作对抗。王振企图将大明王朝拉回洪武、永乐朝，但他不知道历史发展到今天无论内部环境还是历史走势已迥异于洪武、永乐朝，一个细小的偏差都会毁了全盘计划。

面对也先在关外叫骂，七月十一日，大同右参将吴浩率兵出关与也先激战猫儿庄，出塞明军全部战死。消息传来，英宗命大同总督宋瑛、驸马都尉井源、大同总兵官朱冕、左参将石亨各领万人在长城边沿的阳和口抵御瓦剌骑兵。阳和口是瓦剌人进入关内的必经之路，皇帝与王振试图以此四万人的兵力暂时挡住瓦剌部的进入。

实际上也先的军队主要是在关外形成威逼之势，其目的还是逼迫明廷同意朝贡而已。只要明军严守边塞，也先的军队是进不来的，何况京城还有十几万的京营。只要严令各要塞城堡严守不许出击，事情就解决了。但王振显然不希望这样，他想做的就是带着皇帝出塞巡视，重新恢复以武治国的传统。

其实我们可以感觉到，这十几年来王振一直在皇帝面前进言，让皇帝找个恰当的时机亲征，其主要目的还是针对文官。正统年间文官已经渐渐掌握了权力，王振对朝政在未来会由文官掌控这一趋势表现出了担忧，也先犯边正好提供了一个机会。王振想让皇帝带着大军出塞巡视，吓退也先。这一行动会增加皇帝跟军队接触的机会，会重塑君主的权威，会进一步增强武将和贵族在帝国的地位，其政治意义明显大于军事意义。

但皇帝亲自带兵出征跟儒家礼法不符，因为皇帝亲自带兵明显是将文官撇开。这让文官们情何以堪。对于他们来说朝廷的一切事情都要经过其手。因为他们才是王朝的中枢。无论是皇帝统兵还是重用宦官，此类跟文官无关的事情他们都是激烈反对，甚至皇室内部的家务事他们也要涉足其中。

英宗皇帝在朝堂上抛出了他要带兵亲征的想法，理所当然地遭到了群臣的反对。永乐皇帝、宣德皇帝经常带兵出塞是他们所不赞同的。他们认为皇帝就应该待在宫里，按照儒家礼法行事，不要到处跑，既不能亲近百姓，更不能亲近武将。永乐皇帝和宣德皇帝是他们所控制不了的，但到了英宗这一代，无论如何也不能走老路了。文官们对于王振的跋扈是忍住了，但在这个大是大非问题上再也不能后退了。

群臣由吏部尚书王直领衔，上奏曰："自古边境有事皆是靠忠兵猛将守卫，陛下应当选派良将，增派劲兵，赏赐将士，并严令将士以防守为主，待到敌军人困马乏之际出兵，即可获全胜。如今正是七月天，天气炎热，水草还不丰盛，水源也不足。一旦天子在外，四方有紧急情况而不得知。况且天子乃宗庙、社稷之主，万邦之主不可孤身犯险，只需坐镇指挥即可。"(《明英宗实录》)

按说文官们说得在情在理，尤其是"天气炎热，水草不丰，水源不足"这几条说到了点子上，但英宗和王振显然不会理会这些。英宗说道："卿等所言皆忠君爱国之意，但虏贼逆天悖恩，已犯边境，杀掠军民，边将累请兵救援，朕不得不亲率大兵以剿之。"(《明英宗实录》)

朱祁镇这番话说得其实并不令人信服。如果强调"朕冲年即位毫无建树，趁此机会重塑先祖雄风"等诸如此类说辞，似乎更堂而皇之一些。皇帝与群臣之间空对空，没有任何意义。

此次皇帝的出征实际上并没有遇到太大的阻力，因为所有的人都认为皇帝只不过是出塞巡游一下而已，没有人意识到会出问题。这跟正德年间皇帝要出塞时文官的那种疯狂不可同日而语。

王振调动了神机营、五军营、三千营共十七万军队，加上河北守军三万人一共是二十万人。这二十万人每人赐银一两，胖袄裤一件，鞋两双，一个月的炒米，三人配一头驴，二十万人共分了八十万件兵器。这些皆是仓促配备。一个月的干粮更像是出去巡游而不是打仗，兵士对于新配发的兵器更是无法熟练使用。

出征的队伍是豪华的，英国公张辅为首共十二位有爵位的贵族，加上其他军事和文职官员共计三十二名有名有姓的高级官员。庙堂精英全体出动，当然其中更是少不了王振。大军出征之前将回来庆功的赏赐都准备好了。这不像出征，更像是一次例行的出塞巡视。在所有人眼里它的确是巡视。因为永乐帝最后三次的巡视，蒙古人都是避其锋芒。宣德皇帝出塞巡视，蒙古人也是避其锋芒。这次皇帝出塞巡视，蒙古人实际上还是避其锋芒，但一些偶然因素的发生使得这次的巡视行动发生了质的改变。

七月十六日这支队伍就出发了。从十一日开始只准备了五天。这支队伍更像是一支仪仗队，而不是战斗的队伍。所有人都洋溢着幸福的表情，文臣们难得出来散散心，勋贵们也难得陪着皇帝一起进行这么一项大规模的活动，京师三大营这些养尊处优的骄子们更是难得寻找这样的机会。

就在大军出发的这一天，也就是十六日，派往阳和口的四路大军惨败，宋瑛、井源、朱冕战死，只剩石亨和大同镇守太监曹吉祥逃了出来。此时的明军已经不是瓦剌骑兵的对手，明军的战力已经不能跟洪武、永乐朝同日而语。军屯的田地被高级军官侵吞，军饷、军装、兵器皆被克扣，很多士兵都成了军官们的佃农。军士逃亡从宣德朝就已经很严重，到了正统朝，军队的数量已经从二百万人锐减至一百万人。

明军的失败在所难免。要知道北方已经有二十四年没有战事，退化的战斗力、轻敌的心态、乱糟糟的队伍、缺乏指挥的协调，这一切的一切都在考验着这支二十万人的队伍。

22 明朝三大精神内耗之土木堡事变

这支大军更像是小孩过家家，如同儿戏一般，士兵和将领之间互不熟悉，装备都是从府库里临时拿出来的。这些上了油的火器拿在手中也不知如何使用，队伍松松垮垮，旌旗不整，行如蝼蚁，首尾不顾，驴声和士兵的喧哗声混杂，不安的骚动在出发时就已经在队伍中蔓延。

翰林学士曹鼐似乎已经敏感地预计到了此次出征的结局。他曾跟一些文臣密谋，欲先杀死王振，然后让圣驾回京，但都没有付诸实施。他们并不知道即使王振被杀死，圣驾也不一定会回京。

七月十七日大军驻扎于龙虎台。夜里突刮大风，吹动旌旗，军营中有人发出奇怪叫声，整个军营顿时乱成一团。士兵们纷纷跑出来大呼小叫，以为瓦剌军来袭，当发觉是一场营啸（又称炸营、惊营。古代军队中出现的一种群体性事件，多为精神长期处于紧张状态所致）后，军营才逐渐安静下来。显然军心已散。

十九日大军过居庸关，兵部尚书邝埜请求銮驾回京。王振大怒，命邝埜下跪，然后又令禁军将邝埜和户部尚书王佐监视起来，防止他们生事。邝埜骑在马上，马蹄踩压了一块石头，六十五岁的邝埜从马上跌了下来差点摔死。

二十三日大军进入宣府。虽然暂时有了休息的地方，但瓢泼大雨下个不停，还刮起了大风，众人的心情跌到了谷底。众人皆不愿前行，要求在宣府驻跸，王振又是破口大骂。二十四日队伍又勉强前行，中午时分大军抵达鸡鸣山，望着那陡峭、阴森的山峰，众人又胆寒起来，王振又是一顿臭骂。

二十五日队伍前方出现瓦剌骑兵，众人顿时兴奋起来。明英宗立即派成国公朱勇带兵上前。一番交战，朱勇败下阵来。王振又命三千营的突击队开始猛攻，瓦剌军不敌，开始后撤。众人顿时大为高兴，连日来的阴霾一扫而光。众人引吭高歌，一路猛进。二十八日大军行至阳和口。十二天以前明军在这里跟瓦剌军发生了一场激战，众人看见遍地明军的尸体皆是触目惊心，二十五日的胜利带来的喜悦已经被一扫而光，抑郁的感觉重新又笼罩在每个人的心头。

八月初一，大军终于抵达边塞重镇大同。此时也先的三万骑兵就在长城外面，他们观察着明军的动静。如果明军出塞他们就会后撤，如果明军待在大同不走，也先也会退去。如果是这样，那么明军此次大规模出巡的目的就算达到了。但事情的结果却在这两个情况之外。

八月二日，王振和明英宗都要出塞巡视，太监曹吉祥连忙阻止，曹吉祥绘声绘色地描绘瓦剌骑兵的厉害。英宗和王振再联想到阳和口的惨象，顿时动摇了。英宗和王振最终做出了回京的决定。这真是令人感到好笑，来的时候兴致勃勃，一副遍地明军尸骨的惨象竟能令二十万大军回师。我们从这里就可以看出，无论是英宗还是王振都没有持之以恒的毅力和应对突发事件的能力与决心。实际上只要出塞巡视一天即可，此场出征的目的就达到了。也先的三万骑兵无论如何是不敢与二十万大军交战的。

既然回京主意已定，那就是走哪条线路的问题。按理说应该从大同直接向东经紫荆关回京。这条线路最近，而且也不会碰到瓦剌军。但英宗觉得这样太没面子了，好不容易出来兜了一圈，不能就这么快回去。他更想沿着先祖们经常巡视的大同、宣府、居庸关走一圈，也就是沿着来时的路返回。英宗的提议得到了大家一致的赞同，的确这样回去太没面子了。既然已经决定不出塞了，那大概也就没有什么危险。既然决定回去，所有人都松了一口气。大家又都兴高采烈，再也不用纠结什么瓦剌人了。文官们也不会再跟王振吵闹了。几乎所有人都想赶快回家洗上一个热水澡，吃点好东西，舒舒服服睡上一觉。但危险这个时候才真正来临了。

长城外的也先得知这伙明军只在大同待了一天便要回去。也先不知道明军葫芦里卖的是什么药，便带着军队入关，跟在明军后面试探性地侦察。

八月十三日，瓦剌骑兵经过十一天的跟踪终于发现一个问题，那就是这伙明军对自己很畏惧，完全想赶快回京了事。此时明军已行至宣府南面方向，正在加速东进。也先认为不能再犹豫了，必须主动出击，一旦明军进入居庸关，一切就都结束了。

明军早就知道也先的三万大军一直在后面跟踪。十三日瓦剌骑兵突然增加移动速度。明军大部分都是步兵，行军速度慢。眼看瓦剌骑兵就要追至，英宗命断后的恭顺侯吴克忠迎敌。甫一接战，吴克忠战死，英宗又命成国公朱勇、永顺伯薛绶率兵三万主动出击。

此时也先的军队驻停鹞儿岭。朱勇的三万大军抵达后，双方激战，朱勇、薛绶皆战死。

形势已经到了万分危急时刻，此时明军距前方怀来城已经没有多远。如果此时明军加快行进速度，不惜一切代价进入怀来城，大事尚有可为。也先只有三万骑兵，还是不敢硬碰硬的。但此时怀来城已经失守。怀来城本来在明军行进的前方，也先追兵在后方，为何怀来城会被瓦剌人占领？因为有一伙瓦剌人从北面破关南下了。

这伙瓦剌人正是阿剌率领的两万骑兵。明廷这边是依靠独石、马营两城抵挡从北面而来的阿剌骑兵，负责守卫的是宣府总兵杨洪之子杨俊。七月初阿剌部犯边时，杨俊首先弃独石、马营两地而南撤。杨俊的行为产生了连锁反应，各卫所纷纷效仿，以致英宗大军返回的时候，居庸关以西的卫所皆被阿剌军队占领。眼看居庸关进不了，也先与阿剌军队东西夹击，明军只好在八月十四日下午进入土木堡暂避。

此时土木堡南面的水源在明军来到之前已经被阿剌部的军队截断。二十万明军涌入一个狭小的土木堡内，用人挨人来形容也不为过，更为严重的是没有水。众人口渴难忍，掘地二丈也未寻得水。此时也先的三万骑兵已从西面围了过来。入夜，也先的军队开始攻击土木堡，都指挥郭懋带着明军打退了也先一次又一次的进攻。

眼见不能取胜，十五日清晨也先率领大军开始后撤。眼见瓦剌军走远，二十万明军“哗啦”一声倾巢而出，竞相寻水。明军队伍大乱，二十万人挤在那么一个狭小地方，如今争先恐后外出寻水，其场面之混乱，可想而知。

已经后撤的也先闻听明军队伍大乱迅速回师土木堡。眼见瓦剌军返回，明军队伍更是大乱。所有人皆无战意，将兵器、盔甲抛却后自行逃亡，混乱中当场踏死七万人。在这场史无前例的混踏中，上至王振下至各部给事中共有五十几人被踏死，七十五岁的英国公张辅、六十五岁的兵部尚书邝埜、户部尚书王佐也在这场混乱中被踏死，出发前给二十万大军配备的兵器、盔甲、毛驴、火器皆落入也先之手，剩下的十三万士兵后来陆陆续续返回了北京。而我们的英宗皇帝在身边侍卫的拼死护卫下没有被踏死，却成了俘虏。

至此，明朝立国以来的最大政治事件土木堡之变已经告一段落。后世人谈起土木堡之变，往往在其中掺杂了许多偶然性因素，其实任何偶然性因素都是由必然性因素引起。瓦剌人在朝贡问题上过于贪婪，王振削减马价无可厚非，随后瓦剌人大举犯边，英宗要带兵出征这也无可厚非。明初尚武传统尚存，如正统三年兵部尚书王骥率大军远征西北的朵儿只伯，随后三征麓川，这些都显示正统朝的武功已经超过宣德朝。明王朝似乎又重回永乐朝的干涉主义。

英宗此次大规模出巡虽然有王振挑唆的因素，但他内心深处也想如此。作为少年天子的他想恢复祖辈们的荣耀，但责任自然不能由君主来背负，这不符合伦理道德。所以后世史官在修史的时候自然将责任推给了王振。明军二十万大军稀里糊涂地溃逃，也先的军队稀里糊涂在后追击，阿剌的两万兵马也是毫无章法地破关南下。事后据蒙古人回忆，也先与阿剌不约而同地来到土木堡。由此我们可以看出整场土木堡之变完全是一场闹剧，就像小孩过家家似的闹剧。或许可以解释为天罚。

此次土木堡之变暴露出了明朝军队的两个问题。一是战斗力和应对突发事件的能力不足。因为寻水导致军士踩踏就充分说明了明军应变能力差，缺乏完善的组织体系，面对也先的三万骑兵，二十万人躲在土木堡内不敢出击更是说明了明军战力的下降。二是边将玩忽职守问题。七月初瓦剌犯边的时候边将皆不同意主动出击，都力主依靠城池固守，朝廷这才让宋瑛、井源、石亨、朱冕带领京营前往阻击。大约从宣德年间开始镇守大同、宣府一带的边将就跟瓦剌打得火热，你称我为“大同王”，我称你为“杨王”，你把女儿嫁给我儿子，我也把女儿嫁给你儿子，我前往大明朝贡得来的金银、布匹你也有份，但前提是你得卖武器给我。这其中尤以宣府总兵杨洪为甚。

实际上这样做也有两个好处：一是边境兵戈少了许多，二是边将们也能捞些好处。但明英宗和王振轻易将这些好处击碎了，所以边将们对削减马价、英宗巡游一直不以为然。这也就能解释明英宗的车队在出了居庸关时，独石、马营已失但杨洪隐瞒不报，因为镇守者正是其子。如果大军得知独石、马营已失，断然不会沿原路返回，而是会从紫荆关回京，那么也就不会发生以后的事情。更为关键的是当也先骑兵追至宣府南部时，大军已派人先行入宣府令杨洪出兵攻也先后路，但杨洪却下令关闭四门禁止出城，直到十四日也先军队围堡、十五日明军发生踩踏事件，杨洪也未出城应援。

事实上此时杨洪手下有骑兵一万、步兵两万，即使虚应故事地出击一下，也就不会有土木堡的惨剧发生。杨洪不愿意出城解救，原因究竟是什么？我认为还是跟他胆小、无能的性格特点有关。

土木堡之变是对明朝军事体系的一次压力测试，暴露了明朝军事机制中的一系列问题。无论如何，它至少给统治者敲响了警钟。

23 被俘虏的英宗皇帝

虽然发生了严重的踩踏事件，但英宗身边的侍卫拼死将英宗护卫住了。这也使得皇帝在这场灾难中得以保全，但他终究成了瓦剌人的俘虏。

这天恰巧是中秋节。英宗端坐在土木堡的荒土上，仰望着圆月，倾听着四周的呼喊、杀戮声，不知道他的心中作何感想。

英宗被也先的弟弟赛刊王带到了也先的面前。也先不认识英宗，便召来两个出使明朝的瓦剌使节。英宗见到这两个使节便直呼其名，也先才知道面前这个人真的是大明天子。

皇帝在这场巨变中表现得非常从容、镇定，看不出什么惊惶失措。皇帝更像是出使瓦剌的君王，只是这场出使太令人意想不到。

皇帝像问候老朋友一样问候也先、伯颜帖木儿、赛刊王、大同王，还直呼两名出使明朝的瓦剌使者的名字。他们对待皇帝也像是老朋友一样。也先没有想到大明的皇帝会落入其手。他觉得这是一个天赐的机会，如果能将天子平安送回，那么大明与瓦剌重开贸易将是顺理成章之事，毕竟这对于明王朝来说是奇功一件。但他根本不知道世情凉薄，即使高贵如帝王也无法身免。

也先便带着英宗前往宣府、大同喊门。宣府总兵杨洪和大同镇守郭登都没有开门。在这种情况下无论如何不能开门，一旦开门也先的军队就会控制宣府和大同，这样他们在关内就有了根据地。大明开国已经八十年，后世的皇帝对于帝国来说可有可无。皇帝一旦离开皇宫，他的权威就会大打折扣。皇帝一旦离开京城，就意味着有宫廷政变发生的可能。

大同的将军们虽然拒绝开门揖盗，但他们还是派人出城见了英宗和也先，并给了也先一些财物，以使皇帝能够在他那里受到照顾。在这里宣府总兵杨洪的小人嘴脸又一次暴露无遗。他不仅生硬地将皇帝拒之门外，还命人开枪，试图将喊门的锦衣卫校尉袁彬打死。

也先拿着这些财物带着英宗和被俘的明朝官员士兵回到了大漠。也先希望明廷派使臣来谈判，谈妥了就接回英宗。也先的条件是跟大明重开贸易，或许是比以前条件更优厚的贸易和朝贡。但也先的如意算盘终是落空了。

九月，英宗皇帝的弟弟郕王朱祁钰在京城登基，改元景泰。英宗的儿子朱见深被立为太子。英宗皇帝被大明王朝抛弃。无论从儒家礼法来说还是从大明律法来说这一行为都是违法的，也无论今人对大明王朝的这一行为如何歌颂，它也展现出荒谬的一面。这开了一个很坏的先例，那就是朝廷可以按政治需要而不是儒家礼法来随意废立皇帝。也许更为恰当的方式是在确立皇太子和让郕王监国的前提下来跟也先周旋，最大可能地通过谈判赎回皇帝。关于也先通过朱祁镇要挟整个明王朝一事，现在看来更多的是时人的主观臆断，明廷对这次由土木堡之变引发的后果估计得过于严重。

英宗皇帝被废，其实从更深层次的原因来探究，乃是其不符合文官的要求。对此我们还是要回到本原。英宗不是在儒家教育下成长起来的君主。跟洪熙、宣德两代帝王相比，具有别人无法控制、无法捉摸的个性。相对朱祁镇来说，朱祁钰似乎更符合文官的要求。如果两人互换位置，或许大明的文官们将会不遗余力地解救人质。在这点上，文官们也许并未意识到是自己的潜意识在作祟。

土木堡之变在朝中引发了一场政治地震，支持英宗者遭到了史无前例的清洗。经过明初八十年来的压抑，文官们终于以一种疯狂的方式登上了政治舞台。后来的历史表明这种疯狂不过是一系列疯狂的开始。但当时还是有那么几个有良知的人，他们还懂得君臣大义，然而这些人被陆续处死或下狱。这里我们拿南京翰林院侍讲学士周叙的奏书来举例说明。

周叙对立郕王为帝表达了不同看法。他希望朱祁钰能够像周公辅佐成王那样辅佐英宗的儿子，与群臣一起共克时艰。他主张派能言善辩之臣携带重金出使瓦剌，跟也先讲和，赎回英宗皇帝。他更是提出，为了大明长治久安计，必须跟蒙古各部落确立长期睦邻友好关系。

应该说周叙的看法代表了当时一部分官员的看法。但这部分官员的声音极其微弱，在全国同仇敌忾的情况下几乎没有人能听见他们的声音。

英宗是失落的，也先是气愤的。也先想跟大明王朝重开贸易的理想随着新皇登基而化为乌有。如今只有一个办法，那就是带着英宗去北京讨个说法，最好是依靠自己强悍的瓦剌骑兵逼迫大明新帝屈服，答应他的条件。

十月，天高气爽，漠北草原热闹异常。也先在这里举行杀马大宴，招待四方部落。在这里他重新将英宗扶上帝位。他是要告诉全天下的人，我也先不承认关内的那个皇帝，真正的皇帝在我这儿。我要将他送回北京，送到本来属于他的位置上。

居庸关防守严密，也先带着三万大军从紫荆关而入。车驾到了易县，百姓听说太上皇来了，纷纷出来迎接。当地百姓奉上茶果酒，还牵来山羊。在百姓眼里朱祁镇依然是他们的皇上。心情复杂的英宗皇帝对民众的热情提不起兴趣，他让人把这些东西都给了也先。车驾到了涿州，当地官员牵羊进酒，英宗又都给了也先。接着又来到卢沟桥的一个果园，此时正值秋日果实成熟。田园官采摘一些果实给英宗品尝，英宗还是让人给了也先。

英宗终是到了京城。这两个月虽然短暂，但对英宗来说已是恍如隔世。虽然到了魂牵梦绕的京城，但是却不得其门而入。城内的激进分子不会跟也先谈判，也先达不到目的也不会释放英宗。

英宗派去谈判的人在彰义门外被杀。也先和英宗仍不死心，又来到德胜门外的土坡上眺望城内。在英宗与也先的一再坚持下，城内派出了两个低级文官出来谈判。英宗见了这两个人，大失所望。英宗告诉也先，这是两个小官。也先不禁破口大骂道："大臣如何不来迎？犬犹认主人，我奉驾至城门，却不来接。"

英宗和也先终是丧失了最后的希望，无奈返回漠北。

新朝强势地将也先阻挡在了谈判的大门外。也先发觉他的设想根本就是一个错误，英宗已经不可能再成为皇帝，自己所希望的通贡和贸易只能跟新皇帝谈。而如果要跟新朝重开谈判就要结束这种敌对状态，摆在眼前的首要一件事就是把英宗送回去。

也先希望明朝这边派使臣过来，风风光光地将明英宗接回去，最好能带一些财物过来。但景泰皇帝此时此刻已经对接回兄长不感兴趣，屡屡以蒙古人没有信誉来搪塞。但随着也先不断派使臣来北京，甚至直接把贡马送到明朝境内，以及在京的大臣不断对新帝施压要求接英宗回来的情况下，景泰皇帝终于在景泰元年（1450 年）七月份派右都御史杨善前往瓦剌部议和，并在也先使臣带回的敕书里写上接回英宗的字样。为了体面地接回英宗，杨善变卖自己的家财，买了些财物送给也先。就这样英宗皇帝终于在被俘一年后回到了故土，开始了七年的幽禁生活。

至此，持续一年的乱糟糟的土木堡之变终于告一段落，此后明与瓦剌又恢复了通贡。但它对明王朝的影响仍然没有结束，在此后的十几年中仍然影响着王朝的命运。

24 乌云密布下的景泰朝

自从英宗皇帝回到北京的这一天，就给景泰皇帝治下的新朝投下了阴影。没有人会忽略身在南宫的他。在人们的心中，南宫的他才是正统，而乾清宫的这个皇帝只是一个窃位者。

文官们力推的景泰皇帝登基并没有如期望的那样稳定局势，反而在英宗回来后使得局势更加微妙和复杂化。因为一个居住在南宫的前任统治者就像一根跳动的引线。那些不安分之人一旦利益受损就会抓住这根引线点燃它。但不管怎样，景泰初年一切还是和平的，宦官、武将、文官组成了一个稳定的政局。

兴安是宣德朝的高级宦官，正统朝他曾经在司礼监中发挥过重要作用。如今王振已死，留下的权力真空迅速被兴安占据。但他无法像王振那样压服四方，他能做的更多是在与其他群体的激烈碰撞中求生存。

不仅如此，在景泰朝宦官对军队尤其是对京营依然有着极强的控制力，比如曹吉祥和刘永诚。这些跟军队有着千丝万缕的宦官并不仅仅是作为督军而存在，他们的身份就是“将军”。他们能够独立领兵作战，他们思维缜密、视野开阔，熟悉山川地理、看得懂军事地图，更为重要的是他们有战功。曹吉祥早年曾独立带兵前往云南作战和去福建平叛，而刘永诚在永乐朝就三次跟随朱棣远征漠北，宣德朝也是如此，甚至到了弘治朝已七十三岁的刘永诚还在负责京营的训练。明廷面对这样的人，自是不会否认他们的将军身份，即便他们身为宦官。虽然宦官统领了军队，尤其是统领了京营和禁军，但明朝不存在地方军阀割据，这也就使得宦官无法像汉末和晚唐那样废立君主。

曹吉祥和刘永诚虽然属于宦官，但毫无疑问他们属于武官体系。除此之外还有石亨，这位大同败将被兵部尚书于谦委以重任。

除了这些武官们，文官集团开始成为一个优秀而稳定的团体，在某些方面呈现出“三杨”政治的特点，那就是老成而低调。吏部尚书王直是领头者，他能够为国家选择清廉而干练的官吏，在土木堡之变后的危局中起到了重要作用，他还一直是接回英宗最主要的主张者；除此之外还有兵部尚书于谦，在土木堡之变后他挺身而出，调动人力、物力保卫北京，并将景泰皇帝扶上帝位，在稳定人心、展示天朝国威方面起到了巨大作用，如今的于谦还要承担京营的改组任务；还有出使瓦剌且清廉、正直的杨善、李实都在都察院工作。

景泰政权是一个平衡各方利益的政体。它既缺乏像王振那样能够压服全局的人，更没有像三杨那样能够说服全局的人，它更像是一个因为一件突发事件而走在一起的一个松散联盟。更为糟糕的是里面混进了三个声名狼藉的人——曹吉祥、石亨、徐有贞。在此种情况下景泰联盟面临随时破灭的危险，而景泰皇帝对此却没有规划，他只是带着大明王朝沿着正统的惯性往前走。

景泰初年，朝廷面临着三件事情：一是如何从镇压南方叛乱中抽身出来；二是如何通过水利工程解决黄河泛滥问题；三是如何对土木堡事件中暴露出问题的京营进行改组。

云南的麓川战役已经由老兵部尚书靖远伯王骥完成，此刻他正在回京的路上。由于王骥属于英宗派系，此刻御史正在弹劾他。当他到了武昌的时候恰逢湖广的苗民和瑶民叛乱，王骥又挂印平叛。而此时浙江、福建、广东一片的农民起义已接近尾声。这些都使得景泰朝能够有一个良好的开局。

负责治理黄河的就是那个在土木堡之变后主张南迁的徐有贞。这是一个既习儒学又习阴阳学的人。阴暗是他的特点，但才华也是他的特点，天文、地理、兵法、水利、阴阳、术数都是他擅长的。他挖了一条沟渠将泛滥的河水引入大海；他沿着运河两岸开凿了水库防止泛滥的河水和泥沙阻塞运河；他设计了一个灌溉体系使得山东的数百万亩良田得到灌溉。这件事证明了徐有贞的非凡才能。土木堡之变后笼罩在他头上的阴霾一扫而光，他又成了以前那个徐有贞。

从土木堡之变中暴露出军队的一个特点，那就是作战时军士之间互不熟知。造成这种情况的原因还要从永乐朝说起。永乐时期为了征伐蒙古，永乐帝长驻北京，从全国的卫所抽调军队组成三大营。这就是五军营、三千营和神机营。遇到有战事的时候再从三大营中抽调士兵组成征战部队。这就产生一个问题，就是作战的时候兵与兵之间、将与兵之间互不熟悉，影响了作战的协调性与团结性。大明与瓦剌和谈后于谦便开始着手处理此事。于谦将三大营改组成十个团营，每营设都督、都指挥、把总、队长。作战时以营为单位，而不是采取抽调的方式，剩下的士兵仍编入三大营承担京城的防务。十个团营采取宦官、武将、文官共管的方式。文官统军在一定程度上会增大文官的权力，但也能够防止宦官和武将统军带来对军士欺压、驱使等腐败问题。在此之前和在此之后军队中暴露出的一系列问题，使得明廷不可避免地需要文人插手军事管理。

虽然景泰朝一切都从一年前的那种乱糟糟景象中平静下来，但景泰皇帝平静不下来。他在思考一件事情，那就是废掉皇太子，改立自己的儿子为太子。这又是一件跟儒家礼法不符的事情，对于继任人的确立或废立问题是比现任君主的变动更令人敏感的事件。因为我们这个国家一直对于未来关注得更多。

这一不合礼法的事情出人意料地得到了大多数士大夫的支持，少数反对的人也只好在心中排斥之。这一事例表明，时至景泰朝士大夫仍未恢复或形成他们独立的操守，皇权依然强大。虽然景泰皇帝在废立继承人的问题上达成了自己的目的，但裂痕已经产生，表面平静下的不安在加剧，野心家开始蠢蠢欲动，敏锐的人也开始不动声色地观察。

景泰四年（1453 年），新太子死去，景泰皇帝如遭雷击。他虽然不到四十，但仿佛已到了知天命的年龄。从这一刻起他的身体状况就开始变差。他也许已经预见了结局，但只能束手等待这一天的到来。

时局已经微妙到了极点，空气在凝结，再傻的人也能捕捉到那微妙的气息。但这些久经宦海的饱学之士们却仍在谨小慎微，仍在患得患失。机会就摆在眼前，一旦你抓住了，或许会丢掉性命，或许会伤残，但你会青史留名。

御史钟同是江西人。的确，明廷大部分的知名人士都来自江西。钟同的父亲钟复是宣德朝进士，跟正统朝翰林院侍读刘球不仅是同乡还是好友。时值宦官王振擅权，众大臣敢怒不敢言。刘球愿意承担这个历史的重任，但他想让钟复与他一起上书。钟复的妻子听说后便对刘球斥责道："你想找死我不拦着，为什么还要连累别人？！"如此，刘球便独自上书痛骂王振。王振将刘球关进了锦衣卫诏狱，锦衣卫指挥使马顺将其打死，尸体被肢解。虽然钟复逃过一劫，但不久却亡故。其妻叹曰，还不如让钟复跟刘球一起死去，以落得一个忠直的美名。

年幼的钟同一直敬佩像刘球这样舍生取义的士子，他同时也为父亲没有走刘球的路而深深遗憾。他发誓要继承父亲的遗志。景泰五年（1454 年），钟同、礼部郎中章纶、太常寺少卿廖庄、礼部郎中孟玘相继上书要求复立英宗之子朱见深为太子。三人皆被杖责，钟同被当场杖毙。后来钟同的牌位被供奉在家乡吉安府永丰县的忠节祠中，与刘球牌位在一起。钟同真的实现了当初之志。

在这种严峻形势下，朝中其他重臣如王直、于谦、胡濙也私下里向景泰皇帝进言，要求立朱见深为太子，但都被斥退。这些重臣也是无可奈何。历史似乎又返回三杨时代，后世又像责备三杨那样责备王直、于谦无所作为。实际上老臣、重臣跟年轻后辈思维方式不一样。年轻后生可以一死博忠名，但老臣、重臣需要对政局的稳定负责。

景泰皇帝此刻已经患了焦虑症。虽然处罚了三人，但他面临的压力是空前的。朝野虽未再起波澜，但那种无声的语言已经告诉皇帝他们想说什么。深居南宫的哥哥已经在那里跟自己的嫔妃生了几个儿子了，而自己虽然整日忙于床笫之事，却仍未有胤息。在这种煎熬与折腾中，景泰皇帝终于病倒了。

景泰八年（1457 年）的形势似乎已经到头了。元旦过后众大臣欲进宫面圣，却被司礼监太监兴安挡在了门外。兴安双手做十字状告诉众臣僚，皇帝只剩下十天时间。兴安对众位大臣说道："诸位都是股肱之臣，不能为社稷出谋，徒来问安，有何益处？”

众人明白兴安的意思，那就是抓紧安排立储的事情。各部堂官都参加了左掖门会议，讨论立储的大事。虽然大多数官员都赞同复立朱见深为太子，但最后还是没有达成一致意见。众人还是得征求皇帝的意见。

泰皇将立太子一事否决了，只提到十七日举行早朝。这件事情传到了石亨的耳朵里，他很失落。一旦今上驾崩，众大臣拥戴朱见深成功，那么就意味着自己在这场立储中没有丝毫的拥戴之功。这么些年来自己的名声已经臭了，如今还要小心翼翼，那把刀子不知道什么时候会砍到自己身上。石亨知道若想保住自己的利益就必须在立储中发挥作用。凭借自己一人做不了此事，必须另找他人，找那些跟自己一样居心叵测而且利益受损之人。他找到了曹吉祥、张軏、杨善、徐有贞、罗通，这些人皆对石亨的想法表示赞同。在这五个人中，张軏和罗通是跟随石亨一起掌管京畿十团营的，皆是手握重兵之人。这五人除了杨善外，其他人考虑的更多是权力，而杨善是真心希望英宗复位。

不仅如此，曹吉祥还进宫就此事取得了太后的同意。太后本就倾向于自己的亲生儿子朱祁镇。此事到了此时已再无悬念。政变之人不仅掌握着军队还征得了西宫的支持，只有几个按照儒家礼法行事的儒生被蒙在鼓里。其实到了这个时候石亨等人即使公开行事也无不可，只是他们更希望把这样的行动演变成一次秘密政变以彰显自己的功劳。

这边群臣仍是心急如焚。十六日清晨众人又聚在一起，最后商议结果还是立朱见深为太子，并写成草案，打算第二天早朝时递上去。

景泰八年（1457 年）正月十七日凌晨，石亨等人冲进南宫，将朱祁镇扶上了皇位。英宗皇帝在离开皇位七年零五个月之后，终于回归大统。即位诏颁布后，英宗于当日下令逮捕内阁大学士、吏部尚书王文以及兵部尚书于谦。英宗北狩一年，幽禁七年。他以极大毅力熬过了这近八年时间，仇恨在他心中慢慢积累。当也先带着他来到北京城外而不得进的时候，他在心中已经把他的弟弟和他弟弟的那些支持者判了死刑。尤其是这个王文，在众大臣皆主张接自己回来的时候，是他表示了反对；也是这个王文，在众大臣主张复立朱见深为太子的时候，他又表示了反对。朕不想再见到他们。

英宗的复位又是一件违背儒家礼制的事情。按照儒家礼制，皇位只能向晚辈传，断无向长辈传之理。所以为了显示自己复位的合法性，景泰皇帝年号必须要抹去。既然景泰政权为非法政权，那么促成这一政权诞生的王文、于谦也必须被处死，这样才能名正言顺。

天顺元年（1457 年）正月二十二日，也就是在英宗复位五日后，王文和于谦被处死于西市，围观的百姓无不落泪。

25　长安街上的激战

英宗复位后，景泰皇帝朱祁钰又恢复了他的郕王称号。不久他就死去。他完全失去了他的正统性，在这深冷的皇宫里已经无人再记起他。

据《罪惟录》记载，朱祁钰的母亲是汉王朱高煦宫中的宫女，在王宫沦陷的时候被宣德皇帝朱瞻基带到了北京。宣德皇帝看中了这个女子便临幸了，后来此女生下了朱祁钰。宣德皇帝将母子二人安置在了宫外。汉王宫女的身份使得母子一直以自卑而又尴尬的状态活着。这些都养成了朱祁钰自卑、虽有城府而优柔寡断的性格。

土木堡之变后当众人都让朱祁钰出来做主的时候，他故作推辞以显示他的姿态。他甚至对权力表现出了极端恐惧，但这些都随着他的皇位的稳固而化为乌有。朱祁钰不想让这位仅大他两岁的兄长回来，但他也不敢明目张胆地反对。在众人的一再劝说下，他还是命杨善接回了兄长。朱祁钰让他的兄长跟他的嫔妃，还有儿女生活在一起。他对兄长还算不错，甚至在有人建议将英宗之子朱见深移出京城的时候，他还对此人进行了呵斥。除了对待英宗身边的两名太监，以及上书要求立朱见深为太子的几个人比较苛刻外，他待人还算宽厚。景泰帝最后的时间里，一切都在平淡中度过，最终尘封在历史之中。

英宗皇帝又重新回到了这里。他改元天顺。他做梦也没想到会有这一天，但这一天真的来了。他很感激那些扭转他命运的人。这些扭转他命运的人也都得偿所愿。政变的首席策划者徐有贞被任命为兵部尚书，封为武功伯；石亨晋升为忠国公；曹吉祥为宦官首脑；杨善被任命为礼部尚书。他们的追随者也各有赏赐。

此后的当朝天子似乎又在走懵懂、任性的老路，但这自始至终都是表象。在他还是个少年的时候就隐藏在幕后，让王振冲在前面。当他在塞外北狩的时候，他的表情尽量做到平静如水，他甚至懂得如何跟这些瓦剌人和平相处，以取得他们的信任与好感。他的内心不再有懊悔，只想一天天坚强地活下去。如今的他再次君临天下。他已经没有任何依靠，他不可能再像以前那样躲藏在后面，他要独自面对整个朝堂，独自去对付他的臣僚。他的辣手也逐渐显露出来。他不会信任任何人。任何事情的发生他不会再感到莫名其妙。他不会因为某些人的拥立而对这些人感恩戴德。

大规模的清洗并不仅仅表现为杀了王文和于谦了事，事实上这只是一个开始。在这八年中，那些不替自己开城的人，那些不主张议和以迎回自己的人，那些说自己儿子闲话的人，那些侮辱、轻视自己的人，都要一个一个找他们算账。事实上这些不用他自己费脑子一个个去想，下面的人都替他记起来了，他所做的就是朱笔一挥就行了。天顺元年（1457 年）从宦官到文官，从京城武将到边关武将，无论是有爵位的还是没爵位的皆是杀的杀、关的关、流放的流放、免职的免职，整个王朝的官僚系统地动山摇。当然了，那些替自己说话的人，甚至为了自己的名誉而身死的人也是要陆续追封或奖赏。这些也当然有人替自己罗列名单。英宗的爱憎分明在这里得到了鲜明的体现，八年的屈辱、隐忍终于换得心中恶气尽出。

景泰年间所有的一切几乎都推倒重来，就连于谦设立的十团营也被废掉，重新成立了三大营。而这三大营仍然由石亨、曹吉祥掌管。此时的石、曹已经是飘飘然，他们对权力的贪恋达到了连自己都无法控制的地步。

复位的天子对徐有贞、石亨、曹吉祥早就有了考虑。他借这三人之手清除掉那些跟自己若即若离的人，然后给三人很高的荣誉与权力，让他们行为出现偏差，然后再来收拾他们。石亨与曹吉祥果然如此。他们不断把手伸向各部衙门，安插私人，甚至想控制内阁。天顺元年还没有结束，英宗就已在酝酿除掉石、曹。他首先暗示内阁大学士徐有贞和李贤弹劾石、曹，但徐有贞、李贤不仅没搞倒石亨和曹吉祥，反而败在对方的手里。此时的英宗明白倒石和倒曹的机会还没有到来。他需要石亨和曹吉祥犯更大的错误。他同时也明白一个道理，靠这些文臣是扳不倒石亨和曹吉祥的。为了安抚石亨和曹吉祥，英宗反而将徐有贞、李贤降职外放。这些皆是欲擒故纵、以退为进之策略。与此同时，英宗开始改派大批锦衣卫对石亨和曹吉祥进行布控。天顺三年（1459 年），英宗终于收网。八月，石亨的侄子石彪被锦衣卫抓捕，在锦衣卫诏狱中，石彪扛不住酷刑开始咬向石亨，随后石亨被撤除一切职务。英宗对石亨的监视并没有撤除，校尉们仍在暗中监视着石亨的一举一动。天顺四年公元元月，石亨因为说了一些牢骚的话被锦衣卫侦知，英宗下令将石亨关进诏狱。石亨最终死在诏狱。

处死石亨只是一个开始，英宗的下一个目标就是曹吉祥。曹吉祥对此也是洞若观火。曹吉祥非常后悔拥立了这么一个君主。他更后悔没能及时跟石亨联手发动兵变，如今只剩下自己一人独自应对这个局面。他知道有无数双眼睛盯着自己，自己的府上也到处都是皇帝的眼线。一种无形的压力逼迫着自己喘不过气来。无论自己再怎么小心翼翼还是难逃一死，索性来个鱼死网破，说不定还能闯出一条生路。

此时曹吉祥的手上已经掌控一部分禁军。虽然天顺元年石亨、曹吉祥气焰嚣张，但英宗始终没有将全部京营交到他们手里。天顺五年（1461 年）七月二日，曹吉祥率领五百蒙古降兵，由自己的义子和侄子们率领作为外援，自己率领内城京营作为内援，打算一鼓作气攻占皇宫。谁知蒙古降兵中也有皇帝的眼线，此人密报了一切。英宗急令关闭九门，就在皇宫大内将曹吉祥抓捕。此时曹吉祥义子曹钦、侄子曹铎正率全副甲胄的武士沿长安街奔来，各部平叛军士也赶来，双方在长安街上激战一整天，曹钦自尽，曹铎被杀。众军拥入曹家宅第，男女老幼尽皆被屠。

至此，正统末年、景泰年间的所有朝臣尽皆散去，有的是因为年老而致仕，有的是因为一些事情而被诛杀，还有的是被贬黜，朝堂为之一空。英宗本不希望落得如此局面，实乃因为1449年的土木堡之变改变了上层的政治结构平衡。从一个不平衡的政治结构达到一个新的政治平衡结构，的确需要一个调整期。这个过程是复位后的英宗亲自完成的。从这里可以看出英宗的统御能力。的确，在某些方面他显示出了比宣德皇帝更铁血的手腕。在老一辈的勋贵和文臣在土木堡集体埋葬后，朝中已经没有再可以帮助他的人了。他依靠自己处理了该处理的事情。这个时候他才三十几岁。这在别人也许还在为太子的时候，这个帝王却已经历了人世的沧桑，已经没有任何事情可以令他的内心再起波澜。

英宗复位后，经过两次清洗，面对空荡荡的朝堂皇帝没有表现出不适的感觉。他正逐步发现和任用一些品行优良、勤于政事的官吏。这些官吏都跟皇帝保持了良好的关系。对于镇压曹吉祥叛乱的官吏，皇帝也没有给予很高的封赏。这些都使得经过兵变后的天顺朝能够保持政治清明的状态。

无论是李贤，还是后来的岳正、彭时、吕原都与英宗保持了默契的合作。经过从正统到天顺年间的三场政治地震，如今的阁臣们已是小心翼翼、如履薄冰。他们不再像王振、徐有贞、曹吉祥那样跋扈，也不会像三杨那样发挥中枢的作用。无论他们如何勤恳办事，无论他们如何令英宗满意，君臣之间已再无法亲密无间。

英宗是一位勤政的人。他每天五鼓起来拜天、朝庙，接着便是批阅奏章和举行朝会，如此繁复礼仪和繁杂的工作他都认真地去做，甚至比臣僚做得还要好。他对衣食从不挑剔，经历了一年大漠的生活，奢华在他眼里已是浮云。他更追求一种平淡如水的生活。

他释放了被关押达五十六年之久的建文帝幼子，他临死之前废除了殉葬制，他对国内的流民始终采取安抚的措施，他对自己弟弟的家属还很优待，甚至在朱祁钰病情转好后他还面露喜色。自己的配偶钱皇后虽然并无子嗣，但英宗始终如一地对待她。对待平民，英宗皇帝也继续强化朱元璋制定的优老政策。

天顺八年（1464年）正月，英宗皇帝由于长期的足疾导致病毒侵入体内而与世长辞。按照周岁计算，此时的英宗三十六岁，不到三十七岁，对比现代的标准他还处在青年期。但英宗已经历经了人世间的太多沧桑，从天堂到地狱、从地狱再到天堂，对于皇帝来说天堂与地狱已经没有区别。他需要的是一种心境。在追逐这种心境的过程中，他获得的除了寂寞还是寂寞。英宗是一个复杂、难以捉摸的皇帝。在他身上体现了决绝与优柔、勇敢与怯懦、随和与专制、扩张与内省的特点。他必然带着这些特点走完他复杂而又矛盾的一生。

26 荒诞、阴沉的成化朝

大明成化年间（1465—1487），一切都是那么强大，一切都是那么弱小。大明王朝已经进入一个奇特期。它充满了暮气，然而却生机勃勃；它保守、墨成，然而却是商业经济的开始；它一身正气，然而却妖人四起；它力图恢复儒家规范，然而却开奢侈、糜烂的先河。正统朝注定会成为一个矛盾的时代，而成化朝则呈现出荒诞的特质。阴沉的君主、神秘的皇妃、跋扈的周太后、充满理想主义色彩的宦官、迈入轨道的官僚集团、民间的妖人、战斗力强悍的流民，各色人等开始在这个时代登场。没人知道成化朝这艘大船要驶向何方。

历史进入成化朝，一切都跟以前不一样了，似乎这是一个新的开始。

成化皇帝名叫朱见深，他还有八个弟弟。无论他是否被立为太子，他都似乎不是皇位的唯一人选。的确是这样，在土木堡之变后，在孙太后的提议下，朱见深被立为太子。随着郕王继位，敏锐的孙太后已经感觉到了未来会发生什么。为了保护自己的孙子，她将朱见深接到自己的身边，由侍女万贞儿抚养，不允许任何人接近这位皇子。后来随着朱祁钰立自己的儿子为皇储，朱见深被改立为沂王。当朱见深搬到沂王府后，仍是由大他十七岁的万贞儿抚养。仍为幼儿的朱见深对于人事的变动自然没有父亲体会深刻。对于他来说，身边有万贞儿在就可以了。此时的他跟他的父亲一样被锁在这深宫中。他不知道外面的世界是什么样子，也从未见过自己的父母。因为母亲周妃要在南宫陪伴自己的父皇。

一直到父皇重新登基，自己才重新搬回东宫居住。此时的朱见深已经是个孤僻的孩子，他方脸大耳，迟钝木讷，不喜言谈，不喜交流。英宗对他谈不上什么感情。英宗更喜欢跟自己在南宫度过苦难岁月的那些与自己亲密无间的孩子。英宗复位后一直有想将朱见深废掉另立的意思。但此事的确事关重大，一个太子两次被废意味着什么？英宗皇帝不得不慎重行事。但大学士李贤是知道他的心思的，也知道皇帝的症结在哪里。

“皇上，社稷为重，皇上切要三思。即使太子无能，有我们这些阁臣在，一样可以辅佐社稷。”李贤这样对英宗说道。

李贤的话打消了英宗的顾虑。一则换太子对社稷的确震动巨大，会搅动各方势力，使平静的朝堂重新翻滚起波浪；二则对于太子能力的忧虑，李贤进行了解释。虽然这种解释不一定能令英宗完全释然，但至少能部分打消英宗的疑虑。除此之外，李贤的话释放出一个重要信息，那就是此时的官僚集团已能掌控朝政运转。皇帝更多地只是在发挥一个礼仪上的作用。

为了进一步拉近父子之间的距离，李贤让朱见深在英宗病重期间来到英宗床前。朱见深抱着英宗“嚎嚎”大哭起来。不管是真是假，父子俩的关系在这一刻的确拉近了。

因为这些因素，李贤在天顺末年和成化初年成了朝堂上的资深阁臣。文臣们开始希望能将朱见深培养成他们喜欢的模范君主，官僚们开始引导朱见深一步步走向他们所设计的道路。

每朝新天子继位后，除了颁布大赦天下的告示，还要做的就是平反。新天子的威信通常就是通过这种方式建立起来。成化朝首先要为于谦平反，于谦早晚会被平反是人所共知的事情，但做起来却并不是那么容易。因为于谦在一定程度上属于朱祁钰那个体系之人，而且在朱祁钰要废掉皇太子之位的时候，不管于谦同意不同意，他还是在上面签了字。如果说，为于谦平反在心理上还有些过不去的话，但成化皇帝毕竟与英宗皇帝是两代人，心理上的这个坎他还是能迈过去。但另一个问题又来了，如果替于谦平反，会不会对成化皇帝的正统性产生动摇？这的确是个问题。但新天子似乎对这个问题也不在乎。他很快为于谦平了反。不仅如此，英宗复辟后所处理的一系列官员都得以平反。

眼见成化皇帝的所为深得人心，文官们开始酝酿推动另外一个更敏感的话题，那就是对朱祁钰的定位问题。此事关系更大，众人虽然心中皆存此事，但无人提及。没人提及并不代表人们不关注此事。事实上，对于谦等人平反和对朱祁钰平反是一脉相承的，一旦开了个头就不能停止下来。紧张的气氛总是令人沉不下心的，总有心浮气躁的人跳出来，抑或真的是憋不住了，抑或是有人指使，抑或从天子那里觉察到了某种信息。第一个上书为朱祁钰翻案的是荆门州学训导高瑶。高瑶举人出身，会试不中而被安排了一个州学训导的职位。成化三年（1467年）高瑶上书要求恢复朱祁钰的帝号和庙号。朝廷很多敏感的事件都是由身居外地的小官们挑开，而这些小官们也就此名扬千古，载入史册，或许改变命运也不是没有可能。我们也可以看出他们基本上都捕捉到了皇帝的心思，所以他们的上书很大程度上起到了四两拨千斤的效果。

此事既已挑明就不能回避，成化皇帝将高瑶的奏章发下，让部院廷议。此事最终不了了之。皇帝态度暧昧，阁臣、廷臣态度一样暧昧，但终于在成化十一年（1457年）由皇帝主动提出，恢复了朱祁钰的帝号。在这件事情上，成化皇帝很显然走在了文官们的前面。成化皇帝开本朝风气之先，登基后的一系列作为都为文官的谏言起到了一个推动作用。虽然成化朝官员们进谏不像万历朝那般波澜壮阔，但毕竟是个转折点，标志着洪武朝以来对言路的压制到了尽头，一个新的时代开始了。但文官们的上言都是泛泛而谈，既无新意，又不具备可操作性。皇帝表面上对这些文臣们的进言表示赞许，实际上也是不置可否。虽然这位君主广开言路，但一旦文臣们的言论涉及了他的私人生活，他就表示出了不耐烦，甚至是大发雷霆。

成化皇帝并不像文臣们所期待的那样中规中矩。他对儒生们开讲的经筵没有丝毫兴趣，他更厌烦日复一日、琐碎非常的礼仪、朝政。他跟他的祖父宣德皇帝一样更热衷宫廷生活，但他更有甚之，也更荒诞。他除了对新奇的玩意儿感兴趣外，还喜欢跟道士、僧人搅在一起。他不是一个阳光的人，他很阴郁，不喜与人交流，他总是闷在宫廷里写字、作画、听戏，他更迷恋比他大十七岁的万贞儿。在这个庞大的国家他似乎是个局外人，只有万贞儿是他的全部。

成化皇帝的大婚进行得很迅速，在他即位的当年就结婚了，皇后为吴氏。为了防止外戚专权，大明王朝的皇子和公主都是跟小吏和平民家联姻。这吴氏也不例外，父亲为禁军指挥使。在那个时代吴氏是京畿地区符合皇后标准的人选。她的家庭既不显赫，也不卑微。她端庄、识大体，但就是这样一位女子竟然在大婚一个月内就被废掉。这件事情令举朝瞠目结舌，人们惊讶不是因为皇后被废，而是这位皇帝在废后过程中表现出的异常决绝，仿佛吴氏不可饶恕。吴氏的确戳到了他的痛处。对于朱见深来说，替于谦平反，恢复朱祁钰帝号这些都没什么，但有片逆鳞绝不允许别人去触碰。这片逆鳞就是万贞儿万氏。

成化皇帝小时候就没有受到父母的疼爱。他是个孤苦伶仃的人，唯一陪伴在身边的就是这位万氏。在他的个人世界里，万氏就是一切。他的不自信、他的抑郁情绪都需要靠万氏来缓解。虽然这位皇帝结了婚，但对万氏依然宠爱，而皇后吴氏对这些事情就不了解了。她看见的只是万氏的跋扈。她是后宫之主，当然要行使皇后的权力。吴氏与万氏发生了冲撞，万氏竟然反客为主。成化皇帝对吴氏冲撞了万氏极其不满，所以态度坚决地废了她。此次后宫的一次碰撞只是成化朝的一个小事件，但它清晰地发出一个信号，那就是朝廷依然不平静。正统朝被一个太监掌控，而成化朝似乎又要落入一个女人手中。

万氏并不是很漂亮，有着男性的气质，喜欢戎装佩刀矗立在皇帝身旁，给皇帝以安全感。除此之外她的房中术大约也很好，能够把皇帝牢牢驭住。所幸的是万氏的威力只限于宫廷，她并没有像王振那样跟官员们发生冲突。但从更宏观的角度来讲，这个女人对社稷的危害更大，因为她会影响到皇位的继承。吴氏既被废，那么还是要遴选新的皇后。无论如何，万氏都不符合皇后的标准，不管是英宗的正室钱太后还是皇帝的生母周太后都容不得这个女人。有了前次教训，新选的王皇后始终不敢跟万氏较劲。

虽然跋扈，但更多地只是干预宫中内部事务，于礼仪上妨碍并不大。成化二年（1466 年）万氏产下一子，皇帝高兴。这对于他来说是最完美的事情。但帝国也只有他一人高兴，因为所有的人都不希望这个女人将来成为皇太后。为了不让王皇后生育，成化皇帝甚至根本不去皇后那里居住。现在终于好了，自己的努力有了回报。但天有不测风云，当年年底这位婴儿就夭折了。皇帝似乎一下子跌入谷底。接下来的两三年时间里，宫中再也传不出宫女怀孕的消息，原来是万氏令太监给每位怀孕的宫女吃了流产药。

但还是有一名宦官于心不忍，只给一名怀孕的宫女吃了半份流产药。这名宫女终是将孩子生了下来。这孩子就是日后的弘治皇帝——朱祐樘。人们将这名皇子在宫中偷偷抚养，后来他被周太后接到宫中。这是一个转折点，基本上标志着万妃时代的结束。从此这个女人对后宫已不具备控制力。虽然她是站在帝国最高处的女人，但是她不能跟全天下作对。一旦她的保护伞没了，她将会粉身碎骨。这位女人的嗅觉也是异常灵敏，朱祐樘的出现使得形势出现了倾斜，成化皇帝的内心也产生了变化。这个聪明的女人明白，如果再一意孤行只会适得其反。

朱祐樘的出现使得最根本问题得以解决，后宫的问题也只是在小范围之内闹腾，这也使得官僚们能腾出手来进行一些其他动作。成化初年起，自英宗时代就延续的南北党争在成化朝又拉开序幕，并带来一个言官沸腾的时代。

英宗皇帝不喜欢南方的官员，尤其是江西籍的官员。在大明王朝近三百年的岁月中，有一半的时间是由江西籍人物主宰的。大明官场一直有江西人士把持科场之言。这还不是最让帝王关心的问题，最让帝王关心的是江西籍的言官们。正统、景泰、天顺、成化四朝享誉天下的言官皆出自江西，到了成化初年，内阁中还有两位重臣是江西人，即陈文与彭时，而内阁首辅却是河南籍的李贤。成化年间文官之间的矛盾很快就会爆发。

罗伦是江西省吉安府永丰县人。大明朝的官场有一个怪现象，就是全国官员数江西，江西官员数吉安，似乎王朝一小半官员都来自江西省吉安府这个地方。罗伦家境清苦，状元出身，又是一个极端的理学教徒。成化二年（1466 年）翰林院修撰罗伦首先发难。他攻击的对象是内阁首辅李贤，弹劾的话题是李贤在父亲死后不按规制守孝三年，只在家中守了两个月便回来了。

华夏以伦理道德立国，一方面通过纲常维持了一种松散而稳固的秩序，另一方面也成了我们文明的组成部分。安史之乱标志着大唐王朝多元文化实践的失败，从此华夏重归单一文明，如今伦理纲常重新成为这个王朝唯一遵循的风尚。客家人云集的江西对伦理纲常尤为注重。身为国家首辅竟然做出如此有违伦理道德的事情，在大多数士子眼里这自然是不能容忍的。无论你是否身居要职，无论你对社稷的作用多么大，都不能违背这一准则。因为这是华夏文明的核心，我们这个民族文明存在的准则。

皇帝对于罗伦的上书不悦，当事人李贤也同样不悦。李贤有别的想法，内阁重臣陈文和彭时也都是江西吉安人，属于罗伦的同乡。李贤很容易认为是陈、彭二人鼓动罗伦上书。李贤在英宗和成化两代皇帝心目中有着无与伦比的地位，而且李贤对于消除英宗父子之间的嫌隙，保证成化皇帝顺利登基起到了推动作用。成化皇帝自然视李贤为股肱之臣。现在有人弹劾李贤，这自然是皇帝所不能容忍的。成化皇帝将罗伦外放福建。这一处罚是轻微的，既没有起到震慑群臣的作用，反而激起了群臣抗辩。从各部尚书到六科给事中、十三道御史纷纷出动，将矛头对准李贤。皇帝大怒，对官员厉声斥责。李贤终于被他保下来了。尽管如此，李贤也承受着巨大的舆论压力。他突然发现他跟整个朝廷的官僚决裂了。实际上官僚们是想借此事掌握舆论权。虽然群臣的非议被皇帝压了下去了，但在这年的年底李贤却死去。李贤的死标志着皇帝面前再无挡箭牌，朝廷的话语权不可避免地落入文官手中。

罗伦事件过后仅一年，翰林院的大能们又开始没事找事。这次有位叫章懋的编修上书反对元宵节点灯。这真是鸡蛋里挑骨头，没事找事。成化皇帝自然又将章懋贬黜。罗伦、章懋都是极有气节之人，被贬黜后随即辞官回乡，终生著书、讲学，不再出来做官，以自己的操守诠释了读书人的气节。明朝士大夫们的确都是很有性格的，他们不贪权、不恋财、不惧生死，他们杜绝碌碌无为，他们更喜欢青史留名。虽然皇帝处理了罗伦、章懋，但此后以他们为榜样的言官一波接一波，皇帝再也无法压制他们了。此时的皇帝已经显示出倦政的信号，也许大明王朝此后的行政特点从这个时候就已经初露端倪。

慢慢地皇帝不再喜欢跟文臣们沟通，朝政都交给内阁处理，司礼监负责批红就行了，士大夫们期待的君臣共治局面终于开始形成。而成化皇帝则沉溺宫中跟各色人等交往。这是个人才辈出的年代，工匠、医生、画家、戏子、作家、道士、僧人、法王、术士、魔术师、罪犯、性学家、色情小说家、春画画家都能在京城找到自己的舞台，而且还是很好的舞台。

如果你是江湖潦倒的艺人，你最好去京城，在大明门附近支一个摊子，用不了多久就会有宦官来找你，将你招进宫去，从此衣食无忧；如果你能写出记录奇闻异志的小说，你也可以大摇大摆地去皇宫投稿，放心，不会存在退稿的情况；如果你懂房中之术，能授以新奇的秘法，那也不错，你也能找到工作，最好是还能研制出类似大力丸之类的丹药；如果你能看星相，或者会些法术，能将白银变成黄金，那就更好了；如果你是地方官犯了法，你也不用担心，赶快逃去京城，以最短的时间学会一门手艺，然后再通过宦官的门路进入宫廷，你就能免除处罚，但从此你就不是士大夫的身份了，而成了宫廷豢养的娱乐人士。所以在这座宫廷里，除了江湖人士之外，还有一些中过科举的士大夫们。这些士大夫也分为两类：一类是不屑于跟这些江湖术士为伍之人，另一类则比江湖人士还要江湖的人士。

不仅如此，早已倦怠政事的成化皇帝开始对神仙鬼怪产生了浓厚兴趣。他喜欢修真，希望能够长生。即使不能够长生，也希望能够长寿。

成化十九年（1483年），皇帝召见了神仙王士能。王士能说他是江苏灌云县人，生于故元至正年间，今年一百二十岁了，但看起来他却像四十岁的人。王士能告诉皇帝，自己年轻的时候在四川一座雪山中遇到一位异人。异人只有三尺长，却鹤发童颜、形如婴儿。王士能伺候老人三年，老人才教授他长生之术。皇帝问长生之术为何物，王士能说道“不食荤、不近女色、不贪财、不生气”。皇帝听说后觉得难度太大，便将王士能打发了。

除了王士能，还有个尹继先。尹继先自称生于南宋绍兴年间，已经三百多岁。不过从现代医学角度来讲，一百二十岁已经是人类寿命的极限。如果说王士能的寿命长度还有可能，那么这位尹道士绝对是自吹自擂。

这些清心寡欲的修真人士不对成化皇帝的胃口，他更喜欢跟一些会玩魔术的方士搅在一起。这些方士都是他让太监去民间找来的。李孜省是其中的代表。李孜省本是地方官吏，因为犯了法被通缉，躲到京城来了，不知道怎么回事让出宫寻找方士的宦官撞见了，便带到宫里来。李孜省自称他会道教的“五雷法”，善以符箓治病。这“五雷法”是道教的祈雨法术，能够将天上雷公召唤出来降雨。成化皇帝让李孜省演示，李孜省的祈雨法术时灵时不灵。大概他也懂一些天文知识，知道什么时候会下雨，什么时候不会下雨。李孜省又说他会“扶鸾术”。这“扶鸾术”是道教请仙的法术，主要是将天上的神仙请下来。成化皇帝对这一法术也异常感兴趣，便让李孜省表演。李孜省跪在地上焚香祷告，不大一会儿，屋檐上出现两名仙女，皇帝连忙让两名仙女下来。两名仙女下来后，仔细一看，原来是宫里的宫女，顿时让人大跌眼镜。

除了这些仙术外，成化皇帝对变魔术也很感兴趣。僧人继晓是变戏法的高手，他能将水银变成银子，能将银子变成金子。通常这都是障眼法，事先将金银准备好然后替换之。虽然要自己掏腰包，但成功后皇帝一高兴都有赏赐，而且赏赐比自己付出的成本要多。所以造金炼银之术是不能持续的，只能陪皇上玩玩而已。

皇帝除了供他们吃喝外，还绕过吏部和兵部授予他们文职和军职，前后共封了一千多人为传奉官。在这个自由的天地里，所有人都是无拘无束，你的才情尽管发挥，披头散发没人怪你，哪怕是赤身露体也没人笑话你。这些只会被当作个性与才情的展现。对于已成为污秽之地的皇宫，文臣们自然不能容忍，皇帝与文臣的冲突又将展开。

面对滔滔而来的奏章和指责，成化皇帝采取了灵活应对的策略。他将为首的几位大学士采用封官策略予以拉拢，对于其他人则挑其毛病加以斥责。正是这种分化瓦解、又拉又打的策略使得成化皇帝在面对“滔滔洪水”时能如稳固的堤坝一样屹立不倒。多年以后人们回想起这段往事，仍然对这位皇帝的手段佩服得不得了。在这方面他远比他的后世子孙们为强。他学会了主动进攻，他完全不用强就把握了话语权。的确，大明王朝到了成化朝，文官们自身也不干净，贪污纳贿、旷工狎妓者比比皆是。

成化皇帝成功地阻击了群臣。自从李贤死后，大明王朝失去能够制约群臣的人物。成化朝注定是个热闹的年代，宫里热闹，宫外也热闹。群臣在宫外也互相倾轧，党争已经若隐若现。成化皇帝看着群臣斗来斗去，乐得个清净自在。但大明王朝从这时起似乎失去了它的凝聚力。

不仅如此，成化朝还注定是个妖风四起的年代。

27 汪直和敢打大老虎的西厂

成化年间天象屡屡示警，时常有流星长时间划破天空，而且拖着长长的尾巴，或有小流星相伴。全国南北皆见，天空中的各星位皆被冲撞。这似乎不是好兆头，古人通常将此种天象跟皇帝失德联系起来。成化皇帝面临着压力。

每次星相之变都能在朝野上下掀起政治风波。皇帝下罪己诏，文官们相互弹劾，有人上位，有人下台。为非作歹之人收敛，淫靡之人素寡度日。整个王朝一片哀悼，一切娱乐活动停止。

成化十二年（1476年）正月，皇帝率领文武群臣前往京城郊外祭祀。不料突刮大风，沙尘遮蔽了天空，烛火被吹灭，气温骤降，当场有人冻死。据说这是后来的江南才子祝枝山祖父亲眼所见。这不是一个好兆头。按古时说法，应有妖人作怪。实际上据《明实录》记载昨日夜间就起了大风，这应该是天气不好的原因，或者是北方固有的沙尘天气原因，而当场冻死人则有可能是祝枝山的祖父夸大其词。但在祭祀的时候突发此等事件，无疑给众人心头上笼罩上一层阴霾。

此事刚过了几个月，京城中又传言有黑色的动物夜间出来伤人，弄得整个京城人心惶惶。后来此物竟然跑到宫中，虽经几番捕捉，终是无获。此时的成化朝已步入多事之秋，外有边患，内有流民，君臣离心，宦官佞人横行，每次出现异相都能令成化皇帝惴惴不安。如今京城出现怪兽，成化皇帝一面派人去土地公公那里祷告，一方面又下罪己诏。这样过了几月事情竟也渐渐平息下来。那么这个黑色怪兽究竟是什么动物？笔者认为是外籍人士带到京城的某犬类动物可能性为大。

这件事情过去没多久，京城又盛传有狐狸精出没。京城人赵灵安在出城经商的时候，碰到了一个美女，据说玉貌花容，所以不得不戴了个面纱。后来这个女人被赵灵安带进了府里，第二天府里的人全部死个精光，就连府里的狗、鱼都没有活着的。所有死去的人和动物都没有伤痕，而那个美女却没了踪影。所以京城里就开始流传是狐狸精作怪。接着，人们到了夜晚不断看见一个美女在外间游荡，后来又死了人。“妖狐夜出”的神秘案件就这样流传开来。据说当时还有一份关于这个案子的档案，现存于故宫。

怪兽事件刚刚过去，现在又冒出了狐狸精，皇帝急了，便命人彻查。妖狐没查出来，倒真查出来一件事。山西有个妖人名叫侯得权，化名李子龙，自称有不世出的秘法。侯得权与宫中宦官取得联系，由宦官引入宫中。侯得权本身没有入宫中传奉官名册，只是被宦官私匿。此事被侦知后，皇帝怀疑是侯得权在搞鬼，便将侯得权和庇护他的宦官杀了。

京城和宫中连发怪事，已经闹得人心惶惶了，可更诡异的事情还在后面。不久皇宫中每到夜间都传出金甲撞击、兵器相搏的声音，还伴有呐喊声，就好像有人在搏斗。成化皇帝曾亲耳听见这种声音，想来既令人心烦，更令人毛骨悚然。宫里的江湖术士捉不出鬼来，也许就是他们在搞鬼，以骗取皇帝对灵异事件的信任。成化皇帝感觉到前所未有的不安全感，所有人都不可靠了。宦官不可靠，锦衣卫不可靠，东厂也不可靠，就连自己信任的江湖术士也不可靠，他们的法术时灵时不灵。在这种情况下皇帝想到了一个人——汪直。

汪直本是瑶族人，是名臣韩雍在成化三年（1467 年）大藤峡之战中俘虏的瑶民后代，后被阉割进宫当了太监，侍奉万贵妃。汪直聪明伶俐，很得成化皇帝欢心。成化朝不仅文官与皇帝之间不信任，就是皇帝与宦官之间也不是那么亲密无间。成化年间的知名宦官怀恩、尚铭不一定都买皇帝的账，有些旨意在司礼监就被驳了回来，根本都到不了内阁。成化帝曾经命汪直外出刺探隐私。汪直跟皇帝保持单线联系，办了几件令皇帝满意的事情，认为整个朝廷已经无法找到这样的人。但汪直职务卑微，皇帝无法让他统领东厂，所以只能采取权宜之计。

皇帝设立了一个新的机构。由于该机构在皇宫以西，并以宫中的旧灰厂为治所，便名曰西厂，由汪直挑选了一百多人的锦衣卫校尉负责。西厂建立后，汪直的能力很快便体现出来了。

三杨之一的杨荣的孙子和曾孙在福建家乡闹出人命案，被人告到刑部。刑部打算严查此事。谁知杨家人进京活动，就在此案要被压下去的时候，被汪直知道了。汪直深挖此事，将杨氏父子处死，跟此案有关联的官员也受到了牵连。杨氏一案使得汪直和西厂名声大噪。这件案件办得令任何人无话可说，保护了民众的权益。后来的事实表明这只是一个开始，汪直不仅监视文官，也监视宦官。

成化年间，社会风气已经有了很大变化，官场贪腐已是公开的秘密。从宦官到文官无不靠倒腾食盐等各种物资赚些外快。人们对于这些事都习以为常，偏偏汪直较起真来。南京镇守太监覃力朋位高权重，在进京后返程中搞了近百船私盐，沿着京杭运河招摇过市。船队行驶到山东武城县，武城县典史要拦截船队检查，覃力朋一耳光打过去，打掉典史的两颗牙齿，又将典史身边的一随从射死。此事很快被西厂侦知，汪直汇报给了皇帝。成化皇帝本就对司礼监不满，正要将此事当作对付司礼监的典型。一番恶斗后，覃力朋终究是被司礼监保了下来，但从此也退出了宦官的舞台。

从这件事情可以看出，如今汪直和他的西厂已经不仅是跟东厂产生矛盾了，而是跟整个宦官集团和文官集团均产生了矛盾。小小的汪直已经得罪了整个朝廷，但这丝毫不影响他在王朝的地位。

接下来有更多的人因为走私、受贿、通奸、妖书等事被抓，或被西厂讯问。从中央到地方所有的官员都胆战心惊，人们不知道自己身边是否有西厂的特务。终于在成化十三年（1477 年）五月，也就是西厂刚成立四个月后，内阁首辅商辂联合内阁辅臣万安、刘珝、刘吉上书要求废除西厂。对于文官的这一举动，成化皇帝早在意料之中。朝廷发生这么大的事情，没有阻力是不可能的。但此次上书司礼监和内阁采用联动机制，司礼监掌印太监怀恩和内阁首辅商辂不惜一切也要扳倒汪直，商辂更是暗示群臣以废黜皇位来威胁。面对这种形势，只好采取以退为进的策略，罢设西厂，贬黜了汪直。

从内阁给皇帝的上书中我们就可以看出，汪直的威胁究竟有多大。商辂在《请革西厂疏》中直言，皇帝重用汪直，导致“人心汹汹，各怀疑畏”，文武重臣不安于位，百司庶府不安于职，商贾不安于市，行旅不安于途，士卒不安于伍，庶民不安于业。虽然这些词语未免有夸大之嫌，但汪直和西厂的作用可见一斑。

成化皇帝本就希望汪直和西厂如此行事，如今岂能就此罢手？仅仅过了一个月，一名南京的御史上书替汪直鸣冤，要求重开西厂。这是一件举朝皆惊的事件，人们纷纷猜测这个御史是不是受到了皇帝的暗示。但不管怎样，聪明的人都知道汪直倒台的日子远远没有到来。

西厂很快复设，汪直官复原职。汪直开始向攻击他的官员反攻倒算，内阁首辅商辂被迫致仕，受牵连的还有兵部、户部、刑部尚书，各部侍郎、都察院御史共计几十人。从此，汪直面前再无障碍。

俗话说“趁热打铁”，做任何事情都要讲究个火候，一旦过了那个火候再做就不会那么顺利。虽然西厂复设，但已经不是一个月前的光景了。官僚集团对西厂的打击是巨大的，复设后的西厂失去了往日的冲劲，汪直也对侦缉、办案失去了兴趣。他将目光转移到了边疆，那里有更雄壮的舞台等待着他。

成化初年，建州女真在杰出领袖董山领导下开始强大起来。加上辽东地区长期对建州女真的欺压、不公平贸易、索贿等因素，终于导致明廷跟建州女真的第一次大的冲突。对于建州女真问题，一是为了防止潜在威胁，二是边将为了邀功，所以明廷制定了严厉打击的策略。

成化二年（1465 年），明廷将董山以及一百多名女真部落首领诓骗到京城处死，接着开始命大军征讨女真各部。成化三年九月，皇帝命左都御史李秉、武靖伯赵辅率大军纠集朝鲜军队“从抚顺出边”征讨建州女真。十月份邸报传来，女真人被杀一千七百余人，少壮皆被处死，老幼被俘，房屋被焚毁，家畜等财产被洗劫一空，余者逃至深山中才得以存活。经过这一役，建州女真遭到了沉重打击，从此一蹶不振。为了防止女真报复，明廷又修筑了边墙，将女真各部与汉人居住区隔离起来。从此民族的隔阂更加拉大。

明朝与建州之间的摩擦并没有因为成化三年的屠杀而结束，反而在以后的十年中摩擦不断，而边将为了邀功不仅杀良冒功，更是对边事夸大其词，以怂恿朝廷派军进剿。辽东巡抚陈钺就是这样的人。

成化十五年（1479 年），受陈钺的怂恿，汪直和陈钺率领大军向建州女真部进发。这是成化年间明廷对建州的第二次征讨。此时的女真各部还没有从上次战争的打击中恢复过来，灾难又一次降临。女真各部的年轻人只好向深山中逃窜，留下老弱妇孺被明军斩杀，此役杀人七百，俘虏五百。虽然此战纯粹是没事找事，欺负弱小，但皇帝还是给了汪直封赏，其他人也跟着汪直沾光。

汪直觉得欺负弱小的女真没意思，应该找蒙古人掰掰手腕。成化朝与蒙古的战争也持续不断，尤其是在河套这个地方，大仗小仗打了几十次。恰巧此时镇守西北挂兵部尚书衔的王越上奏，诈称蒙古人入侵甘肃靖远县，并劝汪直来西北转转。此事正合皇帝和汪直的心意。成化十六年（1480 年）正月，朝廷命保国公朱永为总兵官，王越提督军务，汪直任监军，调动京城、宣府、大同的驻军赴西北进攻蒙古。

王越从情报上得知潜入河套的蒙古人驻扎在威宁海子后，便和汪直率轻骑直向威宁海子扑去。蒙古人被打了个措手不及，被明军斩杀四百多人。塘报传来，成化帝大喜，王越被封为威宁伯，其他人俱各封赏。

此时汪直的荣耀达到了极点，一个小小的太监竟然成了大明王朝的宠儿，整个天下都在为他喝彩。而此时的汪直也不回京了，便在边关镇守下来。

汪直驻守边关，那内地的肃贪问题怎么办？不用担心，因为内地出现了一个假汪直。有个江西人叫杨福，在崇王府里当过内使。他在南京遇见一个熟人，熟人说他长得像汪直，接着又吹嘘汪直如何神勇。俩人越谈越投机，最后干脆让杨福假扮汪直试验一番。俩人打着“钦差总督西厂官校办事太监”的招牌开始南下。俩人从安徽到南直隶，接着从南直隶到浙江、福建，就这样沿途巡视下来，一路上的府、州、县皆是风声鹤唳，众官员如迎天神。跟各级官吏形成鲜明对比的是，沿途百姓皆欢呼雀跃，诉状纷沓涌来，而这位假汪直竟然就地处理诉状，当场宣判，处理了一些倒霉的地方官吏和士绅们。到了福建，这位假汪直竟然检阅士兵、盘查当地的粮库起来，看来真的把自己当成了汪直。不过好景不长，俩人很快被福州的镇守太监识破，就地抓获。

这假汪直的丑闻虽然就此落幕，却使人们都看清楚了汪直的威力究竟如何。一个假的汪直都能搅动整个东南，那么真的汪直岂不更加厉害？朝中大员开始酝酿除掉汪直。这件事情仍由内阁和司礼监联手进行。一个内阁，一个司礼监，这两个平日里势同水火的中枢机构竟然因为要对付共同的目标携起手来。有了上次失败的教训，此次便不能采取直截了当的方式，而应采取更隐晦的方式。

皇帝经常在宫内听戏，不仅有一般的戏曲，还有即兴表演。有个叫阿丑的太监善于演小品。一天，成化皇帝照例兴致勃勃地在底下看戏。阿丑扮成一个醉鬼躺在地上耍酒疯，倒地不起。旁边配戏的一个人喊道："皇上来了！"阿丑不起来。那人又喊道："汪太监来了。"阿丑连忙站了起来。那人问道："为什么喊皇上你不起来，喊汪直你却起来了？"阿丑答："世人只知有汪太监，不知有天子也。"

台下人皆笑，皇上也是尴尬地笑了笑。这一表演虽然很敏感，但是对于君王来说并不能起到太大的作用。因为皇帝知道这些人想栽赃汪直。但接下来的表演却戳中要害了。

接下来的节目中阿丑打扮成汪直模样，一手拿了一柄钺上舞台来舞动。钺是古代一种斧状兵器。旁边配戏的又问道："你拿两钺干什么？"

"我带兵就靠这两钺。"阿丑答。

"哪两钺？"配戏的人又问。

"陈钺、王越。"阿丑答。

底下观戏的人又是哄堂大笑，但皇帝的脸色此刻却慢慢阴沉起来。

阿丑的回答终是触动了成化皇帝敏感的神经。陈钺和王越皆是文官。由于纯粹的武将统兵会带来很多问题，比如欺压军户、克扣军饷、军纪涣散，但将文官掺杂进去则可以一定程度上避免这些问题，所以此时的大明朝已经渐渐让各地的巡抚提调、监督军务。汪直作为一名宦官，跟从朝廷到地方的一些文官保持了良好的关系。这些文官都支持汪直，其中陈钺与王越更是跟汪直保持了亲密的合作关系。陈钺的升职和王越的封伯都是拜汪直所赐。但宦官结交文官对皇帝来说是很忌讳的事情。皇帝本来寄托宦官制衡文官，如今宦官却结交起文官来，而且还是手握重兵的封疆大吏。曹吉祥的教训历历在目，如今的汪直跟曹吉祥比起来有过之而无不及。在这种情况下，皇帝有什么想法也是顺理成章的事情。即便皇帝认为演戏的受人指使栽赃汪直，他也认为他们说得有理。

成化十八年（1482年），敏锐的士大夫们已经捕捉到皇帝对汪直失去了信任。内阁首辅万安上了一道奏书请罢西厂，得到了皇帝的批准，西厂被废。成化十九年汪直被贬到南京任御马监太监。汪直和他的西厂荣耀了六年，此后就像流星一样从朝廷消失了。

在明代的宦官群体中，汪直的确是一位了不起的宦官。他主政西厂的时候大概只有二十岁，属于刚成人的年纪。但他却敢清查官员、整顿吏治、带兵出征，的确令人刮目相看。汪直不仅敢对既得利益群体开刀，而且还敢去触碰一般人不敢得罪的宦官群体。他靠的大约便是年轻人的那种冲劲，那种不懂一切却敢干一切的精神。但汪直毕竟昧于人情世故，在政治斗争中还显得很稚嫩。他只知道一股脑儿往前冲，却没有琢磨帝王心术。西厂复设后他却一直在边疆，跟朝廷、跟皇帝之间渐行渐远。当有人设计陷害他的时候，他已失去了申辩的机会。汪直在成化年间的确是一位值得关注的人物，小小年纪竟然能令整个官僚集团抬不起头来。如果能给他一个更稳健的平台，如果他不是一名宦官，他也许能做出更多的事情来。

无论如何，汪直和他的西厂以及此种行事风格都不会长久，只能短期性地为帝王提供一种服务，令皇权更加安稳而已。

28 成化——明朝的转折

明史专家方志远认为，成化朝是明王朝的转折点。因为在成化朝，商业开始繁荣，思想开始自由，生活开始奢靡，皇帝开始放权。成化朝标志着一个商业和文官政治高度成熟的时代开始。

成化朝进士陆容所作《菽园杂记》中记录的一些奇闻轶事，是研究宣德至成化朝的重要史料。卷十有这么一段史料：

> 马尾裙始于朝鲜国，流入京师。京师人买服之，未有能织者。初服者，惟富商、贵公子、歌伎而已，以后武臣多服之，京师始有织卖者。于是，无贵无贱，服者日盛。至成化末年，朝官多服之者矣。大抵服者下体虚奓，取观美耳。阁老万公安冬夏不脱，宗伯周公洪谟重服二腰，年幼侯伯驸马至有以弓弦贯其齐者。大臣不服者，惟黎吏侍淳一人而已。此服妖也，弘治初始有禁例。

这段文字记载的是有关马尾裙的故事。马尾裙本是朝鲜服饰，成化年间传入明朝。开始只在普通富人和歌伎中流行，但渐渐地士人和王公贵族竟然也穿了起来，最后竟然发展到皇帝和武将也身着起来，并为它取了一个优雅的名字——曳撒。从《明宪宗元宵行乐图》中我们可以清晰感受到那浓郁的朝鲜风。到了成化末年这种裙子竟然发展到人人皆穿的地步。从这里我们看不到等级秩序的差别。无论是贵族还是平民都是马尾裙的拥趸。从这里我们更可以看出成化朝那种追求个性、展示自我的精神。

人们为了好看，还不断在裙子上加以点缀，最后竟然发展到有人去拔官马的鬃毛，而且武将在上马训练的时候竟然也着此裙。到了这个时候，马尾裙的风靡已经到了影响王朝军事安全的地步，所以在弘治朝便禁止穿此裙。不仅如此，成化朝风气之开放在其他方面也都体现出来。

> 庚午，户科都给事中丘弘等言，近来京城内外风俗尚侈，不拘贵贱，概用织金宝石服饰，僭拟无度，一切酒席皆用簇盘糖缠等物，上下仿效，习以成风，民之穷困，殆由于此。
>
> ——《明宪宗实录》卷八十六
>
> 申奸淫居及丧宴乐之禁，时京师淫风颇盛，居丧之家张筵饮晏，歌唱戏剧，殊乖礼法，给事中丘弘言，欲将奸妇枷号示众，禁约居丧者不许非礼宴乐。
>
> ——《明宪宗实录》卷三十三

洪武、永乐间，大臣无乘轿者，观两京诸司仪门外各有上马台可知矣。或云乘轿始于宣德，成化间始有禁例：文职三品以上得乘轿，四品以下乘马。

——《菽园杂记》卷十一

嘉兴之海盐，绍兴之余姚，宁波之慈溪，台州之黄岩，温州之永嘉，皆有习为倡优者，名曰戏文子弟，虽良家子不耻为之。其扮演传奇，无一事无妇人，无一事不哭，令人闻之易生凄惨。此盖南宋亡国之音也。其赝为妇人者名妆旦，柔声缓步，作夹拜态，往往逼真。

——《菽园杂记》卷十

这是史书上记载的反映成化年间风气变化的四个经典案例。第一个反映了民间消费日趋奢靡；第二个例子反映了民间世风日下，通奸嫖宿已成平常，甚至在服丧期间仍是乐声阵阵；第三个例子反映出成化朝官员突破禁止乘轿的成例，开始追求舒适的生活；第四个例子反映出江南的士大夫子弟热衷于唱戏，扮演倡优。这四个例子皆生动地向我们展示了成化朝社会风气日益向奢靡、追求排场、享乐方向转移。的确，成化朝只是一个开端。从嘉靖朝以后，尤其到了晚明，这种涣散的风气日益扩散。伦理纲常被打破，勤俭朴素被抛弃，仁义道德被隐藏，奉公体国被遗忘。从成化朝起，这个王朝就注定了走向灭亡的结果。这就是王朝的宿命。

风气的转变在成化朝来说只是一个方面，更为引人注目的是商业开始繁荣起来。中国古代的农耕王朝向来将重农抑商作为基本国策。我们都知道，凡事发生都有其理由。重农抑商作为一个延续千年的国策自然有它的道理。东方大陆有适宜耕作的土壤与气候，封建集权的国家政治制度又给开展农耕提供了政治上的保证。而西方的欧洲则不具备这些条件，所以欧洲分散的小国必须依靠商业才能存活。东西方经济形态的不同是由一系列的客观条件所决定的，这跟主观条件并无关系。而东方的中国一旦背离了主业，开展商业，那么就会带来农业人口的减以及大面积经济作物种植少，其结果只能是粮食产量下降，威胁到王朝的经济安全。所以重农抑商作为一项基本国策就不难理解。朱元璋建立大明朝后更是将重农抑商提高到无以复加之地步。从此宋元以来的那种蓬勃发展的商业被打断，坊间由于重商主义而带来的冒险精神也被泯灭，但历史的发展总是自有其规律，大明开国一百年后，随着人口、社会财富的增长，商业文明的回归已是势不可当。

从成化朝起，各处商业开始活跃，店铺林立、市镇增多、运河上漂的到处是南来北往的船只，经商的利润是越来越高，此时的大明王朝已是经商蔚然成风。

成化皇帝自然也加入这个行列。他很早就对经商表现出浓厚的兴趣。他让宦官从民间低价收购各种玩意儿，然后再高价售给他人，从中获利。他也给喜欢的宦官盐引，让他们去牟利。当然皇帝也要在其中分成。这还只是皇帝，宦官经商更是异常普遍。前面提到的那个南京镇守太监谭力朋只是一个个例，类似情况还有很多。宦官做的都是无本买卖，到各处巧取豪夺，然后再高价出售，一次能获利数千两白银。不仅皇帝和宦官做起了生意，文官对于此事也是乐此不疲。此时，文官们敛财已经不是靠贪污财政公款，也不是靠向他人索要，而是利用职务之便自己做生意。

行人司右司副张瑾和给事中冯义利用出使占城的机会夹带私货前往占城销售，获利颇丰；给事中林荣和行人司黄乾亨出使满剌加国，两人在船上夹带私货，而且还顺便让其他商人也搭乘其船，因为大明朝实行海禁。商人带的货加上俩人自己带的货导致行船超重，在海上遇风沉没，林、黄两人也葬身海底。除了夹带私货去境外销售之外，还有很多文官通过贩卖官盐、木材获利。普通官吏如此，涉及经济管理的官吏更是如此。成化皇帝对这些也没有过多干预。自己敛财，还不允许别人敛财吗？只要你们不来干涉我的私生活就行。到了这个时候，官场已经形成一种风气，那就是不靠工资了，人人都有捞钱的路子，发展到最后，很多人连班都不上了。成化皇帝几次朝会都发现下面没有什么人，遂也是“哼哼唧唧”地应付了过去。

这股经商之风不仅风靡于皇宫与官场，更是刮到了民间。“士农工商”是封建时代的职业排名。在那个年代，读书人唯有通过科举考取功名才是唯一出路。这不仅是自身荣耀的问题，更是家族世代荣耀的问题。但谁都知道，此举的确风险很大。对于大多数士子来说，中举基本上就是神话。但到了成化朝，商业兴起给读书人提供了更多的选择，那就是走经商之路也可以实现自我价值。在这种思潮下，学子们纷纷弃学经商。

周宪是江西吉安府吉水县人，父亲早亡，兄弟三人全靠寡母一人拉扯。周宪和兄长皆是读书人，但眼前的困境让周宪坐不住了。他说："使予而儒，母氏劬劬；使予而商，身劬母康。"这句话的意思就是，如果我继续读书，母亲就会很劳苦，如果我弃学经商，虽然我会劳苦，但母亲会轻松许多。不久，周宪便抛弃书本，独闯汉口，赚的钱补贴了家用，并帮助兄长和弟弟完成了学业。母亲也得到了休息。

据王阳明所撰《节庵方公墓表》，苏州府的昆山县有一人名方麟，初为读书人，后来弃学随其岳父经商。有人问他："子乃去士而从商乎？"意思是你怎么能丢掉读书人的饭碗去从事商业这样低贱的职业。方麟的回答是："子乌知士之不为商，而商之不为士乎？"意思是你只知道读书人不屑于从事商业，但是你不知道商人也不屑成为读书人吗？

"使予而儒，母氏劬劬；使予而商，身劬母康"，"子乌知士之不为商，而商之不为士乎"，这两句话是震撼人心的。它冲破了中国传统的学而仕的观念。读书做官不再是万民的最高梦想，甚至在金钱面前显得那么苍白，既不能贴补家庭，又不能孝敬父母。在投资小、见效快的商业面前，读书这个职业的荣光竟然开始摇摇欲坠。

不仅如此，大明王朝还开始了"开捐纳监"。只要捐钱、捐米或者捐马就可以获取生员资格，入国子监读书，届时直接参加乡试。而这些捐生由于经济条件较好，自小就获得良好的教育，所以往往能够在科举中胜出，令人刮目相看。商业的发展一方面改变着人们的传统观念，另一方面也使得各地税收的关卡不断增加，商业税占税收的比重也不断增加。

风气的转变和商品经济的活跃的确是互为表里。商品经济的活跃促进了社会风气的转变，社会风气的转变反过来又刺激了商业经济的发展，两者的结合就意味着一个时代的来临。

成化皇帝是明代历史上第一个不上朝的皇帝。他跟后世的那些不上朝的皇帝还是有区别的。区别就在于原因上。后世不上朝的皇帝大多因为政治体制方面的原因，而这位皇帝的不上朝却是出于一些难以名状的原因。

成化皇帝自小幽闭在宫中，由万氏抚养长大，得了很严重的自闭症。他害怕见生人，上朝的时候看见那么多人他会紧张。不仅如此，他信道教，每天天不亮就要起床做功课。正是因为这些因素，他厌倦上朝。难得上了一次朝，当其他群臣好不容易见了皇帝一面，有很多话要奏给皇帝听时，内阁首辅万安了解皇帝的心思，连忙跪下来三呼“万岁”。眼看首辅如此，其他群臣也只好跪安。所以，成化朝万安得了个“万岁阁老”的称呼。眼见万安如此，内阁其他二人刘珝、刘吉也只好跟着捣糨糊，所以人们又送内阁一个雅号为“纸糊三阁老”。从天顺朝起，内阁大学士逐渐兼任各部尚书，所以人们又称六部尚书为“泥塑六尚书”。到了此刻，成化朝从皇帝到大臣都开始奉行无为而治。

成化朝注定是个转折点，朝政大权终是向官僚手中移交，君臣共治在这一刻实现。从此权力的运作既不是依靠强悍的君主，也不是依靠耀眼的文臣，而是依靠制度与程序，任何人都要遵循的一套制度与程序。国家大事由部院提出意见，然后吏部、户部、兵部、工部、刑部、礼部、都察院、大理寺、通政使司九部堂官集体廷议，廷议的结果内阁票拟，报司礼监批红，然后由六科签发执行。在这个程序中，国家的决策是集体决策，避免了大臣的独断专行，而且司礼监和六科给事中都可以驳回内阁的意见，有了两道过滤器。皇帝的圣旨首先下达到司礼监，然后由司礼监转达到内阁，内阁召集廷臣廷议，然后票拟报司礼监批红，最后由六科给事中签发执行。在这个过程中有三道过滤器，也就是司礼监、内阁和六科。这三个机构中的任何一个机构都可以将皇帝的圣旨驳回。这套程序虽然繁琐，在执行过程中发生推诿、扯皮也是常有之事，但却能避免君主和文臣的独断专行，更为重要的是即使在没有英明的君主和贤良的文臣的时候，依赖这套制度也能够保证国家的平稳运转。

这还只是明朝成熟的政治体制，它还有其他配套措施来保证整个国家平稳有序地运行。它有一套以六科和十三道御史为核心的遍布天下的监察系统。这套监察系统既可以减少官吏的腐败，又可以匡正朝政得失。成熟而完备的科举制度更是以公平的方法保证了官吏的选拔。明王朝实行府兵制，世袭的士兵是朝廷的人，而不是武将的人，这样就可以将士兵和将领切割开来。各地的总兵也只有训练权，没有调兵权，这些措施都避免了武将坐大。帝国除了一套文官系统外，还有一套宦官系统，这套宦官系统跟文官系统一样也是遍布天下，人数也是一样多。大明王朝就是依靠这两大中枢系统保持着一种平衡，虽然有的时候这种平衡并不存在。除此之外，为了避免外戚专政，皇室普遍都禁止跟文臣和贵族联姻。这些措施使得大明王朝成功避免了历代以来的权臣专政、宦官专政、武将专政、外戚专政、后宫专政。从这以后，皇帝更多地只是一个国家的象征，一个执行各种礼仪、彰显伦理道德的象征。整个国家没有留下个人表演的舞台，也不需要伟大的人物，所有的人只是一颗颗螺丝钉在机械地运转。皇帝似乎不需要跟文臣见面，文臣之间也不需要见面，所有的一切都是通过文书进行的。大明王朝终是进入了“文牍政治”的模式。

当我们回顾成化朝，可以清晰地看到正是皇帝的不作为使得王朝提前进入一种制度化的运作。皇权在这一刻也陷入一种制度化的运作模式，它必须通过繁琐的制度才能体现出来。这种程序化的皇权究竟有多少是皇帝本来的旨意，我们已经很难看清。

政治上虽然进入停滞与制度期，但民间却进入了活跃期。正是政治上的这种无为与慵懒带来了商业的蓬勃发展、社会风气的松散与奢靡、思想上的自由与活跃。皇帝虽然歇息了，但成化朝的文臣并没有因此而开始耀眼的表演。以万安为首的南人党和以刘珝为首的北人党仍是吵闹不休，文臣们仍旧是延续了前几朝的思维与行事方式，言官们虽然开始跃跃欲试但此时还没有他们生存的土壤。在体制的推动方面，皇帝似乎还走在他们前面。

后世回顾成化朝时，都认定这是大明王朝的一个转折期。虽然还没有进入自由、奔放的嘉靖、万历朝，但所有的一切都是在这个时期奠定的，都是在这个时期出现改变的。总体来说，虽然北部边境和南方有摩擦，还有延续几朝的流民问题，但这对于一个复杂的国家来说，也是每朝都有的事情。皇帝的荒诞与文臣的内斗、无为也是政治生活中的一些例常之事。这个外无强敌、内无大患的成化朝仿佛一下子进入休息期。所有一切也似乎进入散漫、慵懒的状态。虽然王朝更多时候依靠制度来运行，但我们也从这种无为之治中发现了潜伏的危机。

从这以后，皇帝不再信任文臣，文臣们为了自保开始结党。道德开始沦丧，重商主义、拜金主义开始盛行，中枢对边疆少数民族以及国内弱势群体开始专制与残暴起来，甚至采取卑鄙的措施对付之。这些跟君王的不作为，文臣的推诿、扯皮不无关系。

对于成化朝，我们是矛盾的，是纠结的，是难以评价的。它既踌躇满志，又保守没落；它既开放，又混乱。朱元璋和朱棣的高压、专制时代必须要改变，但改变后的大明却又显得重心不稳。历史走到了这一步，是它本身的规律造成的。历史终究还是要沿着它本来的道路大步前进。人口的增长、社会管制的放松、商业的繁荣、新思想的崛起、民众观念的改变都使得大明王朝已不可能由上层随意掌控。

第三章 危机显现

弘治、正德、嘉靖

这一章讲述弘治、正德、嘉靖三个皇帝。弘治皇帝与洪熙皇帝一样，努力让自己符合儒家的标准，而且非常注重自身声誉。但弘治皇帝偶尔跟儿子正德皇帝溜出宫去，从中就可看出弘治皇帝一直在压抑自己的真性情。父皇内心的挣扎，自然落在儿子眼里。所以，正德皇帝表现出跟父亲截然相反的性格特点。他活泼好动，跟三教九流、妓女无赖厮混在一起。他是儒家礼制的反对者，还是明代历史上最后一位带兵作战的皇帝。虽然文官嘴上对这位皇帝鞭挞到了极点，但内心却并不太排斥。这点跟后世嘉靖皇帝恰恰相反。正德朝、嘉靖朝都处于中国思想文化发展的巅峰时期。

嘉靖皇帝作为正德皇帝堂弟继位，从湖北钟祥来到京城，自卑的阴影如影随形。嘉靖皇帝造成的阴云笼罩大明王朝长达四十五年，以至于他死后，官员们大有拨云见日之感。嘉靖皇帝是阴鸷的，不相信任何人。无论多么勤劳的官僚也换不到皇帝对他们的赞许，无论多么恶劣的官僚也换不来皇帝对他们的鄙视，朝廷的一切都成了交易。他有着超强的本领选择官员对付其他官员，这个被他选中的人叫严嵩。严嵩自有他的政治抱负。严嵩看不起他，他也看不起严嵩。二人之间互相排斥，但又相互利用。这一点成为嘉靖朝之后一直到明朝灭亡，大明官场上的政治生态。

除此之外，正德朝、嘉靖朝也是大明王朝财政与军事出现危机的时期，财政收支平衡被打破。正德朝内地发生的刘六、刘七起义居然要靠调边军镇压，嘉靖朝东南沿海的倭患竟令朝野束手二十年。

29　弘治朝的老生常谈

历史的车轮滚滚向前，王朝的更迭周而复始，许多制度人事的兴废，最终都化为老生常谈。每个新建立的王朝都要清算前朝的错误。接着，新的王朝在时间的运行中继续犯同样的错误，然后再让下一个王朝来清算。同样，每位新皇帝上任后做的也多是这样的事情。通过对前任皇帝主政期间出现的偏差进行纠正来获取人心，该平反的平反，该升职的升职，该免职的免职，然后再让下一任君主纠正自己的错误。如此周而复始，循环往复。弘治朝自然也是在这种气氛下拉开序幕的。

成化二十三年（1487 年）正月，贵妃万氏去世，成化皇帝失去了最后的精神寄托。他曾经说过，如果万贞儿不在了，朕也活不了了。同年八月，皇帝在丹药对身体的长期摧残以及万氏死去的双重打击下撒手人寰。新任的皇帝名唤朱祐樘。虽然大明王朝这个时候并不存在君主继承问题，但纵观三百年的明朝历史，大部分继承人的日子也不好过。皇子都在战战兢兢中度过了培育期。大明王朝过于强调皇统的重要性，反而在这个更根本问题，也就是继承人性格的养成上没有投入过多的精力。来自父辈、后宫的干预始终给年轻的皇子造成压力，文官们的说教也令皇子们在很小的年龄就已经对政事产生了厌烦。这些都养成了他们成年后抑郁、孤独的性格。朱祐樘也同样是在这种氛围下成长起来的。

他的生命是宦官和宫女共同保下来的，出生后随即被送到废后吴氏那里抚养，最后又转到周太后那里。有强势的周太后支持，万氏的所有努力终成了泡影。朱祐樘对这位万阿姨是警惕的，他知道这位阿姨想做什么。所以当万氏将朱祐樘邀请到她的宫中时，朱祐樘面对满桌子风味各异的菜肴时竟然不下一箸。当万氏硬是央其吃菜时，他竟然说出害怕菜中有毒的话来。此话一出，万氏大为震惊。她也意识到时到如今自己是多么地愚蠢。所以对于敌人的阴谋诡计，直接把它说出来也似乎是一个好办法。事到如今，万氏只好改变了策略。她放松了对成化皇帝的管束，允许他随便接触其他女人，并不再迫害婴孩。在这种情况下，皇子一年出生一个。虽然成化皇帝第一次见到朱祐樘时激动不已，但当孩子多起来的时候，那种欣喜感也会慢慢淡去。万氏自然在皇帝耳边吹风，让他废掉朱祐樘，另立太子。成化皇帝对这个跟自己一样毫无个性的儿子自然也不喜欢，但毕竟兹事体大。不久，泰山连发地震，文臣们就这个事情对皇帝提出警示。虽然明王朝大部分皇储在继承过程中都产生过或大或小的风波，但所幸的是每位皇子的继承都是严格按照宗法制的嫡长子继承原则。在这方面明朝皇帝的做法值得表扬，因为他成功规避了皇子因争夺皇位而在文官中形成的派系问题。

朱祐樘的不幸不仅体现在他那种战战兢兢的生活，更体现在很小就失去了母亲。他那可怜的母亲，他甚至不记得她的容貌。在他荣登大宝后屡次派人前往广西寻找母亲的娘家，都无果而终。这些因素都使他养成一个很和蔼、很宽容的性情。明朝三百年再也找不到像他这样宽容的皇帝。他很符合文臣们心目中理想的君主形象。他在死后得到了极高的评价。

成化皇帝去世后一个月，朱祐樘登基。成化皇帝留给朱祐樘的是一个稳健的基业，国内的流民问题已经成功解决，各项制度已经完善，边境的烽烟渐渐熄灭，后世的财政危机和令人头疼的党争也并没有出现。可以说朱祐樘当好一位“垂衣拱手”的天子就行了，但他不希望这样。他想成为一名勤政的帝王，他更想在文臣中做一个表率，以弥补父辈之不足。

朱祐樘继位之初就面临着要纠正父皇主政时期的一系列荒诞的举措。宫中的道士、方士、僧人、术士都被一股脑儿撵了出去。成化皇帝绕过吏部封的一千名传奉官也皆被罢免。朱祐樘在父皇的寝宫中发现了一本淫书，上面记载的都是男女交合之事，书的封面落款是“臣万安呈上”。朱祐樘看见这些后大为震惊。他从此感性地知道父亲整日在做些什么了。他也知道万安是个什么样的人。他让太监将这本书拿给万安看。万安看后羞愧难当，随即辞去职务，从此离开政治舞台。

万安的事情还牵连到另外一件事情，那就是对贵妃万氏的处理问题。因为万安跟万氏同姓，所以硬拉了个本家。万贵妃是大明除了成化皇帝外令所有人厌恶的人。虽然此时万氏已经死去，但她名分还在。官僚们希望新任皇帝朱祐樘将万氏一棍子打死，褫夺她的名分。虽然自己也几乎被万氏害死，虽然传说自己的母亲也被万氏害死，但朱祐樘并没有这样做。因为万氏的问题关乎父皇的名声。

到了这个时刻，对成化朝的清算已经全部结束，朱祐樘开始了他的时代。由于成化朝用的一批臣子在弘治朝被罢黜，所以弘治皇帝首先要做的就是重新任用一批臣子。

朱祐樘首先将太监怀恩从凤阳召回北京，仍旧掌印司礼监。人们通常认为司礼监跟皇帝保持一致，但成化朝司礼监在怀恩的领导下对皇帝的掣肘比内阁还要大，结果导致皇帝不得不开设西厂另建一套宦官班子。除此之外，一批正直、娴熟、能言的官吏被委任到重要位置上。他们是吏部尚书王恕、兵部尚书马文升、其他还有像刘大夏、刘健、谢迁、李东阳等一批人。

整个弘治朝围绕在皇帝身边就是这样一帮正直而又至暮年的大臣，老人政治又一次出现。弘治皇帝十分偏好这种老人政治。他多次说过处理政事要戒急、戒躁。弘治皇帝将这种守成发挥到了极致。

弘治朝的十八年，的确是平平淡淡的十八年。对于文臣来说它是最值得怀念的十八年，但对于后世研究历史的学者来说确实是没有多少亮点可记。但我们仍在努力搜索，剥去它那平淡的外衣，我们依然能够发现隐藏在弘治朝下值得关注的东西。那就是皇帝跟文官保持一种良好的关系。他努力地使自己符合一个儒家的君主形象；他对儿子、将来的正德皇帝极其溺爱，而这种溺爱表面上看无关痛痒，但实际上却直接影响到了大明王朝此后半个多世纪的政治走向；弘治皇帝还采纳户部尚书叶淇的建议，废除食盐开中法，实行纳银法；除此之外，弘治朝是个典章编纂的阶段。可以说弘治朝基本上延续了成化朝的特点。这两朝可以看作是明朝前期与后期的一种衔接。从这以后，文官更加活跃，商业更加兴盛，风气更加开放。成化朝可以说是后世的一种开端，而弘治朝却是对大明开国一百多年来的一种总结。

万妃的进逼、生母的早死、生父的不喜这些都使得年幼的朱祐樘在宫中步步惊心，如履薄冰。他甚至不得不经常扮成女孩子来逃避别人的视线。他始终小心翼翼，做事情中规中矩，以此来抵消父皇对他的不满。但这些除了给他戴上一顶懦弱无能的帽子外，对于事情本身来说于事无补。他不知道在这个被强大的儒家学说笼罩的国家无人能动摇他的位置，除非动摇他的人想自绝于这个国家。正是幼年的这些经历使得弘治皇帝常常感到凄苦。他对人、对事有了更多的理解。他成为一个宽容和令人好理解的人。对于别人犯的错误他也常常能够原谅，对于别人的意见他更是虚心接纳。父皇的荒诞他是感受颇深，所以他发誓要做一个令臣民爱戴的好皇帝，并严格遵循儒家规范。

对于几乎令所有皇帝都厌烦的经筵，弘治皇帝则表现出了异乎寻常的兴趣。他不仅大开经筵，而且还开每天都讲课的小经筵；不仅每天都御早朝，而且还御午朝。皇帝不仅将自己陷入一种桎梏中，还将群臣陷入一种桎梏中。我们似乎发现这位皇帝过分注重一些琐碎的小事情。皇帝的这种行为并没有获得文官的完全认可，他们反而是步步紧逼，皇帝的一些微小差错也得不到他们的宽宥。

弘治皇帝一生凄苦，童年缺乏安乐，成年后更是如此。他希望天下能够在自己手里实现大治，但是弘治朝跟正统朝一样，偏偏均处于灾害频发的时期。皇帝的兢兢业业、循规蹈矩并没有换取上天的宽容。皇帝对于自己的人生是不满意的，所以他希望下一代不要再像他那样度过。皇帝希望自己的唯一儿子能够快乐，而不是像他那样苦闷。

虽然有很多传说说弘治皇帝临幸过宫里的宫女，但明显没有证据支持这一点。他也成了中国史上唯一一个一夫一妻制的皇帝。虽然皇后给他生了两个儿子，但小儿子后来夭折，唯一的儿子就是后来的正德皇帝朱厚照。自己缺失的东西希望能在儿子身上弥补，所以皇帝对他的儿子很放任，让他自由玩耍。这位小皇子天生活泼好动，喜欢踢球，喜欢骑马射箭。作为唯一的皇子，没人对他的正统性产生任何异议。他可以说是高度自信的，对于他来说世界是阳光的，而不是父亲童年的那种阴郁。但这并不代表朱厚照对父亲的历史一无所知。随着年龄的增长，朱厚照对父亲的过往略知一二，对于儒家规范对君主的压制更是洞若观火。当夜幕降临的时候，弘治皇帝时常左手提着灯笼，右手牵着朱厚照，在内侍的陪同下避开文官的视线，从宫中的角门出去，来逛民间的街市。父子俩其乐融融，更像是一对民间的父子。脱离了皇宫的桎梏，弘治皇帝这个时候才展现出他的真性情。他更喜欢像一个普通人一样无拘无束地生活着，或许之前所有的一切对于他来说都是一种伪装。

一天夜里，父子俩路过六科给事中办公的地方。只见里面灯火辉煌，给事中们还在这里处理政事。朱厚照大声问道："这里是什么地方？"弘治皇帝连忙摆摆手说："你小声点，惊动他们就完了。"

"他们不是你的臣子吗？难道还怕惊动他们？"小小的朱厚照对此十分不解。

"如果让他们知道我们出宫去，第二天言官们的奏章就会像雪片一样飞来。"弘治皇帝无奈地说道。

这一刻，朱厚照明白了皇帝也并不是想干什么就干什么，也要受某种规范的约束，尚处于孩童时期的朱厚照对此种规范产生了深深的厌恶。也许从这一刻起他就有了跟这种规范斗争的决心，跟这种生活方式决裂的想法。后来，朱厚照成了大明王朝第一个挑战儒家行为规范的皇帝。不仅如此，正德朝从皇帝到民间都掀起了轰轰烈烈的追求自由而解放的思想浪潮，大的时代终于来临，朱子理学已摇摇欲坠。

弘治皇帝对太子的放纵终于遭到文官的不满，兵部尚书马文升上书要求皇帝加强对太子的教育，不要让他整日跟宦官在一起厮混。士大夫们已经对这位皇位继承人表现出了更多的关注。他们希望他也像当今圣上一样遵循儒家行为规范。弘治皇帝终是守住了他的底线，那就是坚持给儿子留下一片自由的天空，不希望他将来像自己一样。

弘治八年以后，自然灾害减轻，治理水患基本结束，一切都步入正轨，就在社会开始欣欣向荣的时候，皇帝上朝便日渐稀疏起来。这些都招致士大夫们的猛烈批评。从这里我们也可以看出弘治一朝皇帝与文臣的关系似乎并不如史书上描绘的那么美好。压制了自己真性情的皇帝似乎跟文官们之间有了许多不为人知的微妙东西。

弘治皇帝是一个守成的君主。他只想遵循祖宗成法，消除那些违背祖宗成法的东西，以期使大明王朝达到长治久安。他无意于推动这个时代向前发展。这个时代的发展日益依赖的是内生性动力，而不再是外部力量的推动。洪武朝为了解决边疆军队的粮食问题，规定让盐商去边疆开展商屯以换取买卖食盐的资格——盐引，但商屯的规模无法跟军屯相比。到了成化朝、弘治朝，盐引日益被权贵、宦官垄断，导致食盐无法畅销。弘治五年，户部尚书叶淇上奏皇帝，将商人购盐由开中法变更成纳银法，也就是交纳银两就可以获取买卖食盐的权力。如此一来，盐商们纷纷从边疆回到内地，用银子换取盐引，国库的银子也充裕起来，大的商帮也开始形成。叶淇的盐法改革和宣德年周忱的金花银改革[1],以及后世的一条鞭法[2]一样，都是大明王朝历史上由农耕经济向商品经济跃进的重要事件。

除了盐法改革以外，弘治朝还有一件大事，那就是编修典章。通常一个王朝在建国初期编修典章是为了训政，告诫后世子孙如何做；在王朝的前期编修典章是为了弘扬功德；而中期编修典章是为了追寻祖宗成法，以整顿、总结为目的；后期编修典章则以变革为目的。弘治朝正处在明王朝中期。虽然朱元璋对后世治世自有一套章法，但时间已经过去一百多年，祖宗成法似乎已经不适合当今的需要。弘治皇帝自然需要系统地对祖宗成法进行强化，为此编修了《大明会典》。《大明会典》涵盖了明初一切制度、礼仪、法律，朱元璋的个人意志在这里又被大大强化了。为了对《大明律》进行补充，弘治朝还修订了《问刑条例》。《问刑条例》上面记载的都是从开国到弘治朝的一些判案条例，对于无法通过法条审判的案子可以比照《条例》进行。到了此刻，大明王朝开始在司法中引入了律例，英美法系[3]和大陆法系[4]在中国的大明王朝得到了巧妙结合。

弘治朝不仅是后世士大夫怀念的一朝，作为历史研究者和历史爱好者来说也是应该得到尊敬的一朝。弘治皇帝的确是个好皇帝。他省吃俭用，削减各种用度；他心系黎民百姓，削减赋税；他治理水患，以工代赈；他清理占田，抑制兼并；他性格宽容，从不打骂官员；他宵衣旰食，披肝沥胆。在皇帝的励精图治

---

[1] 以布匹、银子代替粮食纳税。

[2] 以银两缴纳税赋，以缴纳银两代替服徭役。

[3] 依据已有案例判案。

[4] 按照法条判案。

下，赋税和人口较前几朝都有明显增长。

后世人多将弘治朝称为“弘治中兴”，但从更宽广的历史视野来看，这些都经不住推敲。从宣德朝开始，文人们所认为的明朝衰败实际上并不存在。皇帝不临朝、宦官跋扈、军屯被破坏、京畿部分民田被侵占，这些在士大夫看起来不可理喻之事情，实际上无关这个王朝的痛痒。正统朝、成化朝仍旧是平稳而正常运行的。不仅如此，我们从中看出三个趋势，那就是政治日益依赖成熟、稳定的官僚集团运作，商业开始兴起，思想领域开始松动。这些都是值得骄傲的事情。我们的大历史观对于历史的观察不再从是否符合儒家行为规范来看待。如果继续这样看待历史，只会使我们陷入一种狭隘的桎梏中。

正统朝、成化朝的所谓衰败只是因为在位君主不符合儒家行为规范而已，而弘治朝的所谓中兴也是因为弘治皇帝遵循了他们的意志。既然没有衰败，也就不存在什么中兴。弘治皇帝试图将自己塑造成一个仁君形象，但这些都是无济于事的。皇帝的个人意志与封建礼法的冲突不是一代君主所能改观的。弘治朝更是对之前时代的一个总结，同时也开启了之后的时代。

30 皇帝老子也没钱花

历史进入正德朝，一个新的时代拉开帷幕。大明王朝终于进入了多姿多彩的时期。在这个时代我们可以看见很多人精彩的人生。虽然正德朝只有十六年，比弘治朝还短了两年，但它可记载的事情却比弘治朝多得多。对于士大夫来说，它是荒诞、令人不愿意回想的十六年，但对于历史研究者来说它却是史料丰富的十六年。在这十六年中，从中枢到民间，朝野上下都在跟随那个活泼的孩子一起跳动。

弘治皇帝临终前，给他的继任者朱厚照选了三位顾命大臣，他们是刘健、谢迁、李东阳。时人对这三人的评价为李公谋、刘公断、谢公侃。这三人都是令朱厚照头疼的人物。

朱厚照继位之初也曾发誓要做一个好皇帝，像他父亲那样兢兢业业、披星戴月，但这明显不符合他的性格。起初他还能坚持每天早起早朝，但随后开展的经筵他再也忍受不了。皇帝自小受到多种类型人的引导，他的价值观是多元的，他不可能像他的父亲那样被迫接受儒生们的絮絮叨叨。皇帝开始想尽一切办法抵制经筵，终于在正德元年（1506 年）八月等来了大婚的机会。皇帝以此为借口暂停经筵，此后就再也没有重开过。

皇帝选择配偶的决定权通常并不在自己手里，而在两宫太后手里。正德朝的两宫是太皇太后和皇太后。皇室选择未来的后宫之主自有其标准。这个人的家世不能太显赫，她也不应该太漂亮，更不能有自己的想法，甚至不需要有才，她只需要体态端庄、身体壮硕能生孩子即可。对于大明王朝来说，皇后跟她的丈夫一样，只是为执行礼仪而存在，或者还要执行生儿子的义务。在这个过程中我们看不到皇帝和他的配偶之间的爱情存在。皇帝如果不喜欢皇后，宫中还有无数的宫女。无论是其他妃子还是宫女选拔的标准都跟皇后一样，皇帝在这个死寂寂的宫里没有任何新鲜感。

正德皇帝大婚了，不仅娶了位皇后，还连娶两位妃子，但这三个女人都令他提不起兴趣。一方面是令人厌烦的文臣，另一方面是令人毫无感觉的女人。正德皇帝此刻切实感到了做一个皇帝的无奈。他就像一个囚徒，一个被锁在深宫中的囚徒。但正德皇帝明显是有想法的人。他不愿意就这样认命，他希望自己能有一个精彩的人生。

大婚之后，他便开始跟太监厮混在一起。他们在皇宫里骑马、射箭、踢球。皇帝是个很灵光的人，懂音乐，甚至还对梵文有研究。从正德元年八月开始皇帝时常化装跑出宫去，在宫外的街肆流连，酒馆、赌坊、妓院都是他流连忘返的地方，尤其是在妓院里看见各色女人，令他大开眼界。

九月，皇帝与文官的矛盾终于爆发了，爆发的原因却是前面几朝都不存在的财务问题。

本朝宫中每年开支都有定额。正德皇帝登基后开始大手大脚花钱，登基、大婚、庆典，还有数目庞大的其他花销，以及对身边玩伴的赏赐。正德皇帝登基不到一年便感到手头紧蹙，便让户部拨钱，户部自然不给。眼看没有钱用，正德皇帝再怎么折腾也还是不行的，看来只有乖乖听他们的话了。

正德皇帝让户部官员想办法弄钱，户部官员只是劝他厉行节约，提不出什么能弄到钱的法子。户部官员们弄不来钱，太监们弄钱的路子却一条接一条。皇帝这个时候才发现身边的这些宦官们真是不得了。

宦官们搞钱的方法都是绕过户部，到地方去设卡抽商税，去找皇庄要钱。这些措施无疑遭到文官的激烈反对。对于这些文官们来说只有免税才符合他们心目中的道德理念，增税是万万不能的。从洪武开国起，除了崇祯朝，本朝的税收只见减少，却没见增加。这种情况却是在人口、田亩、经济不断发展的情况下发生的。儒家的桎梏在这里又一次显而易见。

这次皇帝与文官矛盾的第一次爆发就是由宦官弄钱引起的。明代户部每年会给宦官一定数量的盐引，让宦官购买食盐去贩卖，实际上是在潜规则下给皇帝增加些收入。虽然这不符合规制，但社会的运行自有阴的一套和阳的一套。表面上的谓之阳，私下里谓之阴。阳的可以不去遵守，但阴的就必须要去遵守，否则人们会认为你拎不清。

眼看发生了财政危机，正德皇帝突然想起一件事情来，户部还欠宫里一万两千盐引。如果把这部分盐引要过来，又是一大笔钱。想到这里他非常高兴，便让太监去要。太监却在户部那里吃了闭门羹，因为户部不给。消息传来，正德皇帝蒙了半天。他发觉，这世上居然出现了奇妙的事情，那就是主宰天下的自己在这个国家中连讨要盐引这样的小事都办不到。正德皇帝终于愤怒了，摊牌吧，这个小牌迟早要摊。

更令正德皇帝感到惊讶的是，文官们比他还要兴奋，一个个摩拳擦掌、急不可耐，仿佛等待了许久似的。先是给事中陶谐、徐昂、御史杜旻、邵清等先后上书反对，接着天上出现流星，南京的官员们又以此上书要挟，然后六科给事中十三道监察御史集体上书指责宦官乱政。这些人仿佛是商量好的，皇帝自然认为内阁阁臣刘健、李东阳、谢迁是幕后指使者。

正德皇帝大发雷霆，将对内阁的怨恨发泄到户部身上。眼见天颜震怒，户部官员拿出一个折中的办法，那就是给六千盐引。正德皇帝的怒火依然没有熄灭，自己身为当朝天子，居然被文官讨价还价。他将内阁三巨头招了来，要好好问问他们。刘健、李东阳、谢迁态度依然坚决。他们抬出祖制，并一口咬定宦官拿着盐引干不了好事。据明王世贞《弇山堂别集》卷九十四《中官考五》记载，皇帝被激怒了，正色驳斥道："国家事岂专是内官坏了？文官十人中仅有三四好人耳，坏事者十常六七，先生辈亦自知之。"这番话可视为对朝廷文官的全盘否定。刘健、李东阳、谢迁三人回去后集体上了一道奏折，以辞职相威胁。正德皇帝最终还是妥协了，同意了户部提出的只给一半盐引的提议。

发端于正德元年的这场盐引之争似乎只是正德朝的小事件，但它却成了明王朝君臣关系的分水岭。从此之后，君开始视臣为仇寇。由于儒生的偏执与跋扈，正德朝的政治终于走进了一个死胡同，越至晚明这种政治上的死结表现得益发明显。这不是偶然因素带来的，而是历史发展的必然。它清楚地表明我们的文化中存在的问题。中国的道德思想已经开始跟这个时代不合拍，不仅不能推动这个时代的发展，反而成了这个时代发展的羁绊。我们暂时不去探讨这些大话题。我们知道君主随意使用钱财的权力受到了限制，这只是其中一种。成化朝虽然给官僚政治提供了机制上的保障，但成化朝的文官还未能成型，他们与三杨一样跟君主还有着千丝万缕的联系。贵族的羁绊、文官的踽踽都使得此时的文官政治既决然又虚弱。但弘治朝皇帝的羸弱使得官僚跟君主之间的联系被完整地切割开来，官僚日益成为一个独立而又张扬的整体。

正德皇帝在与文官的第一次交锋中败下阵来。他意识到要采取措施压制这股势力。他需要能够制衡文官的力量。在这种局面下，宦官刘瑾走上了历史舞台。

31　正德的绝地反击

刘瑾是朱厚照在东宫时的旧人。他有一定的文化，能够带着朱厚照玩乐，更为重要的是朱厚照登基后刘瑾在理财方面颇有心得。他会出一些主意让皇帝创收。他更是偷偷告诉皇帝国库收入减少是因为文官们管理不善或贪污所致，要求对文官进行彻查。皇帝将这个任务交给了刘瑾。刘瑾还有七个帮手，他们是马永成、高凤、罗祥、魏彬、丘聚、谷大用、张永。这七个人也是围绕在皇帝身边的太监。皇帝的确是孤立的。他不仅在外廷那里得不到任何帮助，在内廷也是如此。司礼监掌印太监王岳跟前朝的怀恩一样跟他的主子对着干。皇帝逐渐依靠身边的这八名太监建立自己的班底。盐引之事已经让皇帝决定跟官僚集团彻底决裂，但内廷和外廷已然连成一体。皇帝只能暂时拿清查国库账目一事打击官员，并让刘瑾掌握京师军队，以应付未来可能出现的变局。

刘瑾和他的七名助手对文官的清查，使文官感到不安，一旦在皇帝那里落下什么口实，皇帝就可以名正言顺对他们进行打击。正德元年十月，盐引事件刚刚过去一个月，紫禁城的气氛便剑拔弩张。文官们坐不住了，开始提前出手，而文官们的举动也使得正德朝的政治冲突全面爆发。

正德元年十月二十七日，内阁和司礼监上书要求皇帝处死“八虎”——此时朝臣已经给刘瑾等八人取的外号。皇帝接到上书后彻底绝望。他让人去央求内阁与司礼监，要求将这八人发配南京了事。内阁态度极其强硬，声明只将这八人处死，不做其他议题，而且要在二十八日的早朝上逼迫皇帝做此决议。大明王朝到了这个时候已是倒了个儿，不是皇帝对官员发议题，而是官员对皇帝发议题。到了晌午，正德皇帝将此事压了下来，愣是不批。

下午，内阁和司礼监密谋，入夜后在宫中密杀这八名宦官。物极必反，吏部尚书焦芳本就跟内阁三人有嫌隙，遂将这一消息告知了八虎。这场战斗刚刚打响，文官内部就已现分裂。焦芳的叛变导致文官们的计划功亏一篑。正德朝的政治形势由此发生惊天逆转。与官僚集团决裂的焦芳不是一个个案，嘉靖朝还有张璁。从焦芳和张璁我们会发现两个问题，一是文官在跟皇帝的斗争中还略显稚嫩，二是此时的文官政治还未上轨道。后世跟皇帝合作的严嵩和张居正的惨烈结局给所有人提了个醒，朝廷是士大夫的朝廷，如果有谁敢跟天下的文官作对，严嵩、张居正就是前车之鉴。

八虎得知了朝臣要对自己动手的消息，集体跪在了正德皇帝面前痛哭。皇帝此刻终于意识到形势是何等严峻。自己已经是退无可退，话语权完全掌握在对方手中，他们想怎么办就怎么办。如果自己不合作，自己作为皇帝的合法性也会被动摇。虽然正德皇帝意识到了这些问题，但他仍是一筹莫展。这时候狡猾的刘瑾有了主意。

如果文官们不是要把这八虎赶尽杀绝，刘瑾等人也许就会乖乖去了南京，此后正德皇帝就会失去最后的依靠。但皇帝在局势缓和后将这些人重新召回来也不是没可能。总之，一切还都是变数。但如今刘瑾等人只有置之死地而后生了。刘瑾告诉正德皇帝其实局势很好化解，先抓捕司礼监掌印王岳，将内廷控制在手里，然后将外朝的文官分化。如此这个僵局自然会破解。

正德皇帝发觉如果顺着刘瑾这个思路做下去，的确有胜算。文官都是纸老虎，真动起手来他们能坚持多久还是个未知数。自己必须要反攻了。为了祖宗成法，为了自己不致成为一个傀儡皇帝，也为了后世子孙，必须要这么做了。

当天夜里，正德皇帝指挥宫内禁军抓捕司礼监掌印王岳，随即让刘瑾执掌司礼监，丘聚提督东厂，谷大用提督西厂，张永协助分管京营。这一切都在十月二十七日的夜里秘密进行。天还没亮，这位年轻的皇帝就已经牢牢掌控住了大内和京师禁军。他开始稳稳当当地坐在乾清宫内等待大臣们的早朝。

鱼贯而入的文官们进入朝堂，却发现站立在皇帝身旁的不是王岳，而是刘瑾。他们就觉得事情已经起了变化。刘瑾宣读了皇帝的告示，王岳被发配南京，皇帝驳回了处决八虎的奏书。

内阁三巨头当堂表示辞职。皇帝干净利落地批准了刘健和谢迁的辞职，但却将李东阳的辞职驳了回来。皇帝在这个时候又一次展现出了他的超强政治手腕。这件事情李东阳不是主谋，如果将三人全部赶走，内阁就没了挑大梁的，所以他留下了李东阳。更深层次的原因是皇帝还不想让内廷力量太强大，需要让内阁来牵制刘瑾等人。他还要对双方的力量进行对比，以便日后再微调。帝王的心术在这里又一次得到淋漓尽致的发挥。与此同时，正德皇帝将那个告密者焦芳调入内阁，用于制衡李东阳；又让张永、谷大用、丘聚制衡刘瑾。皇帝在短时间内就建立了一种精妙稳准的政治结构，正德朝的这场风波就如此悄无声息地平息了。但它带来的政治地震远没有结束。

正德二年三月，刘瑾命群臣跪于金水桥上宣读奸党名单。宦官王岳在去南京的路上被刘瑾派来的杀手诛杀，回到原籍的刘健、谢迁随即被削职为民，户部尚书韩文因管理国库渎职而被罚俸一千五百石。本就经济不宽裕的户部尚书竟益发窘迫起来。从正德元年开始，一批反对刘瑾的官员被免职或被廷杖。刘瑾已经开始发威了，而正德皇帝明显还想让他继续发威一段时间。一旦他触到皇帝的底线，皇帝就会收拾他。

正德元年的这场风波，如果称之为一场不流血的政变也不为过。这场政变的直接受益人是皇帝和围绕在他身边的内侍。弘治十八年正德皇帝登基后，官僚们便发现这位新主子不好对付。为了控制住皇上，避免皇上被他人干扰，官员们才想出处死八虎的主意。文官们的这一行为是对皇权的严重蔑视。虽然皇帝最终取得了胜利，但却改写不了皇权已经衰落的现实。而这场政治冲突的背后是厂卫政治重新崛起的事实。从文官们的表现我们更可以看出一个深层问题，那就是士大夫们的陈旧思想已经跟这个时代不合拍了。

32 明代的另类改革家刘瑾

风波过后，正德皇帝开始躲藏在幕后，让宦官刘瑾在前面冲了。

刘瑾是陕西人，本姓谈，后来给一刘姓宦官做干儿子，改姓刘。刘瑾熬到了五十五岁才出头。跟王振、汪直、魏忠贤一样，这位宦官在肃贪、打击权贵、清查账目方面表现出了非凡的才能。而后世文人大多将这种行为解释成清除异己、树立权威，即便是利国利民也不在考虑之列，究其原因乃是宦官政治与我们这个国家的礼法不符。

从正德元年十月（1506 年 11 月）开始一直到正德五年八月（1510 年 8 月）结束，这近四年时间是刘瑾主政的时期，被冠以刘瑾时代。从“时代”这两个字我们可以知晓刘瑾在这个时期总揽一切军政大权，而且还有一些新思维，采取了新的变法措施。这些变法主要集中在吏部、户部、兵部。刘瑾的变法手段主要是清查账目，清查的范围极广，遍布朝政的方方面面。从更宏观角度来讲，刘瑾的改革是想将宦官提高到与文官平等的位置上，让宦官也成为官僚体系中的一员。刘瑾此举在中国历史上是首创，属于前人没有尝试过的领域。如果能够成功，的确是对中国两千年来政治体制的一种冲击，其结论是震撼的。它会使中国这种正在上轨道的文官政治戛然而止。而这种双头政治或许能够破解明代的政治迷局，但刘瑾开创的这种行政结构会给中国的伦理道德带来多大的冲击我们还不得而知。

刘瑾掌权后首先将各地的镇守太监提到跟巡抚同级别的地位。各地镇守太监可以监管地方的军、政、司法一切要务，等于说是在各省实现双头管理。各地送往内阁、部院的文书必须要从司礼监过一道。刘瑾恢复了洪武朝那种严厉治贪的刑法，不过与洪武朝不同的是对贪腐的官员不再以肉刑的方式来处罚，而是代之以经济手段来处罚，毕竟时代已经进步了。刘瑾还有一些变法体现了公平性和人性化。针对科举考试中南方人多的情况，刘瑾限制了南方人的录取比例，增加中西部举子的录取比例。刘瑾还命令寡妇再嫁，家有死人不葬者官府将强行火化。南方富庶省份的官吏不仅不能由本省人担任，就是邻省人也不行。随之官员开始了南北大对调。任职漕运总督的官员也不能跟运河沿岸的省份发生任何联系。刘瑾派人清理天下田亩，将隐瞒的田亩分给自耕农耕种，限制士绅和军官占田。他还从内廷和户部、兵部派出大量的官吏去清查各地的军屯、军库、皇庄、粮仓、漕粮、两淮的盐政，还有国库下拨的资金。

刘瑾一方面打击贪污、瞒报，另一方面千方百计增加国库收入。除了罚款以外，刘瑾增加各地银矿的摊派，并增加各地军屯上交的税收。此举是最要命的，一方面对军屯进行清查，另一方面又对其掠夺，这些直接导致了后面的兵变，也成为刘瑾覆灭的一个诱因。

刘瑾的策略可以总结为一紧一收，开支缩紧加上税收增加，如此一来既可以增加国库收入，还能为皇帝和自己增加收入，对宣德朝以来的弊政也有很大的纠正作用。刘瑾的治贪不仅对准天下官吏，对于自己的亲信和内廷宦官也在所不惜。宦官杨镇因为在南京受贿被刘瑾亲自交给南京三法司会审，亲信刘宇因为所辖地耗损颇多也受到责罚。此时的刘瑾早已走上汪直的道路，跟汪直比起来有过之而无不及。他跟汪直一样跟全天下的人作对。这里面不仅有官僚，而且还有皇室、宦官，更有军人，就连八虎中的其他七虎也对刘瑾心生不满。在他的统治下，朝野上下战战兢兢。官员稍微出现一点差错就会被处罚，出现纰漏的官员不等刘瑾来查便已自杀而死，还有的官员因为畏惧刘瑾竟然将家人、亲戚、朋友也检举出来，而刘瑾也鼓励互相讦奸。大明王朝似乎又重回洪武时代。

敏锐的人知道刘瑾这座大厦开始摇摇欲坠。从中枢到地方，从内廷到外廷，从政府到军队都弥漫着一种不安的气息、一种骚动的气息。大明王朝仿佛又要重现景泰朝、天顺朝的情景。

正德三年（1508 年）六月的一天，内廷宦官将一份匿名弹劾刘瑾的奏折故意扔到早朝的御道上。奏折被一御史拾到，于是这份奏章被送到了正德皇帝面前。奏折上罗列了刘瑾的几大罪状。但此时的刘瑾正处在如日中天之时，而且这份罪状又没有署名，皇帝自然将此视作阴私之事。皇帝遂命所有大臣跪在殿外，让群臣自招。

慌里慌张赶来的刘瑾看自己还没动手，皇上已经叫众人跪在那里了。刘瑾在那里破口大骂，折腾了一整天也没查出来什么。夜里他把三百名官员带到了镇抚司盘问，也是毫无结果。第二天才清楚乃是一宦官所为。这事就这样告一段落。表面上看这件事情是一个对刘瑾不满的宦官所为，但何尝不是所有人的共同想法。虽然刘瑾又一次取得了胜利，但这次却是一个危险的信号。刘瑾对天下臣僚们的跋扈已经得罪了所有人。当所有人都认为你该完蛋的时候，大约便是你会完蛋的时候，此时已经有部分人开始酝酿倒刘。

正德五年（1510 年）四月，封地在陕西庆阳县的安化王朱寘鐇以讨伐刘瑾为名，起兵谋反。通常人们知道正德朝有宁王叛乱，却不知道还有个安化王先于宁王起事。人们不解的是正德年间的宗室叛乱为何如此多，也同时不解一个封在西北的小王为何也敢叛乱。其实这既跟刘瑾有关，也跟正德皇帝有关。

刘瑾清理屯田，让军户纳粮，西北就是重点。陕西当地的驻军早就怨声载道，安化王朱寘鐇看到了这一点，利用军士的不满乘机发难。无论是安化王朱寘鐇，还是后来的宁王朱宸濠，这些毫无胜算的藩王为何要如此？或许唯一的解释还是《皇明祖训》在起作用。大概这些藩王真的以为自己干的是一件值得自豪的事情，抑或他们真的是为了这个国家好也不得而知。

正德五年（1510年）四月的一天，安化王朱寘鐇将当地镇守太监、总兵等人请到王府饮宴，席间将一干地方官员杀死，接着又带兵将庆阳巡抚、都御史杀掉，然后写檄文传至四方的军队指挥官。檄文中打的旗号是清除刘瑾，所遵循的依然是《皇明祖训》。朱元璋苦心创造的祖训不仅没能保证大明王朝的安定，反而成了后世子孙的桎梏与兵变借口。

朱寘鐇的算盘打得非常好。他发现各地的军官都对刘瑾牢骚满腹，以为如此一来众人会纷纷响应。但事实上并非如此，没有一处响应。正德皇帝接到朱寘鐇造反的奏报后，便命杨一清率兵平叛，八虎之一的张永监军。杨一清是成化、弘治、正德、嘉靖四朝重臣，曾三次任三边总制，最高官至内阁首辅。成化年间，蒙古人移居河套，陕西北部的防务顿时加重。为了协调应对，弘治年间委派重臣总督甘肃、延绥、宁夏三镇防务，是为三边总制。杨一清和张永的平叛兵马走到半路上就得到消息，叛乱已经被一名游击将军平定。朱寘鐇本人也被擒获。

眼见叛乱已平，杨一清和张永便调转马头往回走。在路上两人进行了一番交谈，这番谈话直接决定了刘瑾的命运。杨一清向张永分析了当今的时局，明确指出此次叛乱是由刘瑾专权引起的。如果不解决这个问题，叛乱或许是朝廷今后面临的经常选项。杨一清想让张永出面搞掉刘瑾，但张永对于这个议题并不感兴趣。张永说，刘瑾对于他本人威胁甚小，刘瑾擅权与否对于他来说似乎并不关痛痒。杨一清随后又说道，如果刘瑾被废黜，张永或许能取代刘瑾的位置，获取更多的好处，并指出皇帝也对刘瑾不满了。

实际上张永最担心的还是皇帝的态度。一旦打刘不成，反受其咬。正德三年的例子已经摆在那里。令张永最终下定倒刘决心的是，张永相信了杨一清对陛下态度的判断，他也感到刘瑾倒台的时候到了。

八月，张永带着安化王回到北京，举行了献俘仪式。仪式结束后，张永趁刘瑾不在，向正德皇帝告发刘瑾要谋反，请求下令诛灭刘瑾。听完张永的话，正德皇帝不语，他仍在犹豫。张永又向正德皇帝递上安化王谋反的檄文，并指出其谋反的原因就在于刘瑾。这时候，八虎中的其他人也纷纷附和。皇帝终于下令拘捕刘瑾。一个权势熏天，被称为"立皇帝"的人物就因为内廷宦官的几句话就覆灭了。由此可以看出无论刘瑾多么强大，也只是皇帝的一枚棋子。一旦不需要这枚棋子了，轻轻一推即可。

正德五年八月二十五日，刘瑾被凌迟处死。一代权阉就这样莫名其妙地从历史舞台上迅速消失。

关于刘瑾的一切似乎都处于迷雾中，史书上已经难以找到答案。我们或许只有依靠推测才能得出合理的历史真相。

刘瑾的改革是庞大的，涉及官僚系统的一切。刘瑾将自己的变法条款编在一本书上，名唤《见行事例》。涉及吏部的有二十四款，户部的有三十款，兵部的有十八款，工部的有十三款，内容都是针对天下的弊端。但刘瑾死后，关于《见行事例》的一切都被文官们烧毁。人们已经无法知道《见行事例》里面究竟记载着什么内容，只能从其他史书中抠得一些细微枝叶。

刘瑾初掌大权后，跟内阁与部院的关系非常好。他对内阁首辅李东阳非常尊重，李东阳的建议他从来不违背。李东阳也尊重刘瑾。刘瑾自己学识有限，便找了一个文人张文冕，所以刘瑾主政的时候天下的奏章实际上就是由这个张文冕批红。不仅如此，刘瑾注重选拔清廉的干吏，所以从内阁到部院大多数人皆出自其门下，此时内廷与外廷已经连成一体。

与跟文官的融洽关系形成对比的是，刘瑾跟内廷宦官关系非常紧张，八虎中的另外七虎都极其厌恶刘瑾，张永曾经当着正德皇帝的面与刘瑾互殴。虽然刘瑾令人们畏惧，但内廷宦官从来没有把他当回事。他最终还是栽到了这批本应该重视而没有重视的人手里。正德三年的匿名奏书已经表明了刘瑾与内廷的矛盾。在奏书风波后，他甚至成立了内厂来对付东西二厂。

除了与宦官产生矛盾，因为变法，刘瑾跟地方官吏、军队、宗室的关系也异常紧张。在安化王叛乱之前，辽东已经发生一起小规模的军队骚乱。现在我们要搞清楚的是，正德皇帝处死刘瑾的真实原因究竟是什么？正德元年文官的疯狂使继位不久的皇帝地位岌岌可危，后来依靠刘瑾，形势顿时改观，正德皇帝从束手束脚变得要风得风，要雨得雨。但仅仅过了几年的工夫他就对刘瑾不满了。这其中的原因说白了，还是刘瑾过于专制，使得皇帝也感到此人很棘手。

刘瑾这个人物说来还是由于大明王朝政治运行中出现了偏差而上了位。他和王振一样力图仿效朱元璋重塑这个帝国。他们都是理想化的人。就是朱元璋那种具备超强能力的人仍然受制于生命的长度，更何况王振、刘瑾乎？刘瑾的一系列措施过急、过猛，打击面太大。虽然求治心切，但终是功亏一篑。在历史的惯性面前，个人的力量何其渺小。虽然如此，但刘瑾时代对后世史学家来说是应该关注的。由于刘瑾是一名宦官，无论他做过什么，都不容于封建礼法。他死后，他的所有变法措施立即被废除，史书上也鲜有提及。他的变法效果我们也无从得知。关于他的一切，对于士大夫们来说，都是不愿意触及的话题。但在此之后，进入嘉靖朝后朝政弊端却日益严重起来，终是积重难返。

1510年是个值得纪念的年份，在这一年帝国的“改革家”刘瑾死去；1566年也是个值得纪念的年份，在这一年嘉靖皇帝去世，随后拉起了持续十六年的隆万大改革。无论史书对于“隆万改革”如何粉饰，它终是沿着刘瑾的道路前进；1582年也同样是个值得纪念的年份，在这一年帝国的改革家张居正去世。在他死后，他同刘瑾一样遭到清算。从此，大明王朝之命运终是不可挽回。

无论如何，刘瑾时代对于某些士大夫来说或者对于正德皇帝来说都是值得铭记的。

33　规模第二的民变——刘六、刘七起义

从正德五年至七年（1510—1512年）可以视为后刘瑾时代。这个时期的特点是散乱无章，既没有正德元年君臣之间的那种尖锐冲突，也没有刘瑾主政时期的那种紧张气氛，反而呈现出一种活泼的氛围。

刘瑾死后，正德皇帝让八虎之一的魏彬执掌司礼监，而不是让二号人物张永负责，可见皇帝对于斗倒刘瑾的张永也颇为忌惮。内阁仍是由李东阳任首辅。跟刘健、谢迁不同的是，李东阳比较圆滑。他懂得如何在表面上维护士大夫的清誉，但私底下与皇帝保持一种良好关系。为此刘东阳也遭到同僚们的辱骂。刘瑾倒台后，内阁中跟刘瑾关系密切的阁臣被驱逐，代之而入的是刘忠、梁储。文官与宦官的关系不再像前期那么亲密。虽然刘瑾倒台，但此时也不是正德初年的光景，文官已经不可能再像从前那样肆无忌惮。

后刘瑾时代一切都没有消停，正德皇帝在这一刻似乎失去了一切约束，他可以自由自在地玩耍。紫禁城对于皇帝来说是个牢笼，这里有令人厌烦的文臣、毫无感觉的皇后与妃子、令人沮丧的两宫太后，而且身居宫中做什么事情都不方便，自己喜欢的人也不能随意带进来。为了自己能够随意驰骋，正德皇帝在紫禁城的西边修了一座行宫。这也就是后世称为“豹房”的地方。豹房修筑完毕后，皇帝寝食和接见大臣就在这里，一直到死也没有回到乾清宫。

豹房是个热闹的地方，这里什么样的人都有，即使是妓女也可以被招来此地。皇帝和他的近臣们经常在这里饮宴。皇帝是个性情中人，讨厌繁文缛节。在这里没有身份的尊卑，只有酒友们尽情玩耍，行酒猜令、勾肩搭背、同床而卧，一切都是那么自然。

欢乐的日子总是短暂的，太平的生活也不可能永远持续下去。

明代的京畿实际上是个麻烦集中地。皇亲贵戚的田产都在这里。皇室和勋贵的占田必然挤压自耕农的生存空间。加上从 15 世纪绵延至 16 世纪的自然灾害导致北方的大批自耕农破产。这些破产的自耕农要么成为流民，要么成为盗匪。北方最大的盗匪头子叫张茂，他结交内廷宦官，据说还去过豹房与正德皇帝踢过球。正德五年，朝廷派了一个名叫宁杲的御史来剿匪。宁杲心狠手辣，捉住盗匪后就命其捉拿其他盗匪，完成官府要求的人数才能赦免其罪，然后再让被捉住的人去完成相同的任务。如此一来，京畿的盗匪苦不堪言。很快张茂就被擒获。张茂的家人找到内廷宦官，宦官又找到了正德皇帝。这位当朝天子开价白银一万两，介绍人也要一万两。

张茂的家人凑不齐数额如此巨大的款项。张茂的部下刘六、刘七、杨虎便商量去附近州县干一票大的。谁知这一票干得过猛，或者是手下人过于激动，连当地的县衙都给烧了。刘六、刘七大惊失色，随即逃到远处躲藏起来。此事过后不久，官府让刘六、刘七来县衙当捕快，“捕他盗以自救”。在这种情况下，刘六、刘七便来到县衙做起了捕快。干了一段时间干得不错，但恰在此时刘六、刘七听谗言说官府要除掉他们，便来了个不辞而别。如此一来，官府便将他们的家人关了起来，家产抄没。刘六、刘七又托人去说项，官府又让他们“捕盗自救”。刘六、刘七不敢相信官府，而这时候附近州县已经有流民暴动，刘六、刘七便聚集了旧日人马，正式跟官府对抗起来。

发端于刘六、刘七的这场起义是16世纪中国境内最大的农民起义。从起义的原因我们可以看出正是朝廷的不作为，官府对底层民众的轻视所导致的。孟子的民本思想并没有被天朝的士大夫们习得，对待底层民众他们甚至比谁都狠。不仅如此，终明一朝，王朝跟周边民族的那种紧张关系也是如此相似。

正德六年（1511年）七月，刘六、刘七的起义军逼近京师，京城宣布戒严。十月，义军攻破山东济宁，焚烧了运河上的千余艘漕粮，被焚毁的船只又阻塞了运河。刘六、刘七的大军横亘北方数省，如入无人之境，沿途流民纷纷加入，兵锋直指长江。

正在豹房醉生梦死的正德皇帝慌了神。他急命惠安伯张纬、都御史马中锡率京营前来镇压。缺乏训练和作战经验的京营在义军面前不堪一击，张纬这个世袭勋贵什么也不懂，马中锡对军事也是一窍不通。眼见如此，正德皇帝又改剿为抚。政策一变，流民有些松动。但这一政策并没有被经办人认真落实，叛乱远没有平息，朝廷已经花钱如流水，国库空虚。

九月，正德皇帝终于接受了兵部侍郎陆完的建议，调边军镇压。这在大明王朝历史上是第一次。边军由于长年驻守边疆，作战能力远胜于京军。由于边军关系到边防，轻易不予调动。虽然此举开了调动边军的先河，但正德皇帝还是批准了这一提议。

宣府镇两千人，辽东镇两千人，延绥镇五百人，一共四千五百人，全是骑兵，另外让宁夏总兵官、咸宁伯仇钺提督京畿三千营。由于义军皆是骑兵，来如疾风、去如闪电，所以此次平叛兵马全是骑兵，试图以骑兵制骑兵。

十月份，朝廷的军队和义军在河北霸州一带进行了一场主力会战，义军战死一千多人，义军遭受起事以来的第一次重创。但义军很快恢复过来，在随后的一场战斗中竟然杀死了平叛副总兵冯祯。边军和京营之间也相互扯皮，摩擦不断。京营让边军在前面打头阵，然后在后面抢功。边军知道京营战斗力差，则坐视京营被屠。战斗陷入了胶着状态。

此时北方数省的义军有两支，一支由刘六、刘七领导，另一支由杨虎、赵鐩领导。刘六、刘七是流动作战，每到一处都是烧官衙、开粮仓、劫富济贫，而杨虎的义军则盘桓在河南境内，力图建立根据地以抗衡官府。眼见平叛取得不了突破，朝廷便制定各个击破的策略，免得被义军拖着像没头苍蝇般乱窜。刘六、刘七的军队流动性太大，无法有效予以歼灭，所以先拿下杨虎的义军。

事实证明这是一个正确的方略。当你面对难以处理的棘手问题时，就应该静下心来，分析矛盾究竟在哪里，然后再慢慢处理之。治大国如烹小鲜就是这个道理。眼见官军大举向河南进逼，杨虎向南强渡黄河，不幸被水溺死。正德七年，杨虎部下刘三被围困嵩山，自缢而死，赵鐩于江西被俘。至此，河南境内的义军全部被扑灭。

失去了河南义军的牵制，刘六、刘七日子也不好过，各路朝廷大军开始围攻刘六、刘七。两刘的军队开始从河北南下。正德七年五月，两刘军队渡过黄河，接着南下湖广团风镇，开始横渡长江。双方在江面上发生大规模水战，刘六战死，义军不敌，便向长江下游驶去。八月，义军船队停泊在长江口的通州。此时突遇强台风，官军乘势发起强攻，义军转战险要的狼山。官军将义军团团包围在狼山，刘七战死，义军溃散。至此持续两年的刘六、刘七起义以失败而告终。

刘六、刘七起义是16世纪中国境内规模最大的农民运动。规模之大、地域之广都是明朝立国以来罕见的，竟然迫使明廷调边军前来镇压。无论起义如何迅猛，起义者并不想推翻大明王朝的统治。他们只是想通过这种农民运动的方式来迫使大明王朝实行改良运动，让他们的日子好过一些。但这些都是一厢情愿。虽然这次起义失败了，但发端于17世纪的那场规模更大的农民运动却直接推翻了大明王朝的统治。而17世纪的这场农民运动何尝不是16世纪那场农民运动的延续。

为何要在刘瑾死后一节中着重讲解刘六、刘七起义？我们就是要告诉读者，虽然刘瑾死去，但天下并不太平。刘瑾的倒台是由地方的骚乱引起的，但刘瑾死后这种骚乱并没有停止，反而愈演愈烈。国家的问题绝不是刘瑾一个人的问题。虽然刘六、刘七起义被扑灭了，但战火并没有熄灭。刘六、刘七的部众在狼山溃败后进入江西，在随后的十年间他们依然骚乱不止，还有四川的民变则不在本书叙述之列。

刘六、刘七的起义不应该被单纯看待。除了骚乱外，还直接导致正德朝的军事变革。虽然文官们试图否认这一点，但它的确对大明王朝的军事改组来说有着非凡的意义。

首先，它使得边军的调动成了正常化。1592年北部边境的边军开赴朝鲜战场，1618年同样是北部边境的边军开赴萨尔浒战场；其次，它扩大了军队之间的交流，增强了军队的活力。

34　坐了龙椅偏想当将军的皇帝

锦衣卫钱宁功夫了得，能双手开弓，还经常给正德皇帝引荐一些新鲜玩意儿，比如不知从哪里弄来的一些豹子、老虎。正德皇帝非常喜欢钱宁，此时的钱宁俨然成了豹房总管。

正德七年（1512年）的战事结束后，钱宁给皇帝引荐了一个新人——江彬。江彬是宣府的一名把总，此次平叛江彬也在征调之列。江彬作战勇猛，但劣迹斑斑，曾遭多次弹劾。钱宁将江彬的故事讲给正德皇帝听，说江彬在淮河与叛军作战的时候，面部中箭，拔出箭来继续战斗。正德皇帝听完大为激赏。

钱宁将江彬带到豹房来了。当江彬来到豹房后，人们发现武功已经不是他的强项，他的强项是讲故事。江彬绘声绘色向正德皇帝描述战斗中的故事。这些故事引起了皇帝极大的兴趣，尤其是在草原上带兵征战的那种景象更令年轻的皇帝心生神往。他开始沮丧于自己是个皇帝，为什么不是个将军。除了会讲故事，江彬对军事管理也有一套。他向皇帝详细分析了此次平叛的得失，表达了国家的军事体系急需改组的事实。对于此，皇帝也是感同身受。江彬提出一个大胆的想法，那就是将京营与边军互调，将少量边军调往京畿，巩固京畿的防务，然后将部分京军调往边关加以历练。皇帝对于江彬的提议非常赞同。当年底，皇帝便着手施行此事。

此事遭到了李东阳的激烈反对。他说京军缺乏实际战斗经验，难以抵挡蒙古人攻击，而且边军难以约束，如果调到京城来会影响京城的治安。李东阳拒绝起草调动军队的命令。而皇帝却绕过内阁和兵部，直接发布诏令调动军队。这一行为不仅违反了祖制，更是违反了文官统兵的制度。

本来大明王朝各地的边军由总兵统领，调兵权在兵部。皇帝能直接调动的只有宦官统领的京营，也就是禁军。皇帝对于边军并无直接调动的权力，但正德皇帝却轻易打破了这一制度。我们可以认为，这是皇帝试图排除文官的又一次尝试。他想通过这种方式拉近本已疏远的皇帝与军队之间的关系。

李东阳又一次以辞职抗议，皇帝仍是没有批准他的辞职。正德八年（1513年）二月，三千名宣府边军奉命调至京城。皇帝让他们入驻北京城内，拆毁了皇宫西边的一些房屋。这些军队挨着豹房住了下来。正德皇帝将这支军队视作自己的私人军队。从此他又有事情干了，那就是看这支军队出操、训练，看江彬如何排兵、布阵。他觉得这的确是一件很过瘾的事情。

正德皇帝完全将这里模拟成了战场。他身披甲胄，巡阅三军。他还搞来一些帐篷搭在那里。他宁愿住在帐篷里，认为这样才有身处战场的真实感觉，而不愿意住在行宫内。皇帝需要敌人，没有敌人就体验不到真正战场的感觉。他让人将关在笼子里的老虎、豹子放了出来。正德皇帝手执武器，亲自跟这些野兽搏斗，江彬站立在一旁，一旦发生意外他好出手。意外终是发生了，皇帝被老虎的爪子抓伤。此时，正德皇帝朱厚照终于歇了下来，他明白再这么折腾下去，迟早会把小命折腾没了。

虽然暂时不能进行军事活动，但他还能进行其他活动。不久，朝中大臣就听说皇帝经常在京城中不该出现的场所留宿。群臣纷纷上书要求皇帝对此做出解释，皇帝自然是置之不理。

豹房的帐篷内不仅有甲胄，而且还有炸药、佛朗机火炮。这些炸药是军事演习用的。北京城内的居民不仅能听见战马的嘶鸣声，而且还能听见隆隆的炮声。这真是一个奇怪的年代。皇帝喜欢花灯，豹房内到了夜晚到处都是悬挂的花灯，照得整座行宫亮堂堂的。事故发生在新年的灯节那天。京城的居民都听见了巨大的火药爆炸声，整座紫禁城的上空弥漫着黑色的硝烟，接着便是冲天的大火，整座豹房被点燃了，几座宫殿被烧毁。正德皇帝看着这冲天的火光说道："好一棚大烟火也。"

此事又引来言官的激烈弹劾。正德皇帝对付文官也有办法，他经常对官员说要举行重大活动，然后让这些官员一等就是几个钟头，甚至是一天，或者半夜将这些官员叫出来接见。他的荒谬举动令文臣们越来越无法容忍。他去城南的南海子皇家猎场打猎，将猎获的猎物作为战利品分给文官，文官们拒绝接受。

正德皇帝早已厌倦了北京城的生活。江彬劝他到宣府居住，那里无拘无束、自由自在，而且宣府也是一个热闹的地方，有比北京城更多的乐师和漂亮女人。最重要的是那里可以看见真实的军队跟蒙古骑兵的战斗。正德帝早有此想法，但问题是如何出去。

正德十二年（1517年）八月，皇帝换上便服，带着几个随从，骑马从德胜门溜出北京城，直向昌平奔去。文官们很快知道了情况，便骑马火速追赶。半路上追上了皇帝。但无论官员们如何生拉硬扯，皇帝就是不愿意回去。

虽然摆脱了文官的纠缠，但当正德皇帝抵达居庸关的时候，立刻傻眼了。因为无论他如何喊门，守关的御史就是不开门。无论他如何在关下声明自己是皇帝，守关御史就是不承认他是皇帝。无奈之下，只得返回京城。

一个月后，正德皇帝打听到那位守关御史近期要出关巡视，便和随从连夜逃出北京城。经过四天四夜的急速行军，皇帝终于抵达居庸关下，此时那位御史还没有出关。皇帝和他的随从便在附近一个农民家里过了一夜。等到第二天御史终于出关，皇帝随即火速出关。临行前，他将谷大用留下镇守居庸关，并交代了谷大用一件事情，那就是对于任何试图从这里通过的文官都不要开关放行。

皇帝这回彻底自由了，他跟文官脱离了关系，哪怕这种脱离只是一种短暂的脱离。宣府虽然已经在长城边上，但这里的繁华与热闹却丝毫不亚于太原等名城，把他乐得喜不自胜。

正德皇帝到宣府来不仅是为了吃喝玩乐，更主要的是要找蒙古人练练拳脚。正统年间，瓦剌的也先部强大起来，但随着也先被杀而式微。从成化年间起，鞑靼部进入河套。经过成化、弘治两朝的不断战争，蒙古人又断断续续退出河套。正德朝，鞑靼部在达延汗巴图蒙克的带领下不断袭扰宣府。这个巴图蒙克被明人称为小王子，属于黄金家族成员。正德皇帝要对付的就是他。这是黄金家族和朱明后裔的一次面对面互搏。

京城的文官不仅被限制进出居庸关，而且被限制离开京城。不久，文官们收到边关一份以“总督军务威武大将军总兵官朱寿”名义要求调兵和征集粮草准备打仗的命令。文官们都被搞蒙了，不知道这位朱寿是何方神圣，威武大将军这一职务是何时封授的。但人们很快反应过来了，朱寿就是皇帝本人。皇帝自己封自己为将军。

皇帝来到宣府不久，小王子带着五万骑兵开始向大同逼来，皇帝亲率增援军队奔赴大同。宣府和大同的明军会合在一起达六万人，双方皆向大同府应州县汇集。正德十二年（1517 年）十月二十一日应州会战爆发，双方主力从清晨战至傍晚。明军发起一次又一次冲锋，永乐时代似乎又回来了。正德皇帝骑在战马上抡着战刀跟着他的士兵一起砍人，眼见皇帝跟着自己一起冲锋，这些明军像打了鸡血一样兴奋。战斗至傍晚，小王子不敌，便带着军队退出了战场。

应州一战使这位皇帝荣耀到了极点，他的人生理想终于得以实现，此时他不再是一个居住在紫禁城的无聊皇帝，而是敢在战场上冲锋的将军了。

随后皇帝返回了宣府，一直到第二年的二月才决定返回京城。他下令在京的所有文武百官皆去城门外迎接。皇帝的军队于半夜到达德胜门外时，已经在寒风中等候了一整天的文武大臣已经困顿不堪。皇帝兴致盎然地回到京城。他亲口对官员们说自己亲手杀死了一名蒙古人，文官们拒绝承认此次的应州大捷。虽然皇帝不断坚称真的有一位威武大将军朱寿，而且就在军中，此次应州之战全凭这位朱寿指挥有方。但文官拒绝承认有这么一位能人。皇帝下令封这位朱寿为镇国公，年俸五千石。全体文官对这种自降身份的行为表示极不理解。

回到北京的正德皇帝才知道京城的日子是多么无聊，堆积如山的奏章等待他批阅。由于此次他是偷偷出城，而且还将官员们禁锢在京里，更为严重的是他亲自带兵上战场去跟蒙古人搏杀，现在皇帝回来了，也到了文官们找他算总账的时候了。

无独有偶。二月，成化皇帝的配偶太皇太后王氏离世。官员们逮住这个机会，一会让皇帝这样，一会让皇帝那样，搞得正德皇帝不胜其烦。到了行大礼那天，由于前一天下雨导致广场上积水，皇帝便让众大臣鞠躬免跪，此举激怒了众人。群臣纷纷上书指责皇帝有违孝道。到了给太皇太后送葬那天，皇帝将灵柩送到了昌平，安葬在成化帝身边，但他趁此机会跑到喜峰口找了朵颜卫的几个蒙古族首领喝酒。文臣们彻底疯狂了，纷纷指责皇帝以送灵柩之名行巡幸之计。其中有一位叫舒芬的状元，响起了惊天一炮，被文臣视为楷模。

舒芬是江西省南昌县人，正德十二年（1517 年）状元，授翰林院修撰。舒芬为人极为孝顺，被人视为孝子楷模。嘉靖年间，其母病逝，舒芬扶柩辞官归乡，后来因其母辞世竟忧伤而死。

舒芬上了一道言辞激烈的《隆圣孝以答人心书》。在这道奏书里，舒芬从孝道、天理、人欲三个方面跟皇帝辩论孝道，并直言不讳地指出皇帝的所为有违孝道。舒芬的这一行为我们无法做出恰当的评判，皇帝在祖母丧葬过程中做得多一点还是少一点我们也无法做出道义上的评判。我们只是知道此时伦理道德在当今于一定程度上已成了行为准则，高高在上的皇帝尤其要遵循这点。伦理道德在一定程度已经和法律一起成了评判事实的根据。

舒芬的这道奏书跟海瑞的那道《直言天下第一疏》无疑具有异曲同工之效，但与嘉靖皇帝不同的是，正德皇帝并没有大发雷霆，只是随手把奏书扔进了垃圾桶里。可怜状元郎熬了一个或几个夜晚写出的华彩文章就这样静静地躺在了宫殿的角落里。

虽然舒芬的上书并没有得到皇帝的正面回答，但它很快在朝堂上掀起了波澜。这位状元郎很快成为朝野的楷模，无数的士大夫奉其为榜样。六部、翰林院、大理寺、行人司、通政司、十三道监察御史、六科给事中的奏书纷纷砸来。在大明王朝文官与皇帝的斗争中，职位低的官员尤其起劲。这些官员们不仅给皇帝施加压力，也同时给内阁施加压力，要求内阁大学士杨廷和、梁储、蒋冕领衔上书。而这个时候，皇帝由于着了风寒，正卧床不起。这是一个信号，它表明皇帝在这个时候身体已经不行了。他的身体极度虚弱，虚弱到连偶然的感冒也受不了。

挨到皇帝身体好些、能够下床理政的时候，文官们依然不依不饶，甚至要皇帝下罪己诏，就差没让皇帝下台了。我想皇帝这个时候大约对刘瑾是怀念的。他明白在这个国家有一群人是不能得罪的。

皇帝终于忍受不了群臣，挨到正德十三年（1518年）七月就又带着随从出游了，临行前给杨廷和留下敕书交代了一下。皇帝此次要去巡边了。皇帝带着一万人的队伍从宣府出发沿着长城外沿行走，皇帝跟所有人一样风餐露宿。他欣赏着大漠风光，但无人领略其凄苦的内心世界。此次巡边，皇帝虽然出来了，但他的心还留在京城，留在那帮文官那里。皇帝此次出塞心境与上次已经截然不同了。他显得心事重重，没有了那种意气风发。皇帝与文官们的间隙已经种下了，从此大明王朝的政治已经陷入一种死结。这是一个儒学已死的年代。在以后的岁月中甚至需要引入部落民族的新风和西方文化的新风来荡涤儒学的桎梏。这不仅是一种政治上的死结，更是一种文化上的死结。何以如此？它跟大明王朝过于庞大、复杂有关。一方面它需要一种伦理纲常来维持王朝的正常运转，以道德行为规范来统驭全局；另一方面它也需要人性的自由、奔放来维持政治与文化上的活力。它们之间是矛盾的，不仅体现了政治上的两面性，更体现了文化上的两面性。新旧思想开始激烈碰撞，君臣开始博弈，王朝的大厦开始摇摇欲坠，迨至晚明，这种景象越发突出。

正德皇帝此次巡边走了一千多里路。他详细察看了沿长城各处的隘口和兵力部署，最后抵达陕西省延绥镇榆林卫。经过四个月的长途跋涉，部队士兵死亡、逃跑甚多，减员十分严重，但皇帝始终如一。他跟士兵们一起风餐露宿、同甘共苦。这是一个充满温情的年代，此后这种情形再也不可能出现。由于离京师太远，在视察完榆林卫后皇帝便开始返回。回程途中路过太原府，皇帝住进了晋王府中。在这里他邂逅了一名歌女叫刘良女。传说这名女子是晋王府乐工杨腾的眷属，皇帝喜欢上了这位刘良女，并将她带回了北京。

正德十四年二月，皇帝回到了阔别七个月的北京。在回程途中他大概不会郁闷，因为他带着一名心仪的女子。在皇帝巡边期间的重要奏章，内阁也是快马加鞭送给他批阅。

至此，皇帝跟北部边疆的那种缘分已经结束。他的理想是能像先祖那样能勇敢踏入大漠，能跟将士一起同甘共苦。到了正德朝，由于勋贵阶层的没落，皇帝对于战场的生疏，这些都使得皇帝与军队日益疏远。早在成化朝、弘治朝间，皇帝就想带兵出征，但官员们向皇帝阐明现在已经不是那个年代了，皇帝这才作罢。但到了正德朝，似乎有着强迫症的正德皇帝冲破文官们的羁绊，再次恢复了祖先的那种武功。对此我们仍很难做出评判。皇帝的个人行为于国家来说作用并不大，但对于正德皇帝本人来说却值得肯定与赞扬。他行程千里，不畏艰苦；他敢于亲临战场跟蒙古人拼杀。后世的明朝皇帝已经不可能像正德皇帝这样了，他们都被牢牢禁锢在宫中，终生不出北京城。正德皇帝也成了大明王朝最后一位带兵出征的皇帝。

另外，皇帝亲自参加的应州之战减缓了蒙古人对宣府、大同的压力，而且应州之战既不像朱棣亲征那样找不到北，也不像朱祁镇那样窝囊被俘，完全是在皇帝的带领下双方展开的酣畅淋漓的一场战斗。我们无法说正德皇帝有多么伟大的武功，但皇帝的敢想、敢为对于后世之君来说的确是值得敬仰的。

35 大明王朝第二场政治请愿活动

正德皇帝之所以巡边这么长时间，不愿意与文臣见面是一个原因。因为当他从边疆回来后，他又变着法地想出去。北方已经游历遍了，这回要去的是南方。

几乎就在这位主儿回到北京的同时，内阁大臣就知道他仍要出去了。因为当杨廷和将皇帝丢给他让他处理政务的敕书还给他的时候。正德皇帝说，你拿着用吧，以后还有用。这就表明这位皇帝还是要出去。

不久京城就流传着皇帝要南巡的消息。这大概是正德皇帝对身边的人表达了这个想法，然后由身边人走漏了出去。

去南方看看，去南京看看，去祖宗的陵墓看看，这大概也是正德皇帝内心存在许久的想法。所以当他从北部边境回来的时候，他觉得是时候往南方走走了。此时南方并不平静，流民问题依然存在，刘六、刘七的余众仍在作乱，坊间又盛传封在南昌的宁王朱宸濠要造反。正德皇帝也想亲率六师予以震慑。

大臣们对皇帝的此次南巡表现出了坚决的抵制。南方乃大明赋税重地，他们害怕皇帝在南方又搞出什么名堂，踢破了这个钱罐子。皇帝在与蒙古作战中死了的话还可以再立一个，钱罐子被踢破了可就不好修复了。

内阁大学士杨廷和和礼部尚书毛澄首先上书反对。他们这种反对效果如何，可想而知。接着是六科给事中与都察院十三道监察御史这些科道官员，他们的进言依然没有扬起任何水花。大明王朝的政治有个特点，就是对江南数省的保护尤其严密。一旦这几省发生动乱影响到了赋税的交纳，便会动摇国本。此次文官们之所以要阻止皇帝南巡，就是担心皇帝到南方去搜刮、勒索而引起民变。

既然普通的上书没有效果，那就要改换方式了。自从皇帝南巡的消息出来后，所有的官员都像疯了一样。正德十四年（1519 年）三月十三日，科道官员就开始了下跪请愿活动，这在大明王朝是第二次。第一次政治请愿活动发生在成化朝，因周太后不愿让钱太后跟英宗合葬而引发。正德皇帝让内官出来劝官员们回去，言官们从早晨一直跪到下午才散去。

从十三日这一天起，斗争的主力已经从内阁转移到低级官员。这种转移并不是在南巡这一件事情上的转移，也不是在正德一朝的转移，而是在整个大明王朝的转移。历史的拐点到来。低级官员与皇帝的斗争涉及面更广，铺天盖地而来，旷日持久，对明朝政治的伤害也更大。

正德皇帝与官员们已经进入僵持阶段。内阁的大学士们，六部的尚书、侍郎们仍旧保持沉默，仍是低级官员在前面冲。很快，上书反对南巡的低级官员已达百余人。跟那些老成持重的内阁大臣相比，这些年轻的官员说话更直截了当、毫无遮掩。他们直接向皇帝指明，现在朝野上下都在蠢蠢欲动，有的人想谋权，有的人想上位，如果皇帝继续一意孤行，到时候连死都不知道怎么死的，正德年号在历史上也会跟建文年号一样被革除。

大明王朝的政治已经进入一个怪圈，不再是由个别优秀的官僚把握，而是进入了官僚集体掌控的阶段。遇到集体联名的事件，如果你不参与其中，就会被视为异类甚至叛徒，进而受到同僚的排挤，从此你的仕途也就此止步。这种政治越来越像一个紧箍咒，不仅将皇帝禁锢其中，更是将全体文官禁锢其中。

面对着这滔滔而来的奏书，正德皇帝憋一肚子火。“上次我生病，没有一个人前来问安，一旦想出去转转，你们这些人就像疯狗一样来咬我。”皇帝这样表达了他的意思。江彬这些人乘机在旁煽风点火，指出这些人都是在沽名钓誉，又说南方形势不稳，正需要皇帝去弹压。

正德皇帝下令，将带头上书的几个关进锦衣卫镇抚司诏狱，其他百余人全部在豹房外连跪五天。每天上朝时由自己的上司领来，中午回去休息一下，下午接着跪，散值（下班）时再由本部官长领回。第二天，皇帝又让关进镇抚司的几个人带枷跪在那里。

这时候各部的高级官员再也坐不住了，纷纷上书要求皇帝免除对官员们的处罚。正德皇帝依然不依不饶，命令这些求情的人也跪在那里。这个时候，越来越多没有被罚跪的官员主动加入罚跪行列，并以罚跪为荣。紫禁城的气氛达到了新的高潮，官员们相互支援，相互呐喊，豹房里的当朝天子恨得牙痒痒。

三月二十五日，五天的罚跪期终于结束了。正德皇帝又下令对百余人施以廷杖，每人各杖五十。这次廷杖当场被打死两人，随后有十一人因伤重而死。官员们的嚎哭声响彻整座紫禁城。听着这嚎哭声，正德皇帝的内心寒到了极点。

正德皇帝不明白这些整日絮絮叨叨的文官们为何不惧生死。他也不明白文人们读书求仕就是为了心中的理想、抱负，搏个青史留名。

文官们的行为得到了全体市民的支持，越来越多的人被感召应援，商人开始罢市。这向我们释放出一个清晰的信号，那就是16世纪早期就已经离市民运动不远了。

皇帝开始承受巨大的舆论压力。如果再任由局面发酵，面对的就不仅是这些士大夫们，而是滔滔而来的民众了，皇帝只得取消南巡计划。但仅仅过了两个多月，宁王造反了。

36 匪夷所思的王爷叛乱

大明第四代宁王朱宸濠是个有意思的人，别人造反都是私密的事情，他却搞得沸沸扬扬，妇孺皆知。第一代宁王朱权本来封在关外的大宁，朱棣登基后将朱权改封在了南昌，从此朱权的子孙从荒凉的大漠来到了锦绣的南方。

朱宸濠到底是不是造反，我们已经不清楚，或者他跟汉王朱高煦一样只是由于某些偶然性的偏差而导致“被造反”。

朱宸濠并不是一个喜欢打打杀杀的人。相反，他是一个热衷艺术的藩王，尤其喜爱画作、收藏。朱宸濠是不是一个正常的人，由于史料有限，我们无法对他做出精准的判断，但我们可以大致感到他是一个有着臆想症、好冲动的患者。

朱宸濠是朱权的玄孙，虽然比正德皇帝大十二岁，但是却长正德皇帝两辈。从这里我们可以看出虽然王朝建立以来皇帝多早死，但无忧无虑的宗室子弟却活得很好。早在英宗时代，宁王府的护卫队便被革除。朱宸濠贿赂刘瑾恢复了护卫队。刘瑾倒台后，宁王的护卫队又被废除。不甘心的宁王又通过贿赂锦衣卫指挥使钱宁，再次恢复了护卫队。目的达到后，宁王又开始想入非非。

事实证明，这的确是个臆想翩翩的年代。安化王以为各地屯军对刘瑾不满，自己的一纸檄文就能够令他们纷纷举起义旗。朱棣“靖难”的成功使得天下的藩王认为只要自己能带领一支军队进入京城就能够继承大统。这个时候，宁王又开始了臆想。

眼见正德皇帝尚未有子嗣，天下的藩王都蠢蠢欲动，想将自己的儿子过继给正德皇帝。宁王自然也是如此。他又找到了钱宁，想将自己的儿子送到太庙行太子礼，作为帝国的储君正式确定下来。如果此事能办成，那么宁王的儿子将会认成化皇帝朱见深为父亲。这件事显然办不成。正德皇帝跟朱宸濠血缘关系疏远不说，朱宸濠的这一行为也不符合“父死子继，兄终弟及”的继承规则。我们只是觉得朱宸濠这个人很怪异。你不知道他在干什么？他的思路是什么样的？你想不到的事情，他都能做出来。

本来关于朱宸濠的事情或许到这里就结束了，但豹房内的一场权力内斗却直接逼反了朱宸濠，导致大明王朝南部政治版图上发生了一场地震。

从正德皇帝移居豹房那天起，正德朝的中枢就从紫禁城转移到了豹房。豹房内有两派——内廷派与边军派。内廷派以锦衣卫指挥使钱宁为代表，边军派以江彬为代表。本来皇帝最初倚重内廷派，但自从江彬来到豹房后，圣眷开始向边军派倾斜。江彬与钱宁的较量一直都在暗地里进行。

正德十三年，江彬与钱宁的较量已进入白热化。对于钱宁与宁王朱宸濠的交往，江彬是知道的。他开始打宁王牌。江彬在朱厚照面前说道：“钱宁经常在陛下面前说宁王孝顺，陛下怎么看？”

正德皇帝天资聪颖，自是一点就透。他随即说道：“别人说臣子孝顺，就等于暗示皇帝，这个臣子要得到提拔。说藩王孝顺，那该如何提拔呢？”

江彬看着正德皇帝。正德皇帝忽然又明白另一个话题，说宁王孝顺实际上就是暗讽自己的不孝顺。正德皇帝虽然表面上没说什么，但心中已有数。

由于宁王在要求儿子继太子位和恢复王府护卫两件事情上找过钱宁，而钱宁既然要活动此事就必然要在皇帝面前说宁王的好话，所以江彬所说的应该是确有此事。

不久，江西巡抚孙燧连续七次上书控告宁王朱宸濠要谋反，对宁王极尽指责之能事，什么霸占田产、盘剥大户、恐吓当地官府、戕害官吏、收容土匪、纵匪劫掠、招兵买马、私藏甲胄，乃至做出违背礼仪的事情。宁王究竟有没有做这些事情？以宁王乖张的性格应该做了一些这方面的事情，但孙燧的指责也明显有夸大的地方。

明代地方官府和地方实力派的关系一直是水火不容，为此制造了几起造反事件。正德朝的宁王是一起，万历朝的杨应龙和哱拜也是如此。只要地方藩王或土司首领行为乖张，就会引起地方巡抚的激烈弹劾，地方官员将他们的行为放大，从而引来一场战争。一来可以拔掉眼中钉，二来从中枢到地方的各级官吏都可以立功。

孙燧的上书使得京城与南方的气氛紧张起来，官道上打探消息的人也多了起来。天下人都知道宁王要造反，他自己却莫名其妙。孙燧的上书过去不久，都御史萧准也上书控告宁王的种种罪行。

到了此时，正德皇帝再也不可能无动于衷。他将内阁招来讨论宁王问题，内阁的意思是派人去南昌警告宁王不要胡来。皇帝采纳了这个建议，派了一个驸马、一个御史、一个宦官去南昌警告朱宸濠。正德十四年（1519 年）六月十三日这天是宁王的寿宴，南昌大大小小的官员齐聚宁王府。宴席进行到一半，宁王安插在北京的眼线回来了。不过眼线报告错了，说皇帝已经派出官员来南昌捉拿宁王了，官员已经在路上了。

其实这个时候，朱宸濠最好的策略是岿然不动。无论皇帝是何目的，等钦差来了再与其周旋。但宁王并没有这么做，他随即回到宴席上对众人说，当今天子并非先皇亲生儿子，祖宗不血食已十四年了，昨日太后的懿旨到了，让我举义兵进京捉拿这小子。

江西巡抚孙燧当场让朱宸濠将太后诏书拿出来看。朱宸濠拿不出诏书，便将孙燧杀了，几个“死硬分子”也被处死，剩下官员只好依附朱宸濠。

朱宸濠随即占领南昌城，以离职官吏李士实、落魄举人刘养正为左右丞相，改元顺德，召集刘六、刘七败退入江西的余部，以及一些江湖势力和地方势力，号称水陆两师十万，实际上只有一两万人。刘养正发布《讨正德檄文》，列数正德皇帝种种罪状，并着重指出正德皇帝非朱氏子孙。朱宸濠希望以此换取天下的认同。

此檄文传遍长江流域，后来被朝廷尽数毁掉，因此其内容是什么，我们已不得知。

大军很快攻破九江、南康，接着沿长江而来欲取南京。大明实行两京一十三省制度，一旦南京被破，宁王就能在这里登基，随即宣布北方那个政权为伪政权，然后带兵北伐。宁王的美梦做得非常好，但很快在进攻安庆时受挫。这个时候巡抚南（安）、赣（州）、汀（州）、漳（州）等地的都察院左佥都御史王阳明带兵包围了南昌城。朱宸濠大急，随即回兵救南昌城。

朱宸濠这个时候正确的策略应该是一鼓作气拿下安庆，而不是回师救南昌。王阳明预计宁王要赶回来，便派出船队在江面上伏击宁王的船队。王阳明让人将点燃的小船推入宁王船队中，宁王船队随即被烧着。宁王跳入小船准备逃生，随即被俘。历时 43 天的宁王叛乱就这样戏剧性地结束了。

宁王叛乱不是一件孤立的事件，它反映了正德朝一些深刻、复杂的矛盾。一旦皇帝的行为乖张，乱了儒家礼法或者祖宗成制，那么天下的藩王就会取而代之。

37　场面清冷的正德南巡与后吴中诗派

宁王的反叛使得正德皇帝有了南巡的充分理由。到了这个时候，群臣们再也无法阻止了。此次前往南方平叛，正是建功立业的机会。不仅正德皇帝十分兴奋，就是他身边的人也跃跃欲试。皇帝随即颁旨，让“总督军务威武大将军总兵官后军都督府太师镇国公朱寿”统帅六师，前往平叛。

大军于正德十四年（1519 年）八月二十六日出发，行至河北涿州时，前方传来邸报，宁王叛乱已经被一个叫王阳明的南赣巡抚平息，宁王本人也被活捉。正德皇帝看到这张邸报，心情顿时跌入冰点，他身边的人也是如此。要说还是正德皇帝脑筋灵活，既然叛乱平息了，那也没什么，继续往前开进。

接着大军便抵达保定府。由于南方的叛乱已被平定，所以大军不用那么着急行军了，众人便在保定这个地方歇了下来。皇帝听说当地巡抚伍符能饮酒，便和他抓阄。皇帝抓不过伍符，被连灌了几大碗。他便把抓来的阄扔到地上让伍符去捡，捡起来的阄当然算输。伍符连连喝酒，皇帝十分高兴。

离开了保定，大军行至山东临清。临清位于运河边上，南北客商，人来人往，热闹异常。这里有鳞次栉比的商铺、人满为患的酒馆、人声鼎沸的赌场、曲径幽深的青楼，把年轻的正德皇帝乐得手舞足蹈。地方官员对于皇帝的南巡本就颇有微词，如今皇帝来了自然比较冷淡。皇帝看着那简单、草率的酒席，也没有放在心上，反而吃得很开心。

皇帝已经决定从临清坐船沿运河南下，便亲自驾着一条小船去京郊的通州接刘良女。待到刘良女接到，又在临清玩了十几天，如此一来前前后后折腾了四五十天，于十月二十二日才从临清出发。

十一月十五日，船队抵达淮安清江浦，皇帝驻跸在宦官张阳家中。在这里皇帝开始捕鱼、打猎，获得的猎物赐给当地官员，但要当地官员拿银子来换。十二月一日，皇帝抵达扬州，接着便要去南巡的重心南京，可就在要去南京的时候又出事了。由于此时已到了月底，北京来信催皇上回去主持明年正月的郊祀大典，随行的大学士梁储、蒋冕也不断催促。皇帝说我们去南京搞郊祀。我大明不是实行两京制嘛，南京也是京城。为什么不能在南京举行大典，非要在北京举行大典？

大臣们自然也有办法对付正德皇帝。他们说南京郊坛跟天地配位的是朱元璋和他的父亲朱世珍的灵牌，而北京郊坛跟天地配位的是朱元璋和朱棣的灵牌。如果在南京搞郊祀等于把都城又迁回南京了。如此一来，可能又有人要造反。说到造反，便将正德皇帝吓住了。这件事情就这样被暂时搁置起来。

正德皇帝在扬州过得并不开心。当地官员像防贼一样防着他，好东西不让他看见，好玩的地方不带他去，好酒、好菜也没有，民间有姿色的女子也主动藏匿起来。到了临行的前一天，扬州的官员们置办了一桌像样的宴席，并请来歌伎唱曲。正德皇帝颇有兴致地听完了曲，但并没有动宴席。他知道这顿宴席官员们花了些银两，便对扬州的官员们说道："这桌饭菜你们花了多少银子，就把这桌饭菜置换成同等数量的银子送过来，就算是你们对朕的孝敬。"

正德十四年（1519 年）十二月二十五日，正德皇帝渡江抵达南京。他终于来到了大明朝曾经的首都。他知道这里曾经发生了很多的故事，很多血雨腥风、同族残杀的故事。他抚摸着斑驳的宫墙，感受着历史的召唤。南京这里有着跟北京一样的一套班子，六部、都察院、大理寺、翰林院、国子监、行人司、通政司、都督府、内廷各司局，数目庞多的太监和宫女，而且他还带着两名内阁大学士。南京，在这一刻又短暂成了大明王朝的首都。

皇帝休息了几天，便在南京过了新年。正月初一这一天便去明孝陵祭祖。皇帝在南京一直待到正德十五年的闰八月，本来计划还要去苏杭、湖广周游，但皇帝决定回京了。出来已经整整一年了，这次南巡是自己付出很大代价硬生生出来的，一路上官员的冷淡也令正德皇帝颇有感触。在南京停留期间，似乎有人对正德皇帝发出警告，让他回去。有人将绿色的猪头扔到了寝宫内。在牛首山游玩的时候，不知是谁，将皇帝劫持了一个夜晚。在这种情况下，再继续巡游下去已经没有意义。皇帝此次的南巡并不似表面上那么风光，他显得心事重重。官员们的不断威胁，藩王的造反，身边人的难以捉摸，这些都使得正德皇帝对局势担忧起来，那还是早日回京吧。

正德皇帝临行前来到明孝陵向老祖宗辞行，然后沿着来路北上。北归途中，正德皇帝来到前三边总制杨一清的家里。杨一清跟他谈了一个夜晚。杨一清告诉皇上，在你没有子嗣的情况下，如果继续这样一意孤行，人们就会废了你。杨一清的话令正德皇帝心冷到了极点，他什么也不想再说了。皇帝继续北上，又来到淮安清江浦这个地方。皇帝开始独自划船游玩。此时已经是农历九月了，前面有个闰八月，按西历推算则是 11 月份。也许是天气的阴冷，加上一直心神不宁，所以正德皇帝驾船不稳，船翻落水，后面跟着的侍卫赶紧跳入水中将他救了起来。

正德皇帝被救起来后一病不起。他患了感冒，而且这种感冒引起了肺炎，皇帝开始咳嗽。皇帝虽然风流倜傥、不拘小节，但他实际上孤独、焦虑。文臣们的恐吓、身边人的阴鸷、子嗣继承问题等都深深困扰着这位皇帝。

船队在运河上再也没有停留，而是直奔运河的终点——通州。皇帝的行驾在这里不动了。正德皇帝离京已经一年多了，京城现在是个什么样的情况他不清楚，他不敢贸然进京。皇帝在这里发布诏令，将跟宁王平日有来往的官员、宦官、锦衣卫一一抓捕，接着又命令在京各部院的正职、高级宦官、皇室成员、驸马勋贵全部赶往通州见驾。皇帝在通州发布了对宁王以及跟宁王有关联人的处理意见。

正德十五年（1520年）十二月五日，正德皇帝回到了阔别一年半的北京城。虽然只有一年半的时间，但对于他来说却恍如隔世。皇帝的内心世界已经来了一个大回转，他早已经不是那无忧无虑的孩童。宁王家属以及受牵连官员的家属数千人身着白衣跪于皇帝车道两旁，然后在午门举行献俘仪式。宁王被一条白绫赐死，首犯十几人被斩首，其他包括家属在内的数千人发配边疆。当这些犯人和犯人家属身穿白衣、被绳子拴着从城门经过的时候，全城的百姓都来观看，一片白茫茫。每个人的内心都是复杂的，没人会替他们叫好，也没人会替他们感到可怜。

宁王一事虽然已经处理完毕，该抓的抓、该杀的杀、该流放的流放，但还有更棘手的事情在后面，那就是子嗣问题。当年景泰皇帝的太子去世以后，官员们就劝皇帝过继一个儿子放在身边准备着，如今正德皇帝又面临这个问题。虽然官员们早就不断暗示皇帝从近亲旁系中找一晚辈放在身边以备不测。前面提到的状元舒芬的上书，以及后来的大规模文官抗议上书都提到了此事。但那时候的正德皇帝身体还好，再加上他的心思都在巡幸上，对此事并不上心。现在不行了，自从落水后身体是一天不如一天，此次回京后这件事情已经提上日程。

我们老祖宗规定的很多东西都自有其道理。皇位和爵位继承规则为什么是嫡长子？因为他可以明确继承规则，减少动乱。皇帝为什么要早婚、早子？因为只有早婚、早子才能令天下臣民安心。一旦帝王无子嗣，天下的藩王都会蠢蠢欲动，宁王就是活生生的例子。

古代王朝最重要的祭祀活动就是郊祀。郊祀是祭天，祈求上天这一年风调雨顺、国泰民安。这绝不是走形式。古代农民靠天吃饭，王朝也是靠天吃饭。一旦气候不好，发生大的自然灾害，流民四起。一方面要进行赈济，另一方面税收也会减少。如果黄河泛滥了，还要组织大批的人手、调集巨额物资、花费巨额钱财进行修理。持续的自然灾害甚至会摧毁一个王朝。

郊祀那天皇帝只跪了一下，就伏在地上不动了。唱喏官唱了一下等待皇帝起来，皇帝始终没有动。众人连忙过去将皇帝扶起来一看，只见地下已经一摊血迹，郊祀被迫终止。皇帝在郊祀的殿中休息了一宿，第二天才回去。

其实早在几年前，张太后就已经开始物色继承人选。这个继承人首先必须要在血缘关系近的宗支中选，跟正德皇帝朱厚照血缘最近的就是四叔朱祐杬。成化皇帝的长子、次子都早死，弘治皇帝是老三。按照嫡长子继承规则首先要考虑的是老四这一脉。此时朱祐杬已死，其长子朱厚熜进入了朝廷的视野。实际上只要朱厚照没有子嗣，这个位置就是朱厚熜的。这是任何人也无法改变的事实。似乎华夏先祖早就知道这个国家庞大复杂而难以治理，易牵一发而动全身，所以制定了这一规则化的继承机制。任何人都要遵守祖宗成法，不要试图去打破它。朱元璋这么多子孙，如果人人都能继承皇位，岂不是天下大乱？

继承人早就选好了，不管正德皇帝朱厚照知道不知道，同意不同意，这是朝廷与宗族的决策，这是华夏的伦理。兴王朱祐杬被封在了湖广安陆州这个地方，也就是今天的湖北钟祥县。从这个时候起，京城与安陆的联系也频繁起来。朱厚熜三年的服丧期未满，就提前继承兴王位，为将来的入继大统做准备。所有人都知道这一点，皇帝朱厚照也知道这点，大家都在等待这一刻的到来。

我们还有疑问，如果朱祐杬不死，那么朱厚熜有没有继承权。如果朱厚熜有儿子，他的儿子有没有继承权？古代我们的继承规则是“父死子继，兄终弟及”。皇位只能往下传，不能往回传。朱棣的“靖难之役”、朱祁镇的“夺门之变”打破了这种继承规则，都属于政变性质。了解了这些，就会知道假如我们的假设成立，朱厚熜的父亲和朱厚熜的儿子都没有这种继承权。但如果正德皇帝朱厚照将朱厚熜的儿子或其他宗室的儿子过继过来，则又另当别论。

既然所有的事情都已确定，再无悬念，也就无人关心皇帝的病情了，只是将他一人静静地搁在豹房等死。世事皆如此，人情皆如此，皇帝也不能例外。当你轻贱自己的时候，别人也会轻贱你。当你失势的时候就应该独善其身，不要要求别人怎么样，也不要往人多的地方跑。

正德十六年（1521 年）三月十三日夜间，正德皇帝风雨飘摇的生命在豹房中结束了。临行前，他将身边的两名低级宦官叫过来说道：“转告皇太后，国家大事还是要跟大臣们多商议。过去有些错事，都是我做的，跟你们这些人没有关系。”

三十岁的皇帝就此离世。

明史学家李洵认为正德皇帝朱厚照是那个时期绝望贵族的代表。他的身上有着16世纪中国贵族的气息。

经历明初那段峥嵘岁月之后，贵族这个群体开始没落。后世子孙已经不可能像他们先祖那样在战场上立功，但同时也被限制进入科举和经商行列。他们所能做的就是每年从朝廷那里领一定数量的禄米或者从自家田产那里收一些租粮，过着寄生的生活。

不仅他们如此，就是皇帝也是如此。皇帝已经像一个紫禁城的囚徒，没有行动自由，完全淹没在儒家经典和行政礼仪的汪洋大海里。皇帝也是苦闷的，是绝望的。无论是贵族还是皇帝都要在这种日复一日机械的生活中寻找一些值得消磨生命的东西。

正德皇帝虽然贵为天子，但他实际上也是16世纪中国贵族阶层的一员。他具备这个团体的一切特征。他不愿意住在皇宫里面，他喜欢跟太监、武官在一起厮混，他迷恋寡妇与妓女，他封自己为镇国大将军。当时就有人指出皇帝可能已经神经错乱。当文臣们满足不了他的要求的时候，他经常拿起一把刀子要自杀。正德皇帝有着强烈的叛逆心理。在16世纪初叶的中国，从贵族到市民阶层，从庙堂到民间都弥漫着一种冲破封建礼教的氛围。皇帝和民间的那些思想家们一样，都是在新旧两种体系中苦苦挣扎。

贵族的没落、士大夫们的偏执、思想家们的奔放、市民阶层的奋发构成了这一时期的主旋律。正德朝仍是沿着成化朝的惯性往前走，社会管理越发松动、商业日益蓬勃、思想领域步入怪诞，所有这一切似乎显示出了超前发展的特征。社会仿佛进入失控的阶段，但封建伦理秩序仍然牢固，它仍然牢固地维持着社会的基本秩序。

除了介绍皇帝外，正德朝还有一些值得注意的事情，那就是正德朝是整个明王朝思想文化的一个转折期。这种转折不仅体现为心学的完善，更体现在诗歌上。这个时期诗歌上出现了不拘格式、随心所欲的风格。所有这一切都显示在民间，思想文化已经从严格限制伦理纲常的理学向强调内心、随心所欲的心学转向。

明代初期的诗歌以吴中四杰为代表。这四杰是高启、杨基、张羽、徐贲。他们都是元代遗民，诗歌大都是给故元或张士诚唱赞歌的，后来四人被朱元璋以各种理由杀掉了。明初朱元璋、朱棣对思想文化领域的高压态度，理学的盛行都使得思想文化领域空前沉闷。在这种沉闷的气氛下所流行的诗体是杨士奇、杨荣、杨溥创立的台阁体。这种台阁体只是文人对当局的一种应付，内容贫乏、格调沉闷、套话连篇、味同嚼蜡，多为场面上应对之词。这些毫无生气的词句实际上也体现了文人深深的无奈。

从成化年间起，思想文化领域开始出现松动，陈旧的台阁体诗风已经跟这个时代不合拍。皇帝的垂衣拱手，文人的自由奔放已经成了这个时代的特点。就这个时代本身来说，它的诗歌风格应该是向着更自由、活泼、无拘无束的方向转进，但却令人遗憾地转向了复古。

李东阳是茶陵诗派的领军人。他不仅是弘治、正德两朝的资深阁臣，更是一代诗歌的开创者。李东阳是湖南茶陵人，所以他所领导的流派被冠以茶陵诗派之名。李东阳位居高官的身份一方面对这种流派的发展形成了推动，另一方面又成为诗歌发展的桎梏。

台阁体的尴尬使得文人们对艺术创作进行反思。汉唐那种雄浑、豪迈的诗歌去了哪里？我大明朝难道只能依靠无病呻吟的台阁体来文过饰非，来彰显文治武功？这些迷失的文人开始寻找改造的方法，但能走的路似乎也只有复古这一条。也就是从汉唐中寻找重新点燃诗歌的激情。

茶陵诗派就是复古派，主要是模仿唐代李白、杜甫的风格。李东阳和他的同僚们受制于官场和身份的限制，不能够赋予诗歌以新的生机和寓意，也不能创作出跟时代发展紧密结合的诗体。李东阳这样的官僚依然逃脱不了礼制的束缚。他一方面对旧有的台阁体不满，另一方面对士风的转换也没有切身的体会，只好在故纸堆里寻找残存的信心。但这早已不是盛唐的时代，对于那个已经远去的年代，如何去追寻只能是就地打滚，甚至是弄巧成拙。

跟庙堂上的沉闷甚至是复古形成鲜明对比的是，正德朝民间的诗歌开始活跃起来。在江南以唐伯虎为首形成了后吴中诗派。后吴中诗派代表除了唐伯虎之外，还有文徵明、祝枝山、沈周。

后吴中诗派的这些人大都生活在民间，文采风雅、仕途不顺。他们没有官场的羁绊，甚至没有多少道德上的束缚。他们对生活，对自然有着属于自己的心灵体验。这种情感上的自然流露也就反映在了诗歌上。

对于后吴中诗派我们无法说其创作的诗歌如何富有影响意义，实际上其口语化的风格、生活化的风格并不能给明代的思想文化上带来多大的影响，但他们却反映了明代社会的萌动性。在上层结构仍旧保守、禁锢的情况下，底层社会已经在进行着自我改造，而后吴中派的诗歌恰巧反映了这一点。

38 泰州学派与启蒙思想家王艮

王艮是江苏泰州人，世代以煮盐为生。王艮家贫辍学，全靠自学，所以他身上少了那些经院派的习气。对于不懂的东西，他不耻下问，在读书过程中他不拘泥于朱熹的注解，而更强调自己的理解。王艮对儒家经典也是批判地继承。他在给学生的讲课中也全是自己的主观论断，而不是对经典著作的翻译。

王艮开宗讲义颇有宗师风范。前来听讲的人问道："为何汝的观点与王守仁很类似啊？"王艮是知道王阳明的。他的主张在某些方面也的确跟王阳明类似。他非常敬佩这位大儒。他觉得是时候向这位大儒请教了。

正德十五年（1520年）九月，南昌城来了一个奇怪的人。他一身道人打扮，头戴自制纸帽，身着奇装怪服，行为疯癫。王艮与王阳明不同。王艮行为乖张，好标新立异，以至于王艮想通过这种方式来表现自己特立独行的时候显得有些矫情和做作。王阳明对于王艮的举动并不感兴趣，但还是收下了这位弟子。

王艮赞同王阳明心外无理的主张。他也认为天理只存在于人的内心之中。但在一些方面，王艮与王阳明仍旧有着很大差别。

“天理者，天然自有之理也；良知者，不虑而知，不学而能也。”

“即事是学，即事是道；愚夫愚妇，与知能行便是道。圣人之道，无异于百姓日用；百姓日用即道。”

这两段话是王艮的核心思想，也是他有别于王阳明的地方。前一句是指天理就存在于人们心中，不用去穷、不用去格，它自然就会出来；后一段话是指世间任何事情都包含有天理，天理就存在于百姓的日常生活中，不需要在日常生活之外去寻找天理。

这两种看法都是王阳明反对的。王阳明主张人的内心经过不断地格物从而获得良知，岂是王艮所说那般简单？对于第二点，王阳明更是不能容忍。王艮认为日常生活中都是“理”，再加上这种“理”很好理解，所以将王艮的两种观点综合起来，就是指心学这种东西对于凡夫俗子也可以掌握，并不是圣人所独享的东西。

王艮的这种观点无疑是爆炸性的。虽然两千年以前孔子就提出“有教无类”，但也并不是意味凡夫俗子可以接受教育，可以坐而论道。王艮无疑要将这种圣人之学推向所有的人，这是儒家等级秩序所不能容忍的。社会每个阶层的分工不同，有的人注定要从体力劳动中解放出来，而更多的人只有从事体力劳动。

从这里也可以看出王阳明维护的是君主专制和伦纲理常，这点跟具备启蒙思想的泰州学派相比是截然不同的。

王艮出身本来贫苦，煮过盐，小时候上过私塾，后因家贫而辍学，十九岁那年跟父亲一起贩盐来到山东孔庙。当他拜谒孔庙的时候，他感慨地说道：“夫子亦人也，我亦人也，圣人者可学而至也。”从这里我们就可以看出王艮在毫无知识学问的时候，便有了人人皆可以成为圣人的想法。从此他便将儒家经典写在纸片上藏于袖中，在工作之余拿出来翻看。王艮渐渐地从煮盐转变为贩盐。他也渐渐地成了富户，这给他从事脑力劳动提供了条件。

王艮是社会底层的人。他行过医、贩过盐，最终找准了做学问这条道路。王艮是从社会最底层奋斗起来的。没有父兄提供资助，没有有名望的先生提供教育，他要自己养活自己，自己从书本中寻找知识。正是他的出身，他的经历，使得他对底层社会有了了解，他对底层人民有了了解。这也坚定了他认为人人皆可为圣贤的想法。

王艮觉得他跟王阳明之间再无可谈，于是在嘉靖二年（1523 年）模仿孔子周游列国。王艮自制了一辆蒲轮车，带着两个仆人，打着传播圣学、拯民愚昧的招牌开始向京城行去。王艮在他的车子上挂着两张条幅，一个写着“天下一个”，另一个写着“万物一体”。一路上奇装怪服、大声吆喝，史载“男女奔忙，聚观如堵，都人以怪魁目之”。

王艮每到一处便聚众讲学，“入山林求会隐逸，过市井启发愚蒙”。王艮面对的全是凡夫俗子。田间农夫、走街贩履、卖盐打鱼的都成了王艮说教的对象。王艮的此次北行无疑引起了轰动，并引起了士大夫阶层的注意。而王艮的此次说教是对中华两千年来等级秩序、伦理秩序的首次冲击，具有异端色彩。

在他眼里，人人都是平等的，因为万物都是一体的。王艮从注重内心开始转向注重自身。“知得身是天下国家之本，则以天地万物依于己，不以己依于天地万物”。在王艮这里，心学似乎已经向着“安身立命”的“身学”转变，而这种“身学”更是强调个人的能动性，相比心学多了一分实在性，少了一分玄幻色彩。王艮的思想带有明显的民本思想，而此种民本思想跟孟子的民本思想有着本质区别。孟子的“以民为本”是在强调等级秩序的基础上行仁政，劝君王爱惜百姓，并不认为底层人民也有认知权力。而王艮的民本思想却是带着启蒙思想的意味。他也成了中国启蒙思想的第一人。也就是在这个时刻，中国似乎一下子进入了现代，而此时的欧洲仍处于黑暗的中世纪之中，启蒙思想家卢梭等人要在两百年以后才出现。

王艮所引起的轰动与议论很快传到王阳明的耳朵里。他大发雷霆，命人赶快把王艮唤回来。王艮回来后，王阳明三日不见。王艮长跪不起。每个人心中都有开放与保守一面，对于别人的开放与保守同样都是嗤之以鼻。王阳明对朱子学说嗤之以鼻，认为那是陈旧的东西；对于王艮学说他同样是嗤之以鼻，认为那是异端。

为了劝导人们从善，王阳明提出了“格物致良知”的观点。但这种脱离底层群众的“致”法却难以带来实际效果，其结果只能是知识分子高高在上的自成的一套理论体系。

无论王阳明恼怒与否，王艮已经超越王阳明成为大明王朝的新星。很多地方大员将王艮邀请到当地书院讲学，而一旦开讲，各地凡夫俗子纷至沓来。嘉靖七年，王阳明去世后，王艮开始自立门户。由于他是江苏泰州人，后世人便将他这一门派命名为泰州学派。

泰州学派共传五世，共计四百八十七人，其中囊括了社会的各个阶层，有官僚，有农夫，有工匠，有商人。很多人因此载入史册，或入祀典，或入贤祠，光是《明儒学案》记载的就达三十几人。在王艮的影响下，底层民众终于有了读书求道的机会。他们的名字也能跟那些大贤一样堂而皇之地彪炳史册。跟王艮一样，他的大部分弟子也是终身不入仕途，以讲学为己任。

王艮反对君子之道，提倡百姓之道，人人皆可为圣贤，人人皆可为君子。他更是提出了“安身立命”之道。安身以安家而家齐、安身以安国而国治、安身以安天下而天下平也。王艮的安身立命充满了人本思想、关怀思想。他指出每个人吃饱、穿暖、有房住，是为安身。只有安身后才能谈及安家、安国、安天下。这跟圣人所说的修身截然相反。一个“修”字，一个“安”字就蕴含着不同的意味。“修”字强调人的义务，而“安”字强调人的权利。无独有偶，七百年前的诗人杜甫就吟出了“安得广厦千万间，大庇天下寒士俱欢颜”的诗句。而安身也成了一个人获取良知的先决条件。如果一个人连安身条件都不具备，他是无论如何也格不出良知的。所以泰州学派才具备真正的民本思想。

我们至今无法以一个专有名词来对王艮学说进行概括。由于它打碎了儒家的等级秩序，所以不仅跟心学没有任何关系，我们甚至可以大胆地认为它跟儒家思想也没有任何联系。在那个等级秩序仍旧壁垒森严的封建社会，这种学说只能以“隐学”来名之。

王艮向来不乏门徒，除了颜山农、程学颜、何心隐、罗汝芳、耿定理，在万历朝还有姚安知府李贽。李贽提倡私心说，抨击道学之士的伪善，并在大明王朝率先扛起反儒大旗。李贽的出现使得这一门学派达到了顶峰，同时也是对此画上了一个句号。

王艮的学说不仅具备民本思想，更是对封建礼教、封建等级秩序的冲击。但在那种封建礼教森严的文化传统下，在中国自给自足的自然经济长期占统治地位的情况下，王艮的学说无疑带有一种虚幻的理想色彩，不可能实现。王艮死后，他的弟子们将他的学说发扬光大，推向一个更加无以复加的地步，并最终跟整个封建势力对立起来。他的弟子们也为此献出了自己不屈的生命。

王艮作为启蒙思想的创始人，他无疑是整个明代最伟大的思想家之一。由于自身文采不高，王艮鲜有著作留传于世。他的弟子将他的讲义整理成了《王心斋先生遗集》。

39 文官政治的顶峰——嘉靖朝大礼议之争

从这一节开始，我们将进入大明王朝极为重要的阶段。前面是嘉靖皇帝，后面是万历皇帝。嘉万时期加在一起有九十三年，占整个明王朝的三分之一强。但更为重要的是这个时期大明王朝的各项指标都达到了极致，它会产生更多的精彩篇章，以及更为复杂的矛盾斗争。

正德皇帝死后，朝野并不平静，它至少存在两方面的问题。一是皇位空悬了下来。虽然皇位继承人早就确定，但一旦有藩王带兵进京，又该如何？二是江彬问题。正德皇帝死后，江彬提督的边军团营仍旧留在京城。在皇帝生前，文官与江彬的矛盾就已激化，现今江彬存在极大的造反可能性。

正德皇帝死后，皇太后和内阁首辅杨廷和以皇帝的名义发布了一份遗诏，内容主要是传位于已继承王位的兴王朱厚熜。遗诏发布后，皇太后随即命宦官谷大用、内阁大学士梁储、定国公徐光祚、驸马崔元、礼部尚书毛澄前往安陆迎接朱厚熜。这边安排妥当，那边就要对付江彬了。

皇太后和杨廷和联起手来，将驻扎在京城外围的边军遣回边镇，又将驻扎在京城内的京军调到京城外围。江彬的军队被解散后，江彬很快束手就擒并于嘉靖元年被处死。从现在来看，江彬造反可能性并不大。当年曹吉祥谋反实乃锦衣卫所逼。实际上，大明王朝的反叛基本上都是朝廷所逼或者错误政策造成的。在这方面，朝廷有朝廷的考虑，一方面可以用激将法将不安稳因素消灭在萌芽状态；二是相关人等可以建立军功。只是多了许多血泪和宗室相残。

处理完了江彬，杨廷和似乎感到可以轻松了，但真正的麻烦却来临了。实际上，他对这位新天子的心性毫无所知。

这位新天子的确令人头疼，十分棘手。他性格内向，沉默寡言，城府极深。外藩就位的弊病在他身上显露无遗，那种不自信带来的麻烦影响了朝廷几十年。

正德十六年（1521 年）四月，前往湖广安陆州迎接朱厚熜进京师的官员们在北京西南的良乡这个地方停住了。原来是京城来旨意了，让朱厚熜以弘治皇帝继子的身份从东安门入皇宫即位。这是以太子礼继位。

这个旨意出自内阁首辅杨廷和。从礼法上来讲，杨廷和的这一举措有违礼制。如果朱厚熜在弘治皇帝生前过继给弘治皇帝为继子，那么在弘治皇帝死后，朱厚熜必须以太子礼继位。

现在朱厚熜是在弘治皇帝、正德皇帝都无子嗣的情况下，以成化皇帝长孙、正德皇帝长堂弟的身份继承帝位，那就属于宗室内部的兄终弟及，所以应该从紫禁城的正门大明门入而即位。即便朱厚熜是弘治皇帝的亲子，也由于他继承的是正德皇帝的位置，属于兄终弟及，也不应该以太子的身份即位。

礼法对于封建家族来说是头等大事，正所谓名不正则言不顺。杨廷和的想法过于幼稚，他以为这样就可以逼这位新皇帝就范。殊不知自己触犯了封建礼法，即使是有人治其罪，也是名正言顺。那么杨廷和这么做的原因究竟是什么呢？

杨廷和有他的考虑，他不想让弘治皇帝这一脉就此完结。他想让这位新皇帝继承弘治皇帝这一脉。但这种想法明显是打肿脸充胖子。弘治皇帝生前就没有这种安排，而且中国的宗法制中从来没有给死人过继儿子的，因为过继需要双方的认可。即便弘治皇帝还在世，也不可能把朱厚熜过继过去，而是会将朱厚熜的弟弟或堂弟过继过去。因为在中国的宗法制中朱厚熜作为本宗的嫡长子为大宗，他的弟弟是小宗。本着“过庶不过嫡”的原则，朱厚熜也不可能过继给弘治皇帝。

所以无论从哪方面来说，杨廷和的行为都是荒谬的。

京城里来的旨意自然遭到了朱厚熜的抵制，车驾就在良乡这个地方停住了。小小的良乡顿时热闹沸腾。这个不到十四岁的少年知道礼法的重要性。在这个大是大非的问题上决不能退让。事件就这样僵住了，杨廷和被当头敲了一棒。大约皇太后也感觉到杨廷和的不妥，便下旨让朱厚熜从紫禁城正门入，以正德皇帝堂弟身份入继大统。

朱厚熜既登基，那么涉及另外一个问题就呈现在所有人面前，那就是对朱厚熜父亲的定位问题。朱厚熜的父亲朱祐杬本是兴王的身份，现在儿子做皇帝了。如果继续给朱祐杬藩王的身份不合适，因为皇帝不可能去祭拜身份比其低之人。

对于这个问题，杨廷和有他的考虑，那就是将嘉靖帝过继给弘治帝朱祐樘做儿子，同时与生身父母脱离关系。考虑到朱祐杬仅有朱厚熜这一独子，还要再从其他近系宗室中再过继一人为朱祐杬的子嗣，承袭兴王之位。杨廷和绕来绕去还是绕到了这上面，这就是他的心思。一方面他不想让弘治皇帝绝嗣，另一方面也许京城的阁臣们自己也没有意识到，那就是他们对这位南方来的少年有种天然的歧视。

果然，朱厚熜登基没几天，就让礼部议自己父亲的庙号问题。朱厚熜的意思是给自己的父亲立个皇帝号，然后将父亲牌位从老家移到京城的太庙中，跟祭祀其他先祖一样祭祀自己的父亲。按说此举也属正当，在本朝也有先例。朱元璋尊称生父朱世珍为仁祖淳皇帝，建文皇帝称朱标为兴宗孝康皇帝。这些都是生前并没有做皇帝，在后世子孙为皇帝的情况下所上的一个尊称。为的就是礼仪上的方便。

嘉靖皇帝的提议被杨廷和驳斥回来。杨廷和认为“为人后者为之子”。既然朱厚熜继承了人家的皇位就应该成为别人的子嗣。杨廷和还举了两个例子，汉成帝没有子嗣而将宗室定陶王之子过继过来立为太子，宋仁宗没有子嗣而将濮王之子过继过来将来继承大统。而且杨廷和还指出，弘治皇帝作为成化皇帝子嗣中的大宗，不能绝嗣，所以必须将其他小宗过继过来继承大宗子嗣。杨廷和的这一说法实际上不攻自破，因为弘治皇帝这一宗绝嗣后，朱厚熜这一宗自然就成了大宗。

皇帝觉得杨廷和的话有问题，但受制于自身学识和雄辩能力有限，嘉靖皇帝不知道该如何反驳，事情就这样僵住了。

事实表明，一个人的雄辩能力非常重要，它能够让你掌握话语权，让对方承受巨大的舆论压力，从而不攻自破。但是雄辩需要你找准对方的破绽，从而一击而中。这就需要你有丰富的知识，特别是要熟知历史典故，从历史的案例中寻找突破口。

张璁就是这样的一个人。作为弘治十一年的举人，正德十六年才中进士，其间隔了二十三年，张璁就这样坚持过来了。张璁中进士时正处在正德与嘉靖两朝交替期间，此时他正在礼部实习。当皇帝与杨廷和正在斗法的时候，张璁上了一道《大礼疏》。

张璁对礼仪颇有研究，尤其对《周礼》《仪礼》《礼记》涉猎较多。杨廷和的专权与跋扈终是招致其他人的不满。张璁将杨廷和说辞中的漏洞一个个挑了出来，一一打在了杨廷和的脸上。

这篇《大礼疏》从五个方面指出了杨廷和的错误。首先，张璁说不让皇帝认生身父母有违孝道；其次，汉代定陶王的儿子、宋代濮王的儿子都是在汉成帝、宋英宗还在世的时候就过继来的；另外，嘉靖皇帝是按照宗法制伦序继位，跟弘治皇帝没有关系；根据宗法制中“长子不得为人后”的原则，皇帝作为他人长子也不能过继给其他人为子；最后张璁又说统与嗣不同，继统没必要继嗣。昔日汉宣帝以汉昭帝侄孙的身份继承大统，也并没有过继给汉昭帝一说。

张璁的这篇《大礼疏》奏上去，嘉靖皇帝大喜，犹如拨云见日一般。他高兴地说道：“此论一出，吾父子必终可完也。”此疏虽然传至杨廷和那里，但杨廷和并不买账。他虽然斥责张璁“书生焉知国体”，但杨廷和本人却难以提出令人信服的辩驳。其后虽然在他的示意下给事中、御史纷纷上书要求治张璁的罪，但舆论的天平已经向嘉靖皇帝倾斜，皇帝已感到底气足了。

在双方仍在僵持的情况下，张璁又写了一道奏疏，名曰《大礼或问》。张璁在这道奏疏里，重点从“统与嗣”方面对自己的观点详细论证了一番，而且还附有许多前朝的例证。张璁的这道奏疏在朝中引起轩然大波，礼部侍郎王瓒竟也为其所动。杨廷和试图让人去阻止张璁，而张璁绕过内阁直接将这道奏疏从左顺门递进了通政司。《大礼或问》在朝野引起的震动已经超过《大礼疏》，退休在家的前三边总制杨一清竟也读了此文。杨一清给吏部尚书去信道：“张璁此论即使孔孟再生也无法改之。”

真是檄文如箭啊！文章值千金，扭转乾坤看我行。读书人的作用在这一刻毫无异议地表现了出来。

到如今，文臣只好做出退让，同意称嘉靖皇帝生父为本生兴献帝，母亲为本生兴献后，但不加“皇字”。嘉靖皇帝还须称弘治皇帝为皇考。因此，实际上嘉靖皇帝认了两位父亲，但与弘治皇帝之间并无过继关系，只是一种称呼。这种结局只能是双方各退一步，嘉靖皇帝获得暂时的胜利，保全了父子关系。

局势稍微缓和后，杨廷和开始了人事调动。他将张璁调任南京刑部主事，让其远离朝廷，同时将上书支持自己的云南巡抚何孟春调任吏部侍郎，离职的御史林俊任命为工部尚书。杨廷和此举的确不妥。虽然他的理由冠冕堂皇，但身为行宰相之事的内阁首辅，的确是违法行为。因为朝廷并没有赋予他以及他的内阁那样的权力。现在看来，杨廷和的确有欺负人的意味。他更想通过这场大礼议事件将年轻的皇帝纳入官僚的掌控之中，而不是像正德皇帝那样脱离了掌控。我们对杨廷和的这一行为不应做出道德上的评价。这是我们文化传承中的秩序与缺失、凝聚与涣散、前进与保守、简约与繁琐。

正德十六年的安排，令嘉靖皇帝并不满意，他最终需要的是给自己的生身父亲上一个完整的称号，那就是有着庙号、尊号、谥号一共二十一字的完整称号。而且他的牌位也要从湖广移到太庙中，供奉在正德皇帝之前、弘治皇帝之后。这是他想要的最终结局。那么他的这种想法是否恰当，有无过分的地方？在后世看来，只要朱厚熜被立为皇帝，那么最后只能是这样的安排。虽然朱标、朱祁钰死后并无完整的称号，但南明政权最后都给他们上了完整的称号，而且南明政权几个皇帝的父亲也都有了完整的称号。

杨廷和当然知道皇帝最终要干什么，但杨廷和依然位高权重。羽翼未丰的嘉靖皇帝只好与其周旋。皇帝希望有人上书重提此事，然后他再顺水推舟。不过，少年皇帝在与杨廷和的较量中仍然处于劣势。皇帝下到内阁的诏书几次被杨廷和驳回。杨廷和的跋扈终于导致有人不满。兵科给事中史道弹劾杨廷和曰："昔日钱宁、江彬专权纳贿不去追究，先皇自封威武大将军不去追究，如今却要为皇帝对生身父母的一称呼在这里争，实在是欺国。"（《明世宗实录》）

给事中的这一番奏说又打在了杨廷和的要害上。杨廷和提出要辞职，类似的伎俩杨廷和已经搞过一次。上次辞职导致一百多名官员上书挽留，嘉靖皇帝也知道现在还不是倒杨的时候。一旦他批准杨廷和的辞职，将会导致更多官员的激烈反应。

为了安抚杨廷和，嘉靖皇帝将这位上书的给事中下到诏狱中。虽是如此，嘉靖对杨廷和已经愤恨到了极点。明眼人都会看出，杨廷和倒台已是必然的事。当皇帝的不满经过发酵，发酵到一定时候就是该清场的时候了。

嘉靖二年（1523 年），君臣关系已经走到了尽头。这年内廷宦官上报宫内开支紧蹙，要求派宦官去江南催促织造。皇帝命杨廷和起草谕旨，杨廷和拒不起草，还责问皇上："难道要跟几个邪佞共治祖宗天下吗？"

嘉靖皇帝不似前几任皇帝，他孤傲而倔强。眼见杨廷和不合作，他绕过内阁直接颁发了旨意。这下惹恼了杨廷和，杨廷和又提出辞职。这次皇帝再没有挽留，而是直接批准了杨廷和的请求，并以杨廷和不守臣道做了总结。

杨廷和既已离开，嘉靖扳倒了这个礼议道路上最大的绊脚石。与此同时，在南京的张璁也没有闲着。在这两年中，张璁认识了一个叫桂萼的人。这人跟张璁在大礼议之争中的观点一致，同时两人还注意联系一些观点相同的人，最终他们是要组成一个小团体。经过两年的准备、酝酿，倒杨派已经在南京形成，一场大的风雨要来了。

嘉靖三年（1524 年）的新年刚过，桂萼的奏书就来了。他指出皇帝应该称弘治皇帝为皇伯考，称自己父亲为皇考，并在后面附上其他人的联名。大礼议之争中挺皇派说的话总是说到了嘉靖皇帝的心坎上，很多他想说却不知该如何说，或者不适宜说出来的话都由这些臣子们总结出来了。

杨廷和已去，南京支持自己的官员已成气候，宗室和勋贵也开始倒向自己，自己已不再像正德十六年那样孤军奋战了。此时的皇帝以为再无阻碍，但此时的大明王朝官僚早已结成一体。这不是杨廷和一个人的问题，也不是一派官员的问题，皇帝要面对的是全天下的官僚。

这次在京的官员们纠集了二百多人抵制皇帝，失去了杨廷和在前面当挡箭牌，皇帝将独自面对群臣，场面面临失控。皇帝急调张璁、桂萼帮他打仗。此举令在京的官员们担忧起来。他们害怕张、桂二人进京会增加皇帝这边的力量，便对皇帝退让一步，也就是在皇帝继续尊称弘治皇帝为皇考的情况下允许皇帝称自己生父为皇考。眼见文官退让一步，嘉靖也退让了一步。这样，皇帝在这场争斗中又前进了一步。

本来准备进京大干一番的张璁和桂萼，在凤阳接到了让他们返回南京的旨意。原来在嘉靖皇帝得到允许更改父亲称号的同时，文官们上书要求禁止张璁、桂萼进京。虽然皇帝不想这么做，但既然自己的要求已经部分得到满足，也只好同意文官的请求。张璁和桂萼却并不打算就这么回去。他们的理想一直是想进京跟这些官员们大干一场。于是两人在凤阳继续上书，要求皇帝去掉对生身父母“本生”的称号。因为“本生”二字就意味着生身父母比弘治皇帝矮了一头。

眼见张、桂二人不愿意停手，皇帝也意识到此事不宜停下来，应该趁热打铁，继续推进，便命令张、桂二人继续进京。嘉靖三年五月，张、桂二人终于抵京，随即被皇帝任命为翰林院大学士。两人开始放开手脚正式大干，一场史无前例的政治风波终于爆发。

40 左顺门事件——明代君臣的流血冲突

张璁和桂萼给群臣拟了罪状，说他们欺君罔上。嘉靖皇帝仍然要坚持将“本生”二字去掉。对于文官们来说，这是一个大命题。去掉“本生”意味着兴献王朱祐杬在尊号上可以跟弘治皇帝平起平坐，那么官员们旨在对弘治皇帝的照顾则形同虚设。

官僚们对张璁、桂萼这种迎合皇帝、背叛士大夫群体的行为感到十分气愤，以杨廷和的儿子杨慎为首的一批翰林学士们打算趁张璁、桂萼进宫的时候，将二人围殴致死。结果是张璁、桂萼提前得到消息躲在武定侯郭勋府上几天几夜不敢出来，形势一度十分严峻。

杨慎的名望不仅仅是作为杨廷和的儿子而存在。他作的一首词《临江仙·滚滚长江东逝水》被毛宗岗收录到小说《三国演义》中。杨慎是翰林院的激进派。他看起来似乎是大明王朝的卫道士，但却不知乃父的行为恰恰违背了礼法。

群臣纷纷上奏反对嘉靖皇帝朝令夕改，失信于天下。皇帝将这些奏章纷纷留中，七月十五日这天群臣散朝回来在路上议论纷纷。众人谈起成化朝往事。当时成化皇帝的生母周太后不愿意让钱太后跟英宗合葬，这也就意味着周太后想让钱太后另行安葬。周太后的蛮横触怒了文武百官，二百多人齐聚文华门痛哭。大明王朝第一次官员集体请愿活动就这样发生了，最后还是周太后屈服了，官员们获胜。

谈着成化年间的往事，再联想今日之时局，众人越说越激动。杨慎再也忍受不了，捋起袖子高呼：“国家养士百五十年，仗节死义，正在今日。”众人纷纷响应，将正在散朝的官员拦了下来，并说“谁不去，众人将共击之”。

这次又聚集了二百多人，众人齐跪在左顺门前。这左顺门是宫内宫外奏章传递之处。二百多人跪在那里齐声呐喊、痛哭，一人领头，其他人附和，整座紫禁城声动震天。刚上完朝正在吃早饭的嘉靖皇帝忽然听见外面乱糟糟的，便让人去打听，得知百官前来请愿，便让宦官劝百官们回去。宦官们的劝说毫无效果，局面从清晨一直持续到午后。

嘉靖皇帝虽是位十七岁的少年，但此刻早已君临天下。他面临主政以来的最大一次考验，前进一步将会独掌乾纲，退后一步将会万劫不复。农历的七月，正值暑季，午后毒辣辣的太阳照晒着整座紫禁城，整座皇宫一片静谧，或许还有蝉在鸣叫。皇帝倾听着外面的声音，群臣的哭喊时断时续，还有人在捶门，一声声捶在皇帝的心上。皇帝心想：他们待会儿会不会拿圆木撞门而入?

皇帝已经开始索要名单，宦官拿起纸笔跑到左顺门口记录请愿的人名。很快，左顺门被打开，大批的锦衣卫冲了出来，将一百多人抓进诏狱。众人开始哭喊，声彻寰宇、撕心裂肺。

二日后，廷杖开始。五品以下的一共一百八十多人被执行廷杖，十七人被打死。至此，这场大礼议之争已接近尾声。文官们面临彻底失败的结局。皇帝得以去掉“本生”二字，称自己父亲为皇考，称弘治皇帝为皇伯考。在皇帝的大棒政策下，所有人开始噤若寒蝉，士大夫的理想与豪气顷刻间都已烟消云散。所谓的“文死谏”竟是这般脆弱和不堪一击。

嘉靖皇帝的胜利不是偶然的，此时士大夫集团还没能联为一体，皇帝还能够分而治之，而此后严嵩、张居正的失败结局使得文官们明白了跟皇帝合作的后果；另外，更为重要的，在大礼议之争的开始，以杨廷和为首的文官们自己挖了个陷阱往里面跳。在自己还没弄懂礼仪问题的情况下，就轻易下决断，结果是自己的漏洞被对手一个一个挑了出来。

此次的左顺门事件使得官员们明白了冲动的后果，自己含辛茹苦得来的功名不能就这么轻易没了。从这里我们也可以看出存在于官僚群体中的一种难题，那就是在君主和自身这个团体之间抉择的问题。如果遵循君主的心思，则被同僚们所排斥。如果跟同僚们附和在一起，则往往被其连累。在张璁上奏章驳斥杨廷和之前，湖广巡抚私下里就已经写了份驳斥杨廷和的奏书，只是畏惧杨廷和而不敢上奏。从这里我们可以看出每个人都有民主与专断的一面，对与自己观点相同的则表现出民主，对与自己观点相异的则表现出专断。重要的是要掌握住舆论的权力，而这又需要有雄辩能力。

大礼议问题清楚地表明了大明王朝存在的问题。那就是朝廷的精力更多地消耗在这种礼仪问题上，仿佛这才是国家政治生活中的头等大事。只要礼仪的问题、道德的问题搞好了，王朝就会长治久安，而国家的税收、农业生产问题、军队建设等问题则并非决策者应该考虑的首要问题。

左顺门事件是大明王朝君臣关系的分水岭。从此君臣那种融洽关系已基本不复存在，对抗成了国家政治生活中的主流。大明王朝已经不再具备温情，似乎进入一个人人皆小人的时代。

张璁、桂萼自然就成了群臣眼中的小人。虽然深受嘉靖皇帝的宠信，但仍旧摆脱不了众人的敌视。张璁与桂萼也开始发展自己的势力来抗衡这帮官僚。他们首先想到了杨一清。杨一清曾公开反对杨廷和。在张璁等人的活动下，杨一清出山挂兵部尚书衔，再次担任三边总制。还有其他已高龄退休在家但是在大礼议中支持皇帝的官员被张、桂二人活动出仕，另外还有一些因反对杨廷和遭罢免的官员也被张、桂二人请了出来。这样，在朝中正式形成两派。而皇帝喜欢看着臣子们斗来斗去。张璁此时成了他制衡官员们的工具。

左顺门事件并不是大礼议之争的终结点。此后嘉靖皇帝及其他的那些支持者们不断将朝堂上的矛盾斗争往大礼议事件上扯，借此加大对反对派的清洗。

41　李福达案及嘉靖朝的政治清洗

李福达是山西淳县人，因加入白莲教而被官府抓获，后来被充军。李福达从戍地逃脱后跑到陕西洛川，在那里试图继续利用白莲教举事。事败后，李福达再次被官府通缉。他化名张寅，逃到了京城，混入武定侯郭勋府上。李福达说他会将白银变成黄金即黄白之术，所以深得郭勋器重。没过多久，李福达在街上闲逛被人认了出来。李福达只好逃回山西。在当地官府抓了他的两个儿子后，李福达只好去官府自首。

山西巡抚马禄认定张寅就是李福达，并以谋反罪判处李福达死刑。本来事情到这里就结束了，但山西巡抚画蛇添足，又将武定侯郭勋扯上，弹劾郭勋“庇奸乱法”之罪，要求皇帝惩罚。这是嘉靖五年五月的事情。嘉靖皇帝只是批准了对李福达的处罚，对处罚郭勋的奏章并没有批准。按说事情到这里又该结束了，但群臣却不依不饶起来，并最终将李福达一案弄成惊天大案。

大礼议之争在朝堂上的影响并没有结束，群臣一直都对挺皇派的张璁、郭勋没有好感，此次正好借题发挥，对郭勋穷追猛打。郭勋却并不傻，抑或受到了张璁等人的点拨，他开始把这件事情往大礼议身上扯，说群臣是出于报复。此时嘉靖皇帝的疑心已经很重了，他往往自己假设一个命题，然后把现实往这个命题上套。纵观整个嘉靖朝，皇帝基本上都是这样做的。

郭勋的话无疑说到了嘉靖皇帝的心坎上。在他看来，至于为了这点鸡毛蒜皮的小事去找一个世袭侯爵的茬吗？事实上，皇帝的猜想的确是正确的，官员们就是利用这个案件找郭勋的茬。但郭勋却将这件事情挑明，这无疑将这个普通的白莲教案件上升到了政治高度，案件最终判定的结果还要取决于双方的博弈。

嘉靖皇帝下令，将李福达从山西提到京城，由三法司会审。皇帝既然要替郭勋开脱，那么李福达就必须无罪，这样才能名正言顺。但三法司会审的结果维持了原判，嘉靖皇帝只好将三法司的官员全部换掉，派桂萼执掌刑部，张璁执掌都察院，方献夫执掌大理寺。这些都是嘉靖皇帝的人。此后，三法司重新会审的结果完全推翻了原判，李福达跟徐寅完全没有任何关系。从中央到地方所有参与审判李福达的官员全部被流放或免职，受此案牵连的人达四十多个。这是皇帝利用李福达一案对大礼议中反对派官员的一次清洗，而清洗的目标放在了司法系统，空缺出来的职位也被张璁一派的官员迅速补上。

李福达一案的确是扑朔迷离，时至今日也没有一个确切答案。几十年后，四川捕获一妖人。该人供称曾跟山西的一白莲教世家学习妖术，而传授法术的正是李福达之孙。从这里我们可以得知李福达家族乃是世袭的白莲教世家。但据李氏子孙的描述，李福达无论是相貌、年龄、生平都跟徐寅不符合。当年的案情的确是冤案，李福达跟徐寅根本不是同一人。

现在看来，徐寅只是山西一位逃亡的匠户。因为儿子被选为郭勋府上的侍童，便跑到郭勋府上混日子，后来在街上被人认成了李福达。徐寅则以为自己作为一个逃亡的匠户被人认出来了，便跑回山西。谁知道回到山西后却被当地官府当作李福达抓了起来，当堂判处死刑。徐寅的儿子央求郭勋营救乃父，这才有了郭勋跟此案牵连的说法。我想此案大概就是这么回事，文官稀里糊涂，皇帝也是稀里糊涂，但皇帝认定官员们借此逮住郭勋不放，是为了大礼议一事。一场莫名其妙的白莲教案件变成了重大的政治事件，并引发皇帝对反对派官员的一次大清洗。这表明大礼议后的朝局仍不平静。无论有没有这次的李福达事件，皇帝对杨廷和一派的官员都会展开清洗。此次不过是借题发挥罢了。

审理李福达一案的四十多名官员为此丢掉了官职。但这并没有结束，在审理李福达一案的过程中，全国上书支持此案的一百多人皆被免职。这些人涉及六部和各府、道、院。皇帝将此案作为试金石，将官员做出一次分类，然后再剔除之。

都察院、大理寺、六部这些地方的官员基本上被清理完毕，剩下的就是翰林院了。明朝文官有阁部、都察院、翰林院三大系统，翰林院居其一。这些翰林学士们一旦发起疯来，比都察院的御史还要厉害。而在大礼议之争中，翰林院是重灾区。左顺门事件就是翰林院的学士们搞起来的。在发生李福达案的嘉靖六年冬天，张璁以礼部尚书的身份入阁。张璁入阁后首先将矛头对准了翰林院，他将改组这个贵族化的小团体。

入翰林院的必须是进士出身，而且是新科进士。除此之外，入阁也必须要有翰林院经历。非新科进士不入翰林院，非翰林学士不入部院，非部院不入阁。大明的文官们必须要保证出身的纯正。所以这些翰林学士们有了傲视一切的资本。当初嘉靖皇帝将张璁、桂萼弄进翰林院，就是要给两人镀金，提升他们的起点。但张璁、桂萼在翰林院遭到学子们的一致鄙视，没人愿意跟他们俩说话。人们都将他俩视作无赖，甚至纷纷辞职以示不屑与此等人为伍。但这丝毫影响不到二人的情绪，二人该怎么样还是怎么样。

张璁打破了翰林学士必须从新科进士中选拔的惯例。在京官员、地方官员都可以入翰林院。这实际上打破了他们的小圈子。张璁还重新制定了一套考核体系，将二十多名的不称职翰林学士调往地方，同时从大理寺和地方选派官员充入翰林院。张璁通过这种方式对翰林院来了次大换血。在张璁的猛攻下，又一个中枢机构倒下了。

张璁对翰林院的改组一方面打击了政敌，另一方面打破了翰林院这个小团体，破除了结党的问题。都察院、大理寺、六部、翰林院都得到了整顿，剩下的就是内阁。果然张璁在整顿完了翰林院之后，便将下一个目标放在了内阁。

此时的内阁首辅是费宏，他仍然是杨廷和这个系统的人。以张璁的资历若想取而代之，仍属不可能。张璁想到了一个人——杨一清。此刻杨一清还在陕西任他的三边总制。杨一清已经成了朝中资格最老的人，重要的是他还属张璁一党。张璁、桂萼开始活动，想让杨一清接替首辅的位置。嘉靖皇帝本人对费宏并无意见，但在张璁、桂萼的轮番攻击下，费宏于嘉靖六年（1527 年）致仕。杨一清成了内阁首辅。

一个早已退休多年赋闲在家的人，一个本应安享晚年的官宦，此刻却在张璁的安排下不仅重掌兵权，而且还成了首辅。大明王朝就是有这么多奇妙的事情，二十岁不到的少年可能会中进士，但几年后可能就莫名其妙地离开了官场，从此不再踏入仕途；五十岁的人也会中进士，并在七十多岁的时候开始辉煌。在这里，生命的起点已经不再重要，重要的是你在人生中能够达到什么样的高度。任何人的辉煌都只能是一段时间，成名太早不见得是好事。

张璁俨然成了权臣。虽然内阁首辅是杨一清，但实际说话的是张璁。这都是隐藏在幕后那个人在支持，那个人在一旁冷静地看着群臣斗来斗去，那个人明白既不能使一方力量过强，也不能使另一方力量过弱。

大礼议之争早已变了味，已经成了双方的权力之争。张璁一伙陷入疯狂，皇帝不惜一切清除异议人士。嘉靖皇帝为了掌握权力，在张璁、桂萼的帮助下，以一批新的官僚替换旧的官僚。大明王朝似乎在永乐之后重回专制。但时代已经不同，无论皇帝此时多么试图控制权力，但始终是力不从心。

嘉靖元年到嘉靖七年的事情跟洪武三年到洪武二十三年是如此类似。洪武三年（1570 年）李善长致仕，近二十年后朱元璋还是不愿意放过他。虽然表面上看起来朱元璋对李善长的擅权不满，但他们之间究竟有着怎样的微妙关系我们不得而知。也许只有当事人自己清楚。

对于嘉靖皇帝和他的跟随者来说，这场斗争还没有结束。因为他们还没有进行一个总结。那个杨廷和虽然已离开朝堂，但还没有明确他的罪名。在一般人看来，政治斗争讲究的是赶尽杀绝，讲究的是名正言顺。这才是我们的政治斗争看起来那么残酷的原因。

最终的矛头还是要指向那位退休在家的前任首辅，而此次对这位首辅的再次发难却是从遥远的西部边陲开始的。

哈密是明朝西部最遥远的边镇，位于新疆境内。历史进入宋代，由于造船技术的发展，加之后来奥斯曼土耳其控制了东西方商路，丝绸之路就这样没落了。大明对于西部再也发生不起兴趣。哈密对于大明的意义就在于迎送西域来的使节，另外对西域诸国起到震慑作用。明初哈密控制在蒙古贵族手里。因为蒙古人阻挡西域的朝贡使节，朱元璋于洪武二十四年（1392 年）发兵攻破哈密城。后来朱元璋封蒙古人为哈密王，承担为大明守卫边陲的义务。

哈密过于遥远，大明对它的控制始终是无力的。从成化年间起，明廷就跟吐鲁番围绕哈密展开反复争夺。到了正德年间，明朝已经疲惫了，对这个西部边陲小镇失去了兴趣。

成化年间的王越、弘治年间的马文升对吐鲁番都采取了强硬态度。马文升致仕后，正德皇帝对哈密失去了兴趣。杨廷和担任首辅后，重新对吐鲁番采取强硬态度。嘉靖年间，哈密仍然控制在吐鲁番手里，而此时的吐鲁番首领是一个叫满速儿的人。杨廷和任用的甘肃巡抚陈九畴在吐鲁番、哈密问题上遵循了杨廷和的政策。从正德晚期到嘉靖初期，甘肃地方跟哈密之间不断开战。嘉靖二年（1523 年），陈九畴在上报朝廷的战报中宣称满速儿已经被他打死了。此时朝廷正陷入大礼议之争中，对于哈密问题实在是提不起兴趣。一个外藩首领的身亡并未引起过多的关注。但几年后，人们发现这个首领还活着，事情就不一样了。

人们普遍认为陈九畴虚报战功，更为重要的是陈九畴是杨廷和的人。到了此时，哈密问题终于引起了朝廷的关注。因为它跟李福达案一样，又是巧妙地与政治联系起来，成为肃清政敌的工具。

陈九畴被免职，发配边疆，主管边境事务的官员有四十多人被免职，一些低级官员刚刚踏入仕途就被罢用。在这场已经持续九年的大礼议斗争中，没有人知道皇帝究竟要走多远。皇帝已经日益偏激起来。他是一个睚眦必报的人，显得有些孩子气，少了君主的气魄。

虽然此次哈密事件并没有追究杨廷和，但随后朝堂上针对哈密的存废问题展开了一番争论。那些仍然支持杨廷和的官员认为应该发兵夺回哈密，张璁一派的官员认为应该将哈密交到吐鲁番手里，然后通过与吐鲁番互贡来换取吐鲁番对大明的朝贡。对于他们来说蒙古人镇守哈密和吐鲁番人镇守哈密并无本质区别。此时，这块昔日的边陲要地已无人关心它的生死。它对于明廷来说已经成了无关痛痒的东西。张璁一派对它的看法并不是内心真实的看法，只是为了与杨廷和的对哈政策以示区别而已。敌人支持的，我们就要反对。这已经成了永恒不变的“真理”。哈密的最终失去表面上看是因为嘉靖朝的这场旷日持久的政治斗争，但深层的原因乃是哈密已经处于明廷控制范围之外，控制的成本大于收益。

到了此时，关于大礼议的争论已经告一段落。皇帝需要对前一阶段的战果进行总结，并以书面化的形式确立下来。嘉靖七年（1528年），《明伦大典》编纂而成。《大典》共分六卷，详细记载了从正德十六年到嘉靖三年群臣所上的奏书，并对伦理问题重新进行了强调。鉴于很多人对于这场大礼议之争并不了解，乃至产生误解，所以《明伦大典》也起到正人心、靖浮言、明臣职的功效。最重要的是它给后世提供了一种历史案例，以后再遇到这样的事情可以遵照执行。

《明伦大典》颁行后，对杨廷和的定罪也随即进行。杨廷和被定以朋党罪、欺君罪、藐视皇帝罪、煽动罪，被判死刑，但皇帝宽大处理，将杨廷和削职为民。皇帝对杨廷和的定罪并没有定到点子上去。虽然定罪颇多，但不能攻其一点，只要指出杨廷和违背了儒家礼法即可。在这里，皇帝和他的政策制定者们并没有抓住这个要害，而避重就轻提及其他方面的问题，很显然是认识方面的问题。

《明伦大典》修成了，杨廷和也定罪了，大礼议的确是告一段落了。但很快它又进入了新阶段，并使旧有的权力集团开始分化，新一轮的政治斗争又开始了。

42 一个人战斗的嘉靖皇帝

当年张璁连考六次都没有中进士后，他仍然打算考第七次。因为在他第六次落榜打算放弃考进士而去吏部求个官的时候，有位相面的人对他说：“你不要放弃了，三年之后你会中进士，再三年你将骤贵”。江湖术士的推算大多依据周易、八卦。老祖宗的这些东西大都含有一些自然规律。如果拿来依照比画，或许也有些灵验。

天下的事情就是这样，来得快，去得也快。任何不正常的东西都不可能持久。张璁属于官场上的投机分子。他的高官显位来得不正常，在所有的对立面都被干掉的情况下，他也走到了仕途的尽头。

张璁并不是人们所想象的那样，只是为了大礼议而存在。他对于革除官僚体系的弊端起到了推动作用。张璁利用他执掌都察院的机会，开始革退不合格的御史，代之以更加干练的御史。这些平日飞扬跋扈的御史此刻也有倒霉的时候。接着，他又清理翰林院，将不合格的翰林学士斥退。

这只是张璁改革的一部分。刘瑾掌权的时候往各地派了很多镇守太监和守备太监。张璁秘密请旨撤了一些外派宦官。在前任首辅杨廷和和张璁的努力下，从宣德朝以来的宦官势力得到了抑制。皇帝似乎不再借用宦官的势力抑制文官，而是试图对文官本身进行分化。这的确是一种新思路。

以张璁为代表的议礼派官员多来自底层。他们在中举之前已在民间摸爬滚打许久，故而对底层民众的疾苦感同身受。他们掌权后开始对宗室、勋贵、外戚、宦官占田进行清理。在这一派官员的坚持下，嘉靖初年很多被占去的田地又退还给了自耕农，桂萼更是提出清丈天下田地的主张，并在江南推行一条鞭法。

以张璁为首的议礼派虽然有改革朝政弊端的决心，但进行得并不顺利。虽然有皇帝的支持，但张璁、桂萼仍是大明王朝的孤独者。反对者自然不愿意与其为伍，就是同派官僚也跟两人保持距离。失去了底层官僚的支持，他们的改革已是水中捞月。

杨廷和的离去已经有年头了，但时局并不安稳。失去了杨派官员的制衡，议礼派的官员们很快便自己斗了起来。张璁的改革首先遭到内阁首辅杨一清的抵制。杨一清属于典型的官僚。他在政治上因循守旧、收受贿赂、任用私人，这些都注定他跟张璁的改革背道而驰。为了对付张璁，他将退休二十年、八十岁高龄的谢迁弄进了内阁。可怜谢迁苦撑了几个月后回到家中，不久后便死去。

嘉靖八年（1529年），张璁跟杨一清的矛盾已不可调和。杨一清攻击张璁和桂萼滥用权力，皇帝将张璁和桂萼一同免职。张、桂既已遭罢，张、桂的同僚们便猛烈攻击杨一清，说他收受贿赂、举荐私人，勾结同僚、陷害张璁、桂萼。皇帝又将杨一清免职，并将张璁、桂萼召回。张璁成了首辅。虽然他成了此时嘉靖朝地位最高的官僚，但已经失去了那种锐意改革的劲头。他也逐渐疏远了议礼派的官员桂萼、方献夫、霍韬、黄绾。虽然他在职位上走到了人生的顶点，应了相面那人所说的"骤贵"。但实际上，他的时代已经过去了。

在嘉靖御宇的四十五年里，有二十年都是在进行跟大礼议有关的事情。嘉靖以一个十三岁的少年继承大宝，以一己之力斗倒了以杨廷和为首的几百名宦海沉浮的官宦。这给了他极大信心。他认为通过努力，自己想做到的事情还是可以做到的。这也同时给他的专制与阴暗提供了土壤。他迷恋他的大棒政策。他知道官员是不能相信的。在嘉靖朝的四十五年里，他始终是个孤独者。他无法敞开心扉。他也曾经敞开过，但那没有用。人与人之间需要保持距离，君臣之间更是如此。

《明伦大典》的颁布虽然是对前面斗争的总结，但皇帝的最终目的还是没有达到，那就是给兴献王上一庙号，并将牌位从湖广转移到太庙中。皇帝的这一想法出乎意料地遭到张璁、桂萼等议礼派官员的反对。这也标志着天朝的大礼议事件进入了一个新的阶段。

兴献王朱佑杬的牌位进入太庙的确是一个麻烦的议题。按理说兴献王作为正德皇帝的臣子，牌位应该摆在其后，但兴献王作为正德皇帝的叔父，牌位又应该摆在其前。所以，嘉靖皇帝又给人们出了一道难题。虽然这一提议遭到了抵制，但皇帝并不想就此罢手。张璁、桂萼眼见此事不解决会对朝廷伤害很大，便提出一个折中的办法，那就是在太庙旁再立一世庙，将兴献王的神主牌位立在世庙内。虽然此议不符合嘉靖皇帝的要求，但至此也只好先退一步，至少乃父的神主能够从湖广迁到京城了。

兴献王的牌位入太庙是迟早的事情。嘉靖朝至少还是一个特殊的时代，官场习气还没有正式形成。这个时代不缺官场上的投机分子，一些在左顺门挨板子的官员懊悔不已，纷纷倒戈。不断有人暗示或主动提出将兴献王的神主移入太庙，但这些都遭到了其他大臣的抵制。嘉靖皇帝遂开始采取一些变通的手法来推进此事。

君与臣的博弈开始。嘉靖皇帝是狡猾的。他不给父亲的世庙单独开门，而是与太庙共用一门。他将对世庙的祭祀与对太庙的祭祀放在一天进行，但这还达不到他的目的。他仍在努力试探群臣的底线。当他发现所有努力都无法奏效时，他便转了方向，希望能从其他方面予以推进。

这位皇帝对礼仪的痴迷达到无以复加的地步。他在礼仪中尝到了甜头。他通过礼仪掌握了权力。他通过礼仪为自己的父母赢得了面子。他开始钻进古书里面，从周代开始研究历朝历代关于礼仪方面的一切史料。通过这场旷日持久的大礼议斗争，皇帝感到自己俨然成了礼仪方面的专家。他似乎精通一切礼仪方面的知识。在这种研究中，他越发觉得自己当初的看法是对的。他也越发感到本朝在一些礼仪方面的做法是错误的。既然前面关于礼仪方面错误的做法已经得到纠正，那么后面也应该得到纠正。

我国古代帝王讲究祭祀天地。每年的冬至在都城的南郊祭天，每年的夏至在都城的北郊祭地。这就是古代的郊祀，属于最重要的礼仪，比庙祀规格还要高。古代君王要做的三件事情就是郊祀、庙祀、朝会。做好了这三件事，你就是合格的君王。在郊祀的时候，为了让祖宗也享受到这种宏大祭祀带来的好处，让本族也沾点仙气，所以在郊祀的时候都是拿祖宗牌位配位。但是配位的只是一人，这是从周代开始定下的规矩。

在洪武朝本来是天地分祀的，但后来将祀天和祀地合二为一，拿朱元璋的父亲朱世珍配位；到了建文皇帝的时候，拿朱元璋配位；到了洪熙皇帝时期，便将朱元璋和朱棣的牌位拿过来一起配位。从此这种天地合祭、两帝配位的方式一直延续到嘉靖朝。嘉靖皇帝在对古代礼仪研究的基础上，发现这种配位不合古制，于是便有了将天地分祀的想法。他私下里对张璁提及此事，希望张璁能够提出来，然后自己再批准实施，但张璁否决了嘉靖皇帝的提议。他认为天地合祀仍是遵循周礼，并无不妥之处。

嘉靖皇帝没想到昔日支持自己的盟友又一次反驳了自己的想法。他只好寻找其他代理人。这个人很快出现了，他是吏科给事中夏言。夏言是江西人，正德年进士，初任兵科给事中，嘉靖初年在裁撤京师冗军、清理皇庄占田方面颇有成效。夏言为人机警，善于观察、揣摩。皇帝对于天地分祀的想法已经在朝中流传开来，夏言觉得这是一个好时机，一个可以替代张璁的好时机。

我国是个农耕国家，自己所需要的一切自身都可以满足，故而对外部的商业不感兴趣。这点不似欧洲以商业为主。男耕女织也成了我们华夏民族赖以生存的常态，为此，按照周礼，天子在每年的立春后会在南郊亲耕。这是一个复杂的仪式，要提前三天斋戒、沐浴，然后祭拜先农。天子拿起耒耜三推，三公五推，诸侯九卿九推。而皇后代表地，主阴，故而在背阳的北郊举行亲蚕仪式。由皇后带领在京王公大臣的诰命夫人举行。皇后从桑树上采摘三片桑叶下来，其他诰命夫人按照品级采摘六片、九片、十二片，然后将这些桑叶亲自喂给蚕宝宝。

这个古老而又极为重要的仪式在大明王朝已经停止了许久。如今夏言上书要求皇帝恢复这个仪式，一来以显帝后对于农桑的重视，二来成就皇帝英贤之君的名号，以承周公拳拳之心。夏言句句说在了嘉靖皇帝的心坎上，更为重要的是夏言的上书透露了一个重要的信息，那就是对于亲耕、亲蚕的礼仪是南北分开的。

这不是一个孤立的事件，它从深层反映了皇帝经过惊心动魄的礼仪之争后内心的那种惶恐不安。外藩继位的阴影并没有散去，他想通过修正其他方面的礼仪来显示自己行为的正确性，并给兴献王的神主最终入太庙做铺垫。

嘉靖皇帝在这个时候发现夏言是个有趣的人。他暗示夏言上书支持天地分祀。夏言在上书中说，天地合祀，太祖、太宗共配不符合古制，还是应将天地分祀，恢复明初旧制，此乃中兴之业也。夏言将天地分祀上升到中兴之业的高度，真是阿谀奉承到了极点。但嘉靖皇帝听了却很受用。他便命群臣起草天地分祀的诏书，结果却遭到礼部侍郎霍韬的反对。

霍韬是张璁在南京发展的人，属于张璁一派的官员，此时他却跳出来反对，说《周礼》是王莽写的伪书。士大夫们知道皇帝举行天地分祀就是想通过纠正这种礼仪上的偏差来树立他在礼仪上的权威，从而为兴献王的牌位入太庙打基础。

这是士大夫们的底线，他们不允许出现藩王的牌位凌驾于正德皇帝之上。这也说明张璁等人并非毫无底线的阿谀之徒。

嘉靖皇帝大怒，他觉得这些士大夫实在是不可理喻，命人将霍韬投进诏狱。就这样，天地分祀终于实现。嘉靖九年在南郊建立圜丘，第二年在北郊建立北丘。

嘉靖皇帝不但发现本朝的郊祀有问题，还发现对孔子的祭祀也存在问题。孔子本来是春秋时期鲁国的一位司寇，但后世给他加了很多头衔。汉平帝时候称孔子为“褒成宣圣公”，唐玄宗又将其称为“文宣王”，元武宗又将其称为“大成至圣文宣王”，而且历代祭祀孔子的规格很高，跟祭天相同。嘉靖皇帝认为孔子就是一个圣人，不配享有帝王资格，祭祀规格也不应该与祭天相同。嘉靖皇帝提出几点意见：一是称孔子为先圣先师，不再称王；二是孔子的塑像用木制而不再用泥制；三是降低祭孔的规格；四是跟孔子配位的那些儒生改称先贤先儒，而不是公侯伯子。

皇帝真是一个难题接一个难题地出，没人知道什么时候是个尽头。过去在礼法上总是官僚占据主动，将皇帝搞得不胜其烦；现在却是皇帝占据主动，将官僚们搞得不胜其烦。而且皇帝显然已是十分精通礼仪，在这方面文臣们似乎丧失了话语权。

本朝以儒家思想治天下，而皇帝却要对这位先儒如此不礼遇，自然掀起了轩然大波。但皇帝对礼仪早已精熟于心，他指出改变祭孔规制正符合孔子本意。孔子历来重视秩序、反对僭越，给孔子授予“王”的称号就是僭越。孔子在九泉之下也不会安心。嘉靖皇帝的一番说辞将这些士大夫驳得哑口无言。他们只会在那里空喊口号，却提不出任何有实质内容的见解。

更改祭孔祀典前后不到一个月就完成了。嘉靖皇帝对礼仪的运用已经越来越炉火纯青。

在改变了祀孔规制后，这位令人难缠的皇帝终于对他父亲的牌位动手了。从商朝起，历代君主都重视对祖先的祭祀。商周时期君王对于先祖的祭祀是分庙制，也就是每一位先祖都建一庙，但是到了汉代开始实行合庙制，也就是将所有先祖的牌位供奉在一座庙中一起祭祀，此后一直延续至今。而嘉靖皇帝又发现这种祭祀方式不符合礼仪。因为在他眼里，一切都应该遵循周礼。凡是跟周礼相违背的地方都应该修改。既然天地能够分祀，那么祖先也应该分庙祭祀。到了这时候我们终于明白嘉靖皇帝要实行天地分祀的真正原因，他正是要给祖先分庙祭祀做铺垫，从而让自己父亲的牌位能够跟其他皇帝牌位一样处于平等地位。

嘉靖十五年（1536 年），新建的太庙终于在京城落成，皇帝实现了祖宗分祀。嘉靖皇帝的父亲兴献王跟其他明代皇帝一样也独自占有一个庙堂。五年后，也就是嘉靖二十年，一场大火将新建的太庙全部烧得干干净净，唯独兴献王的世庙完好无损。有人认为这把火是嘉靖皇帝放的。不管是不是嘉靖皇帝放的，我们只知道在此之后，嘉靖皇帝又恢复了祖先合庙祭祀的制度。

嘉靖二十四年（1545 年），兴献王也挤进了这个新建的合庙。他的神主牌位供奉在弘治皇帝之后，正德皇帝之前，兴献王拥有了完整的庙号、尊号、祀号的称呼，全称为“睿宗谥知天守道洪德渊仁宽穆纯圣恭简敬文献帝”。至此，从正德十六年开始一直到嘉靖二十四年，历经二十五年，三十九岁的嘉靖皇帝终于圆满地完成了对他父亲的全套尊称。他终于可以心满意足了。

嘉靖朝历经二十五年的礼仪大改革是明王朝一件极其重大的事件。我们对此的评价是双重的。一方面，它不顾国计民生，不顾嘉靖朝社会出现重大隐患和巨大矛盾的客观现实而去注重这些繁文缛节，过于强调文治和粉饰太平，这些都无益于整个社会的发展；另外，它使得君臣之间产生间隙，君主过于独断专行。这些给明朝的政治也带来巨大伤害。但它同时也有很大的进步意义。嘉靖皇帝对祭祀仪式的改革涉及很多方面。他不仅让天、地分祀，他还对天、地、日、月进行分祀，对太岁、风雷、云雨、岳镇、海渎、山川、三皇、五帝、神仙的祭祀也进行了修正。这些都使得大明王朝改变了周代以后祀典的那种混乱局面，使得各种祭祀开始恢复周礼，有利于礼乐制度的统一与完备。

嘉靖皇帝不畏人言，敢于破除常规，挑战权威，一方面极大地增加了自身的威信，另一方面也使得大明王朝的文治达到了无以复加的地步，尤其是对于孔子祀典的更正更是恢复了孔子的真正形象与历史地位。更为重要的是他打破了朱元璋定下来的祖制，在一定程度上破除了这种人为的枷锁，为后期的隆万大改革减轻了阻力。

但无论如何，礼仪的简化已成了历史的惯性。虽说嘉靖皇帝以一己之力对抗历史的惯性彰显出他的那种锲而不舍的精神和强悍的政治斗争本领，但于前进的历史来说却是无济于事，而且这种变革还夹杂着皇帝的个人私利，从而显得有些目的不纯，但嘉靖朝的这场礼仪改革却是应该作为周代以来关于礼仪的一场最大变革事件而载入史册。

43 嘉靖皇帝和他的内阁首辅们

嘉靖皇帝干了三件大事：一是进行一场规模空前的礼仪修订，二是数十年来跟他的几任首辅之间的周旋，三是抵御蒙古和倭寇。

这位皇帝始终是那么小心翼翼，他不相信任何人，他不会给予任何一个人绝对权力。他喜欢看着下面的人斗来斗去，他鼓励他们互相监视、互相告讦。整个官场人人自危。这股相互告讦之风甚至刮到了民间，皇帝对此却兴致盎然。

嘉靖朝是一个宦官势力开始衰落的年代。皇帝开始利用首辅来驾驭群臣。这的确需要更高的操作艺术，而这位皇帝显然对此得心应手。他对首辅的挑选也颇为严格。这个人既需要忠于王命，还要有那种驾驭群臣的狠劲。

当皇帝发现张璁已经不能很好完成他交代的任务的时候，就开始寻找新的接替者。这个人就是夏言。跟夏言的持重相比，张璁显得张扬而偏激，很多时候张璁都成了别人的靶子，让皇帝下不了台。所以他更喜欢用一个老成的人。

夏言由于在天地分祀中立下了功劳，被皇帝擢升为礼部尚书。而此时的张璁对礼仪已经没了太多的兴趣，他更希望能够在有限的时间内进行他的改革。但这种改革既不容于皇帝，更不容于臣僚。此时的夏言却对礼仪情有独钟，他对张璁的改革嗤之以鼻，两人渐发龃龉。夏言善于夸夸其谈、滔滔不绝，明里暗里攻击张璁，暗讽张璁的施政方略。张璁开始憎恶夏言。

恰在此时，行人司司正上书，劝皇帝先从藩王的子嗣中选一贤者养在身边。因为这个时候皇帝还没有子嗣。这道上书自然触怒了嘉靖皇帝。嘉靖皇帝将此人投入狱中。张璁对皇帝说这是夏言指使的，皇帝命锦衣卫严加拷问，严刑之下司正拒不承认是夏言指使。当皇帝弄清楚真相后，他感到是张璁有意陷害夏言，便让张璁去职。这是张璁第二次去职。

皇帝对张璁的态度是矛盾的。当自己还是一个无依无靠的小孩子的时候，是张璁挺住杨廷和的压力，在黑暗中对自己伸出援助之手，使他在后面的斗争中树立了自己的权威。所以，皇帝对张璁是有感情的。这跟皇帝对夏言、严嵩的利用不同。但张璁是个理想主义者。他希望王朝按照他的理想去治理。为此他不惜得罪人，不惜擅权，也不惜斥人、整人。但嘉靖皇帝不希望大明的朝廷又出现一个杨廷和，他对张璁的圣眷是建立在张璁不干预皇权的基础上。所以，当张璁处于庙堂之上，皇帝对他很警惕；但到张璁一旦下野，皇帝又对他很是想念。

不久张璁第二次被召还，很快第三次又被罢免。嘉靖十二年（1533 年）正月，张璁第三次被召还，这是他最后一次站在庙堂上。他已经感到了力不从心。嘉靖十三年（1534 年），大同士兵哗变，群臣主抚，只有张璁一人主剿。皇帝采纳了他的意见，谁知主剿一年并无成效。第二年宣大总督安抚成功，这又让张璁很是尴尬，夏言在朝堂上又乘机讽刺。

这个时候，议礼派的盟友方献夫主动致仕。这件事情对张璁触动很大。虽然此时嘉靖皇帝只有二十多岁，但他似乎已进入中年，开始变得恩威难测。与其在宦海挣扎，还不如急流勇退。

张璁请求致仕的报告引起了嘉靖皇帝的不快，他指出张璁的引退是为了“避祸”。皇上既然点破，这让张璁为难起来，他只好继续留任。皇帝既然说出这种话来，就说明他们君臣之间的关系已经微妙到了极点。皇帝认为张璁打辞职报告是在猜忌他。为了给自己留面子，他直接点破了这点。虽然看似在挽留张璁，但实际上是君臣之间的最后一次缓冲。

过了不久，张璁又打辞职报告，皇帝则干脆批准了。嘉靖十八年（1539 年），张璁病逝。得知消息时，皇帝正在湖广老家。皇帝十分伤感，赐予张璁“文忠”

谥号，并赠予太师爵位。

张璁的时代终于过去了。正统、成化、正德、嘉靖、万历、天启这六朝都出现了想刷新吏治的权臣，但嘉靖、万历两朝是由文官主导，其他四朝都是宦官在主导。除了张居正外，这些人都有一个共同特点，那就是来源于底层，在底层摸爬滚打多年。

张璁的政治理想是重塑君主专制。他是一个复古派。他希望大明王朝在礼乐方面可以恢复到商周时代，所以他对周礼研究透彻。这才是他能够战胜杨廷和的原因。他一直在为提高君主权威而努力。他从《礼记》中找出"非天子不议礼"的话，劝皇上乾纲独断；当皇帝提出更改祭孔祀典的时候，他一反常态支持；针对大明王朝官场决策系统的低下，他劝皇帝废除内阁的票拟权，废除由吏部、科道会推官员的任命制度。

张璁是个理想化的人。他无视社会变革规律，无视君主集权被削弱的现实，只能是如一孤叶漂泊于汪洋大海之上。张璁、桂萼对于弊政的刷新有目共睹，只是由于群臣的反对、君王的猜忌而使得改革戛然而止。

张璁去职后，继任首辅是前面被张璁挤走的费宏，但费宏仅仅在任两个月就去世了。接任费宏的是内阁大学士李时。李时是弘治朝的首辅。从翰林院到部院，再到内阁，李时走的是明朝大多数内阁大学士所走的道路。跟夏言一样，李时也善于逢迎。此时内阁主要是李时与夏言两人主政。李时虽然位列首辅，但他争不过强势的夏言。好在李时有为官的涵养，他不跟夏言争。嘉靖十七年（1538年）对于嘉靖一朝来说是个新阶段。这年李时死去，夏言成为首辅。从此嘉靖朝在政治上结束了前期那种惊心动魄的激烈斗争，转而进入平稳而内耗的时期。

事实表明，夏言跟张璁一样也是个令嘉靖皇帝不能省心的人。张璁的跋扈来自他的执着，夏言的跋扈来自他的无知。也许只有严嵩才是皇帝最需要的那个人。夏言一旦当起首辅，便很快飘飘然起来。自己干倒张璁、桂萼，而李时又那么惧惮自己，看来皇上最需要的人还是我啊！

夏言的确是一个很跋扈的人。谄媚和恭顺的人一旦掌权后，则会表现出专制和跋扈的一面。因为任何人都是有个性的。当他必须收敛这种个性的时候，他一定会在适当的时机爆发出来，所以作为领导千万不要让你的下属无条件服从你。夏言容不得不同的意见，容不得反对他的人存在，他张狂而傲慢，即使在皇帝面前他也毫不吝啬地流露出他的这种傲慢。当皇帝发现所用非人后，便将礼部尚书严嵩调入内阁，用以制衡夏言。

从嘉靖十七年（1538 年）到嘉靖二十七年（1548 年），这十年是夏言与严嵩内斗的十年，对于皇帝来说却是美好的十年。他饶有兴趣地看着两人斗来斗去。他感到很省心，感到群臣是那么容易就被控制在手里。

严嵩是江西分宜人，跟夏言属于同乡。看来大明朝的官场大半时间都由江西人掌控。在江西这个人多地狭、科举之风盛行的地方，人人拼科场已经是平常事。

严嵩出身寒儒家庭，自小聪颖。弘治十一年，十八岁的严嵩中举，又于二十五岁中进士，正德二年授翰林院编修。作为二甲进士，又进入翰林院。严嵩的前途看起来十分灿烂。但恰在此时刘瑾掌权。他所重用的吏部尚书焦芳排斥南方人，严嵩在这场政治风波中也不能避免。他回到家乡待了八年。这八年的时光他并没有白白浪费。他埋头读书，并练得一手好字。严嵩复职后在南京翰林院供职。嘉靖皇帝登基后，他又由南京前往北京任国子监祭酒。这段时期，严嵩一直默默无闻，没有什么出奇的表现。他在南京期间也正是张璁在南京期间，他并没有参与大礼议之争。由此可见此人本性平凡，并无积极争世之精神，只是命运推着他往前走。大约也正是这种性格才使得他能够赢在最后。

嘉靖七年（1528 年），严嵩任礼部右侍郎。通常人们认为这是他谄媚的开始，之前的升迁大约便是由于自身的才华与谨慎。在这一年，皇帝派严嵩去湖广安陆州更改兴献王碑文。严嵩在奏书中捏造祥瑞，皇帝大为欢喜。

嘉靖七年还只是处于整场大礼议的初级阶段，严嵩没必要附和嘉靖皇帝，但他附和了。这说明严嵩的思想已经转变，他已经不是以前那个与世无争、埋头做学问的严嵩了。即使自己心中有一百个不乐意，也必须如此。因为你要生存。面对那个虚伪的皇帝，如果你想在官场上有所作为，便只有将自己的个性泯灭掉。

严嵩的这番奏书给自己的仕途打开了局面，皇帝将他放到南京担任礼部尚书、吏部尚书，后又担任北京礼部尚书。由于彼时正处于议礼阶段，礼部无疑处于政治中心。嘉靖十五年（1536年），皇帝要求将兴献王的牌位移入太庙，遭到了群臣的抵制，但严嵩首先附议。此举被历史学家认为是严嵩的第二次谄媚。

如果按资历来讲，夏言应该是严嵩的学生，但严嵩对他的这位学生十分恭敬。夏严倒是很受用。他认为自己身为首辅，理应受到尊敬。一次严嵩请客，夏言故意不到场。严嵩对着夏言的空位拜了许久。夏言听说后，便对严嵩放松了警惕。实际上严嵩的这种矫情的行为，稍微有点阅历的人都会看出异常来。可是官宦人家出身的夏言，人生太过顺畅的夏言根本玩不过严嵩。但这些都被嘉靖皇帝看在眼里。他知道严嵩是什么样的人，他也看不起这样的人，但他需要这样的人。

严嵩整人的方式很高明。他不明着整，他可以设计陷阱让你进入彀中，杀人于无形之中。嘉靖十八年（1539年）皇帝南巡至自己的故乡，视察了父王的陵墓，并对陵墓进行了扩建。虽然将父王的牌位移入太庙，但他并没有将父王的灵柩移入十三陵。这位皇帝需要的只是一个向父亲表达孝心的名分而已。望着熟悉的故土、南方的山川，心力交瘁的皇帝似乎觉得在这个地方终老也不错，但历史将他推上了那个舞台，他只有义无反顾地走下去。

拜谒完了兴献王的陵墓后，严嵩建议群臣上贺表，而夏言建议回京后再上，皇帝开始不悦。严嵩敏锐地捕捉到了这一点。他立即拜伏在地，再次请群臣上贺表。嘉靖皇帝随即借坡下驴，令群臣上贺表。

这只是皇帝与夏言不愉悦事件中的一次小事件。当这种事件不断发生，积累到一定程度，就是夏言倒台的时候。皇帝由于体弱多病，便开始信奉道教，祈求能够长生。皇帝既然信奉道教，自然要走道场、写青词。青词是用朱笔写在青色的纸上，要求辞藻华丽、对仗工整。这些青词只是用华丽词汇堆积起来的，并无实际内容。无论是写作者还是阅读者都是不知所云。青词的主要目的是向上天祈祷，以求消灾免难、长寿平安。

青词最初是由道长撰写，但道士的学问毕竟有限，写不出华丽的辞章，所以撰写任务逐渐转到大学士手里。嘉靖皇帝是个婆婆妈妈的皇帝，他对细节很重视。这样的皇帝很难缠。他将官员能否写出华丽的青词作为考核指标。大大咧咧的夏言以为这是小事情，便对写青词不重视。他经常将青词拿给别人代笔，或者在宦官监视他的时候呼呼大睡，而心细如发的严嵩深谙“皇帝之事无小事”的道理。他恭恭敬敬地写青词，经常熬夜写青词，这些都被嘉靖皇帝看在眼里。

嘉靖皇帝每次走道场的时候都命群臣戴上香冠，夏言说这不是人臣的服饰，拒绝佩戴，而严嵩不仅佩戴，而且还披上道袍。宫中的道观落成了，嘉靖皇帝命群臣上贺表，夏言对此不予理睬。嘉靖皇帝搬到西苑去后，命群臣骑马进入，不许坐轿子，而夏言照坐不误。

自从当上首辅后，夏言已经不是当初的那个夏言了。他的谨慎、他的恭顺都已经不见了。嘉靖二十一年（1542 年），夏言被免职，严嵩进入内阁；嘉靖二十三年（1544 年），严嵩成为内阁首辅。人都有那种通病，一旦大权在握，便飘飘然起来，将过去都忘记了。此时的严嵩也开始跋扈起来。事实表明，已经 64 岁的严嵩仍需要挫折的历练。

一年后，嘉靖皇帝将夏言召回内阁，重任首辅。刚做了一年首辅的严嵩立刻跌入冰底。他发觉自己在这位三十多岁的年轻人面前仍然是一名小学生。复出的夏言开始对准严嵩猛烈开炮。他认定自己遭罢相是严嵩搞的鬼，但是他不知道根子还在于自身。无论张璁、夏言还是严嵩都算不上是成熟的官僚，他们跟汪广洋、徐阶、申时行相比还相差甚远。他们无知而擅权，不似汪广洋、徐阶、申时行那么有涵养。

夏言在一切事务上排斥严嵩，并将阁部中严嵩所用之人尽数斥退。夏言并不满足于此，他是要整垮严嵩。见严嵩并无过错可抓，夏言开始将注意力放在其子严世藩身上。经过一段时间的调查取证，夏言掌握了严世藩贪污纳贿的罪证。他正准备将这些罪证递交给皇帝的时候，严嵩带着儿子跑到夏言家里跪哭。在严氏父子的演技面前，头脑简单的夏言又开始动摇了。

不久，这一幕又出现了。锦衣卫指挥使陆炳是深受皇帝信赖之人，因为一些小事情而被夏言喊去问话。陆炳也跑到夏言府上长跪。从此，严嵩和陆炳便经常密谋，所谈论的便是如何整倒夏言。

实际上严嵩对于皇帝来说是一枚有用的棋子，即使夏言将严世蕃的罪状递上去也不会起到什么作用。但严嵩为何要如此？我想严嵩此举是做给皇帝看的。他是想激起皇帝对夏言的愤怒，从这点也可以看出严嵩此人做事也太过于斤斤计较。寻常人都看得出来他的惺惺作态，更何况皇帝呢？此时的夏言已经跋扈到了极点，同僚去他家里下跪，锦衣卫的首领他也敢动，太监他也随便训斥。在这种情况下，皇帝怎么想，满朝文武怎么想，相信他自己对此并无概念。

从正统朝起，在军队这个舞台上表演的不再是武将、勋贵，而是文官。这些在仕途上升迁缓慢的文人选择了从军这样一条高风险、高收益的道路。王骥、王越、韩雍、马文升、杨一清、叶梦熊都是这个群体中的杰出“代表”。这些文人都是好战分子，他们残忍、狠毒，许多战争就是由于这些文人为了立战功而挑起来的。如今又出现了一个杰出代表，就是曾铣。

曾铣是进士出身，曾在福建任知县，后任辽东巡按、山东巡抚，先后平定辽阳兵变、山东民变。曾铣的能干很快使得他被任命为山西巡抚，开始负责对蒙事务。从正统年间起，围绕着通贡问题，蒙古人不断袭扰明廷边境。成化年间，随着蒙古人移居河套，陕西的防务又突出起来。嘉靖年间，边境问题仍是棘手问题。帝国的政策是加强宣府、大同一带的防御。筑城和修建防御工事的担子落到了士卒的头上。沉重的负担，加上朝廷的催促引发了大同的两场兵变。时任内阁首辅的张璁主张严厉镇压，而皇帝和夏言都主抚。这一看起来是内部问题的兵变，实际上还是由外部问题引起的。此时草原上又出现一个新的领袖——俺答汗。他跟前朝的也先一样控制了西抵青海、东抵辽东的大片区域。从嘉靖年间起，俺答汗几十次去信恳求通贡，都遭到拒绝。明廷方面还诱杀了蒙古的使臣。而此时明蒙之间断贡已达三十年，蒙古人“夏无布衣、借锅煮肉”。在此种情况下，俺答汗不断骚扰明廷边境，杀掠甚重。解决蒙古问题的办法其实很简单，那就是放下华夷之辨的教条，通过通贡、边市的方式解决蒙古人所急需的物资，然后再以分封的方式让蒙古人归顺大明王朝。但这种很简单的方式在当时实行起来却是那么艰难。

在王朝还没有找到正确解决蒙古问题办法的时候，夏言却上了一封错误的奏书，那就是收复河套。河套水草丰美，是游牧民族的理想之地。历史上当汉王朝强盛的时候往往将他们逐出河套，而不久他们又会回来。如此反复，导致河套控制起来很困难，所以历代王朝对于此地都是弃之不理。明朝初年，朱元璋的大军将蒙古人驱逐出了这片水草地，但到了成化朝，他们又回来了。虽然经过王越、马文升的驱逐，但效果并不大。

最先提出收复河套的是挂兵部侍郎衔、担任三边总制的曾铣。他在奏书中说，蒙古人占领河套，向南可以进攻陕西，向东可以破宣府、大同进入京畿，故而需要将河套收复。曾铣提出收复河套的一整套办法，那就是首先修筑一条横亘宁夏、陕西、山西的防御墙，然后再随时派骑兵出击。嘉靖皇帝随即批复，拨款二十万两白银修墙。皇帝的支持使得曾铣有了更大的信心。他开始命手下士兵枕戈待发。虽然斩获颇多，但过惯安逸生活的边军们对这种折磨人的方式非常不适应。不仅如此，地方官吏对修墙也不感兴趣。他们更想通过与关外的蒙古人进行贸易的方式来获取私利。这点在英宗时代表现得已经很明显了。

嘉靖二十六年（1547 年），夏言上了那道该死的奏书。内阁的另一人严嵩无动于衷。他知道这是一份没有前途的奏书。接到奏书的嘉靖皇帝反被夏言的豪言壮语调动起了激情，他开始命有司准备大规模的军事战争计划，并亲自罢免了反对这场战争的官员。但嘉靖皇帝是一个容易冲动的皇帝。从他数次斥退张璁又数次召回就可以看出来。他在某些事情上就是凭一时兴趣，此次议复河套也是如此。户部一算，费钱太多，加上在主战区陕西、山西因征发而引起了骚乱。皇帝担心会再次引起兵变或民变，便动摇了。皇帝甚至斥责严嵩，内阁为何要廷议如此不切实际的军事行动。而严嵩将这全推到夏言身上。他说夏言做任何事情都不和他商量。

得到消息的夏言怒气冲冲去找皇帝询问，恰巧严嵩也在那里。皇帝还没有发话，严嵩便首先对此次议复河套的计划进行了驳斥。夏言愤怒地质问严嵩："在内阁的时候你为什么一言不发？现在却把责任都推到别人身上。"

这番话在嘉靖皇帝看来，就好像是将矛头对着他来的。因为这听起来正像是埋怨皇帝言而无信。如果夏言记性好的话，他应该记得嘉靖十三年的情形跟今天是如此相似。那一年大同士兵第二次叛乱，时任内阁首辅的张璁主剿，嘉靖皇帝也采纳了。但主剿一年效果不大，后来也还是给钱安抚了事。因为此事搞得皇帝很没面子，等于是自己扇自己耳光，而此后张璁也最后一次离开了庙堂。

此次议复河套又搞得皇帝很没有面子。先是兴冲冲地准备大干一番，还免了山西、陕西反对战争官员的职务，很快不到一年便泄了气。如此一来这个责任必须要有人承担。正如严嵩所说的那样，责任全在夏言。皇帝当场给夏言定了句评语“强君胁众”。夏言此刻似乎一下清醒了过来。嘉靖二十七年（1548 年），夏言以尚书身份致仕。严嵩对此并不放心，他想对夏言再猛烈地敲打一下。

仇鸾是正德年间平定安化王叛乱的将领仇钺的孙子。仇鸾袭仇钺的咸宁侯爵位。嘉靖朝仇鸾成了三边总制曾铣的部下。由于惧战、怯战、谎报战功、克扣军饷等情况，仇鸾被曾铣下狱了。严嵩找到了仇鸾，让他出面指证曾铣与夏言相勾结，以求挑起战争来获战功。

当嘉靖皇帝看到仇鸾口供时，不禁勃然大怒。他将曾铣处死，随即将夏言逮捕入狱，并于当年十月在西市处死。大明王朝有四位被处死的最高级别官僚，分别是李善长、胡惟庸、夏言、周延儒，而杀他们的皇帝分别是洪武皇帝朱元璋、嘉靖皇帝朱厚熜、崇祯皇帝朱由检。三个都是自卑的皇帝。

对于史学家来说历史上皇帝诛杀大臣一直是最难厘清头绪的，并不能找到确切的答案。皇帝下达诛杀令，并不是因为一件偶然发生的事件，一定是经过了长时间的积累、发酵。嘉靖皇帝给夏言安的罪名是“结交边将”，这在古代也是一种大忌。无论文官还是宦官，都不得与统兵在外的边将私自结交。虽说如此，但这一制度也并非非要执行不可。皇帝杀夏言的确让人难以找到一个确切的理由。我想还是夏言的那句话触碰了嘉靖皇帝那敏感的自尊心。嘉靖皇帝自知言而无信、朝令夕改，他的内心是惶恐的，夏言的质问让他无地自容。他虽然将夏言免职，但还是不能挽回他丢失的面子。这个把面子看得比什么都重要的皇帝正在使自己陷入暴虐之中。当严嵩出示了夏言与曾铣勾结的人证后，皇帝便顺水推舟地将夏言杀掉了。夏言被捕是在元月，被处决是在秋后，这中间还有大半年的时间。皇帝不是冲动杀人，这中间或许还有什么私密的事情，也就只有当事人知道了。

44 夹缝中生存的严嵩

从嘉靖二十七年担任首辅起算，严嵩在这个位置上一直待了十四年。这并不是因为他有多大的能耐，而是他懂得如何跟皇帝保持合作。前任的教训已经表明，若想生存下去，实现自己的政治抱负或者治国抱负，只有跟这位乖鸷的皇帝合作。皇帝在一定程度上是在教这些臣僚们怎样做人，如何成为一个成熟的政治家。

严嵩第二次担任内阁首辅后，变得乖巧起来。虽然斗倒了夏言，但是他没有感到任何轻松，反而是如履薄冰、战战兢兢。他吸取了前面几任首辅的教训，大事情从不拿主意，都交给皇帝圣裁。他也从不做僭越之事，而且更加努力、积极地写青词。

嘉靖皇帝是个专制的皇帝，内阁的票拟必须按照他的意思来。如果不符合他的心意，他便打回去重新拟票。他是个深藏不露的人，他喜欢让别人猜他的心思，而不是将自己的心思清晰地表达出来。严嵩猜不透嘉靖皇帝的心思，所以拟的票通常不受嘉靖待见，但是他的儿子严世蕃善于揣摩嘉靖皇帝的心思。这样一来严嵩经常将奏章拿回家拟票，这个障碍也解决了，严嵩与皇帝之间似乎再无障碍。

嘉靖皇帝将一切政事都委托严嵩，自己在西苑一意玄修。群臣与皇帝之间的交流必须通过严嵩。严嵩开始独揽朝政，政以贿成。朝臣们纷纷起来攻击严嵩。皇帝知道，群臣们弹劾严嵩就是弹劾自己，正所谓打严嵩就是打自己。因为严嵩是自己的挡箭牌。过去言官们总是对着自己来的，现在自己退居幕后，让严嵩在前面冲。御史、给事中有事情去找严嵩吧，不要来烦朕了。朕可以专门做自己喜欢的事情。即使出了事，也由严嵩扛着，而不会出现令自己下不了台的局面。

现在群臣揪住严嵩不放，且声势越来越大。这明显就是冲着朕来的。严嵩一旦顶不住了，朕将要独自面对这滔滔而来的洪水，朕一定要让严嵩顶住。这是嘉靖皇帝的真实想法。为此他开始命令严嵩处理这些官员，其中处死杨继盛、沈炼就是这场斗争中的典型事例。

杨继盛出身贫寒，凭借自身努力中了进士。他在任兵部员外郎时上书反对跟蒙古开马市议和，因此被贬。后来在任兵部武选司郎中时上奏《请诛贼臣疏》，尽数严嵩五奸十大罪，并将矛头直指嘉靖皇帝。谁都知道严嵩做的一切都是皇帝授意的，现如今杨继盛上这样的奏书，皇帝会怎么想？

杨继盛其人的确比较偏激，一不能提出针对时事、具备可行性的建议，二没有洞悉政局的能力，只是在那里一味喊一些不切实际的口号。不排除朝中有一些人专门找这样的人当枪使。严嵩一直认为诸如此类的事情一定是徐阶在背后操纵，但他找不到证据。杨继盛尽管受尽酷刑，也不愿意把事情往徐阶身上扯，后来跟张经等人一起被处死。

嘉靖朝一些被处死的人在南北问题上基本上都是主战派，比如夏言、张经、王忬、杨继盛。由此我们可以看出，围绕着对外政策问题实际上已经形成了天然的两派。

除了杨继盛，还有锦衣卫经历沈炼。沈炼是个疾恶如仇的人。嘉靖二十九年（1550年），蒙古人兵临北京城下要求议和的时候，沈炼跳出来表示反对。后来沈炼上了一道弹劾严嵩十大罪状的奏书，被关进诏狱，之后被发配边疆。沈炼在发配地每日骂严嵩不绝，后来严嵩指使当地的官员将沈炼处死。

嘉靖皇帝是这两件事情幕后黑手。因为暂时找不到可以替代严嵩的官僚，所以他要保下严嵩，他要对反对严嵩的官员处以极刑。沈炼、杨继盛只是朝中官僚跟严嵩斗争的其中两个，像这样的例子在严嵩主政的十四年中络绎不绝。后来的官员也渐渐成熟了。他们知道倒严的关键在皇帝，皇帝不愿意让严嵩倒，严嵩无论如何也倒不了。另外，倒严就不能牵扯皇帝，劾严嵩罪状的时候不能把与皇帝有牵连的罪状写进去。做不到这一点，不仅倒不了严，还会自取其祸。在条件还不成熟的情况下，人们所要做的只有等待，等待皇帝对严嵩厌烦，等待严嵩失去了利用价值，而在整个官僚体系中深谙此道的就是那个真正隐藏在幕后的人——徐阶。

对于夏言来说，严嵩是水；对于严嵩来说，徐阶才是真正的水。这是一个以柔克刚的时代，冲在前面的人大都早早地废掉。徐阶吸取了这么多人血淋淋的教训，他知道对付严嵩只有一个字——“等”，等待严嵩自己把自己废掉。

即使夏言死后，徐阶也能够独立成长，因为那个最厉害的人看中了他。他顺利地当上了礼部尚书，获得进出西苑的资格，跻身核心官僚序列。

功成名就的徐阶头脑清醒得很。他仍旧埋头苦干，认真撰写青词。这些嘉靖皇帝都看在眼里。徐阶并不是毫无作为，他以他的软实力掣肘严嵩，使严嵩并不是那么随心所欲，保护了一些反对严嵩的人。严嵩能够打败夏言，因为皇帝对夏言已经厌烦了。严嵩却无法打倒徐阶，因为他是皇帝保护的人。严嵩也自然明白这一点。几乎在夏言被处死的时候，徐阶就上位了，从此严嵩身边就有了个如影随形的人。徐阶不断在观察，观察皇帝对这位首辅的态度，寻找着那个临界点。在这个过程中唯一的选择就是以不变应万变，任何的贸然出击或矫情掩饰都可能功亏一篑，甚至会让自己跌进万丈深渊。

虽然一波波的倒严者都倒在了严嵩面前，但这并不意味着严嵩仍然稳如泰山。诏狱里的拷打、西市上的斩首，这些都使得官愤、民愤越来越大，而这所有的愤怒都会指向严嵩，身为天子的嘉靖皇帝也不能不考虑官情、民意。

严嵩在他六十岁入阁的时候精神焕发、神采奕奕，能连续在内阁工作几天几夜而不回家，但八十岁以后，也渐渐力不从心，在一些大的事情上他已经无法进行正确的思考和判断，皇帝说的话他也渐渐不知所云。对皇帝来说严嵩的作用已经失去，是时候让徐阶替代他了，此时的皇帝已经有了换人的想法。

御史邹应龙是徐阶一党，他们经常在一起合计对付严嵩的计谋。大约在很久以前邹应龙就已经开始酝酿弹劾严嵩，只是难以猜测皇帝的心思。一天邹应龙因避雨而来到一个小太监的家中，闲谈中小太监透露了皇帝想弃用严嵩的心思。邹应龙得知这个消息后，连忙回去告知了徐阶。在得到徐阶首肯之后，邹应龙上了一道弹劾严嵩的奏书。

这是令嘉靖朝几乎所有文官都感到兴奋的大事件，在历经十四年他们认为的黑暗日子后，这位首辅终于倒台了，终于可以告慰夏言、曾铣、王忬、杨继盛、沈炼的在天之灵了。皇帝勒令严嵩致仕，其子、其孙以及门客罗龙文发配边疆。

嘉靖皇帝一方面对严嵩已经不满意，另一方面也是顺应官情民意而顺水推舟。他将严嵩免职，将严世蕃发配，却又隐隐有些后悔。嘉靖皇帝做事情总是优柔寡断。身在江西分宜的严嵩敏锐捕捉到了这点，他开始上书问候嘉靖皇帝，希望能将严世蕃放回。虽然皇帝还留恋严嵩，但八十多岁的人的确再也做不了什么了，皇帝拒绝了他的请求。不久严世蕃和罗龙文从戍地私自跑了回来，嘉靖皇帝让三法司对二人拟罪，三法司还是想将事情往杨继盛、沈炼身上扯，深谙世事的徐阶指出倒严世蕃就不能牵扯皇上。嘉靖三十四年（1555 年）杨继盛、沈炼被杀正是出自嘉靖皇帝的旨意。跟朝廷处死胡惟庸一样，徐阶想了一个跟任何人没有瓜葛而又顺理成章的罪名——通倭。嘉靖四十四年（1556 年），严世蕃和罗龙文以通倭罪被斩。过不久，严嵩也病死了。

话说回来了，所有官僚都是皇帝的棋子，这些官僚有必要跟严嵩较劲吗？有严嵩在前面做挡箭牌承担责任，不好吗？

严嵩不仅是嘉靖朝有名的首辅，也是整个大明王朝有名的首辅，但他只是行使皇帝代理权的一个工具。在那个官僚政治日益成熟而宦官、武将、勋贵日益没落的年代，皇帝需要找一个人来秉承自己的意志，来代替自己对文官行使管理权。张璁、夏言都不符合自己的要求，他最后找到了严嵩。

在严首辅主政的十四年里，他能够使朝政保持一种平稳，而非嘉靖朝前期的那种波澜起伏。严嵩看起来只是皇帝的一个迎合者，但一些大的事情在他的安排下也在悄悄推进，例如江南的抑制土地兼并和一条鞭法。在一些对外的大事情上严嵩跟嘉靖皇帝有着根本分歧。嘉靖皇帝主张对蒙古和倭寇采取强硬态度，而严嵩主张以和谈的方式解决。但严嵩并不敢将他的想法流露出来，只是在遵循皇帝意见的前提下小心应对。所以，相对于其他的内阁首辅来说，严嵩的日子更艰难。即使如此，倭寇问题在严嵩的主持下也得到了解决，如海盗头子汪直被主和派浙直总督胡宗宪诱捕成为整场御倭战争的转折点，而且为隆庆朝南北同时和议、同时开关打下了基础。

无论严嵩如何风光、如何擅权，我们要知道的是他只是皇帝的代理人而已。

他杀了多少人也好，纳了多少贿也好，其实并不关整个帝国的痛痒。它只是文官专制与皇权的抵触在官僚政治中的一种反映而已。

45 隐秘的政治团体——江右学派

嘉靖二十七年（1548年）是嘉靖朝政治的转折点，也就是在这一年夏言被处死，严嵩成了首辅。严嵩的首辅一直干到嘉靖四十一年。他执掌朝政十四年。这十四年应该是嘉靖朝政治上的一个稳定期，再也没有前期的那种剧烈的政治变动。这得益于严嵩已经摸透了嘉靖皇帝的脾气，君臣似乎进入了和谐期，但这种和谐只是表面的。嘉靖皇帝看不起严嵩，严嵩也看不起嘉靖皇帝，俩人对此都心知肚明。皇帝需要一个臣子来主持大局，弹压群臣。严嵩也有自己的政治抱负要实现。他们于是能够维持一种表面的平静关系。

在这种表面平静的政治架构下，一个新的政治团体正在悄悄崛起，并在以后影响大明王朝数十年，它就是江右团体。这是一个继承了王阳明心学的团体，而且跟王艮、何心隐、李贽等泰州学派严格划清界限。对于这个团体我们的看待是复杂的，就我个人而讲，我的评价是负面的，因为他们跟严嵩一党比起来似乎包含了更多的伪善。

嘉靖朝在高层斗得不亦乐乎的情况下，民间的思想文化仍处于活跃状态。得益于明代商业的发达，政治环境的宽松，人们开始追求个性独立、思想自由。在王阳明死后，他的学术思想已经渐渐被人接受。虽然科举仍是官方理学，但王学在上层官僚那里已经成了共识。江右学派的意义就在于它以标榜王学正宗为宗旨，并在朝堂上有所影响。聂豹和徐阶是其中的代表人物。

聂豹是江西永丰人，正德年间进士，初授华亭知县，后任兵部尚书。因为在御倭方面无所作为而被嘉靖皇帝免职。聂豹的意义并不在于他引领了王学正宗，而在于他培养了一个弟子徐阶。

徐阶是江苏省华亭县人。在聂豹当华亭县长的时候两人走得很近，聂豹将心学传授给徐阶，徐阶将其作为安身立命之本。但他似乎并没有从中学习到了什么，他依然对权谋有着浓厚的兴趣。

徐阶在嘉靖初年以探花及第，授翰林院编修。当皇帝打算废黜孔子王号、改孔子泥身为木身的时候，举朝表示赞同，唯独徐阶表示了抗议。嘉靖皇帝将他贬到福建延平任推官。此后徐阶一直在地方上任职。徐阶走到哪儿都被任命为主管教育的官员。这不仅给他传授王学提供了方便，也给他未来的腾飞奠定了基础。

由于徐阶在地方上的出色表现，他很快成为东宫洗马，后又成为国子监祭酒。此时的徐阶已经成了执掌教育的最高官僚。徐阶的高升自然有他的原因。嘉靖九年徐阶上书反对去掉孔子文宣王的称号，此举得罪了张璁，但获得了夏言的青睐。此时的张璁已经去职，夏言开始有意无意地提拔徐阶。但身材矮小、沉默寡言的徐阶也并没有引起夏言太多的关注。不仅如此，在整个朝堂也没人太关注他。很快，徐阶惯性地被任命为礼部侍郎、吏部侍郎。这个时候他才开始成为一颗政治新星。

徐阶有两个特点，一是能够礼贤下士，二是跟地方的士绅关系较好。这些使得他无论在朝堂上还是地方上都有很好的人脉。徐阶声望日隆，前来跟他交往的人络绎不绝。这么些年走过来，徐阶得出一个结论，那就是为官要低调，要能容人。

官声斐然的徐阶很快获得了执掌翰林院的机会。十七年前他从这里被赶了出去，现在他又回到了这里，成了这里的掌门人。他在给翰林学士们授课中开始传授“致良知”“知行合一”的思想。这种思想的传授在一定程度上为嘉靖朝以后的改革打开了局面，并将官员们的思维从僵化转到经世济用。在主掌翰林院的时候，徐阶那双锐利的眼睛在暗暗观察，观察底下的学士中可以成为培养对象的目标。他发现了两个人，一是高拱，二是张居正。

从此一个私密的政治团体开始崭露头角，那就是以徐阶、高拱、张居正为核心的江右团体。严格地说高拱、张居正并不是王学的信奉者，但我们也暂且将他们归到这个团体。这个团体不似三杨那样无所作为，也不似谢迁、杨廷和那般僵化，更不似夏言、严嵩那般谄媚。他们有独立的思想，讲究的是安身、治国、平天下。从这个时间起，这个团体就开始孕育、发酵。他们隐藏在政治铁幕的后面，以阴鸷的眼睛盯着这个朝堂，注视着各种势力的分化、转换，以及可以发展的成员。

嘉靖皇帝共有四子，前二子已死，后二子为裕王和景王。裕王只比景王大一个月。有道士告诉嘉靖皇帝，对自己的儿子不能过分关心。第二子或许就是因为封他为太子而导致其死亡。皇帝对此深信不疑，从此对两个儿子不管不问，一直到他死也没有立过太子。但根据长子继承原则，裕王朱载垕一直被视为储君。1552 年，十五岁的裕王和景王同时行冠礼，出阁读书。在这一年，高拱成了裕王的老师，在裕王的府邸待了九年。高拱能够成为裕王的老师，其背后应该是徐阶的推荐，此时以徐阶为代表的江右团体开始聚拢在裕王周围。控制了裕王就等于掌控了将来的朝政。

那个隐居在西苑的道士以敏锐的眼光捕捉到了这一点。皇帝自然就知道徐阶和他的同僚要干什么，他也知道自己的权力终是要交出去的。所以，自己的儿子是时候需要一帮人了。徐阶、高拱这些人还不错，他们有经世之才。虽然如此，但这些人至少在他还活着的时候不能太跋扈。这是他的底线。

或许我们可以进一步探讨，高拱入裕王藩邸是皇帝授意徐阶做的也并非不可能。嘉靖二十六年（1547 年），当徐阶执掌翰林院的时候，这个江右团体就开始形成。这一年，夏言还没有死，但皇帝已经打算处理他了。在处理他之前，皇帝已经做好了安排。夏言的位置将由严嵩来填补，严嵩的位置将由徐阶来填补。一方面，徐阶不是严嵩的人，另一方面徐阶处事低调、稳重。在那个站立在王朝权力巅峰的人看来，所有的一切都操纵在自己的手里。每一个人、每一件事自己无不了如指掌。

对于本节讲到的江右团体，我们要知道的是它首先是个政治团体而不是学术团体。其次，它打着王学正宗的招牌。最后，它是以未来的皇帝裕王为中心的团体。

在嘉靖朝政治气氛重回沉闷、群臣阿谀奉承的情况下，江右团体无异于一股新风。它必然免不了权力将会重新分配的格局，但其本质原因还是民间思想日益自由的现状在中枢的一种反映。

46 作茧自缚的明代税收制度

正如历史学家黄仁宇所指出的那样，中国明代的税制是一种内敛的税收政策。洪武年间的农业税达到二千七百万石，从此就将此作为一个定额确定下来，即使是新开垦的田地也不再起科。大明王朝只想保持一种自耕农经济的模式，一种简省的社会管理方式。它并没有考虑到人口会增加，也并无兴趣将这个社会推到更高的模式。

不仅如此，朱元璋还制定了对商业征收极其低廉的税收政策，三十税一。随着时间的推移，这种僵硬的税收政策越来越不适合管理的需要。大量的农业人口转成工商业人口，田地被抛荒，大量的耕地转种经济作物。这些都使得农业上获得的税收越来越低，而占经济比重日益增大的商业税却没有提升。这的确是一种奇怪的现象。

对于这种奇怪的现象，黄仁宇和杜车别分别进行了解释。黄仁宇认为一是由于后世严格执行了朱元璋制定下来的政策，二是传统儒家社会抵制征税。杜车别认为是由于知识分子通过科举以柔性的方式获得了政权，而代表士绅利益的士大夫阶层在税收上采取了抵制的政策。

朱元璋制定的大部分政策都得到了严格的执行。一是因为他的政策自然有先见之明，二是因为存在于社会中的巨大惯性阻碍了变革。传统社会重农抑商，因为地理、气候、河流决定了古代中国适合进行农业生产，不像欧洲以商业为主。天朝的富饶又使得古代中国是个自给自足的经济体，不易对外界产生兴趣。这些导致我们必须以农业为主。一旦农业生产不稳定，王朝就会动荡不安，所以为了限制农业人口转入非农人口而导致粮食减产，传统社会对商业压制到了极点。历代王朝从来没有大规模征收商业税的概念。如果商业税支撑了这个王朝，那么这是可怕的。因为它意味着重农抑商的国策开始摇摇欲坠。

儒家思想抵制征税也是正确的。因为儒家的仁政正是反对役使民力。实际上低廉的税额无论对王朝还是对民众都是消极的。它无法应对大规模的自然灾害，也无法应对外敌入侵，更无法应对旷日持久的兵变与民变，反而会导致官员贪污情形，或导致大规模摊派。这点在晚明显得更加突出。

从大明王朝中期开始，尤其到了晚明官僚集团日益成熟时，其抵制增税的意图益发强大起来。这里面固然有私利的因素，但根本原因还是出自强大的惯性。明朝官员虽然多有出身士绅之人，但也有很多出身于贫寒之家或者小地主，完全将其归纳到士绅行列也自有不妥之处。

明代赋税无力与僵硬的根本原因还是抵制变革的惯性过于强大。历史上的变革无不是以失败而告终，寥寥几个成功者最后也是万劫不复，背上一世骂名。商鞅、秦始皇、王莽、桑弘羊、杨炎、王安石、阿合马莫不是如此。就是在本朝也比比皆是，王振、刘瑾、张璁、张居正、魏忠贤，他们死后都背上了骂名。

古代中国幅员辽阔、人口众多、政事复杂，所能遵循的只能是治大国如烹小鲜。因循守旧、尸位素餐是为官者应该遵循的“准则”，否则只能是以己昏昏，使人昭昭。自上而下的变革从来都是不可行的，我们所要做的只是等它烂掉，然后再以自下而上的方式进行重组，接着再进入下一个循环。商鞅变法的成功得益于秦国的荒蛮，唐宋财政政策能进行一定程度的调整也得益于不是那么强大的惯性。但到了大明王朝，在强大而成熟的官僚制度面前，一切变革已是不可行。这不是任何君主或强臣能够解决的问题。

嘉靖朝，这是个政治已死的年代。

大明从它建立开始就只能应付风调雨顺、国泰民安的局面，一旦几件突发事件同时并起，就会运转不灵，甚至濒临崩溃。大约从正德朝开始朝廷的税赋就已经开始无法正常运转。从这个时期，皇帝的开支开始增大起来。户部每年给皇室的开支是定额的，超过了这个定额，户部也无能为力。虽然这只是一个侧面，但它反映出整个国家的财政周转已经开始运转不灵。

到了嘉靖朝，这种情况更加明显。皇帝改变祀典规制，将很多合祀的项目改为分祀。这些分祀带来祀庙的营建。皇帝为了修道移居西苑。嘉靖一朝宫中连失火灾，所有这一切都表明重修工程的浩大。这需要从云贵运送木材，或者从南洋海面运送木材，更要命的是这些接连不断的工程聘用了数以万计的工匠，除了要支付工钱，还要从南方调运粮食来供给工匠吃食。

不仅如此，北方抵御蒙古、南方剿倭都需要源源不断的军费开支。在这种情况下如何解决财政危机成了朝廷的当务之急。对于解决财务问题，朝廷主要采取三项措施：削减宗室、勋贵、官僚、军队、行政乃至皇室的开支；在江南征收附加税；清理两淮的盐政。

削减开支、节约成本本就是杯水车薪，还导致了嘉靖朝宗室、军队的骚乱以及官员的欠俸等问题。节流从来都不是解决问题的根本之道，甚至在接下来引起更大程度上的反弹。在江南征收附加税也取得了一定效果，但这个地方长期遭受倭患，加上水灾、旱灾频仍，使得这项政策也难以为继。而清理两淮盐政，征收余盐税却成了嘉靖朝应对财政危机的一个亮点。

大明王朝的食盐是由全国的灶户在各大盐场生产，政府将食盐收购后再卖给持有盐引的商人。每年生产多少食盐是按照人口数核定的，一旦核定就不轻易更改，这些核定的盐叫定盐。但灶户在生产定盐之外通常也生产余盐。这些余盐就由商人收购，然后拿到市场上去出售。但商人需要向政府交纳一定的税额，称为余盐税。嘉靖朝，两淮的余盐税是六十万两白银。这是一种定额，商人可以在这六十万两框架内肆意买卖余盐。这就给余盐的生产、买卖大开方便之门。为了获利，灶户加大了余盐的生产，盐商加大余盐的买卖，甚至出现了定盐销售不出去，或者定盐以余盐的名义买卖。在这种情况下，定盐的生产、销售无疑受到影响。盐政有遭到破坏的危险。

鄢懋卿是江西人，嘉靖二十年（1541 年）的进士，由行人司行人擢升御史，后依附严嵩获得提拔。嘉靖朝为了清理盐政，对付财政危机，让鄢懋卿总理两淮、两浙、长芦、河东四大盐运司盐政。鄢懋卿南下巡盐后，加大了对余盐的清查力度，并将余盐税的定额由六十万两白银提高到一百万两白银。在这种情况下，盐商迅速跟鄢懋卿交恶。朝中以徐阶为首的一党乘机加大对鄢懋卿的打击。鄢懋卿很快被免去巡盐御史的职务，余盐税又重新恢复到六十万两白银的定额。

从这里可以看出，嘉靖朝应对财政危机的办法都无实际效果。中枢应对财政危机最终仍是采取拆西墙补东墙的措施。这些都使得嘉靖后期的时局是那么艰难。但这也使得朝野认识到需要有所变革。这种危难的局面正是给后世的“一条鞭法”奠定了基础。

47 嘉靖皇帝与海瑞

嘉靖四十一年内阁首辅严嵩经御史邹应龙弹劾而垮台，嘉靖四十五年皇帝驾崩，这其间的四年内由徐阶担任内阁首辅。这四年称不上是一个平静期，反而是一个危险期，因为严嵩离去留下的真空徐阶能不能填补，不仅关系到这四年朝政的走向，更关系到江山能否顺利交班的问题。虽然人人都知道裕王是未来的皇储，但人人都不敢去触碰这个敏感话题，徐阶也不敢跟裕王走得太近，以免再掀波澜。

在生命的最后的几年里，嘉靖皇帝变得更加喜怒无常、恩威难测，这就使得徐阶等内阁大学士面临的境况比严嵩更为凶险。皇帝非常在乎别人对他的看法，常常主观臆断臣僚们想让他退位，阁臣们对他很厌烦，不想辅佐他，所以他经常试探群臣。但这些都被读懂嘉靖皇帝心思的徐阶轻易化解了。

大明已再无严嵩，但整个国家并没有任何改观。仍旧是没有人敢拂逆嘉靖皇帝的旨意，官场上仍旧是钻营、结党，民生依然艰难，国库还是空虚。失去了严嵩在前面做挡箭牌，已经有人将箭往嘉靖皇帝身上射了，这个射箭的人叫海瑞。

海瑞是明代最有名望的官僚，非常符合儒家的士大夫形象，他能够名留青史的原因是他上了一道詈骂嘉靖皇帝的奏书。但在西方人编著的《剑桥中国明代史》中并没有出现这位道德君子的名字，看来信奉大历史观的西方人更注重影响历史中更为粗线条的东西，并没有按照儒家规范纠结一些鸡毛蒜皮的人和事。但鉴于海瑞仍是明史中无法绕过的一位人物，我们仍会在本节以及后面的章节中以较大篇幅介绍这位模范人物。

海瑞是海南琼州人，在这个水天一色的天涯海角，他没有沾染内地刁顽的习气，反而形成了纯朴、执着的性格。他出身官宦之家，按照中国的虚岁算法，他在四岁丧父，如果按照周岁计算，他大概在三岁甚至两岁的时候便已丧父。海瑞的母亲守节将他带大，海瑞在三十五岁那年中了举人，之后连考两次都未中进士。就在第二次落榜的当月他向吏部讨得一官职，乃是福建省南平县教谕。

在南平这个科举盛行的地方，这位只有举人出身且来自海南的教书先生并不能够很容易地打开局面，但他却很快打开了局面，不是因为他的才学，而是因为他的个性。福建巡按来到南平县学，海瑞站立在中间，学生站立在两旁，眼见巡按到来，两旁的学生都鞠躬参拜，唯独海瑞仍旧站在那里无动于衷，这样就形成一种中间高、两头低的格局，像极了一个笔架。

陪同巡按前来的南平地方官员质问海瑞为何不参拜，海瑞答，学校是读书的地方，巡按大人既不是圣人，为何要参拜，这件事情之后，海瑞的名声立刻在福建传出去了。

之后海瑞升任浙江淳安知县，恰逢严嵩一党的鄢懋卿南下巡盐，竟然慑于海瑞的威势，愣是不敢去淳安，而是绕道而过。如此一来，海瑞的名声更是响亮了。

后来海瑞又担任江西省兴国县知县，再后来又升户部主事，嘉靖四十四年海瑞上了那道指责嘉靖的《治安疏》。在疏中海瑞说他要正君道、明臣职，求万世治安事。

这篇《治安疏》主要从三个方面表达了自己的想法。首先，海瑞举出了汉文帝和贾谊的例子，指出在历史上被认为实现了大治的汉文帝，实际上也多有优游退逊、怠废政务之嫌。接着，海瑞又进一步说明即便是汉文帝这样的贤君也需要像贾谊这样的臣子来劝诫，那更不用说嘉靖皇帝了。

再接着，海瑞便对嘉靖皇帝治理下的弊端进行总结，指出皇帝富有四海、一意玄修、侈兴土木、二十余年不视朝，无父子之心、无君臣之义、无夫妻之情，天下吏贪将弱，民不聊生。最后，海瑞对于如何革除弊端提出了自己的见解，虽然有泛泛之谈的见解，但有两条还是有实际性和具备可操作性的。一是屯田、运盐应该恢复实物征收，二是按地亩交粮、按人口应役。海瑞的这两条都是针对农业生产的，只有稳定了农业，稳定了国之根本才能谈其他的。至于让皇帝节俭，惩治贪官并不具备实际可行性，也无关国本。

海瑞最后说道，只要按照他说的几点去做，天下很快便可出现大治，而且这些也不需要皇帝太劳神，只要稍事节省和振作就行了。海瑞在这点上过于理想化，不在其位，难知其政。中国的社会几千年走过来，民生一直都是困苦的，何时见过民生富庶？内阁首辅、封疆大吏退休之后皆是如此，更不用说小民百姓，寥寥富户也是经过数代的积累。

海瑞的这道奏疏最根本的目的还是想让皇帝接纳谏言，正像他在开篇和结尾所说的那样，他上这道奏疏的目的是正君道、明臣职，求万世治安世。那么君道有何不正？臣职有何不明？按照海瑞的说法，臣僚的职务就是规劝皇帝，向皇帝进谏，只要做到了这一点，为君之道也就实现了，天下也就大治了。

海瑞的观点是想通过君臣共治的方式来求万世治安，但他不明白农耕王朝治事的复杂性和因循性，几乎每任皇帝在继位之初或者每位官员在上任之初都想大刀阔斧地整顿，以求能够建功立业，但久而久之都偃旗息鼓。

海瑞的上书不是偶然的，虽然皇帝一直怀疑后面有徐阶一党的指使，但事实表明这就是他的个人行为，与他人并无关系。究是如此，这也不是一件孤立事件，它跟严嵩被罢黜后的那种舆情有关。严嵩在任的时候，虽然群臣对皇帝不满，但有严嵩在，总能分担一些矛盾。严嵩一死，在形势没有改观的情况下，所有的矛头都对准了最高统治者——嘉靖皇帝，海瑞正是在这种氛围下上了这道奏疏。可以说海瑞的奏疏非常及时，打在了每个人的心坎上，他说出了所有官员想说而又不敢说的话，他扒掉了嘉靖皇帝的虚伪面皮，对嘉靖之治是一次彻底否定。

海瑞是抱着必死之心上了这道奏疏，这是个一心为国为民的人，跟后世那些上书以邀直名的伪君子有着本质区别。正因为如此，嘉靖皇帝原谅了他，但对于他的这道奏疏来说，多是干吼之词。大明王朝走到了这一步，最大的问题是财政的疲弱，而导致财政疲弱的原因是财富分配不公。但是海瑞在奏疏中并没有对这些根本的问题有所阐述，也就使得这道奏疏只是起到了一种象征意义。

无论如何，海瑞这种不畏死、敢为民请利的官员应该受到我们的尊敬。

48 求长生而二十年不上朝的嘉靖皇帝

嘉靖十七年（1538年），皇帝的母亲蒋氏去世。这对于皇帝来说是一个沉重的打击。他的双亲俱已不在人世，皇帝越发感到孤独，毕竟他是外藩继位，北京城不是他的家。他感到有必要回老家一趟，一是拜谒一下父亲的陵墓，二是考察一下母亲究竟应该安葬在哪里。

皇帝南巡的消息一经发布，立刻引起轩然大波，群臣纷纷反对。因为皇帝的出巡跟普通官员不同。它需要大队人马随行，还有沿途要修筑行宫、铺宽道路。这些都需要征用民力和花费。嘉靖皇帝跟正德又不同。地方官员可以不买正德皇帝的账，但嘉靖皇帝则需要小心伺候，不然只有免职的份。

嘉靖十八年的南巡虽然有阻碍，但比正德十四年的南巡还是要顺利得多。皇帝处罚了几个上书反对的小官了事。但此次南巡并不顺利，先是从南方来了一个叫孙堂的军人乘着黄昏从午门进入，穿过太和门，在奉天殿前大吵大闹，说南方为了给皇帝修行宫累死了不少人，要求皇帝停止南巡。很快，锦衣卫将孙堂抓获。皇帝命严查幕后指使，但负责刑讯的官员很快将孙堂绞死了事。这件事情跟万历晚期的梃击案是何等相似，都是一个莫名其妙的人进入宫里，接下来的审讯也是莫名其妙。我们不敢否认这后面没有黑手，但历史并没有给予我们明确的答案。也许是一个愤青的个人行为，也许是一个隐秘的团体在操纵。

孙堂事件使得皇帝的南巡提前笼罩上一层阴霾。嘉靖十八年（1539年）二月十五日，皇帝留下太子即皇次子朱载壑监国，开始南巡。这趟南巡是嘉靖朝的转折点，在某种程度上改变了嘉靖朝的政治走向。

皇帝的南巡并不顺利。他刚出京城就碰到了拦轿喊冤的，沿途接驾的地方官员也多有怠慢。这次的南巡我们似乎想到了英宗那年的西巡，那年的西巡也是奇异的事情颇多。皇帝车驾于二十八日抵达河南卫辉境内。当晚由于宫女乱丢没熄灭的蜡烛导致火灾，大火借着风势越烧越大，整个行宫被烧得通红，几千人顿时手忙脚乱。所有人都没意识到一个问题，皇帝在哪里？只有锦衣卫指挥使陆炳意识到了这个问题。他望着那燃烧的熊熊大火，毅然冲了进去，将皇帝背了出来。

这场大火将皇帝的行宫焚烧殆尽，随从人员烧死不少，连带财物、衣服也焚毁不少。它给皇帝心理上带来什么我们不得而知。皇帝终于抵达了阔别十八年的故乡。纵然他贵为天子，故乡还是物是人非。双亲已经不在了，兴王府的一些旧人也不在了，姐姐们也早已出嫁。嘉靖皇帝望着偌大一个兴王府悲从心来。如果时光能够倒流，他真希望能够一家人其乐融融，在这里就此终老。

正是因为父亲早逝，皇帝显得特别孝顺。他在故地召集士绅们训话。皇帝说道：“你们都是我的同乡。今天我重回故地。你们当中既有昔日的长辈，也有同龄人。我本人没有什么大德行。如今我的父母都不在了，我的内心苦得很。现在我要办的事情已经办完了，我要走了。临走前有几句话要说：你们当儿子的要孝顺，做父亲的要好好教育儿子，年长的要照顾年幼的，年幼的要尊敬年长的。你们要听我的话，我就随口说几句，不做文字表述了，免得有些人看不懂。”

嘉靖皇帝的这番话是在向乡亲们表明他的孝心。他的确孝顺，为了父亲的称号跟群臣斗了二十五年。现在为了选择母亲的墓葬地回到了安陆。在家乡的父老面前他似乎不需要隐藏。“我的内心苦得很”真实表明了皇帝此刻的心境。

皇帝在安陆的十二天里接到了张璁病逝的消息，这对他又是一个打击。他不想再在这里停留了，于是启程返京。在返京的途中，皇帝看到了沿途的灾民、流民，听见了他们的哀号。这对皇帝的内心都是一个触动。他让随行人员拿出两万两银子赈济。在回京的途中，皇帝做出了将其母灵柩运回安陆的决定。因为在他看来，京畿附近的山川没有他家乡的山川有灵气。他也同时做出不再修建跸道、行宫的决定。他已经对出巡完全丧失了兴趣。这个阴郁的皇帝跟他的堂兄完全是两回事。

皇帝这次的出巡始终带着阴郁的色彩。他回到京城并不高兴，仿佛很久都没有恢复过来。三年后，也就是嘉靖二十一年（1542 年）发生了宫女谋逆案件。虽然宫女最终没能杀死皇帝，但我们也由此可以看出这些宫女在宫中受到了何等程度的虐待。她们宁愿去死也要杀死皇帝，以解心头之恨。

嘉靖十八年的南巡和嘉靖二十一年的刺杀是嘉靖朝的大事件。皇帝刚刚上位的时候踌躇满志，希望能够做出一番事业来。他进行大礼议，系统地改正祀典，改变了连续几朝宦官专政的局面。他采纳张璁、桂萼的建议清丈瞒报土地，清退皇庄，在江南试行一条鞭法。在人们看来大明王朝似乎出现了嘉靖中兴的局面。但当他出去南巡的时候，亲闻了沿途百姓的哀号，而这种哀号却是对嘉靖之治的一次奇妙讽刺。宫女们宁愿不惜生命也要杀死他，更是对他人格的一次否定。从嘉靖十八年（1559 年）起皇帝便不上朝了。从嘉靖二十一年（1542 年）起皇帝搬到皇宫外面的西苑居住，远离了包括嫔妃在内的所有女人。

皇帝这个时候似乎患了抑郁症。他整日闷在屋子里不愿意出去。他对于一切政事失去了兴趣，每日在烟雾缭绕的炼丹房中度过。也许只有跟这些虚无缥缈的道士们在一起，他才能够获得内心的安宁。

从嘉靖十八年一直到嘉靖四十五年，这二十七年的时间里，皇帝除见了群臣寥寥几次之外，人们再也见不到他。由于他信奉“二龙不相见”的预言，他的儿子们从出生到长大他也没见过几面。无论是郊祀还是庙祀，他也懒得去了，都由官员们代办。皇帝自我封闭在那个狭小的空间里，麻木了世间一切情感。

道家思想是中国古代最早、最朴素、最深奥的哲学思想。道教也是中国本土宗教，时至今日仍然影响着我们的日常生活。虽然道教产生于东汉那个动荡的岁月，但在老子创立道家思想的时候，道教就已经具备了雏形。道教主要分为两派：一是符箓派，二是丹鼎派。符箓派主要是依靠画符祛病、祈福、捉鬼；丹鼎派主要是依靠鼎炉炼丹以求长生。符箓派属于张道陵创建的天师道，继承了道教的原教旨主义。由于以画符治病为主，所以行走在民间，面向底层民众，从另一个方面说也具备反叛特征。而丹鼎派因为炼丹需要资财作为后盾，所以面向的是权贵。两派之间也互相看不起。到了明代，符箓派主要由南方的正一教传承，而丹鼎派则由北方的全真教传承，嘉靖皇帝所修炼的应该两派都有。

邵元节是江西省贵溪县龙虎山上清宫的道长。这龙虎山上清宫是南方正一教的总部。皇帝将邵元节召进宫来。恰逢冬季没有雨雪，邵说他能祈来雨雪，嘉靖让他作法。果然没多久天空降了一场大雪。皇帝封他为真人，统率天下道教。

嘉靖十一年（1532年），婚后十年无子的嘉靖开始在宫内设置道场祈求子嗣，一年后果然生子。他对道教的信仰已经开始升级。合肥人段朝用自称有“化物成银”大法，而且可以将化得的银制成仙器。武定侯郭勋一直都喜欢跟这类人混在一起，就将段朝用召至府中，让其炼银。段朝用拿自己的银子或者偷了郭勋家的银子炼了一些器物出来，郭勋大喜，忙将段朝用介绍给了嘉靖皇帝。正在愁钱花的嘉靖皇帝不禁大喜。在听说喝下用这些仙器盛的水能变成神仙后，皇帝更是满心欢喜。

段朝用拿郭勋给他的一万两银子又炼成银子后给了嘉靖皇帝，但很快他就没了银子来源。他的法术不灵了，嘉靖皇帝最终还是知道了段朝用骗人的伎俩。他将段朝用抓进狱中。到了此刻，皇帝对黄白之术仍是深信不疑。他认为黄白之术自古有之，只是段朝用法术不行而已。

当邵元节年纪渐大、力不从心的时候，便推荐了陶仲文。陶仲文做过县级小吏，对神仙方术很感兴趣。陶仲文入宫后施法解决了几次小麻烦，获得了嘉靖皇帝的信任。陶仲文的工作主要是炼制丹药。这是一种由铅、汞及其他重金属、草药混合而成的丹药，或许还要加上处女的经血。这种丹药短时间内对身体能起到刺激作用，但长期服用必然会摧残身体。皇帝封陶仲文为真人，让他接替邵元节统领全国的道教。而皇帝封自己为“忠孝帝君”“万寿帝君”。

皇帝虽然一意玄修，但始终没有放松对朝政的控制。他的那双锐利的眼睛一直盯着朝堂，每一道奏章他都似乎必看。

> 人尝谓辅臣拟旨，几于擅国柄，乃大不然。见其所拟，帝一一省揽窜定，有不留数字者。虽全当帝心，亦必更易数字，以示明断。有不符意，则驳使再拟，再不符意，谯让随之矣。故阁臣无不惴惴惧者。
>
> ——谈迁《国榷》卷六十四

这是《皇明大政记》中的一段话。这段话无疑将嘉靖皇帝的那种专制生动地描绘了出来。

我们回过头来看嘉靖朝的时候，这种评价依然是矛盾的。一方面就中枢来说，它一改自成化朝起文官掌政的局面，重回君主专制；另一方面从民间来看，它却是继续沿着成化朝以后的那种发展趋势，也就是商业日益发达、思想日益自由、文化日益昌盛。

这种矛盾归因于大明王朝的继位出现了偏差。正德皇帝的无嗣使得这一切都复杂化了。那个由外藩继位的皇帝搞乱了这一切。外藩的身份使他一直都没有自信，并成为终生藏于内心深处的阴影。他很容易把别人的行为往这方面联想。他不顾一切在大礼议之争中跟所有的官员较劲，正是想树立他的正统性。但外藩之子的身份是无论如何也掩饰不了的，即使是永乐皇帝也不能例外，还不如从容面对。为了进一步昭示自己的正统性，他将朱棣的庙号从太宗改为成祖，但他没有意识到自己继承皇位是靠着宗法制的伦序原则而继。他的皇位具有无可争议的正统性。

嘉靖朝的一个很重要的特点是在这一朝没有了太监专政，此后除了魏忠贤短期的专政之外，大明王朝宦官威风的日子已经不存在了。但这绝不意味着嘉靖朝文官的日子好过。实际上，文官的日子跟在洪武朝一样难熬。这位皇帝跟他的祖先朱元璋一样有着超强的个人能力。

在嘉靖朝，只有迎合皇帝的官员才能够坐稳官位。他找到了严嵩，然后又找到了徐阶。两任首辅都小心翼翼地伺候着他。他们不再是具备独立品格的士大夫，而是成了皇帝的奴才。皇帝的虚伪与阴暗不仅伤害了别人，也伤害了自己。

受到压抑的文官必然会在以后爆发出来，不断发展的商品经济开始蚕食农耕基础，经济的繁荣和受教育人口的增多带来意识形态的多元化，体制的惯性又使得财富继续向少数人手中集中。这些都无可置疑地使大明王朝开始摇晃。

嘉靖十八年（1539年）以后，皇帝便开始倦怠政事，对于一些顽疾他也无心再去理会。他大概知道这些皆非人力所能为之。在皇帝的这种无为治理下，在臣子的战战兢兢中，大明王朝的形势开始急转直下。虽然有严嵩、徐阶在那里苦苦撑着，但已是于事无补。

不过这也有个好处，嘉靖朝的衰弱和不振正好给后世的改革提供了机会。我们要提醒的是嘉靖朝以税粮和力役折成银两交税为主要内容的一条鞭法改革一直在江南推行，开海与互市在严嵩遮遮掩掩的支持下也在慢慢推进。

嘉靖皇帝御宇几近半个世纪。这本来是应该有所作为的半个世纪，但由于中枢的保守，终是一事无成。不仅一事无成，反而使时事益发艰难。嘉靖皇帝不仅是大明王朝表现最差的皇帝之一，他还跟唐明皇、乾隆皇帝一起成为中华历史上三位亲手把江山由盛世折腾转衰的皇帝。

49 明朝的文艺复兴运动

我们回过头看嘉靖朝，皇帝的虚伪与专制、首辅的恭顺与调和似乎喻示着在这个保守而停滞的王朝没有太多革新性的东西。但这只是对中枢而言。在民间，在思想、文艺、经济方面依旧是沿着本来的脚步高歌猛进。在思想上，以王艮、何心隐为代表的心学传人将他们的民本思想、启蒙学说发挥到无以复加的地步；在文艺上，以《三国志通俗演义》《忠义水浒传》《金瓶梅词话》《西游释厄传》为代表的一批文艺小说的涌现更是给文学市场带来革命性的跃进，并从根本上改变了我们这个民族的思维方式；在经济上，商品经济继续活跃，白银的流通范围进一步扩大，市井文化仍旧在成形，财富进一步向少数人手中集中。搞清楚了这些，我们会知道，抛却中枢的保守不谈，嘉靖朝依然是个伟大的时代。

吴贯中、施耐庵都是元末明初的人。施耐庵是罗贯中的老师。施耐庵曾中过进士，后辞官不做。罗贯中则是以民间说书艺人的身份出现。两人活动的范围大概便是今天的苏州、杭州一带。这一带在元末也是戏曲的繁荣之地。这里聚集着众多的民间说唱艺人。耳濡目染他们从中习得了不少朝章典故。这对于二人进行文学创作大有好处。在元末的那个动荡岁月，二人还一起参加了张士诚的起义队伍，成为张士诚的幕僚。但自以为是的张士诚听不进臣属的意见。眼见张士诚迟早会败亡，俩人便离开张士诚，彻底绝离了仕途，从此专心进行文学创作。

洪武开国后，为了避祸，二人隐居起来，专心讨论《水浒传》《三国演义》的创作。《水浒传》大概先于《三国演义》创作完成。施耐庵死后，罗贯中对《水浒传》的书稿进行了整理、修订。《三国演义》《水浒传》开创了我国章回体白话文的先河，而这种章回白话体就是说书体。这点清晰地表明作者的身份与职业。

洪武十三年（1380年），罗贯中携带《三国演义》《水浒传》的书稿四处寻找出版商出版，但二人的小说属于首创章回白话体，在以戏曲、杂剧为主的图书市场前景不明，所以没有书商敢投资。罗贯中到死，他和施耐庵的书都未能出版，只得抱憾而终。生前寂寞、死后辉煌，这是许多创作者的结局。在历史的长河中，大概有许多璀璨的作品都被淹没了。

虽然这两部鸿篇巨著由于书商的保守未能出版，但此后一直以手抄本在民间传阅。经历了一百多年以后虽然仍未出版，但在知识分子阶层已经有一些人通阅这两部书，其中就包括少年朱厚熜。

嘉靖元年，在实习官员张璁的帮助下，嘉靖皇帝取得了对文官员们的初步胜利，但以外藩继位的他面临群臣的压制。为了改变这种局面，他令武定侯郭勋刊印《三国演义》，以官方的形式在全国出版。这是中华文学史上的一件大事。时至今日，我们的文艺作品仍是这种章节式的通俗风格。但在百姓识字率不高的明代，文艺作品更多的是通过说书艺人来传播给劳苦大众。

嘉靖皇帝为什么要在这个时候刊印《三国演义》？因为三国演义中树立了很多忠君的榜样，例如关羽、张飞、诸葛亮、赵云。一部《三国》宣扬的就是“忠义”二字。嘉靖皇帝此举就是要营造一种忠君的氛围，来向这些桀骜不驯的官僚们施压。

嘉靖七年（1528年），皇帝斗倒了杨廷和，颁布了《明伦大典》，随即他又令郭勋刊印《水浒传》。《水浒传》中宣扬的也是“忠义”二字，梁山泊的一百单八将讲的就是“忠义”二字。这些都是令嘉靖皇帝受用的事情。他就是想通过这些文艺作品在社会上形成一种忠君的思想。

除了这两部小说外，在明代还有另外两部有影响的小说《西游记》和《金瓶梅》。它们虽然刊印于万历年间，但却是创作于嘉靖年间，所以这两部著作自然也脱离不了嘉靖朝的时代背景。

与施耐庵、罗贯中不同的是，吴承恩以落第秀才的身份生活在嘉靖年间。他四十岁才取得秀才的身份，之后两次乡试都落榜。这跟吴承恩的才华并无关系，而是因为他不愿意按照常规答题。他想答出自己的风格、自己的才华。

连续两次落第，吴承恩心灰意冷。理想的破灭、现实的困境使他开始寻求新的出路。吴承恩前往浙江省长兴县做了两年县丞，离职后开始投入小说创作之中。年轻的时候吴承恩就对神怪类书籍感兴趣，《山海经》《搜神记》《酉阳杂俎》都是他常读的书，而印度文学的浪漫之风从宋朝开始就传入中国，心学思想的传播更是给我们的文人提供了大胆的想象空间。《西游记》有着强烈的浪漫主义色彩和反抗专制的思想。但它对佛教的宣扬则从另一个角度来说又禁锢了人们的思想，所以这部作品不应该归结到启蒙作品的行列。《西游记》带有明显的扬佛抑道的倾向。虽然我们没有明显的证据，但是否能说明作者是借此部作品来讽刺嘉靖奉道呢?

章回体的白话文历史小说，以及以章回白话体为基础的神怪小说在本朝都已经出现了，所缺的是写实类作品。很快一部写实类作品孕育诞生，它就是《金瓶梅》。

我们对于《金瓶梅》的关注绝不是因为它所描写的情色内容。情色内容虽属常见话题，但它只是作为吸引读者兴趣的点缀而存在，它从来都是无关一部文学作品的宏旨。《金瓶梅》取材于宋代的故事，但是描写的却是明代的世情。

《金瓶梅》的伟大之处就在于它是中国第一部描绘市风民情的文艺作品，是明代社会生活的真实写照。它从过去描写英雄、神仙人物转向描写市民阶层；它从颂扬光明、理想到揭露黑暗。这都是写作手法上的创新。《金瓶梅》整部著作格调灰暗、压抑，让人感觉到绝望，感觉到了社会的割裂。

《金瓶梅》的出现不是偶然的，它跟嘉靖朝的整个时代背景有关。明朝从宣德朝以后，洪武、永乐两朝的高压态势已经不复存在。这种解锢不仅体现在政治上，也体现在文学上。台阁体的诗文向描绘自然、明快的后吴中诗派转变，文艺作品也从戏曲、杂文向通俗小说转变，与之对应的是心学的兴起，尤其是王艮、何心隐等思想家对民本思想的推动。另一方面，商业的兴起、商品经济的活跃使得社会财富在积累、市井文化在形成。这些都使得人们开始关注下层，关注普通百姓的日常生活，并将这些日常生活真实地记录下来。

《金瓶梅》没有矫揉造作，它所描绘的就是一种真实的明中期以后的市民生活。请客送礼、迎来送往、男欢女爱、官司诉讼、主仆尊卑、街坊邻里、坑蒙拐骗都是那个时代的真实写照。它也淋漓尽致地表现了一个富贵之家的男盗女娼。男盗女娼自古有之，只是在这里第一次以文学作品的形式表现出来。从这点我们可以看出，它深深地揭露了在人性解放、拜金主义盛行的大明王朝，人性的扭曲和道德的沦丧。

道德的沦丧自古也是有之，或许在思想更加活跃、商业更加发达的明朝才变得显性起来。无论这部作品如何伟大，它所描绘的只是大明王朝的一个剖面，并不能够代表那个时代的一切。

嘉靖朝小说市场的繁荣直接反映了那个时代的思想自由、文化昌盛、商业繁荣。嘉靖皇帝从自身的政治需要直接促成了《三国演义》《水浒传》两部不朽名著的问世。从此以这两部书为蓝本的演义类小说越来越多，占据了主要的图书市场。《金瓶梅》的问世更是在万历朝推动了世情文学的流行。图书市场的繁荣使得嘉靖朝出版的书籍超过了历代的总和。这也同时给没有出路的文人以新的生计。他们的价值有了新的体现方式。这都归功于这个看似伟大的时代的红利。

在欧洲经历了神学政治一千年的专制统治后，随着新航路的开辟，资本主义萌芽的出现，自然科学的发展，人们从古希腊和古罗马遗存的典籍和古迹之中发现了古典文化充满人性的美，由此开展了一场文艺复兴运动。

而在中国，在秦始皇统一中国后，中国便进入文化钳制的时代。先秦时期那种关注周遭世界、关注普通人生活的儒家思想先后被改造成宣扬宿命论的西汉儒学和压抑人性的宋明理学。而从明中期开始，随着商品经济的发展、市井阶层的形成、资本主义萌芽的出现，人们更加注重人本身的需求、人本身的欲望、人性本身之美。而明代的小说，后吴中诗派的诗歌，公安三袁的性灵之风散文，还有徐渭的画则可视为明代文艺复兴的代表。

还有明代思想家王廷相早于西方生物学家达尔文三百年提出丛林法则和进

化论，以及明代思想家陆楫提出奢靡能够创造经济增长、浪费能够给穷人创造财富这样惊世骇俗而又具备市场经济观点的主张。还有为了反对李东阳、王世贞这些文坛上的复古派，一批 16 世纪的文学家、诗人、画家，诸如唐伯虎、归有光、徐渭、汤显祖、公安三袁、冯梦龙主张在文学、诗歌、画作上强调直抒胸臆、表达自我的“性灵”思想。这些无疑推动了明王朝伟大的文艺复兴运动。

50 明朝的公有制试验

嘉靖十九年（1540 年），泰州学派的创始人王艮在家中去世。四方送葬者从官员、士绅到平民百姓有数百人之多。之前在王艮病重期间，四方百姓的探望就络绎不绝。王艮在病榻上仍是耐心讲解，解答他们心中的疑惑。王艮以他的身体力行真正做到了“知行合一”。

王艮虽然去世，但他的传人继续将泰州学说发扬光大。这是一个人才辈出的年代。王艮的学生皆是当代响当当的人物，他们无不坚持“安身立命”、“百姓日用即道”的准则。他们有着独立的操守，为了自己的理想和信念而不惜舍身成仁。他们的目光始终在底层百姓那里，他们追求一种干净的世界，他们给这个古老的国家带来一股新风，一种真正的关怀人性之风，并将中国的思想文化在先秦的基础上再次推向一个高度。

王艮的亲传大弟子徐樾，进士出身，曾做过礼部侍郎、云南布政使司。他是王艮的忠实信徒，曾经打算辞官专门钻研学问，后来在跟云南土司的作战中战死。

徐樾只是泰州学派在官僚阶层的一个代表。在王艮死后，真正再次发挥影响的是徐樾的学生颜钧。颜钧号山农，他跟王艮一样四处讲学，曾经两次轰动京城。上至内阁大学士，下至四方举子无不争相听之。泰州学派的这种不论受众对象、四处聚讲的方式具有比其他学派传播更快、更广的效应。颜钧赞成男女平等，提倡寡妇再嫁。他创立“七日闭关法”。他认为，世间职业皆无差别，安身立命乃是人生追求，道理就在日常生活之中，只需率性而为，不需要克制欲望去追求，压制人性的欲望跟孔孟之道也是违背的。由此看出，此时的心学不仅强调心的体验，也同时强调身的体验。

颜钧在教授弟子率性而为的时候创造了“打滚法”。当弟子问他率性而为是什么意思的时候，他就地打了两个滚。他告诉弟子这就是率性而为，令人瞠目。

泰州一派的人大都身体力行，颜钧也是如此。颜钧的家乡位于江西省吉安府永新县三都村。为了推行教化，他在三都村成立萃和会。自己家庭和本族里的媳妇、兄弟、子侄、孙子、仆人，再加上村里面的其他村民，一共七百人参加了这个萃和会。萃和会的成立标志着在五百年前的大明王朝出现了群体主义和乡村运动。

现在看来萃和会只是一种乡村自律组织。它既无政治目的，也无经济目的。它的重点在于劝诫乡民好好做人。它劝人从善，力图恢复三代的淳朴民风。它在不知不觉中实现了朱元璋心目中的那种理想乡村模式。

萃和会给三都村带来的效用是迅速的。在半个月的时间内，上至耄耋老人，下至几岁孩童皆有内心通灵之感觉。人们皆辛勤劳作，邻里之间皆互相谦让，婆媳之间关系融洽，兄弟之间也和和睦睦，妯娌之间其乐融融，达到了路不拾遗、夜不闭户的程度。三代之治隐隐已现。

在萃和会创立期间内，有无数只眼睛盯着这个小小的乡村，他们在捕捉这个时代的不寻常气息，没人知道这种涌动的暗流将会把王朝带向何方。如果可能，最好将其扑杀在萌芽状态。

颜钧的名气越来越大。江西督学苏枯亲自上门下拜。江西巡抚何迁的两个儿子因仇互殴，颜钧前去一番讲解，兄弟两人和好如初。何迁为了答谢颜山农，将自己的官船送给颜钧做巡游讲学之用。

颜钧的言论终是招致保守派官员的不满。南京左都御史、王学右派人物耿定向以讲学名义将颜钧诱骗至南京杖责五十，以盗窃官船名义将颜钧关押三年。

出狱后的颜钧听说王艮去世的消息后，亲自前往王艮墓旁搭草屋守墓三年。颜钧走到哪里，听他讲学的人就跟到哪里。守墓结束后，听说自己的老师徐樾战死，他又亲赴云南，辗转数年寻得徐樾尸骨，葬在王艮墓旁。

颜钧创立的萃和会并不存在赖以生存的社会基础。在他这个灵魂人物离去后，很快便轰然倒塌。

在颜钧死后，他的大弟子何心隐才真正将泰州学派推向了一个高度。我们要说明的是，王艮、何心隐、李贽都是这一学派阶段性的人物、灵魂性人物。

何心隐原名梁汝元，江西吉安府永丰县梁坊村人，二十九岁乡试全省第一。但他对做官并无兴趣。他认为人生应该率性而为，士农工商皆是一样。他否定了做官的必要性。

何心隐的主张主要是打破社会等级，建立一个人人平等的社会。他将朋友看作五伦之首，认为君臣、父子、兄弟、夫妻都应该像朋友那样是平等的。何心隐的观念不仅在那个时代令人无法接受，就是在今天也很难令人接受。

为了实现自己心中的这个无等级社会，何心隐在家乡梁坊村成立聚合堂，将全村的人进行合族居住。老人放在一起奉养，幼儿放在一起养育，少年放在一起读书，妇女放在一起纺织，男丁放在一起耕种。所有的财产包括田产充公，集体吃饭，集体住宿，税收以全村为单位缴纳。

聚合堂仿佛实现了儒家思想中的那种大同社会。在此时的梁坊村似乎真的建立起一个人人平等、人人劳动，人人有饭吃、有衣穿、有房住的理想社会，但这个聚合堂维持了十二年便跟颜钧的萃和会一样轰然倒塌。

聚合堂的覆灭是跟税收有关。何心隐在将整个梁坊村变成了一个大家庭的同时，对纳税问题也十分上心。大明王朝的税制虽然很低，农业税百分之三，但是人们还是千方百计地逃脱税款。逃税具有传染性，一旦一家逃税往往会连带着全村逃税。所以为了保证税粮的征收，朱元璋在乡村设立粮长，专门负责税粮的督导。

梁坊村的村民对何心隐说道：“我们是父母生的、养的，跟皇帝没有关系。我们的田地也是祖上传下来的，并不是皇帝赐予的。我们为什么要缴纳皇粮？”何心隐对这种观点进行了反驳。他说：“如果没有国家的保护，我们就会生逢乱世，我们的生命也不会存在；如果没有皇帝庇佑，就会出现豪强，我们的土地也会被掠夺过去。所以，交纳赋税保护国家就是保护自己。”

何心隐的这一番高论达到醍醐灌顶之效，获得了全村人一致的认同。何心隐专门设置管粮、征粮之人。从此梁坊村的税粮再无拖欠之说。

嘉靖年间京城的工程颇多，一方面是修正祀典需要营建祭庙，二是宫中多失火。遭火灾的大殿需要重建，这些都带来对木料的需求。而嘉靖年间的财政又很艰难，这不可避免地会产生摊派。作为解决嘉靖财政问题的摊派很快来到了南部各省。这次来到永丰县的是“皇木税”。

如果税率开始就定得较高，老百姓习惯了也没什么。如果定下较低的税率，一旦钱不够花，反过来增税，则会引起老百姓的反感。当这种“皇木税”下到梁坊村的时候引起一何姓家族的抵制，理由是他们梁坊村的税收是全村统一上交的。这样一来县衙派来的人便找到了何心隐。何心隐说他们全村已经全部加入聚合堂，对税率做了统一规定，不能再更改。很快县衙以抗税罪将何心隐抓捕，后来同为泰州学派的好友程学颜卖掉家产，将何心隐保释出狱。

何心隐的聚合堂完全是一种乌托邦式的构想，它抛却人性的私欲，完全以自己族长式的强制来推行，妄图进行复古。当自己被捕入狱后，存在了十二年的聚合堂很快便树倒猢狲散。历史已经表明，依靠强势人物维持的任何改革或者社会模式都不可能持久。

何心隐虽然出狱了，但他被发配贵州戍守。一年后他逃离了戍守之地。为了躲避官府的追捕，这位本来叫作梁汝元的乡绅从此改名叫作何心隐。

何心隐既逃离贵州后便去了京城，在颜钧的另一个弟子罗汝芳的介绍下认识了同门的耿定向。在耿定向的介绍下他认识了在国子监任司业的张居正。二人一番交谈后，言语开始不投机，接着便展开了一场针锋相对的辩驳。就在那场辩驳之后，何心隐对友人说道：“张必为相，为相之后必禁止讲学，也必将杀我。”

何心隐的看法是对的。他一眼就将张居正隐藏在内心深处的那股戾气看了出来。在京期间，何心隐参与了倒严行动。失败后他逃离京城，开始了二十年的讲学活动。从江南到川蜀，从齐鲁到西北，他的足迹遍布国内的山川。像泰州学派的其他传人一样，何心隐真正做到了身体力行。

时间进入到了万历朝，张居正当国，天下学风骤紧，张居正禁止讲学，毁天下书院。张居正的举动遭到天下学子的激烈反对。何心隐联合泰州学派的门人开展了轰轰烈烈的倒张运动，声称要伸张正义，逐张去位。张、何二人之间的矛盾终于全面爆发。张居正将何心隐定性为妖人，下令全国缉拿。何心隐开始东躲西藏，终于在万历七年在学生胡时和家中讲学时被张居正的爪牙侦知。湖广巡抚王之垣将他抓捕到武昌，学生胡时和一路跟随进京。

在巡抚衙门的大堂上，王之垣命令何心隐跪下，何心隐只是坐在那里。王之垣命人拿条棍抽打，何心隐只是在那里发笑。何心隐被抓捕的消息很快轰动朝野。这无疑是文化界的一件大事。泰州学派的门人尽皆为营救何心隐而四处奔走，有的去京城游说，有的变卖财产。奈何张居正权势熏天，天下媚张者如过江之鲫，朝中反张的要员也保不得性命，更别说一个小小的何心隐。

万历七年（1579 年）九月二日，六十二岁的何心隐被杖杀于武昌。消息传出，舆论哗然，在知识分子群体中引起极大的恐慌与震动。生员们纷纷聚集起来抨击张居正的施政措施。当时民愤之大、措辞之烈世所罕见。当年在武昌就爆发了一场反对张居正的学潮。

杖杀何心隐事件从一个侧面反映了 16 世纪的大明王朝虽然思想看起来自由，但不允许除了儒家文化以外其他一切文化的存在，也带有欧洲中世纪的专制色彩。

黄宗羲在《明儒学案》中说泰州学派大都“赤手以搏龙蛇”，这种描绘的确贴切。泰州学派的门徒始终坚持与底层民众结合的方式，拒不与官府合作。他们读书只是为了获得心灵的解放，而不再是取仕。在他们这里没有门第之见、经院之别，从最浅显的语言入手，所以吸引了众多的底层民众参与。儒家门徒垄断教育的局面被打破，士农工商、凡夫俗子皆可受教育。

何心隐更是通过创办聚合会的方式来亲身实践自己的大同社会。当与何心隐同时代的英国人莫尔的公有制社会还停留在幻想中的时候，东方的何心隐就已经开始实践了，而英国人欧文的实践却是两百多年后的事情。合居、平等、公有特点的聚合会已经开始令大明王朝的等级社会摇摇欲坠。它冲击了中国自周代就已经建立的礼乐制度，新的社会秩序还没有建立，旧有的秩序又受到了冲击。这注定是一个波涛汹涌的年代。

何心隐和他的聚合会不仅触及了伦理秩序，更使教育平民化、思想自由化。这些都不容于这个挣扎的社会。万历七年何心隐被杖杀就是一个明确的信号。这个社会容不下异端思想。何心隐的乡村试验不顾人性的私欲，强行实行公有制，只能是一场乌托邦的闹剧。但他作为人类历史上第一个进行空想社会试验的人的确值得我们关注。

第四章 隆万改革

隆庆、万历

隆庆与万历通常拿在一起说，简称隆万。因为这个时期拉开了明朝长达十七年的隆万改革。跟历史上大多数改革一样，隆万改革过急、过猛，牵扯到人事太多，授人以口实。张居正死后，改革全面废止。万历皇帝终于发现，自己这个皇帝还不如一个强势的权臣。在一个强大的官僚集团面前，政令不出紫禁城。长达三十年的国本之争不过是一种体现而已，乃至于在万历后期惊心动魄的矿税斗争中，皇帝才终于明白这个王朝已进入无法挽回的境地。任何奋进的措施都归于失败，还不如静静等待它快点崩塌。

51 隆庆朝——走向开放与自信

嘉靖四十五年（1566年）的寒冬，嘉靖皇帝朱厚熜在孤独中死去，享年五十九岁。这是一位孤独的皇帝，父母早死、子女们多早殁、夫妻隔阂、君臣猜忌，跟大多数政治人物临死一样，他的身边没有一个亲近的人。京城对于他来说始终是客居，他的家乡在南方那个小城，那里才是他的家。但他不能像他的臣子那样到了退休年龄还可以回到自己的家乡，他只能在这里苦挨。

继承皇位的是嘉靖的第三子朱载垕，他做了二十九年不明不白的储君，没有人知道他跟他的父皇见过几次面。他的父皇不是不愿意跟他见面，而是不能见面。因为在嘉靖朝的皇室内流传着二龙不相见的说法。皇帝的冷淡是对儿子的保护。当朱载垕的儿子朱翊钧出生后，嘉靖皇帝依然表示出了淡漠，但是他的内心是热乎的，是畅快的。为了他的江山社稷，他必须把这种情感埋藏在心底。

我们讲这些绝对不是毫无意义的，因为它直接关系到了隆庆皇帝的性格。正是因为父皇的冷淡，使得这位储君一直在一种抑郁的环境下长大。他的性格沉默而寡欢，但也正是这种成长进程的不顺使得他有一种豁达的心境。在这方面他跟弘治皇帝一样，能够容人。

我们可以看出来，隆庆朝基本上改变了嘉靖朝的那种令人沮丧的局面。它开始恢复嘉靖朝以前的言路，君臣关系开始融洽，与蒙古人恢复了互市贸易，并实行了开海政策。

嘉靖皇帝死后，由徐阶起草了一份遗诏。遗诏中嘉靖承认了自己的错误，说自己过去所做的都是错误的，因为受到了奸人蒙蔽。本来自己打算改正这些错误，但时间来不及，所以留给后世纠正。并说从正德十六年至嘉靖四十五年期间，因谏言得罪诸臣，存者召用，没者恤录，并要罢除一切斋醮。因为这道遗诏，杨廷和、夏言、杨继盛、沈炼以及大礼议之争中被罢黜的几百名官员皆被平反。

沿海的海盗虽然被俞大猷、戚继光、刘显剿灭，但根本问题没有解决，海盗依然是个隐患。谭纶在福建当巡抚期间，福建的海盗问题又猖獗起来。谭纶给朝廷打报告，请求在福建开关。朝廷上下早在严嵩主政期间就一直想在南北开放贸易，但都慑于嘉靖皇帝而没有成行。现在嘉靖皇帝既死，开放贸易自然是顺理成章的事情。

谭纶的报告被批准，朝廷在福建漳州开埠了一个月港，允许在月港从事私人贸易，但必须获得船引。起初对船引的数量和商船的吨位做了规定，但后来在这方面也渐渐放宽了。虽然只是在大明王朝的万里海疆开了一个小口，但却吸引了世界的白银流向这里。可这些白银既没有流入国库，也没有造福百姓，而是全部流进了私人腰包。因为大明王朝并没有收取关税的概念。

除了隆庆元年的开关，跟蒙古人的互市也在考虑之中。因为明廷拒不开关，且杀死俺答汗派遣的使者，俺答汗于嘉靖二十九年（1550 年）带兵破关来到北京城下。整日深居西苑的嘉靖皇帝哪里见过这种架势，手忙脚乱的他将火气撒到臣下的头上。严嵩告诉他蒙古人是来抢东西的，抢完了就会走。果然，蒙古人在京畿地区连抢八天。事后，嘉靖皇帝怒气难消，皇帝的尊严、天朝的脸面就这样被毁了。他将责任推给兵部尚书丁汝夔，并将其杀害。这一年，蒙古人的兵锋让这位自负的皇帝清醒了。

隆庆四年，俺答汗的孙子把汉那吉突然来到边关向明廷投降，这是件令人费解的事。原来把汉那吉要骋兔扯金的女儿为妾，但俺答汗却将其许配给鄂尔多斯，把汉那吉一怒之下投奔明廷。

明廷方面封把汉那吉为指挥使，俺答汗前来关下要人，明廷方面不给。眼见无望，俺答汗顺势提出要求通贡、互市，恰巧明朝方面也早有此意。可以说隆庆四年的一次偶然性事件竟然促使明蒙之间达成和议。不仅通了贡，而且还在大同开了马市。

隆庆五年，隆庆皇帝下诏，封俺答汗为“顺义王”，俺答汗的子孙侄分别封为都督同知、指挥使、指挥同知、指挥佥事。俺答汗每年向朝廷进贡马匹一次，每次不超过五百匹，进贡人数不超过一百五十人，在大同、宣府、山西三镇开设马市。这对长城内外来说的确是一件盛事，蒙古人激动了，俺答汗激动了，长城内外的老百姓都激动了。隆庆五年的和议不仅结束了中断六十年的明蒙互市，更是结束了长城内外二百年的敌对状态。俺答汗珍惜这来之不易的和平局面，严禁蒙古各部落去明朝境内骚扰，明廷方面也禁止边军出边攻掠。

很快，边疆的贸易开始繁荣起来，大的市镇开始兴起，人声鼎沸、商贾如织，其热闹景象竟然不亚于中原各省。与此同时，一部分蒙古人开始南迁到长城内外过上定居生活，唐元两朝的胡汉杂居景象再次在大明王朝出现。长城内外又重现炊烟袅袅、人烟稠密的景象，蒙古人民的生活水平也改善起来，边境经常出现两族人民“醉饱讴歌、婆娑忘返”的情景。边境贸易的繁荣，更是带动了江南地区的经济发展，大运河也忙碌起来。长城内外既然恢复和平，大明王朝每年节省的军费何止百万，而且从边市中抽的税也颇为可观，朝廷的财务状况顿时得到改善。

隆庆开关和隆庆和议标志着我们这个国家开始走向开放与自信，这些都比赫赫武功要强得多。虽然这是由高拱、张居正、谭纶等能士推动，但这也跟那个王朝最高统治者，那位垂衣拱手的天子不无关系，正是他的默许推动了这一切。治国很多时候并不复杂，只需要你头脑灵活一些，不要管得太死。

隆庆朝的确有弘治朝的气象。皇帝不仅在对外问题上采取了灵活政策，在用人上也是不疑。文有高拱、张居正，武有戚继光、谭纶，而这些人都是嘉靖朝就开始培养的人，尤其是高拱和张居正，更是嘉靖皇帝特意挑选出来充当裕王老师的人。这无疑是在给裕王培养一个班底。

52 清流的伪善与对决——徐阶与高拱

隆庆朝的内阁班子并不团结，官员倾轧程度比嘉靖朝更为激烈。因为隆庆朝的内阁班子有两个火药桶，一个是高拱，一个是张居正。两人的经历相同，都是从进士到翰林院，然后再从六部入阁，缺乏挫折和地方的历练，所以稚嫩而偏激。高拱自恃是裕王的老师、嘉靖皇帝培养的下一代官僚，所以在严嵩时期高拱就展露了自己的性格。他对严嵩多嘲讽，严嵩也拿他没法。我们来说一说他和徐阶。

从嘉靖末年起高拱作为帝国的二号人物已经跟徐阶产生了矛盾。他们的矛盾可以从三个方面来解释：一是性格上的，二是行事方式上的，三是学术思想上的。

高拱性格火辣，想什么就说什么。而徐阶性格阴柔，有话不说，这些都令高拱所厌恶；高拱在行事方法上也是光明正大、敢想敢干、崇尚革新，而徐阶则显得患得患失、谨小慎微、因循守旧；在思想上，高拱是经世济用，徐阶信奉的是陆王心学。徐阶曾多次在京城开展大规模的讲学活动，这些都令高拱十分反感。他跟张居正一样都是抵制书院讲学之人。

在高拱看来，这位徐首辅跟倒台的严嵩一样，一味迎合皇上，压制言路，行为苟且。嘉靖四十五年（1566 年），吏科给事中胡应嘉弹劾高拱在内阁班房值班的时候经常私自回去会小妾。嘉靖皇帝对此并没在意，但高拱认为是徐阶指使的。

嘉靖皇帝驾崩后，徐阶不与阁臣商议，私自拟诏，让嘉靖皇帝自己抽自己的脸。高拱对此更是怒不可遏。高拱认为徐阶此举彻底暴露了他的虚伪与狡诈。徐阶通过私拟诏书将自己迎合嘉靖皇帝的责任推得干干净净，将这些被罢黜的官员召回来。这些人自然要死心塌地地替徐阶卖命。

隆庆元年，吏科给事中胡应嘉考核不合格，皇帝征求众位大臣的意见。高拱说胡应嘉没有人臣之礼，应该贬斥。就这样，隆庆皇帝将胡应嘉贬到外地为官。高拱对科道的言官向来没有好感。在他眼里所谓的言官都是为了自身团体的利益相互倾轧。高拱对胡应嘉的态度顿时令舆论哗然，人人纷纷指责高拱公报私仇。

事实表明高拱对付言官的确比前朝的嘉靖皇帝、严嵩和之后的万历皇帝都要厉害得多。他直接命令徐阶杖责这些损毁其名誉的言官。徐阶拒不执行，两人公开在内阁拉开骂战。

高拱质问道：“先帝在世时，你献青词以取媚，现在先帝驾崩，你立刻倒戈，而今你结交言官来对付我这个当今皇上在藩邸的心腹之臣。请问是何居心？”

徐阶不慌不忙地答道："我并非背叛先帝，我私拟遗诏乃是替先帝收买人心。你说我写青词取媚先帝，我承认。但先帝在世的时候曾以密信给我，先帝说高拱上书说也想为斋醮尽一份力，问我可不可以？现在那封密信还在我那里，你要不要看一下？”

徐阶的回答将高拱噎得一句话也说不出来。徐阶又说道："你说我结交言官攻击你，天下言官那么多，难道我都能结交吗？我又怎么能让他们攻击你？即使我结交言官，难道你就不能结交？”

徐阶的一番回答打得高拱是铩羽而归。在这场斗争中，很明显高拱是仗着隆庆皇帝撑腰，他才肆无忌惮。高拱在徐阶那里折了面子，自然要报复。隆庆元年的徐阶已经是江南第一大富户。他的家庭拥有广阔的良田、成群的仆人，而且横行乡里。高拱就揪住徐阶家人的不检点予以弹劾。他不仅自己弹劾，还指使自己的手下弹劾。而此时朝廷里有大批嘉靖朝被罢黜的言官，他们受徐阶庇护得以重返朝廷，此时一个个摩拳擦掌。眼见高拱跟徐阶作对，北京和南京的官员集体出动。他们像疯狗一样攻击高拱，这种形势即使是有隆庆皇帝撑腰也抵挡不住。为了缓和气氛，出于保护高拱的考虑，隆庆皇帝暂时让高拱致仕。就这样，在隆庆元年，这位不可一世的内阁大臣就这样稀里糊涂地回家了。

高拱的离去绝对不意味着徐首辅的胜利，恰恰暗示着徐阶的倒台。隆庆皇帝对这位首辅并无好感。徐阶拟定的那份遗诏，隆庆皇帝虽然没说什么，但这也并不代表隆庆赞成徐阶的所为。嘉靖皇帝毕竟是自己的父亲。这种让死去的皇帝自己打脸的行为在每一个人看来都是好笑的。隆庆元年高拱与徐阶的较量可谓风雷激荡。隆庆皇帝对于言官一边倒的现象颇为警觉。他试图恢复嘉靖朝以前的那种宦官权力，例如让宦官督导北京的团营和南京的振武营，徐阶都表示了反对。隆庆皇帝想去南海子游玩，徐阶也力述不可。皇帝渐渐对徐阶心生厌恶。当徐阶觉察出皇帝不想再用他的时候，这位首辅便辞职了。此时徐阶已经六十五岁了，七年的首辅生涯，十七年的内阁生涯就这样结束了。虽然看起来很从容，但个中滋味只有自己能够体会。

在家中等待了两年半的高拱已经是急不可耐，隆庆三年的冬天接到了让他回京的通知，他不顾天气的严寒和新年的来临马不停蹄地赶到了京城。高拱回京使那些曾经反对他的官员惴惴不安。徐阶已经不在了，高拱为吏部尚书，那位曾经弹劾过他的胡应嘉心里惊惧，在熬过几天的不应期之后，终于由于心中的巨大恐慌导致胆裂而死。还有一位弹劾高拱的官员欧阳一敬在归乡途中竟也由于惧怕而死。一时间满朝风声鹤唳。高拱对这种状况十分满意。满意归满意，他还是通过自己的心腹之人放出了风声："我高拱重回庙堂是要与各位休戚与共，过去的恩怨都已经过去了。"

高拱的安抚虽然没有达到实际效果，但至少令众人的情绪安定了下来，再假以时日才能够慢慢平息。高拱既当国，他便开始大刀阔斧地改革。作为吏部尚书，他首先将吏治作为改革方向。他推行进士与举人并举的用人标准，因为相比较进士群体来说，这个举人群体数目更加庞大，难免真玉掩埋其中。高拱还命各地建立人才储备库，实行公开招考人才的制度。对于吏部会推官员的制度也进行改革，他将私密的会推制度公开化。对于被罢黜的官员，高拱也亲自找其谈话，告之被罢免的原因，一时无人不服。高拱还建立严格的官吏考察制度，对天下官吏的品行每月一汇总，由高拱亲自过目，年终再集中汇总作为考核官吏的依据。

除了吏治之外，高拱在与蒙古人互市以及处理南方少数民族问题上也颇有亮点。隆庆五年（1571 年）与蒙古的和议虽然是顺应时势，但跟高拱的推动也不无关系。三边总制的都督戴才以陕西跟宣大情形不同，不愿意跟蒙古人互市，高拱去信斥责。不久陕西省也开放边市。时任贵州巡抚阮文中说本地土司造反，请朝廷派军进剿。高拱知道这通常都是地方官没事找事。高拱保持了理性态度，派人去贵州调查，终于调查清楚真相，避免了无谓的战争。

高拱虽然做了不少事情，但是其人毛病也不少。高拱性情火爆，处事操切，求治心切，对待下属刻薄，性格偏激，心胸狭小，好挟私报复。嘉靖皇帝死后，徐阶重新任用的一批官员，高拱尽皆免去。而在嘉靖朝跟随皇帝胡闹而被徐阶免去的一批官员，高拱又重新起用。高拱的所作所为究竟是不是出于隆庆皇帝的指使或者暗示，历史并没有给予我们明确答案。但皇帝对于这一切肯定是默许的，在人事和决策上二人是一致的。

事实表明，高拱、张居正这样的人的确比严嵩厉害百倍。昔日严嵩当国对官僚一味忍让，换来的仍是官员们的攻击，最后还是靠皇帝杀了几个人才替严嵩解围，而高拱和张居正当国的时候，真的跟官员们较起真了，这些人却都没了脾气。

高拱仍有一件私事没了，那就是徐阶问题。隆庆五年（1571 年），高拱让原苏州知府蔡国熙担任苏松兵备副使。这蔡国熙跟徐阶本就有矛盾，高拱将他放在这个位置上自然是让他对付徐阶。蔡国熙一直监视着徐府，终于逮住了徐阶儿子们的把柄，将徐阶的两个儿子充军，一个儿子削职为民，没收徐家大批田产。徐家的子孙们抱着徐阶痛哭流涕。徐阶只好给张居正写了封信，让他居中调停。

张居正对高拱施加了压力，抑或高拱自己也感觉过分，便终止了继续找徐阶的麻烦。这倒令蔡国熙无路可走，大骂高拱出尔反尔，卖了他。

高拱的专权与跋扈在朝中日益激烈。虽然他跟官僚们一再起冲突，但都得到了隆庆皇帝的庇护。隆庆五年（1571 年），随着内阁大学士殷士儋的致仕，高拱将内阁保守派官僚全部踢了出去。他算是真正地权柄在握。但他不知道一个隐藏幕后的人正向他伸出锋利的匕首。

53 谭纶与戚继光——无法言说的军事改组

隆万时期一些重大的事项都在同时推进，除了南北开关外，军事组织方面也发生了重大变化，表现为戚继光将他的南兵北调。

海瑞是文官中的特殊，戚继光是武官中的特殊。海瑞的成功在于他无党，戚继光的成功在于有人赏识。谭纶就是戚继光的赏识者。谭纶是一位很有特点的官僚，他是文官出身，但是却喜欢军事。当海盗侵入南直隶和浙江的时候，他曾亲自组织队伍前去作战，一度亲自在战场上与倭寇搏杀，此后一直到福建巡抚位置上的他始终跟御倭联系在一起。他的身上不具备一般文官的酸腐之气，却有着武将的豪爽。整场御倭战争，谭纶跟俞大猷、戚继光都是同等重要的人物。但由于他的文官身份，历史对此并无过多注解。

当谭纶巡抚福建的时候，他将戚继光从浙江召来任福建总兵。二人一起收复了兴化、仙游，结束了这场旷日持久的御倭战争。之后谭纶又相继总督陕西、四川、两广等地。隆庆元年，谭纶成为蓟辽总督，开始负责蓟州至山海关一线的防务。来到这样一个军事重地不是南方可以比拟，尤其是隆庆和议之后，宣大、陕西之地再无战事，这个时候蓟镇的位置又突显出来。因为这里偶尔还会发生不受约束的朵颜部和图们汗骚扰事件。这个时候，谭纶将戚继光调到蓟镇来担任总理蓟辽、保定、昌平军务官。

谭纶给戚继光安排了这样一个职位，这属于之前没有的惯例。之所以要这样做，是想让戚继光管辖范围宽一些，能够多做些事情。戚继光来到后，当地将领们多不听指挥。不久，蓟州总兵被调走，戚继光独掌本地防务。这后面的一切都是张居正在操作。

谭纶和戚继光无疑是幸运的，他们在蓟镇这个地方可以为所欲为，可以充分将他们的想法付诸实施，因为背后有张居正在打点一切。而张居正背后就是皇上。这使得谭纶和戚继光不用操心政治，只负责军事。

张居正用谭纶、戚继光，正是想对军事组织进行改组，具体实施的方略就是参照戚继光南方练兵的经验，建立攻防一体的作战体系。但这跟南方不同，北方的士兵对他这个从南方来的人并不买账，况且蓟镇这个地方的士兵向来跋扈不服管束。戚继光慢慢地感觉到若想调教好这些士兵是不可能的。他的心中产生了一个大胆的设想，那就是将浙江的原班人马带到蓟镇来。

这种想法是非常危险的，本来戚继光在南方靠带私兵作战就受到非议，现在竟然要将这些私兵带到蓟镇来，往大的方面说此举等同于谋逆。但时代不同了，隆庆皇帝和张居正充分信任戚继光，加上那位令所有人惧怕的高拱，他们都是改革派，他们都是为了大明着想。

戚继光的想法很快得到批准。他将这些北方的将士完全抛弃，另起炉灶。开始调过来的是三千浙兵，不久增加到两万人。他以这些浙兵为纲目，再辅以北兵。这样戚继光的练兵方略才可以顺利推进下去。

戚继光本来的想法是练成强大的战兵，以骑兵为主，以养成彻底打垮蒙古人的战斗力为目标。但这个时候已经不是永乐朝。戚继光对付倭寇的那一套用来对付蒙古人并无效果，况且朝廷和蒙古已经达成和议，再进行战争已经不合时宜，所以最终决定的练兵方略是以防御为主。

戚继光依靠的主力还是他从南方带来的那个混成旅，一个以步兵为主力的混成旅。这个混成旅包括战车、步兵和骑兵。作战的时候先将战车排一行，战士先用战车上的佛朗机炮开火，然后再将鸟铳放光，接着步兵出击。这些步兵包括藤牌手和长枪手。步兵攻击完毕后，骑兵再出击。戚继光一共建立了七个这样的混成旅，每旅马步兵加一起有七千人，重轻战车有三百余辆。戚继光将这七个混成旅放在京畿周围拱卫。

戚继光的练兵方略究竟有无效果我们不得而知，因为不久朝廷便跟蒙古实现了和议。我个人认为戚的这一方略对付蒙古骑兵效果并不大，因为他们不是南方的步兵倭寇。与骑兵作战，只能是以骑兵对骑兵。

在戚继光镇守北部边防的十五年间，虽有后来的内阁首辅张居正的支持，但是他面临的压力也很大。北兵看不起南兵，北兵经常将南兵的功劳据为己有，那些世袭的军户看不起这些从南方来的募兵。对于这些问题张居正总是让戚继光以忍让的方式解决。

张居正对于谭纶和戚继光的支持的确是无私的。张居正给戚继光提供大量的资金用于购买军火、马匹、兵器，而其他军镇则没有这种待遇。张居正还要求戚继光属地的文官不要干预戚继光的军务。对于当地反对戚继光的将领，张居正总是不动声色地将其调走。对于朝中反对谭纶和戚继光的官员，张居正也都将他们统统调到地方。张居正和谭纶、戚继光的私人信件来往十分频繁。张居正经常让谭纶和戚继光按照他的意思上奏折，然后再由自己票拟，报冯保批红。

谭纶死后，戚继光对张居正的依赖更加强烈。在张居正返回家乡葬父期间，戚继光竟然惴惴不安。他心里明白自己完全是靠着张的庇护，一旦张这个靠山倒了，自己也就什么也不是了。他去信给张居正表达了他的担忧。张居正对戚继光进行了安抚。在信中张居正说道，接替谭纶负责蓟辽事务的是梁梦龙，梁是自己人。看见首辅对自己如此信任，戚继光竟然在众目睽睽之下派了一队鸟铳手保护张居正南下，而张居正竟然也坦然接受。

张居正对戚继光的过分关怀的确是不恰当的。这会令其他边镇的将士们寒心，也会加剧南兵与北兵之间的矛盾，耗费资金修筑的蓟镇防御工事在被皇太极轻易突破后，也成为笑谈。而张居正写给戚继光的信件也会作为日后群臣倒张的重要证据。因为在本朝，中枢大臣结交边将乃是大忌，宦官汪直和首辅夏言都曾犯了这样的大忌。

在边关并无战事的情况下，戚继光逐渐将心思放在修建长城上。在张居正和戚继光的推动下，蓟镇到山海关一带的长城在徐达修建的基础上又加固了。

作为一名喜欢真刀实枪战斗的将军，戚继光在蓟镇的十五年过得并不愉快。他只好将自己的过剩精力发挥在不断地练兵上。张居正死后，戚继光很快被改任广东总兵。虽然这个位置依然显赫，但对于戚继光来说无疑是贬黜。他很快成为一个被朝廷遗忘的人，也许只有在东南灭倭的那段时间才是他一生真正的辉煌。没有战争的生活对于一名武将来说的确是悲剧。

戚继光虽然在寂寞中死去，但是他留下的蓟镇班底却在万历朝几场大的战争中发挥了光和热。这些南兵老实、低调、吃苦，从不争功，很多硬骨头都是他们去啃下的。

还要说一说张居正任用的第二个武将辽东总兵李成梁。辽东形势就是在他手中开始恶化的。李成梁对女真的策略不是安抚，而是分化、挑拨、离间、欺压和打击，还有他和他的子弟为了战功肆意挑起战端。努尔哈赤的祖父、父亲忠于明廷，结果却被明军无端屠戮。努尔哈赤反叛明廷皆因于此。

隆庆朝的政治斗争仍然是血雨腥风，而且这种较量多见于清流与清流、君子与君子之间，博弈更精彩、更激烈。但根本上来说，斗争还是在革新派与守旧派之间进行。因为有皇帝的支持，革新派要顺利得多。跟前几朝不同的是，皇帝对这种改革派是始终不渝地支持。而且这种改革派从中央到地方都有，这也是前朝不存在的特点。从隆庆元年到万历十年是大明王朝的改革期。这场改革涉及军事、人事、经济方面：它在军事方面带来私兵制，这多多少少会提高军队的战斗力；在人事方面主要侧重于对官吏的考核，这点在张居正死后已经不复存在；在经济方面主要是顺应商品经济的发展，将赋税和徭役合并统一以白银缴纳。

这三方面的改革事实上都存在问题，有的还是灾难性的：军队的私兵化会带来军队的军阀化，会导致将领的自保，而这又会影响军事任务的完成；对官吏考核过严又会导致弄虚作假和加大对百姓的盘剥；白银的货币化又会动摇农业的基础性地位。尤其是这点，在明朝的灭亡中是一个很大的因素。

政策的制定和改革的推进往往看起来并不是那么美好，它所带来的弊端会在以后显露出来，而这些或许又将成为各级官吏苟安的说辞。无论如何，隆庆时代仍旧是一个伟大的时代。这个时代打破了祖制，突破华夷之辩的教条，南北同时开关。这完全是利在当代、功在千秋的大事。这才是后世人应该真正关注的。

54 古怪而琐碎的海瑞改革三十六条

嘉靖皇帝死后，上疏骂皇帝的海瑞被放了出来，从此一路升官。隆庆元年就做到了大理寺右丞，这些都赖于徐阶的提携。当时正值徐阶与高拱斗法，海瑞又开始炮轰高拱。事实表明，高拱正需要海瑞这样的人来对付。海瑞在奏书中说："徐阶为首辅，天下开始出现治世的景象，徐阶不招权、不纳贿，而高拱性格狡猾而且凶。高拱的才具不足以担任内阁大学士，而且高拱指使爪牙将是说成非，非说成是，臣以为应该立刻罢黜高拱。"

海瑞的上书直接将高拱搞得没了脾气，打了高拱一个响噎。隆庆三年（1569年），在高拱回朝的前夕，海瑞升任都察院右佥都御史，总督粮储、提督军务，巡抚应天。

应天巡抚治所在苏州，下辖应天、苏州、松江、镇江、常州、徽州、宁国、池州、太平、安庆十府，另外还总督杭州、嘉兴、湖州三地税粮。

可以说明朝半数粮仓都在这个地方，这个地方的分量自然是不言而喻的。让海瑞出任这个地方的巡抚其原因究竟是什么？这个时候徐阶已经致仕，不会是他推荐；高拱跟海瑞有仇，自然也不会是他的举荐；张居正向来看不起海瑞，也不会举荐海瑞。所以海瑞此次出任应天巡抚可能出自皇帝的圣裁，皇帝想利用这把利器去戳一戳江南的那些豪绅们。

海瑞人还未到任上，其声势已惊涛排海而来，整个江南上空似乎是阴云密布，一些本地的精英分子似乎开始喘不过气来。一些当地的官员开始向吏部打报告要求调走，缙绅之家将大门由朱色涂成黑色，驻苏州的一名宦官将轿子由八人抬改为四人抬。

海瑞上任伊始，便发布了他的《督抚条约》三十六条：境内成年男子一律从速结婚成家，不愿意守节的寡妇立即改嫁，溺杀婴孩一律停止，巡抚前往各地视察，地方官吏一律不许迎接，巡抚在各府县逗留期间，伙食标准为二钱至三钱银子，鸡鱼肉可供应，但不得供应鹅及黄酒，境内公文一律使用廉价纸张，公文必须写满，不许留白，知府和县令不许下乡，有事让吏传唤民众到场，境内停止生产一切奢侈品。

海瑞的这些条款显得古怪而琐碎，而且不近人情。

不久，海瑞又发布文告，要为那些因破产而失去田产的农户讨回他们的土地。在本朝，洪武皇帝通过武力手段革除士绅阶层，但到了明中期这个阶层又死灰复燃，因为大明王朝的土地所有制仍旧是封建土地私有制。

有积蓄的自耕农或者官吏通常将钱以高息的形式贷给那些缺资金的农户，这些借钱的农户自然以田产做抵押，一旦还不起债务，所抵押田产自然归放贷者所有。但王朝的法律又规定，五年之内失去田地的农户可以以原价赎回，海瑞来到后便开始执行这一规定。

一时前来申请退田的人络绎不绝，巡抚衙门口挤满了前来要求退田的百姓，海瑞一个月居然收到要求退田的申请达几千份。他居然碰到了跟洪武皇帝一样的难题，那就是由于自身的理想化带来一些复杂性的问题。

这些要求退田的申请很多都指向一个人——前任首辅徐阶。徐家大约很久以前就从事高利贷生意，而且几代没有分家，到如今积累的田产已达六万亩。这倒令海瑞难办了，一方面徐阶对他有恩，另一方面自己政令如山，而且天下的眼睛都看着自己。

事实证明海瑞并非一根筋，他也具备灵活性的一面，只是看情况而论。他采取了折中办法，他令徐阶退了一部分田，又逮了徐阶的弟弟，这样既对老百姓有了交代，又维护了徐家的利益。

海瑞在处理徐阶问题上获得了空前的成功，至少人们认为这是一个秉公处事的人，前来申请退田的人越来越多，而海瑞也越来越有信心，他跟当初的洪武皇帝一样开始牵扯进一些鸡毛蒜皮的琐碎事情中去。

海瑞的行为终是触犯了士绅的利益，在他来江南的八个月后，终于开始有人弹劾他了。刑科给事中舒化首先发难，他说“海瑞不识大体、不近人情，出寻常之外、创新奇之法，只能放在清闲的岗位，不能重用”。隆庆皇帝并没有理会这些，他大概很享受地看着海瑞在地方上搞个不亦乐乎。

眼见刑科给事中的弹劾没起到作用，徐阶授意吏科给事中、嘉兴人戴凤翔弹劾海瑞。戴凤翔在奏书中说海瑞“不谙吏事、鱼肉缙绅、沽名乱政”，而且还说海瑞性情古怪，将自己的妻妾杀死。

虽然戴凤翔的弹劾具备代表性，但依然不起作用，皇帝对这个特立独行的官僚依然庇护，但群臣对海瑞的态度却大大转变。当海瑞将矛头对着嘉靖皇帝的时候，众人还觉得有点意思，但当海瑞将矛头对准士绅集团的时候，他们发觉事情不是那么妙了，因为官吏的家庭多多少少也属这个集团。人们普遍认为这个人志大才疏，性格偏激，只会将事情办糟，所以只能闲用，海瑞在文官团体中树立的那种形象轰然倒塌。

有隆庆皇帝撑腰，仍然是没人能撼动他，但当高拱回朝以后，这一切就不同了。高拱是个睚眦必报的人，隆庆元年海瑞对他的辱骂他还记忆犹新。高拱担任吏部尚书后就发现了戴凤翔参海瑞的奏书，他立即做出批示，免去海瑞应天巡抚的职务，改任南京粮储总督。不久高拱又免去海瑞督粮官的职务。见此情形，海瑞便辞去职务回到了海南。临行前，海瑞在给朝廷的上书中说道：“举朝之士，皆妇人也。”

55 大明最跋扈官僚高拱的穷途末路

一直身体不好的隆庆皇帝于隆庆六年（1572年）五月龙驭宾天。六月，十岁的朱翊钧继位，是为万历皇帝。

此时的内阁大学士有高拱、张居正、高仪三人。守旧派在隆庆朝已经全部被革除掉，留下的都是革新派。但是就在这个貌似整齐划一的革新派中，实际上早就出现了裂痕。

高拱与张居正虽然都是革新派，但两人的性格和行事风格也不同。高拱属于性格外露之人，行事较偏激，而张居正则内敛、稳重一些。张居正对高拱是看不起的，他有自己的一套处事准则，高拱的那一套他很不以为然。虽然如此，但当高拱在隆庆一朝高歌猛进的时候，张居正对他也无可奈何，但他那双眼睛紧紧地盯着高拱，时刻想着取而代之。因为他认为国家需要的是他，而不是高拱。

在处理徐阶一事上，张居正第一次掣肘了高拱。私下里张居正还对高拱这种无聊的做法进行了讽刺。这些话传到了高拱耳朵里，高拱顿时对张居正不满起来。高拱让家里的奴仆在外面放出话来，说张居正收了徐阶三万金。眼见此事已传得沸沸扬扬，高拱便去诘问张居正。两人爆发了第一次龃龉。

两人之间堆积的互相尊重在这一刻轰然倒塌。高拱又联想到户科给事中曹大野曾弹劾自己十大不忠事，弄得自己很狼狈。而这个曹大野是曾省吾的门生，曾省吾又是张居正提拔的人。是不是张居正授意言官弹劾自己呢？想通了这一层，高拱对张居正越发记恨。

俗话说一山不能容二虎，高拱和张居正就是那两只虎。好在这么些年来高拱替张居正清除了徐阶、李春芳、陈以勤、赵贞吉等仕途上的障碍，张居正也乐意看着高拱跟这些人斗来斗去。现在摆在张居正面前的就是高拱这一道障碍，扳倒了这道障碍，自己就是内阁首辅。

眼见隆庆皇帝身体不行，在隆庆六年的时候，张居正就开始谋划。他开始跟司礼监秉笔太监冯保联系，并通过与冯保的联系加强了跟万历皇帝生母李皇妃的关系，三人在隆庆末年就形成了一个稳固的政治铁三角。这一切都在隆庆末年悄悄铺开，而高拱却浑然不知。

隆庆皇帝在去世前夕，将后事托付给了高拱。高拱为辅政大臣，这是公开宣布的事情，宫内宫外都知道这点。但是当皇帝宾天后事情又起了变化。

冯保在隆庆元年就成为司礼监秉笔太监兼领东厂事，成为内廷第二号人物。不久，掌印太监的位置空了下来，按理冯保应该升掌印，但高拱不喜欢冯保权力太大，所以他推荐了御用监陈洪为掌印。陈洪不胜任这个职位，他又推荐了尚膳监的孟冲。这个时候，冯保对高拱的忌恨达到了顶点。

虽然高拱曾在裕王的藩邸当他的老师，但高拱并没有与裕王的妃子李氏建立一种良好的关系，他反而对裕王的妃子采取了一种轻视态度。这些对高拱不利的因素统统被张居正利用起来。

所以当隆庆皇帝去世后，冯保突然颁布了遗诏，说皇帝在遗诏上任命自己为司礼监掌印，跟高拱一起辅佐幼主。虽然高拱知道这是假遗诏，但高拱也无法当面反驳。就这样冯保摇身一变，成了司礼监掌印。

冯张联手已经很显然了，高拱下定决心除掉此二人。他打算先扳倒冯保，然后再钳制张居正，但他对形势的估计过于乐观。隆庆朝他想扳谁就扳谁，那是因为他是帝师，有皇帝庇佑。但此时已不是隆庆朝，那个时代已经过去了，而高拱对此竟毫无感知，他仍旧处在隆庆朝的惯性中。

他还天真地以为张居正听他的。他将弹劾冯保的事情告知张居正，张居正表面答应一起做这件事情，但却立刻透露给了冯保。当高拱将请求削夺司礼监权力的奏书递上去的时候，冯保自己在上面批示“知道了”三个字然后打了回去。人们纷纷说皇帝不同意裁撤冯保的权力，高拱暴跳如雷地说道：“十岁的孩子懂得什么？一定是冯保这厮自作主张。”

张居正听见后，连忙派人进宫跟冯保商量，就以这句话为突破口，作为倒高的关键。冯保就这个意见告知了李太后，获得了太后的首肯。恰在这个时候，高拱又发动他控制的科道言官对冯保进行激烈的弹劾。

六月十日高拱上了那道请求削夺司礼监权力的奏书，到了六月十六日，宫中传出旨意，召内阁、五府、部院上朝。高拱兴奋异常，他认为是言官们的弹劾生效了，皇帝要罢免冯保了。

待到上朝时，中官念道：“两宫太后懿旨，皇帝圣旨，今有大学士高拱专权擅政，欺吾母子。吾母子三人惊惧不宁，着高拱回籍闲住，不许停留。”

高拱听完后面如死灰，汗如雨下，伏地不能起，后来还是张居正将他扶了起来。第二天，高拱就回了家乡河南新郑。

事后张居正为了避嫌，还跟另一名内阁大学士高仪联名上了一道请留高拱的奏疏，但很明显这只是做做样子而已。

因为有先皇的庇护，高拱的仕途太过顺利。他只知道蒙着头往前冲，从来不知道往左右或者往后看看。他排挤走了徐阶、李春芳、陈以勤、赵贞吉，但是他不知道真正的威胁是谁，结果只是给别人做了嫁衣。

平心而论，高拱在隆庆六年的所作所为的确过分。老皇帝刚刚宾天，新皇帝刚刚即位，他就将矛头对准后宫。谁都知道打冯保就是打太后。只能说高拱是咎由自取，连小孩子都能看出来的结果，他却看不出来。

在大明王朝三百年中，高拱是最跋扈的官僚，人们所广为诟斥的严嵩连他的背影都摸不着。高拱敢公开发动大批言官对自己的政敌进行弹劾，乃至直接弹劾掌印太监，而你借严嵩一万个胆子他都不敢这么做。所以，在宽松的政治氛围下，隆万年间的政治斗争远比嘉靖年间更加激烈和公开化。

很可惜，高拱到死都没能成为一个成熟的政治家。他退休在家的最后六年只是在回忆张居正的点点滴滴。按他自己的话说，他最终发觉张居正在很早以前就给他使绊子了，拿他当枪使，而且很早就开始跟冯保勾结。

另一名内阁阁臣高仪在听说高拱被逐的消息后震惊不已，竟然呕血而死。就这样隆庆朝留下的三名阁臣只剩张居正一人。也是很可惜，张居正最终也没有从高拱那里吸取任何教训。虽然他在生前没有遭到清算，但最终的结局比高拱还惨。他连累了他的子孙，让自己的后代成了贱民。这一切正应了那句话，同在官场，相煎何急？

高拱既被罢黜，张居正和冯保担心高拱东山再起。之前高拱在隆庆元年就被弹劾回家，隆庆三年又回朝中。如今张居正和冯保全靠那个女人的支持，皇帝年龄太小，对他们是什么态度还不得而知。所以为了安全起见，最好能将高拱整死。

张居正和冯保买通了一名名唤王大臣的智障人士。该人于万历元年（1573年）正月十九日携带匕首，身着宦官服饰出现在宫廷，被冯保当场拿住。经过东厂的拷问，该人自称受高胡子指使进宫行刺。消息传出，一片哗然。人们纷纷指责张居正、冯保为了置高拱于死地，设计了这么一个拙劣的计策。

都察院左都御史葛守礼和吏部尚书杨博带头表示反对，科道言官纷纷上书要求将王大臣从东厂诏狱中提出来，由三法司公开会审。张居正表示反对，认为此案已定，无需再审。双方相持了五天，越来越多的各部堂官、科道言官聚集起来替高拱鸣冤。张居正感到了空前的压力，他想了一个折中的办法，那就是派锦衣卫都督朱希孝会同冯保一起审讯。

会审开始后，冯保命人将王大臣拉过来开始打板子。王大臣大声嚷道："说好了给我官做，为何要打我？"

冯保问道："是谁指使你来的？"

王大臣嚷道："是你指使我来的。你知道，还来问我？"

冯保气得哑口无言，他又问道："你昨天说是高胡子指使你来的，为何今日不说？"

"那是你教我的，我知道高胡子是谁？"王大臣反问道。

朱希孝见势不妙，恐怕王大臣将事情和盘托出，连忙将问案打住。问案结束后，冯保带着让王大臣强行画押的案卷进宫交给万历皇帝。万历皇帝刚看了案卷一眼，身边的一位七旬老太监就说道："万岁爷，不要听他的。那高阁老是个忠臣，他如何会干这样的事？"

"冯保，万岁爷年幼，你当干些好事辅佐他。那高胡子是正直忠臣，受顾命的，谁不知道，张蛮子夺他首相，故要杀他灭口。你我是内官，又不做他的官，你帮助他干吗？你身为内官，帮助外官使坏，我们内官的脸都让你丢尽了。"这位老太监转脸对冯保喝道。

老太监的一席话让冯保大为沮丧，他匆匆退了出去，来到殿外又遇见司礼监秉笔张宏。张宏也说此事不可为。到了此时，冯保才打算放弃此事。冯保让人传话给张居正，说此事已不可为。张居正眼见如此，也只好放弃。

张居正马上给科道言官传话，说此事我当为之，只保高阁老没事便可，你们不必再上本了。第二天，东厂诏狱将王大臣移交三法司，但王之臣已经被毒哑不能说话。在王之臣不能说话又不识字的情况下，三法司只有将其判死了事。

万历朝开局就是血雨腥风，波谲云诡。这注定了这个王朝不会平静。万历初年的高拱、张居正斗法，他们考虑的只是自身的利益。所谓的人臣君子在巨大的权力与利益面前的争斗，千古之后唯余笑谈。

56　太后、权臣、阉宦——一个牢固的政治铁三角

万历初年的行政在一种牢固的政治铁三角下运行。它使国家能够集中力量进行所能够推进的改革。这对国家来说是有好处的。我们对于这个铁三角应该持肯定态度，而不是纠结于一些细枝末节的问题。

太后李氏在不长的时间内经历了王妃、皇妃、太后的转变。李氏是顺天府郭县人，父亲李伟是泥瓦匠。因为家乡遭遇灾害，李伟带着全家到京城谋生。受生活所迫，李伟将李氏送到裕王府当丫头。李氏服侍的是裕王的侧室陈王妃。

裕王的正室李王妃曾生过一男一女。但在古代医疗条件不发达，接生过程没有任何消毒情况下，小孩子夭折很普遍。后来这一男一女都夭折了。侧室陈王妃曾生过一女，之后这女孩夭折，陈王妃再也没有生育。后来给裕王留下子嗣的就是这位进王府充当丫鬟的李氏。嘉靖四十二年（1563 年），朱翊钧诞生。朱翊钧的世子地位就此确立，再后来李氏又生一子朱翊镠。

大明王朝的皇子们大多跟平民家的女儿联姻，因为这是祖制，其目的就是让这些没有外援的宫中女人无法强大起来，而且这些平民家的女儿大多也无政治斗

争经验。不仅如此，公主也多是嫁给低级武官。所以，明朝皇族们的生活并无太多丰富色彩。

当隆庆皇帝宾天后，李氏年仅二十八岁，此时正处于母强子弱的局面。但实际情况并非如此，面对复杂而散乱的政治格局，面对外廷咄咄逼人的文臣，李氏心中实际上是惴惴不安。但她有自己的一套思路，首先要稳定住内廷，其次再稳定住外廷。

在内廷，她选中了冯保这位早就应该成为司礼监掌印的太监。冯保曾被人以冯大伴称呼，因为在万历的四岁到十岁期间，是他陪伴万历度过的。冯保是值得信任的人。而此时的掌印孟冲无论是文化还是才干都不及冯保。隆庆皇帝死后，李氏很快以冯保取代了孟冲，稳定了内廷。

在外廷，她选中了张居正。同样，在万历四岁到十岁期间，张居正作为太子老师也是一直陪伴着这个小皇子度过的。李氏对张居正完全信任，能够找到这样的老师来教育自己的儿子，她感到非常满意。她将皇子的教育完全托付给了这位内阁大学士。

面对高拱的咄咄逼人攻势，在张居正、冯保的帮助下，她果断剪除了高拱这个不安定因素。张居正成为内阁首辅，内外廷同时稳定，朝廷实现了一种新的稳固。

李氏这个女人对治国并无特定看法，冯保也是如此，他们所希望的就是能有一人把治理国家的事情担待起来，而张居正恰巧就成为这样的人。所以，这个国家究竟如何治理，他们并无想法。他们也只有给予张居正无条件的支持。

万历朝第一个十年表面上看是张居正在主导一切，实际上这都是这个女人在背后操作。她谋划了万历朝的开篇宏局。她对张居正是毫无保留地支持，当张居正改革触动了士绅利益，也是她在背后加码，抵住了潮水般攻击，使得这种改革能够推进下去。这是她的第一个伟大之处。

她的第二个伟大之处是当张居正死去、冯保被罢黜后，她自觉地退居幕后，从此不再多发一言。此时的李太后很清楚，万历十年以后已经不是过去那个时代，皇帝已经成人，不需要再扶着走，社会舆论的日益宽松已经容不得内宫的干政或者权臣的出现。这位太后非常有自知之明，这也从侧面反映了她较高的素质。

李太后于万历四十二年（1614 年）以七十岁高龄去世，她跟她的儿子一起经历了这个漫长的万历朝。

冯保是河北深县人，由于就近原则，明代中后期大多数宦官来自这个地方。冯保有很高的文化修养，大概在进宫之前就是个读书人。冯保不仅有很高的文化修养，他在书法、音律、绘图上都有一定的造诣，《清明上河图》至今有他留下的题跋。

由于冯保的文化水平较高，办事稳重干练，嘉靖朝他就做到了司礼监秉笔太监，隆庆朝更是掌东厂事。冯保性格狡黠有余，忠厚不足，故而与高拱不合，也就失去了升迁的机会。但在隆庆朝，他跟李皇妃以及张居正却保持了一种良好关系。

万历初年的铁三角中，冯保是最难琢磨的一个人。我们隐隐约约地感到冯保也是一个很有政治抱负的人。如果不是宦官，他也许也能成为士大夫中的一员。在这方面，他跟王振、汪直、刘瑾、魏忠贤何其相似。这些来自底层的人，因为没有出路，只好进宫成为阉人。其实他们的内心深处何尝不想娶妻生子、考取功名、光宗耀祖？

既然搞清楚了这层，冯保对张居正的改革予以毫无保留的支持也就不难理解了。冯保能做到这点的确不容易，如果换作王振或者刘瑾，断不会自己充当陪衬全力支持对方。所以，冯保跟李太后一样，也是一位值得尊敬的人。

冯保还有一个值得肯定的地方，那就是他尤其重视小皇帝的教育，这点跟王振有些类似。他并不会为了讨好皇帝而放松对皇帝的约束。这点尤其难能可贵，这更显出他的高风亮节。冯保从来都是督促皇帝学习、限制他玩耍的，甚至对引诱皇帝玩耍的太监也进行责罚。有一次皇帝醉酒后杖责太监，冯保偷偷告诉了李太后，李太后竟然让皇帝下了罪己诏。

铁三角中的第三角是张居正。张居正的先祖是跟随朱元璋一起打天下的，后来成为湖北秭归的世袭千户。到了张居正这一代，由于曾祖父庶出，无法继承官职，便迁到了湖北江陵。跟明代大多数的内阁学士一样，张居正小时候就显示出聪慧的特质，十二岁他考中秀才，十三岁参加乡试。虽然也够格成为举人，但湖广巡抚想让他多磨炼两年，所以在十六岁那年他才成为举人，二十三岁那年成为进士，授翰林院编修。

这位张首辅也跟明代大多数知名的大学士一样，经历了进士、翰林院、部院、内阁的仕途过程，其间没有任何的挫折。跟谢迁、杨廷和、夏言、高拱一样，这类官员行事专制而且偏激，相反有过挫折经历和地方官经验的严嵩、徐阶则要圆滑得多。

在翰林院的十七年，张居正一直冷眼旁观，因为他对朝政插不上任何嘴。但他也是有收获的，他获得了徐阶的注意。但徐阶本人也是如履薄冰、小心翼翼，更别说张居正了。他们所做的只有等待。

由于在翰林院长期得不到提拔、重视，张居正竟然心灰意冷，请辞归家。在江陵过了几年平淡生活后，不甘心的他重又回北京。哪知竟然时来运转，嘉靖皇帝下令编修《承天大志》，徐阶推荐了他。张居正出色地完成编撰任务，此举获得了嘉靖皇帝的注意。皇帝终于发现这位翰林是个人才，于是便有意将他培养成裕王将来的班底。皇帝让他入住裕王府邸，成为裕王的侍讲。这是张居正一生的转折点，说来还是出自嘉靖皇帝的安排。

隆庆朝，张居正很快成为内阁大学士。他还负责起皇子朱翊钧的教育来。这个时候张居正依然没有显露出他的个性。徐阶致仕、高拱还朝后，这个时候张居正才逐渐显露出他的个性。尤其是万历皇帝登基后，扳倒高拱的路上再无障碍，张居正显露出了他的政治手腕。

经过二十多年的隐忍、等待、揣摩，张居正对治国已经有了一套成熟的思想。他将自己的一套理念强势地推了出去。

张居正身材高大、目光深邃、气场十足，能够震慑住朝堂上的所有人，包括那个小皇帝和他身旁、身后的人。在张居正生前，无人敢反对他，人们只好将这种不满压抑在心底；一旦他死后，这种不满最终以更激烈的方式爆发出来。

在万历朝的第一个十年，最高指挥者、内廷、外廷由于共同的理想与相互的需求，以一种罕见的方式形成一种政治铁三角。也正是由于有这样一个牢不可破的铁三角，才使得万历开局的政局相当稳定，也使得各项改革措施能够顺利推进，所有阻碍变革的势力无不在这个铁三角面前被撞得粉碎。但随着那个孩子的成长，这个铁三角终有被冲破的一天。

57 儒家礼法高压下的万历皇帝

万历皇帝名叫朱翊钧，在嘉靖皇帝生前的最后四年间诞生，并且存活了下来。嘉靖皇帝虽然表现出漠不关心的态度，但他的内心深处比任何人都要激动。裕王长子早夭，这个新诞生的婴儿无疑成为裕王世子。

由于在良好的成长环境中长大，朱翊钧不似其他皇帝那样从小就担惊受怕。他跟宣德皇帝、正德皇帝一样很小就显露出聪慧的一面。大约三岁半的时候，他就能够读书。在张居正成了他的老师后，对他的管教极其严格。小皇子学习起来也是极其刻苦，每天清晨五点钟就起床，这个时候张居正已经等在殿外，小皇子开始背书。七点钟开始进早餐，吃完饭休息一下。八点钟开始一天重要课程的学习，学习的内容自然是以四书为主。这样到了十二点钟开始吃午饭。下午从两点钟又开始学习。虽然下午的学习较上午宽松，但也需要对上午的学习内容进行巩固、提高。这样下午小皇子也没有玩耍的时间。

日子就在这么日复一日的单调节奏中度过。每年只有三天的休息时间，那就是春节、父皇的生日、自己的生日。即便是在这三个休息日，他也要参加各种礼仪活动。虽然他在出阁读书后，很快当上了皇帝，但过的依然是这种日子。在这方面，皇帝这种公众人物远没有普通老百姓活得自由。

这位皇子对读书从来没有表现出任何不满情绪。他对身旁的人极其尊重，他甚至能替别人着想。一天皇子在殿外遇到了张居正，他向张居正问道："先生良苦翊赞。"张居正回道："愿殿下勤学。"一日皇子看见父皇在宫殿内骑马，朱翊钧说道："陛下天下主，独骑而骋，摔倒了怎么办？"

朱翊钧是个极其孝顺的孩子。每天清晨在早饭之前，他都要去西宫向母亲请安，然后由母亲带着自己去向坤宁宫的王皇后问安。

朱翊钧登基后对他的首辅张居正极其尊重，遇事都跟他商量。一次他在文华殿听课完毕，听说张先生腹部疼痛，便亲自下厨调了一碗辣椒面，而且亲自看着张居正吃下去。皇帝与这位张先生之间最令人关注的事情还是开了经筵之后。一天他对张居正说道："昨日的讲官讲《大学》的时候讲错了一个字，我本想纠正，但恐怕会让他没面子。"

张居正回答道："讲官小心差错，出于无心之过，望圣上宽容。"

万历皇帝点头答应下来。

从这里我们可以看出，万历皇帝作为一个登基不久的小皇帝，在听经筵的过程中竟然一丝不苟，连讲官说错了一个字他都能听出来。小皇帝不仅读书认真，对于一些问题他也勤于思考。当他看见周公和孔子的像立在文王的两旁时，皇帝问左右的臣子："二圣人为何要旁列？"身边大臣连忙回答："周公和孔子虽然是圣人，但他们是文王的臣子，故而要旁列。"

皇帝不仅刻苦学习，对国家的事情他也有自己的主意，并不是完全听从太后或张居正的意见。隆庆六年，御史胡涍上书以天象示警，建议皇帝释放宫中的宫女。按理说，此举对于一个新继位的皇帝来说是义举，它可以将那些年老色衰的宫女放出宫去嫁人，但万历皇帝对此事自有看法。他说道："如今宫中只有宫女千人，侍奉两宫太后，执掌浣衣局、巾帽局、针工局、内织染局、酒醋面局、司苑局尚且不够，更别说要放她们出去。而且有些宫女年纪大了，出去也找不到人家，而且可能还没饭吃。"所以，针对这个提议，万历皇帝乾纲独断给否决掉了。我们要知道，这些说辞可是出自一个十岁的孩子。

除了我们讲述的皇帝的这些特点，这位天子还十分仁慈。朱棣夺位后，不承认建文年号，硬将洪武年号延长了四年。建文皇帝和建文往事成了此后大明王朝所有人不愿意触及的伤痕，但这位皇帝却试图在这方面能够正本清源。

在万历皇帝登基的头一年，他就下诏在为建文皇帝殉节的文臣家乡建表忠祠，而且给他们的后裔抚恤。万历二年（1574 年），皇帝又问张居正建文皇帝的下落。虽然这个时候皇帝显示出了对建文皇帝的关心，但他终究还不敢迈出那一步。朝廷终于在万历二十三年恢复了建文年号，将洪武三十二年至三十五年去掉，后来在弘光年间，南明政权才最终给建文皇帝上了一个完整的庙号、尊号、谥号，牌位入继太庙。

这位皇帝除了这些性格特点外，他还有一特长，那就是写大字。隆庆六年某天在文华殿读完书，皇帝突发兴致，他让讲官们看他写字。他将纸铺在地上，提起粗粗的毛笔写下几幅直径在一尺以上的大字。他给张居正写的是“元辅”“良臣”。众人接过皇帝赐予的大字，激动不已。他们为皇帝的天资聪颖兴奋不已。之后，皇帝不断在群臣前显摆，终于导致张居正对皇帝的劝诫。

“陛下，你的字已经写得很好了。你天纵才华，但是作为君主不应该在这方面浪费太多时间，应该将精力放在治理国家上。你难道忘了汉成帝、梁元帝、陈后主、隋炀帝、宋徽宗的教训吗？”张居正说道。

张居正的话令这个孩子打了一个激灵，真没想到自己写字也竟然跟亡国之君联系到了一起。他也深知作为一国之君必须处处受到约束，从此他再也没有在人前炫耀自己的特长，他的这一兴趣也就被生生扼杀了。即使在张居正去世以后，他对此也再无兴趣。

我们上面所叙述的关于这个年幼皇帝的一切都不符合一个孩子的本性。为了展现他合格君主的形象，抑或者在太后、张居正、冯保的高压之下，他将一个孩子的天性全部隐藏起来，去默默地接受一切。但纵是如此，孩子的天性还是会偶尔暴露出来。

万历三年（1575年）的元宵节，皇帝想放烟火乐一乐，但前几年的元宵节放烟火活动都被张居正禁止了。今年他小心翼翼地征询张先生的意见。

“元夕鳌山烟火，符合祖制乎？”皇帝问道。

“非也。隆庆以来，乃岁供元夕之娱，靡费无益，如今施行新政，正当节省。”张居正说道。

小皇帝满怀期待的神色黯淡了，半晌才说道：“然。”

虽然皇帝像接受张居正在其他事项上的主张一样接受了这次禁止燃放烟火的主张，但皇帝内心深处已经对张居正不满。这种不满皇帝自己并不知道，但这是一种情感的自然流露。它会经过日积月累最终以极大破坏力爆发出来，而此时的张居正却浑然不觉。如果有一个善于察言观色又喜欢搬弄是非的人在旁边，那么他就会抓住这些机会，慢慢地，以极其隐蔽的方式向皇帝进言，最终搞垮张居正。

皇帝的恭顺绝不意味着这是他的天性。他跟弘治皇帝一样是受压抑的君主，他们本应该有真性情的一面，但特殊的身份和儒家行为规范限制了他们真实的一面。随着万历元年（1578 年）皇帝的大婚，这一局面开始改观起来。

皇帝既已成家，也就脱离了后宫的监督，可以独立地跟太监和宫女在一起。这些从民间来的人自然懂得生活的乐趣，他们知道如何引导皇帝一起玩。从这个时候起，皇帝才知道原来人生可以很精彩。他经常身着紧袖衣衫、腰悬宝刀，在宫女、宦官的簇拥下，在宫内横冲直撞；他也经常喝得酩酊大醉，跟宫女们一起搂搂抱抱；他或者看着太监、宫女们表演着戏曲，或者加入其中。

万历八年（1580 年），皇帝已经十七岁了，在一次夜宴上皇帝喝得大醉。他兴致盎然，让两个宫女唱曲，两名宫女推说不会，皇帝不禁勃然大怒。皇帝已经愤怒了，但宫女、太监们还在那里笑。皇帝不禁将桌子一拍大声喝道：“拉出去斩首。”太监、宫女们这才慌了。两名宫女立刻跪下求饶，太监们也纷纷求情。眼见这些人纷纷讨饶，皇帝的虚荣心得到了满足，他便松了一口气说道：“本来你们违抗圣旨，理应斩首，但今天以割发代罚。”

说完，皇帝亲自拿起剪刀从两名宫女头上各取下一缕发丝。这些做完后，皇帝憋不住了，突然哈哈大笑起来。看见皇帝突然发笑，众人都松了一口气。皇帝扭转头看见那几个求情的太监，不禁又发脾气道：“你们几个着实可恶，给我拉出去棍打。”

也许多年后，你会发现，这位皇帝只适合做一个富贵家的孩子，他并不适合当君主。万历八年的这场闹剧影响是深远的，因为冯保将皇帝的行为告诉了太后。太后为了杜绝此类事件再次发生，作出十分悲痛的样子。她身着一身素衣，去掉所有装饰，跪在列祖列宗的牌位前，威胁要废掉万历皇帝的皇位，立他的弟弟潞王为帝。皇帝慌了，感到了事态的严重性。他在慈圣皇太后面前苦苦哀求，他甚至在跪了很长时间以后才获得了太后的原谅。

事后，李氏跟张居正、冯保商量，将皇帝身边的那些活跃分子全部斥退掉，代之以翰林院的学士们充斥他的闲余生活。就这样，刚刚体会到人生乐趣的皇帝又被更多的儒家经史子集所填满。

万历八年（1580年）的事情在皇帝内心深处留下了伤痕，童年和少年时期没有在正常氛围下度过必然会对他的身心造成伤害，并在以后的岁月中表现出来。而由于他的皇帝身份，这种伤害会放大到整个国家，给整个国家带来消极的影响。

表面平静的万历八年（1580年），因为一个小事件最终会成为后面一系列大事件的积累，并使朝政几十年来运行疲惫。

58 毁誉参半的张居正改革

在张居正执政的十年中，朝政的运行效率在旧有的体制下达到了极致。这种运作的特点是依靠人事任免和文牍主义，而不是军事专制，此时大明似乎又重回洪武之治的局面。但张居正改革只是对旧有体制的弥补，他没有立法权。但是即便是一种弥补，也使得大明积累的粮食和白银数年用不完。所以，如果使国家的税制更合理一些，而不至于让少数人将资源占据，再辅以高效率的行政体制，那么这个国家将会何其强大。但是在惯性的作用下，这一切都显得那么不可能。

张居正首先搞的一个名堂叫考成法。我们都知道官场上的官僚习气乃是一种普遍现象，因为人们都有惰性，但这种官僚积习绝不意味着什么事情都可以拖拉，所以即便是这种积习也能够保持政治的平稳运转。一旦上面的压力施加下来，那么会导致所有官员忙碌起来，并处于一种紧张之中。他们会将自身的这种压力分摊给治下的官吏，再由治下的官吏分摊给全体国民，并最终使整个国家处于一种紧张与忙碌状态之中。张居正的考成法就是这么一个东西。

张居正将行政系统和监察系统合二为一，内阁下面是六科，六科下面是六部、都察院，部院下面是督抚，督抚下面是府州县。每个衙门有三本账，一本账留底，一本账在内阁存底，第三本账在自己的上级部门那里。府州县对督抚负责，督抚对部院负责，部院对六科负责，六科对内阁负责。各个衙门将每个月完成的任务写在账册上，每个月上级衙门都要亲自检查，然后核销，将核销的结果上报内阁，内阁再予以最终核销。在这种直线中，六科是关键，拥有检查整个行政体系的权力，以免出现弄虚作假的情况。

六科是朱元璋的独创，是按条线成立的跟六部相对应的六个部门。它的给事中是正七品，但它有封驳一切行政命令之权力。朱元璋喜欢用这种位卑权重的部门制衡一切。本朝的监察系统较前代比是最完备的，也是最厉害的。除了谈到的六科，还有遍布天下的御史。洪武皇帝甚至鼓励官员之间互相告发、诘讦，所以身为朝廷一分子的官员可以弹劾任何人，包括皇帝。一旦有官员遭到弹劾，无论他是什么级别，都要回避，等待皇帝任命的调查组作出独立的调查。在这个过程中被弹劾的官员还要做出解释。一旦遭遇激烈的、群体性的弹劾，即便是毫无错误的官员也会因此而辞职。隆庆元年的高拱就是例子。

在这个监察系统和纠劾系统空前完备的王朝，可能会杜绝腐败和渎职，但也会束缚官员的手脚，使得他们不敢实心用事。而张居正在他的考成法中将行政、监察合并成一条线，无疑是废除了朱元璋制定的权力的分权与制衡原则，这更是打破了秦代以来建立的丞相与御史台分权制度。

张居正的这一改革措施顿时使所有的官员忙碌起来，行政效率大大提高，积压几十年的奏章也都得到迅速处理。从这方面可以看出这一改革措施具备了法家思想。法家思想的问题就在于制度的僵硬性，没有回旋的余地。陈胜、吴广起义是因为他们要去戍守渔阳，由于下雨泥泞误了日期，按照法律当斩。既然逃不出一死，那还不如造反。而考成法的僵硬性在这里也显露无遗。此法运行一段时间后，各级官吏为了限期完成任务都开始层层摊派，最终摊派到百姓头上，导致了基层的混乱，进而冲击了正常的农业生产，最后导致流民的出现。所以，在张居正死后，这一不合时宜的考成法迅速被废除掉。如果继续坚持下去，只能是导致官员罢官、农民罢产，朝野一片大乱。任何一项改革措施都要经受实践的检验。经受不起检验的，无论它的理论如何完美，理由如何冠冕堂皇，到头来只能是空中楼阁、花丛点缀。

张居正的第二项改革被称作一条鞭法。明代的赋役分为两部分：一部分以实物缴纳，你从事何种生产，就缴纳你生产出来的产品；另一部分是无偿服徭役，也就是干活。这些措施能够稳定农业生产，将农民束缚在土地之上，也有利于基本农田水利建设的推进。但当大明王朝步入中年以后，随着商品经济的发展，白银流入的增加，白银在交易中的作用越来越大，国家对银子的需求也越来越大。这一切都使得实物税跟这个时代已经不合拍了。

宣德皇帝曾派周忱去江南处理官田税赋过重的问题。为了给农户减负，周忱同意以银子、棉花充当粮食缴纳。嘉靖朝由于财政危机，为了增加收入，严嵩开始在江南推行一条鞭法，也就是将实物赋税和徭役全部折成银两，按田亩多少征收。这样一来使税收的征收变简洁化，农户也不必再受力役之苦，也不用再负担税粮的运输，更为重要的是促进了商品经济的发展。虽然看起来是这样，但对于农耕帝国来说却是灾难性的。关于这点我们在后面关于明朝灭亡原因的章节再详细论述。

虽然嘉靖年间在江南开始推行一条鞭法，但也只是在小范围内进行，真正大规模推进还是在万历年间张居正主政时期。全国开始从南到北系统地推行一条鞭法，从此带来生产方式的转变。无田的农民不必再交纳税款，地主也无法再逃脱税款，对于税银的官收官解也避免了里甲、胥吏的盘剥。政府对于劳力的使用不再是无偿，而是需要付银子。这也促进了工匠劳动积极性的提高和劳动力市场的繁荣。

除了这两项改革外，张居正第三项值得一提的改革就是对全国土地进行清丈。由于新开垦的土地和故意少丈量的土地在鱼鳞图册上没有登记，加上各式隐漏、瞒报，所以历代改革无不将清理土地作为整顿的重点。本朝刘瑾、张璁都将清查土地作为他们革除利弊第一要事。但由于他们将清查的矛头对准皇庄和军屯，所以无果而终。刘瑾甚至因此而引发兵变，最终落得被凌迟处死的下场。

对于这些情况张居正不是不知道，但为了国家的利益，他并不考虑这些。另一方面，他也是有的放矢。他并没有将清查的重点对准棘手的皇庄和军屯，而是清查一般官绅之田和民田。最为关键的是他后面有强大而毫不怀疑的支持。这跟正德朝、嘉靖朝完全不同。

虽说如此，地方政府态度暧昧也是正常的。松江知府、池州知府、安庆知府、徽州知府相继受到处罚，建德县豪民徐宗武阻挠清丈而受罚的例子也在朝野广为流传。在这种强大的压力下，清丈田地得以迅速推进。到了万历十一年（1583 年），已全部清丈完毕。万历清丈是自洪武清丈以来全国最大范围内的一次清丈，此次清丈结果得出，全国田亩总数为七亿亩。刨去造假、政绩、浮夸部分，此次清丈得全国田亩数有六亿大亩就不错了。相较于明朝初期和中期增加一亿亩应税耕地，直接带来赋税收入的增加。

万历新政虽然有皇帝的支持和张居正强势的推动，但并不代表新政就没有阻力。张居正的新政尤以考成法受到的非议最大。万历三年（1575 年），南京户科给事中余懋学上书反对考成法。他说道："政严则苦，法密则扰，非所以培元气存大体也。希望本之和平，依于忠厚，宽严相济，政是以和。"

余懋学的上疏直指考成法。本来六科在这场考成法中是既得利益者，现在连六科官员都反对，更别说底下的官员。张居正似乎搬起石头来砸了自己的脚。他不禁勃然大怒。万历皇帝对余懋学的上疏也十分愤怒。他认为余懋学受人指使，乃至可能接受了他人之贿赂，便将余懋学革职为民。

余懋学对新政的反对只是开了个头，真正将反张运动推向顶点的是辽东巡按御史刘台。万历四年（1576 年）正月，刘台上了一道五千字的奏疏弹劾张居正。在这篇奏疏里刘台系统地说明了张居正如何擅权，如何违背祖制。

刘台说道："自从成祖设置内阁以来，内阁大学士无不惴惴不安，千方百计避宰相之名，而你张居正不仅不避宰相之名，还以宰相自夸。天下臣工畏你者甚于畏陛下，感你者甚于感陛下，你的改革、你的新政完全是颠乱祖制。"

接着，刘台又一一列举了张居正专制、跋扈的事情。可以说刘台对张居正的弹劾不像以前的言官那样含沙射影，顾左右而言他。他直接对张居正进行赤裸裸的攻击，更为犀利的是他抓住了张居正扰乱祖制这个要害，而且总结得很到位，可以说是一击而中。他更是露骨地指出张居正夺皇帝之威。此举既是事实，又能在皇帝与张居正之间构成裂痕。但万历皇帝明显没有上当，他表现出了比张居正更强烈的愤怒。因为这位皇帝也是求治心切，希望国家能够实现大治，任何诋毁张先生的话他都不能够容忍。

刘台的弹劾的确厉害。这道奏疏一上去，立刻使官员开始跟张居正保持距离。上朝的时候人们不敢跟张首辅搭话，昔日车水马龙的张府变得门可罗雀，它甚至迫使张居正主动辞职。张居正跪在皇帝面前大哭不肯起，以此逼迫皇帝对刘台进行处罚。这个时候皇帝也意识到需要严惩刘台，不然的话有可能断送了正在进行中的万历新政。

或许在李太后、冯保的授意下，皇帝命令锦衣卫将刘台从辽东带到京师来，关到镇抚司诏狱拷打。刘台在狱中并不屈服，拒不承认错误，乃至破口大骂张居正。眼见舆论压力越来越大，张居正也到皇帝面前求情。万历皇帝只好顺水推舟将刘台削职为民了事。皇帝想通过严惩这种抗议者，来使得张居正继续为朝廷服务，同时也是对其他反对者的威慑。

经过张居正的励精图治，全国粮仓所积累的粮食够九年使用，北京、南京以及其他一些省份储存的银子达创纪录的一千多万两。大明王朝似乎重回历史之巅。但我们要弄清楚的是张居正的改革只是在旧有的体制下将农业税收发挥到极限，面对蓬勃发展的商业，已经不断增加的商业人口，他并没有在增收商业税上有任何建树。这种旨在节约开支和增加农业赋税的政策只能短期内带来财政的积累，一旦发生大规模的战事、自然灾害或大型工程建设，这种财政结余会迅速化为乌有。

另外，财政的结余也跟开放边市导致北方军费削减有关，再加上一批士兵开始屯田，这又进一步降低了军费。无论如何，张居正敢于冒天下之大不韪，在短时间内刷新吏治、整顿田亩，都是应该值得表扬。可是张居正死后的结局，以及他实心用事遭来的唾骂，都使得在张居正以后再也无人敢于担当此任。

59　百年强相的政治生涯危机——守制与夺情

刘台被罢免后，群臣对张居正敢怒不敢言，只好暂时压制下来对他的不满。

但细心的人会发现张居正即将面临一个绕不过去的坎。本朝以孝治天下，官员的父母过世必须回家守孝三年。此举是定制，任何人都要遵循，一旦违背这个规则则会面临舆论指责，在史册上也会留下骂名。

张居正父亲的身体已经不行了。这个消息所有人都知道，张居正自然心里也有数。他或许已经想好了对策。那些反对张居正的官员正在默默看着他。无论张居正采取何种措施，在这场危机中他都是一名输者。

如果他真的回家丁忧三年，那么这三年别人就会取而代之，新政的效果也会大打折扣；如果他不回家守制，则会给别人以口实，在官僚群体中失去信誉，而张居正本人也无法再理直气壮。

万历五年（1577 年）九月，张居正的父亲去世，这一天终于来到。张居正对此早有安排，他先让户部侍郎李幼孜上疏提倡“夺情”一说，也就是皇帝下诏除去官员回家守制所穿的丧服，出任官职。接着，内阁大学士吕调阳、张四维又援引前朝杨溥、金幼孜、李贤等内阁大学士夺情的成例。既然有了成例，这事情就好办得多，直接依照执行就是。所以皇帝就批了张居正七七四十九天的假，让他回去处理完丧事就赶回来。虽是如此，但张居正还是故作姿态地上疏要求回家守制三年。君臣就这样来回表演了几个回合。

但这个时候恰逢皇帝大婚，于是张居正每日穿着丧服在内阁办公，并开始筹备皇帝的婚事。张居正此举在朝堂上引起轩然大波。人们纷纷指责张居正“忘情贪位，厚颜就列”，并有给事中、御史开始弹劾，并指出张居正正在服丧期间，不应主持喜庆的活动。

翰林院侍读王锡爵代表群臣来见张居正，希望张居正在皇帝大婚期间回家乡去安葬父亲。张居正听后神经错乱似的跪在地上拿起一把裁纸刀放在脖子前，对王锡爵吼道：“我想回去奔丧，但圣上不让，而你们又来逼我，干脆把我杀了好了。”

很多史书对这一段有绘声绘色的描写，再联想到张居正曾在皇帝面前长跪不起，我们可以感觉到这位首辅的超高演技。在这场夺情斗争中，先后有五位反对夺情官员在长安街遭到了公开杖责。在官员们的痛苦声中，群臣的愤怒达到了极点。

一直忙到万历六年（1578 年）的三月，皇帝大婚完毕，张居正才启程回乡。张居正出行的规模无异于皇帝，旌旗招展，沿途修理跸道，整理驻跸场地，宦官、锦衣卫，还有戚继光派的火铳手随行，沿途官员皆跪迎，一路上所食、所用更是不胜枚举。虽然不及嘉靖十八年皇帝南巡的场面，但就排场和沿途官员的重视程度来说远远超过正德皇帝当年的南巡。更为令人惊叹的是张居正走到哪里，内阁就流动到哪里。四方奏章全部是快马加鞭交递给他，然后由他在轿中现场票拟，再送司礼监批红，即便北部边疆的总兵官们也是直接将邸报传递给这位首辅。虽然他还是在外出途中，但他仍然能将整个国家的军政大事牢牢抓在手中。

这绝不意味着这位首辅有多大能耐，而是有人希望他这么做。从皇帝对他的数次庇护，到君臣之间的惺惺作态，都可以看出皇帝对这位首辅绝无好感。他或者他身后的人只是需要他来治理国家，所以对他不断安抚。一旦榨干了他的利用价值，就会一脚踢开。

到了安葬父亲那天，皇帝派去的宦官、随行锦衣卫以及四方官吏全都到齐了，唯独少了湖北当地的巡按御史赵应元。张居正归乡途中一切顺利，唯独遭此变局。这个赵应元狠狠扇了张居正一耳光，令他颇为不快。有好事的官员专门跑到赵应元府上去探路，结果让赵以生病理由又给回了过来。这样一来张居正更无脸面。他或者手下便发动御史陈阶弹劾赵应元。奏疏一上去，万历皇帝立刻将赵应元革职。

赵应元只是由于不参加张居正父亲的葬礼便被革职，此举的确是个大笑话。万历皇帝与张居正的表演正是为了掩盖他们内心的惶恐，那种因为张居正过于跋扈而带来的惶恐。所有人都知道这不是一个正常的年代。赵应元被罢官的确在官员中引起了很大愤慨。很快，户部员外郎王用汲上疏澄清此事，并弹劾张居正。这是比刘台的弹劾更厉害的一次弹劾、更到位的一次弹劾。这场弹劾使局势明朗化了，直接撕破了皇帝和张居正之间的那层伪装。由于这次弹劾，竟然也使得张居正感到害怕和不安。

王用汲首先说明了这次事情是怎么回事，是由于赵应元生病而不能参加，有人因此而参劾赵应元，其根本原因是赵应元得罪了张居正。王用汲又更进一步指出近些年来遭到处罚的官员都是因为得罪了张居正，而得到升迁的官员都是因为讨好张居正。接下来，王用汲的话更有震撼力。他说道："陛下，之所以出现这种现象的原因就是你不处理政事，把事情都交给张居正。你天资聪颖，何不自己学着处理政务、阅读奏章？何必要把事情都交给别人呢？"

应该说王用汲的这段话最具杀伤力，它直接表明了张居正权力的非正统性，以及剥夺张居正权力的法理性。万历皇帝指使内阁辅臣张四维将王用汲免职了事。

张居正在江陵待了两个月，五月开始启程，排场更大。沿途的藩王、勋爵皆出城迎接，行拜谒礼，其规制竟然超越了正德皇帝。张居正僭越至此，其结局也就不难理解了。

张居正回京后看到王用汲的奏章，不由既惊且怒。张居正一方面指责张四维处罚太轻，另一方面上疏辩解。

他说道："如果陛下认为臣不贤，那么尽可以罢了臣。如果陛下认定臣是贤臣，陛下高高在上，很多事情不知道，不把事情交给臣那要交给谁？先帝死的时候亲自抓着臣的手将陛下托付给臣。如今这天下大事，除了臣又有谁能担当？"

我想万历皇帝看到张居正这道奏疏的时候，的确应对这位首辅有看法了。他大概将这道奏疏交给李太后看，也许母子俩人对这位首辅有了共同看法。但是皇帝还是温言对张居正进行安抚。虽然此后再无大的弹劾张居正事件发生，但他明显收敛得多。一方面是王用汲的弹劾直接说出了人们心中的那些只可意会不可言说的事情，一旦这些事情被挑明则会使气氛变得尴尬，甚至再也没有回旋的余地；另一方面是官员们的不断上疏弹劾也使得张居正开始明白过来，开始谨慎起来。

从万历六年以后虽然这位首辅仍在尽心尽力，仍在呕心沥血，但属于他的日子已经不多。所幸的是他仍旧一如既往，大概他真的不是一个拘小节的人。

60 道德与经世济用之冲突：难以盖棺论定的海瑞

隆庆四年（1570年），应天府任上的海瑞被高拱扳倒，留下"举朝之士皆妇人也”这样一句话离开了官场。他回到了故乡海南，在这个天涯海角的地方开始了他的闲居生活。海南这个与大陆隔绝的地方可不比大陆。海瑞既感受不到朝廷政治跳动的脉搏，也无法闻到那股熟悉的文化气息。他在这个孤岛上度日如年。

当隆庆六年（1572年）新皇帝登基，高拱被驱逐，张居正位列宰辅以后，他似乎看到了重出江湖的希望。他给张居正写了一封信委婉表达了自己的心思，但张居正的回信使这位海大人的心情跌到了冰点。

张居正在回信中说道：“洪武朝的那种严峻刑罚已经不适宜当今的情况。人们都说你动辄行酷法，让人无法忍受。我知道这都是别人诋毁你的话。虽然如此，但听起来却令人惶恐不安。我虽然现在在朝廷上位居首辅，但实际上是人微言轻，竟然不能向朝廷举荐你这个奉法之臣，也不能消除掉这些诋毁你的谣言。我真感到惭愧啊！”

海瑞接到如此回信，自然知道复出无望。但他对张居正的改革依然持赞赏态度，他也将张居正引为知音。这从海瑞给友人的书信中就可以看出来。

按道理讲，海瑞与张居正都属于革新派，他们都痛恨贪官污吏，反对土地兼并。张居正变法正好将海瑞引以为膀臂，但为何张居正将海瑞弃之不用？实际上张居正在给海瑞的信中已经说得很明了。他说道，“三尺之法不行于吴久矣”。这就是说，洪武朝的那种重刑法治国的思路在当今已经行不通了。这句话恰恰说明了二人在治国思路上的不同。

张居正更希望通过制度上的变革来刷新吏治，而海瑞更希望恢复到洪武朝的那种制度，用严厉的法制来震慑官吏。在海瑞的眼中，只有洪武成宪、三代之治才是应该遵循的唯一准则。用三代之治来治国，用洪武宪法来治贪。在这方面海瑞明显是复古派。而张居正的变法跟洪武成宪都是抵触的，所以一旦海瑞参与其中，必然会对张居正违宪的行为进行指责。这正是张居正担心的地方。

张居正接下来又说到另外两个问题：一个是海瑞行法太苛刻，动辄绳墨，令人不堪忍受。在海瑞的应天府任上，这点表现得尤其明显。放高利贷的不敢向借款人要钱，地主也不敢向农民收租，而且海瑞还注重一些鸡毛蒜皮的小事情。他不管走到哪里都会搅乱当地人的生活秩序。第二个问题是官场上对海瑞的浮言很多。随着海瑞的性格逐渐展露，人们对于这位嘉靖朝敢于直谏的名臣有了新的看法。例如，他的妻妾被他的古怪性格折磨致死。

所以在张居正看来，海瑞是一个不安定因素，一旦起用他只能给自己的新政增加不安稳因素。为了以防万一，只好弃用。或许在张居正看来，海瑞的刚直只能被别有用心的人用来反对政敌。

万历五年（1577年），张居正的儿子要去京城参加会试。全天下人的眼睛都盯着这件事，海瑞也不例外。海瑞给主管此次考试的内阁大学士吕调阳写了一封信，信中内容说："今年春，公当会试天下，谅公以公道自持，必不以私徇太岳（张居正）。想太岳亦以公道自守，必不以私干公道也。惟公亮之！"

像张居正这样的人物，儿子参加考试必然是由皇帝亲自干预的事情。张的儿子高中是必然，因为皇帝要安抚张居正替自己办事。那么问题就是名次问题了。皇帝最终钦点张居正的儿子为一甲进士二名。这就耐人寻味了，如果点为头名，舆论上说不过去；如果给的名次太低，张居正没脸面，别人也会看笑话。所以二名最好。

海瑞何尝不知张居正的儿子张嗣修在皇帝的干预下肯定会高中。因为张嗣修本身就具备才华。但海瑞写那封信的目的是什么？他是对张居正擅权的不满？他是对张居正为了让自己儿子高中而大造声势的不满？那他是为了捍卫律法的公正性？

万历十年（1582年）张居正死去，大明王朝迎来了一个新的阶段，一个从此没有权臣的时代。吏部开始考虑海瑞的安排，但皇帝有他的考虑。海瑞不能够授以实差，一旦授以实差则会搞得当地鸡飞狗跳，所以皇帝让六十九岁的海瑞出任南京右佥都御史，后升任南京吏部右侍郎。南京作为帝国的陪都，安置的都是一些闲散的官员，或者不被中枢喜爱的官员。这些官员自有自己的生活乐趣。这里节奏缓慢，气候温和，没有钩心斗角，整个南京官场显得浮华而慵懒。海瑞对这种现状深恶痛绝。在家赋闲十六年的海瑞早就憋坏了。他给皇帝上了一道奏疏，要求恢复洪武宪法，对贪污的官吏剥皮实草。不久，因为一名御史在家中请优伶唱歌，海瑞得知后说，按照洪武祖制应该对这名御史予以杖责。所有这一切，无不令官员们感到莫名其妙和好笑。

万历十四年（1586年）海瑞升任南京都察院右都御史，正二品。皇帝希望通过海瑞树立一个榜样。虽然不寄希望于官员们向海瑞学习，但是至少能够表明一种方向。但是不久一位来南方巡视的御史竟然弹劾起海瑞。他说海瑞“既骄且伪，莅官无一善状，一言一论无不为士论所笑”。

这位御史的攻击顿时引起了轩然大波，最终导致一场关于海瑞的大讨论。这场讨论实际上是对传统的一种反思，对三代的清治、秦汉法制、宋明儒治的一种反思。一个社会究竟是应该奉行法治，还是阴阳调和，这都没有一个明确答案。

争论越发激烈，早已超出对海瑞本人的评价，最后竟然需要皇上充当最后的仲裁者。皇帝对海瑞的评价是“虽当局任事，恐非所长，而用以镇雅俗、励颓风，未为无补”。

这几乎是对海瑞的盖棺论定，海瑞无疑是被当头一棒。自己一辈子追求理想，到头来只能用来抵制坏的风气。这位海青天似乎也动摇了，不懂得和光同尘的他无论走到哪里都成了别人的负担。但他不知道这其实就是皇帝对他最大的表扬、最大的肯定，能让整个国家将你作为楷模“供奉”起来，在大明王朝的近三百年里无出其右者。

万历十五年（1587年），七十二岁的海瑞在抑郁中死去，所有人都松了一口气，不必再为这位模范人士费心安排了。海瑞在六十九岁出山的时候精神矍铄，如果他能够获取施展能力的舞台，他一定能够高歌猛进十年，但是这一切都在万历十五年戛然而止。从此，所有的人都因循苟且。

万历皇帝对海瑞的评价本身反映了治国的矛盾性。一方面承认海瑞镇雅俗、励颓风的该当性；另一方面又明确指出故弄风雅的习俗和颓废的风气自有它存在的理由，不能给海瑞授以实缺让它消失。海瑞只能镇、励，而不能灭了它。

这其实反映了治国和处事的变通性。既要确立规则，又要考虑人性本身的抵制性。制度过于僵硬，个体受不了；制度过于松散，又无法形成合力。如何保持一个平衡点已经不仅仅是能力和水平了，而是艺术了。

海瑞失败的总记录已经表明洪武朝的僵硬法律已经不适宜16世纪晚期的中国，但它也敲响了警钟，这个王朝已经滑向无法挽救的深渊。

61 死人也要搞臭——改革家张居正身死名裂

万历十年（1582年），长期操劳的张居正病逝，享年五十七岁。他死后，皇帝给了他极高的荣誉。张居正的死对皇帝来说、对国家来说未尝不是一件好事。因为这个时候皇帝已经二十岁了，正进入亲政期，君臣之间的关系也进入变化期，张居正的退出恰到好处。如果不是这样，君臣关系将会以一种更加尴尬的方式终结。

万历皇帝既已亲政，张居正留下的影响仍在，而且像一座大山一样压得皇帝喘不过气来。满朝皆是张居正用的人，政策的执行也是按照他所制定的成例，平日里耳畔边响起的也是关于张先生的一切。朝政仍然按照张居正时代的惯性在运转。

万历皇帝自小由于张居正的压制而形成的扭曲心理此刻正在慢慢发酵，此种因果从某种程度来说，它是潜意识和不自觉的。在这场倒张运动中，随着皇帝的胜利，他渐渐成瘾。这是他开始亲政的证明。

虽然张居正的影响还在，但政治嗅觉敏锐的人已经捕捉到了气机的变化。潘晟是浙江新昌人，嘉靖年间的榜眼，授翰林院编修。因为不愿意写青词而辞官。隆庆朝和万历朝的第一个十年曾经两次复官，又两次退职。潘晟在任上遭多位言官弹劾，加上其本人淡泊官场，所以仕途多有不顺。但潘晟曾是冯保的老师，又是张居正的好友，所以张、冯二人一直图谋潘晟复出。张居正在临死前还推荐潘晟入阁。

老谋深算的张四维和申时行并不想让潘晟入阁。他们已看到了时局的变化，于是便发动御史和给事中予以弹劾。万历皇帝本就对张居正在死后仍然干预朝政不满，此时正好借坡下驴，推掉了潘晟的差事。

潘晟的事情对张居正无伤大雅，但狠狠抽了一人的耳光，他就是冯保。虽然他还是司礼监掌印，但随着张居正的死，在万历十年（1582年）这个初秋已让他尝到了人走茶凉之感觉。或许他已经开始为去南都做准备了，南都的冬天应该没有北都冷吧。

在冯保还在踌躇的时候，内外廷已经开始联动了，司礼监秉笔张鲸和内阁首辅张四维已经勾连在一起。十年前的那一幕又一次重演。

内阁首辅张四维出身于山西一个盐商家庭。他是高拱的心腹，仕途上的两个重要步骤都是在高拱的安排下完成。一是从翰林院学士到吏部侍郎，二是从吏部侍郎到东宫太子讲学。在高拱被张居正、冯保逐出后，张四维把对张居正、冯保的恨埋藏到了心底。在张居正当国的时候，他全心全意地帮助张居正改革。

张居正死后，张四维很快露出了狰狞的面目，而另一名内阁大学士申时行虽是张居正引荐的，但对于冯保试图将潘晟推荐入阁也感到不满。二人合伙将潘晟阻止在内阁大门外，他们已经决定扳掉冯保这个绊脚石。

冯保也不是吃素的，他愤怒地说道："这些人都是我荐上去的，现在太岳一死，他们就不认我了。"冯保不断地发动言官弹劾吏部尚书王国光，说他卖官鬻爵，讨好张四维。事情已经刻不容缓，先下手为强，后下手遭殃。张四维和申时行赶紧找言官反击。

黄仁宇在《万历十五年》中对明代官场中的政治攻击有着生动描述："这种攻击是经过深思熟虑，按照预定步骤进行的。整个方式可以称为'去皮见骨'。攻击者常常从一些小事开始，诸如一句经书的解释，一种谐音的讽刺，一张不署名传单的内容，一个考题的不当等等，有时也可以在奏章上提出一个冤案，参劾一个不知名小官的家庭琐事，或者以论水利和研究马尾巴发难引出本题。利用这些小事可以促使公众注意，引起文官参加，假以时日，使小事积累而成大事，细微末节的局部问题转化而成为整个道德问题。在程序上讲，发展中的步伐则须前后衔接。第一步没有收到效果之前决不轻率采取第二步。而且出场交锋的人物起先总是无名小卒，直到时机成熟才有大将出马。这种方式，大凡久在政治圈子里的人物，都已看透。他们可以从青萍之末，预测大风暴的来临。"

万历十年的新旧臣子之间的斗法就是这种描述的生动体现。张四维和申时行先找到了御史江东之，让江东之弹劾冯保的亲信——锦衣卫同知徐爵。江东之在奏疏中说徐爵本来是一充军的逃犯，被冯保弄成了锦衣卫。接着，他又笔锋一转，弹劾起吏部尚书梁梦龙。这梁梦龙正是张居正用的前蓟辽总督。奏疏中说梁梦龙为了谋求吏部尚书一职竟然给冯保送钱，还将孙女许配给冯保的侄子。说起来这些都是些鸡毛蒜皮的小事情，甚至是捕风捉影，但往往就是这些鸡毛蒜皮的事情才能使弹劾成功。如果牵扯到朝廷里的大事，往往是投鼠忌器，不仅无功而返，反而祸延自身。比如嘉靖朝清流们在对严世蕃的最后一击中，徐阶明确表示奏疏中不能有跟杨继盛、沈炼有关联的一个字，结果便以通倭的莫须有罪名杀了严世蕃。

在这种弹劾中，除了在拟定罪名时要把握住分寸，最为重要的是要揣摩好皇帝的心思，力求一击而中。另外，还要控制好言路，让别人在前面冲。一旦失败，自己好有个退路。另外，如果自己的人遭到弹劾，必须立刻上疏补救，或者针对弹劾者进行同等性质的反击。否则的话，弹劾很快就会落到自己头上。

皇帝在接到江东之的上疏后，立刻将徐爵关押起来，后来将其斩首，但是却没有动梁梦龙。看此情形，张四维和申时行决定加一把火，接着又策动御史邓炼、赵楷弹劾梁梦龙。皇帝便命梁梦龙致仕。

到了十二月份，江西道御史李植上疏劾冯保十二大罪状。皇帝早就厌烦了这位从小监视自己、不断跟皇太后和张居正互通消息的人，所以冯保的倒台势在必然。有趣的是李植在奏疏中着重强调冯保在京师各处的房产和奇珍古玩，这就耐人寻味了。皇帝令冯保去南京闲住。这位大伴毕竟伴随自己长大，自己不会对他做得太绝，但对冯保的财产却绝不放过。皇帝甚至不断地进行追查，让那些在抄家中侵吞了财产的宦官吐出来。

张居正已死，冯保已逐，李太后也不问政事，皇帝里里外外都感受到了前所未有的轻松。那些平日里受张居正欺压的官员们开始摩拳擦掌，还有那些投机分子眼看政治风向变化，一个个更是跃跃欲试。整个万历官场开始乱七八糟。

万历十年（1582 年）十二月十四日，也就是离冯保被罢仅六天，张居正去世六个月后，陕西道御史杨四知首先跳了出来，劾张居正十四大罪。皇帝接到杨四知的奏疏后批示道："张居正是朕亲自委任的。虽然他不思报国，有负圣恩，但念在他有十年的辅佐之功和已经死了的情况下，你们就不要翻旧账了。”

皇帝的批示非常耐人寻味，一方面他对张居正进行了彻底否定，另一方面告诉人们不要翻旧账。这个意思就是说旧账有问题，你们应该翻。这些官场上的老油条岂能连这些也看不懂？再加上皇帝对张居正的几个亲信进行了处罚，他们一个个像打了鸡血一样，在自己的本意下，或在张四维、太监张鲸的暗示下开始轮番上阵。

就在杨四知上疏的四天后，四川道御史孙继先上疏要求皇帝将过去弹劾张居正而遭到罢黜的官员全部起复。这个提议的确得到了官僚们的集体认同，言官们纷纷上书附和。

大明王朝似乎步入了疯狂期。随着大批因弹劾张居正而被罢免的官员的重新起用，这些御史、给事中们又纷纷将矛头对准张居正重用的那些官僚。无论这些人能力如何，通过何种方式上位，他们尽皆成为这场政治斗争的牺牲品。

当言官们还在挖空心思寻找对手那些鸡毛蒜皮劣迹的时候，万历皇帝对这种无聊的攻击已经不耐烦了。他不无嘲讽地说道：“你们这些言官，张居正在世的时候不见你们来攻击，现在一死倒来攻击了。你们这些人实乃无能又见风使舵啊。”

可以说皇帝一针见血地指出了言官们的虚伪嘴脸，但是这丝毫不影响言官的热情，弹劾对象已经由张居正的部下转移到张居正的三个儿子。他们寻找出各种各样的证据来证明张居正三个儿子的功名来得不正。这倒令皇帝感到满意，因为弹劾的内容更新鲜了，又更深入一步了。首辅张四维这个时候倒想替张居正开脱，因为他自己儿子的功名也来路不正，但万历皇帝毫不犹豫地革除了张居正的三个儿子的功名。

这位皇帝真的很有意思。他为了否定张居正，宁愿自己抽自己嘴巴。如果换作嘉靖皇帝他断不会为杨继盛、沈炼平反。随着这场政治运动的深入，人们知道事情终是要牵扯到张居正身上。那么拿哪件事情做文章会让皇上最终清算张居正呢？他们翻出了辽王一案。

第一代辽王是朱元璋的第十五子，封在辽东。因为辽东这个地方较内地敏感，所以朱棣在登基后将辽王改封到江陵，跟张居正在一个地方。此时已是到了第八代辽王。第八代辽王信奉道教。他经常穿着道袍、打着条幅、晃着铃铛招摇过市，又经常跑到百姓家里以捉鬼、画符的名义骗取钱财。

不仅仅是这一个方面的问题，辽王府上陈设奢靡，辽王本人也淫乱不堪。当他遭御史弹劾后，隆庆皇帝革去了他的王位并将他囚禁在凤阳。有种说法是，张居正对此不满意，因为他家里跟辽王有过节，所以张居正指使办案大臣、刑部侍郎洪朝选将辽王案往谋反上面办，但洪朝选并没有这样做。后来洪朝选辞去官职回到家乡福建，张居正又命福建巡抚劳堪罗织洪朝选的罪名。福建巡抚在接到张居正的信后便将洪朝选饿死在狱中，其子上诉申冤竟被福建巡抚打了回去。

现在张居正一死，便有人将此案翻了出来，重新包装一下，作为向张居正吹起的最后进攻号角。

洪朝选的儿子开始上疏申冤，其他大臣也随声附和，说福建巡抚杀洪朝选、江西巡抚杀刘台都是出自张居正的授意。但万历皇帝迟迟不肯下最后的决心。

弹劾者一定要让皇帝杀了福建巡抚，这样才能够牵扯到张居正，但皇帝显然没有这样做。眼看取得不了突破，他们便把问题的中心转移到了辽王的田产上。在群臣的唆使下，辽王妃上了一道《大奸巨恶丛计谋陷亲王强占钦赐祖寝霸夺产业势侵全室疏》。这样一道奏疏光从题目上看似乎就能将张居正压死，里面特意提到了辽王家产豪阔，而这些财产皆被张居正占有。这些终于打动了万历皇帝，促使他下最后的决心。因为万历皇帝的弟弟潞王正要大婚，加上宫内开支受到掣肘。这个时候高拱的儿子也送来了高拱的《病榻遗言》，内容直指张居正和冯保在隆庆朝勾搭陷害自己的证据。在这个风生水起的日子，在朝在野的都动了起来。他们的目标只有一个，让张居正万劫不复、遗臭万年。

万历皇帝任命的南下抄家总管是左副都御史丘橓，此人是张居正的仇人。在万历的第一个十年因为张居正的反对而始终没有得到起用，万历十一年（1583年）他就得以复职。万历皇帝派他充当抄家总管，其用意可想而知。

万历十二年（1584年）四月，万历皇帝颁布了张居正诬蔑亲藩、钳制言官、蔽塞朕冲、专权乱政、罔上负恩、谋国不忠的罪名，由司礼监太监张诚和丘橓带着圣旨南下抄家。丘橓还没抵达荆州便先行令地方官封了张居正的家，有些老弱妇孺没来得及撤出去，结果饿死十余口人。

抄家的结果很快出来了，金两千两、银十万两，还有其他金银饰品以及绸缎、珍珠、玛瑙。这个结果汇报上去，万历皇帝并不满意。他认为张居正做了十年的首辅怎么才值“这点东西”，实际上就是“这点东西”也是张居正的父兄平日里敛来的。为了凑齐潞王大婚的资用，荆州本地士绅王篆、曾省吾、傅作舟被指控藏匿张家财产，连带三人也被抄家。

南方的拷问仍在继续，张居正长子张敬修自缢而死，其他儿子嗣修、懋修和弟弟张居易被发配南方烟瘴之地。张敬修的孙子张同敞后来为南明政权殉国，张居正的另一个儿子张允修在张献忠攻打荆州城时绝食而死。

万历皇帝对张居正的处理绝不是一时的冲动。他大概在几年前就已经有了这种想法，甚至是在更远的十年前。这是个十分擅长演戏的皇帝，从他小时候就可以看出这一点。皇帝对张居正的清算或许已经获得了李太后的支持。她大概也希望能通过这场清算给自己儿子的亲政扫清障碍。虽然皇帝达成了自己的目的，但当他发现世间没有张居正的时候，前面的路依然不好走。这场清算过去三年后，皇帝端坐在紫禁城里回想起了往事的点点滴滴，他对这位首辅竟然还有些眷念。他情不自禁地问工部官员：“张首辅在京城的宅子没收入官后，是卖了还是租了？如果租了，租给谁了？”

虽然张居正有着这样那样的毛病，但他依然不失为明朝最伟大的官僚。

62　庞大官僚集团与失败的万历亲政

皇帝对这个见风使舵、圆滑世故的张四维并不感兴趣。当万历十一年（1583年）张四维的父亲去世后，皇帝再也没有像对待张居正那样要求他夺情。这位首辅回到了家乡，从此消失于政坛。

万历十三年（1585年）四月十七日，这天是大明史上重要的一天。皇帝穿戴整齐，和文武百官一起浩浩荡荡走在长安街上，一直从午门步行到天坛去祈雨。

为了显示虔诚，皇帝亲自步行了这十多里的路，北京城的百姓得以一睹天颜。

这位皇帝身体微胖，短须，体形酷似他的父亲隆庆皇帝，但他的眼神却像他的祖父嘉靖皇帝。万历皇帝步履坚定，每一步走得都特别认真。我们不知道这位皇帝要表达什么，抑或虔诚，抑或勤政，抑或其他的什么东西？但如此大规模祈雨活动，又是在众目睽睽之下，所以的确是值得载入史册的一件大事。但我们应知道的是，这位皇帝仍旧喜欢演戏。

万历皇帝一生最大的亮点大概就在用人上，用知人善任来形容他的确一点也不夸张。皇帝在用人上注重官员所具备的从政或从军经验，而不再是资历。他对武将尤其重视。他试图改变军人那种可怜的地位，承认他们的功劳，不让他们承担政策失误的责任。正是由于万历皇帝的宽和，在万历朝我们才可以看见许多武将的精彩人生。

万历十一年（1583 年），吏部会推宣大总督郑洛总督京营，四川巡抚孙光裕为南京大理寺卿。会推结果出来后，万历皇帝很不以为然，便召来首辅申时行谈了他对此次人事变动的看法。

万历皇帝说："郑洛在边疆干得不错，现在放任京城闲职有什么意义？孙光裕去四川没多久，为何又推升？"

万历十三年（1585 年），万历皇帝在召见内阁阁臣，商讨用人问题。皇帝的意思是对于边将还是要久历地方，不能轻易变动。

接着，有人提出应从中枢中推选人才担任边帅，万历皇帝否定了这项提议。他说廷臣缺乏地方军政经验，应该从久历地方的督抚、巡按中挑选。在整个万历朝我们都会发现这个晏处深宫的君主居然有着洞悉一切人才之能力。他比那些宦海沉浮的官僚更能知人善任。只要是他要用的人，无论弹劾多么惊涛骇浪，他也会毫不犹豫地抵住。

不仅在用人方面，皇帝在一些历史观方面也显示出了独特的见解。万历十六年（1588 年）二月，经筵完毕，阁臣正要离开，司礼监太监张诚赶了过来。他让诸位大臣等一下，他要替皇上问话。

张诚说："皇上问先生们，魏徵这个人怎么样？"

申时行答："魏徵敢于直谏，乃是贤臣。"

张诚说："皇上说，魏徵先侍李密，后侍建成，再侍世民，乃三姓家奴也。"

申时行答："皇上说的是事实，但是伊尹先辅佐桀，后辅佐汤，后被称为元圣；管仲先辅佐公子纠，后辅佐小白，孔子称其仁；就是本朝的刘基、陶安、詹同辈皆是故元旧臣。他们也辅佐本朝太祖。所以，魏徵仍是贤臣。"

张诚将申时行的话转达了万历皇帝，皇帝仍然坚持己见。他又让张诚去询问阁臣们对李世民的看法。

张诚对申时行说："皇上认为唐太宗胁父弑兄，非为明主。"

申时行说："太宗虽然于伦理有亏欠，但他敢于纳谏，仍称得上是明君。皇上应当学习的楷模是尧舜禹汤，唐太宗何足言哉？"

张诚将申时行的话转达给了万历。少顷，张诚又过来传达旨意，说以后在经筵中停讲《贞观政要》。第二天，皇帝又让张诚去内阁传话，重申了自己对魏徵的看法。皇上说："魏徵忘君事仇，大节已亏，纵有善言，亦是虚饰，何足采择。"

万历十六年（1588年）的这场关于魏徵和李世民的讨论实际上发端于文臣在经筵中喋喋不休地讲述李世民纳谏的事例，意思是让万历皇帝也听从文官的谏言。皇帝自然对这样的事十分反感。所以这场对历史人物的讨论实际上反映了君主和大臣为了各自利益的斗争。

万历十八年（1590年）因为洮州事件皇帝再次谈到了以文驭武的问题。皇帝说："各地督抚平日里把将官轻贱凌虐，牵制掣肘，不得展布，有事却才用他。如果边将有了功劳，督抚则将功劳据为己有，一旦出了事情，则将责任推给武将。"

皇帝的话令申时行支支吾吾，难以回答。的确，在某些方面，这位待在宫中的皇帝看问题比他这位首辅还要深刻。另外，从万历皇帝亲政以来的种种表现，他对大明的文官制度或者说言官制度深恶痛绝。

在倒张运动彻底结束后，虽然朝堂上还有关于张居正的一些争论，虽然还有人将自己的政敌往张居正那个阵营攀扯，试图以此种方式消灭对手，但万历皇帝显然对这些事情已经不再感兴趣。关于张居正的一切争论已不再是帝国的政治议题。

从万历十一年到万历十四年，皇帝在亲自处理政务中度过。他对用人、边防、农田水利都发表了自己的看法。这些看法无疑比内阁阁臣们更成熟。一个很少走出宫门，并无太多行政操作经验的皇帝竟然比辅臣看问题还透彻，只能说张居正之后的辅臣已经集体进入守旧状态，无人再敢革新，无人再敢担待。

万历皇帝亲政后，他发现对于一些事情处理起来并不是那么顺利。官员们尤其是低级官吏们不断加以阻挡，甚至是上奏疏指桑骂槐。在一些问题上他甚至要跟内阁大臣商量着来解决，也是在这个时候他开始对文官厌恶起来。

记录皇帝与申时行之间言行的《召对录》是研究万历一朝的重要钥匙。申时行作为文官与皇帝之间的缓冲者，他的一言一行直接反映了万历朝君臣关系的走向。

一日，万历皇帝将首辅申时行唤来。他从袖子里拿出来两份奏疏，原来是吏部员外郎顾宪成和刑部主事王德新的奏疏。顾宪成和王德新的奏疏主要是针对皇帝庇护内阁大臣而发。因为万历第二个十年局势依然艰难，文官们互相攻击讦讦，通常都是由一些芝麻大的小事情引发大的政治风波，从而导致一批人丢官。这些下野的文人便会在民间推波助澜，所有人关心的只是团体的利益，而不再是国家的利益、民众的利益。王朝终是滑向无序与混乱。

顾宪成和王德新在奏疏中要求皇帝维护科道言官的利益，不要对内阁阁臣太过于偏就，这正是那个时代的真实写照。申时行对顾宪成和王德新的处罚只是罚了俸禄了事，皇帝召申时行来就是为了这个事。

“先生拟得太轻，还要改票来。”皇帝对申时行说道。

“这两个人太过于狂妄，皇帝量同天地，何必要跟他们一般见识呢？”申时行说道。

“这两个人背后一定有主使之人，先生去查清楚幕后之人。”皇帝又说道。

“像这种建言的人，有的是忠诚之人，不知道忌讳；有的是愚憨之人，只是道听途说，未必背后都有人主使。”申时行反驳道。

“还是沽名卖直的多。如果不重处，这些人就不会停止。”皇帝说道。

申时行还想辩解，万历皇帝已经不耐烦了，直言道：“先生还是改票吧。”

结果顾宪成调任外地、连降三级，王德新削职为民。

万历皇帝亲政后，试图管理好这个国家。他很勤奋，上朝、批阅、经筵、祈福、祭祀这些封建君主的日常工作他也都在有条不紊地进行，但是直到这个时刻他终于体会到治理国家的难度。他的意见通常得不到执行，他甚至要向内阁阁臣哀求来更改票拟，他开始绝望了。这就像兴冲冲做事的孩子，一旦遇到挫折，一旦发现事情并不是他所想象的那个样子，便开始畏难，开始心灰意冷。

当前面没有张居正的时候，当时任首辅申时行只是充当一个和稀泥角色的时候，这位皇帝所有的抱负都在这一刻戛然而止。

万历十四年（1586年）九月十六日，皇帝因病连免数日的早朝，到了二十六日群臣聚集在太和殿前等待早朝，但宫内传来的消息仍是免朝。群臣盘桓不愿离去，一定要让宫里给一个何日上朝的说法，结果得到的答复是三十日上朝。三十日群臣又来到殿前，结果内侍传出话来说："皇上说他头晕眼黑，力乏不兴，要求休息。"

内侍的话顿时令群臣哗然，人们纷纷离场，开始了各自的盘算。很快有官员上疏，说皇帝身体不好是因为房事过多，希望皇帝能够爱惜身体。收到奏疏的万历皇帝勃然大怒，忙将申时行喊来，命他票拟处罚。申时行一面票拟，一面上疏补救。皇帝不满意申时行的票拟，干脆绕过内阁直接发布谕旨，将这名上疏的官员杖责六十，削职为民，永不叙用。

事后，皇帝还解释道："朕的毛病就是因为你们这些言官总来烦人，让朕动了肝火所致。"实际上皇帝这个时候也的确出现了身体问题。我想大概是高血压的可能性较大。万历皇帝本来较胖，食物中含蛋白质又多，平日里运动少，再加上与文官们的关系总是令人不顺心。我们也需要注意一点，那就是皇帝在自身身体不佳的情况下，正好以此为借口免了与文官之间的沟通，只是在他日后身体好的时候依然不再上朝。

皇帝上不上朝对于国家来说已经没有区别，此时的王朝依靠的是文官系统的惯性在运作。皇帝只充当好垂衣拱手的天子即可。任何独断专行都会招致文官们的激烈反对，但这绝不意味着他们允许皇帝不上朝。他们希望皇帝能充当好各种礼仪的角色，早朝、经筵、郊祀、庙祭，这些活动都要有条不紊进行。总而言之，君主是要像木偶一样任文官们摆布。

从万历十四年到十七年，皇帝的身体一直没有起色，其间关于立储的问题已突显出来。万历十七年（1589年）底大理寺左评事雒于仁上了一道大明朝最响亮的奏疏。这道奏疏名为《酒色财气四箴疏》。雒于仁在这道奏疏里将皇帝的病因条理化地归因于酒、色、财、气。

他说皇帝白天喝酒还不满足，到了夜晚还要喝，然后趁着酒劲持刀舞剑，举止癫狂，此乃酒也；皇帝宠信十个英俊的小太监，外加不断宠幸郑贵妃，此乃色也；皇上富有四海，理应节俭，但如今到处向人索贿，经常在宫中拷问宦官，得银则喜无银则怒，张鲸给银子则包庇他，上疏的给事中没银子则诬陷他，如果皇帝不纳贿，缘何诬陷忠良而信任谗佞？此乃财也；至于气，皇帝在宫中动辄杖责宫女、太监。即使太监、宫女有罪也应该付诸律法，怎么能随意杖责呢？另外，皇帝还对朝中的一些正直的大臣心怀仇恨，动辄将他们关押起来，此乃气也。

万历十八年（1590年）的大年初一，群臣来到宫中行贺礼。此时一名太监神色凝重地过来，让内阁诸臣进入内宫。看那宦官严肃的表情，阁臣们似乎感到又有人捅了娄子。进入宫内，皇帝半躺在卧榻上，有气无力。皇帝将雒于仁的奏疏丢给申时行看。

半晌，皇帝问道："先生怎么看？"

"这只是无知小臣轻信谣言的狂率举动，圣上没必要为此动了肝火。"申时行回答道。

"他说朕饮酒，试问谁人不饮酒？他说朕好色，朕只宠郑贵妃，这难道也叫好色？说到朕贪财，这更是可笑。普天之下，莫非王土。这天下都是朕的，朕难道还要贪财吗？说朕贪张鲸之财才起用他，朕若贪张鲸之财，何不抄没了他？说到气，俗话说'少时戒色，壮时戒斗'，朕岂能不知。但是谁人不曾生气呢？先生们家里有童仆，难道平日里就不责治吗？何况宫里有的宫女、太监是自己病死的，怎么都说成是杖责而死呢？先生将这本奏疏拿去拟票重处。"

皇帝说完，申时行还是想替雒于仁求情。还没说完，皇帝便打断他的话："他还是想出位沽名。"

听皇帝这么说，申时行顿时便有了主意，他说："如果重处，反倒成全了他，而且还有损皇上的圣名。"

说完，申时行将奏疏还给了万历皇帝。万历皇帝觉得申时行的话有道理，但这口气还是咽不下去。他又将奏疏丢给了申时行，让申时行好好看看。申时行老眼昏花，戴上了叆叇又细细看了一遍。实际上为了防止皇上将奏疏淹了，明代大臣在上疏前都留有底稿，而且通常在上奏前会将奏疏在小范围内流传。所以这本奏疏的内容申时行大体都知道。

眼看万历皇帝依然不依不饶，老谋深算的申时行又说道："这毕竟涉及宫闱之事。我看此份奏疏不能公开，最好只止于内阁范围内。"

这摆明了不想拟票处置雒于仁。此时的大明王朝已经不是张居正那个时代了，所有的内阁大臣都感受到了一种紧箍的感觉，稍有不慎就会身败名裂，一不小心就会莫名其妙地成为群臣的对立面。时事的艰难正在于此。所有的人都在苟且，而再也不敢像前几任首辅那样勇于担当。

最终的解决方案是大理寺以雒于仁有病上报，申时行票拟将雒于仁革职了事。万历朝的"酒、色、财、气"事件是万历一朝君臣关系的分水岭，直接使文官在皇帝心目中丧失了被尊重的权利。从万历十一年到万历十四年的皇帝亲政最终以失败而告终，也就是在万历十四年随着皇帝的休息整个国家仿佛一下进入了静默期，但整个中层和基层却全都动了起来。正是这种震动将万历朝带向难以捉摸的诡异。

万历十一年到万历十四年，皇帝的亲政无论对皇帝、对内阁大学士、对廷臣还是对低级的言官来说，都是一场失败的总记录。

63　皇权衰弱下的三十年国本之争

万历皇帝的皇后王氏是锦衣卫千户王伟之女。万历六年（1578 年）皇帝大婚后，她被册封为皇后。当时皇帝十五岁，她十四岁。万历九年王皇后诞下皇长女，从此皇后再也没有生下男孩。也许都是出身低微的缘故，也许都是没有男孩的缘故，这位王皇后跟英宗皇帝的钱皇后、成化皇帝的王皇后一样低调而随和。至于王皇后为什么没有再生子，原因大概是万历皇帝不喜她的木讷，或者不喜她对他某些行为的规劝。所以，万历皇帝不再与其同房。总之，宫闱之事神秘莫测，难以获得准确的答案。

眼看皇室一直无男孩，太后便和张居正商量册立嫔妃。万历十年（1582 年）三月册封了九位嫔妃，其中就有皇帝后来宠爱的郑妃。但在这期间也发生了一件事情，万历九年（1581 年）皇帝跟太后宫中的一位宫女发生关系导致这位宫女怀孕。到了万历十年此事已经公开化。在太后的干预下，皇帝将这名宫女封为恭妃。宫女原是锦衣卫指挥佥事王朝寀的女儿。在她还是幼儿的时候被太后看中，成为伺候太后的宫女。

万历十年八月份，王恭妃产下一男婴。虽然这是举国臣民欢庆的时刻，但万历皇帝却显得心事重重。他对这个男孩的母亲并无感情，此时他的感情有了依托，那就是德妃郑氏。郑氏是北京郊区大兴县人，父亲郑承宪，哥哥郑国泰，屠户人家。郑氏相貌标致，聪颖伶俐，热情大方。她能够陪皇帝读书，她懂皇帝的心思，她把皇帝当作一个平常人看待。她来自民间，事事附和皇帝。这才是皇帝喜欢她的真正原因。

这位皇帝小时候就处在铁三角的威压之下，亲政之后仍是郁郁不得志，没人体会到他那份孤独的心情。偌大的帝国，空荡荡的紫禁城，只有郑氏才是皇帝的陪伴者。她知道皇帝的苦闷、无助，她也不断给皇帝打气，充当他的后援。如果没有郑氏，这位皇帝能不能活到万历四十八年（1620 年）还是一个问号。

万历十一年（1583 年），郑氏生下了皇二女，皇帝加封她为贵妃，位于王恭妃之上。此举大大不合礼法，因为生下皇长子的王氏在后宫中应该排在第二的位置。

皇帝对郑氏的喜爱已经不再是秘密，因皇帝封其为贵妃，群臣反对的奏章一件件被送进宫来。在这方面郑氏显得比皇帝老练得多，她直接让皇帝留中不理。

万历十四年（1586 年）郑贵妃生下皇三子朱常洵。出于对郑氏的偏爱，皇帝对朱常洵倾注了过多的关爱。而此时由于其他嫔妃所生皇二子夭折，这使得朱常洵成为事实上的皇二子。皇帝对朱常洵的溺爱，已经使得群臣嗅到了空气中的危险气息。立储问题解决不好，所有人都会内心不安。

按照年头算，皇长子朱常洛已经五岁了。首辅申时行上疏说："皇长子已经五岁了，请陛下早立为太子，以安天下臣民之心。"

万历皇帝接到首辅的上疏，只批复了一句："皇长子年龄太小，等过两三年吧。"

官僚们已经吹起进攻的号角，不知此时此刻皇帝知道不知道这将是一场旷日持久的战争，一场延续三十年的战争。皇帝是明白人，他这头也在有条不紊地进行。他将郑氏由贵妃提拔为皇贵妃，消息一出，舆论又是一片哗然。户科给事中姜应麟说："郑贵妃虽然贤惠，但她所生的只是皇三子，而恭妃所生的是长子，恭妃怎么能居于郑妃之下呢？伦理不顺，人心不安，希望皇上收回成命，顺应舆情。"

万历皇帝接到这份奏疏，自然又被气得不得了。虽然处罚了姜应麟，但更大的反对浪潮开始一波一波地涌了过来。

万历十八年（1590年）的大年初一，皇帝将内阁一干人等叫进毓德宫。在谈完雒于仁的问题后，申时行将话题一转，提到了国本问题。

"如今皇长子已经九岁了，舆论已经沸腾了，还是早立下来。"申时行说道。

"这事我知道。朕无嫡子，自然遵循长幼伦序。郑妃怕外面有疑，也是催促立长子为太子。但长子身体一直很弱，还是待他身子骨长结实了再说吧。"万历皇帝将申时行的提议又推了回来。

要说皇帝和申时行，俩人都特别会演戏。他们的一问一答看似都是废话，但却是高层博弈的新境界。

眼见万历如此装聋作哑，申时行不慌不忙又抛出一个新的议题。

"皇上，皇长子已经九岁了，到了出阁读书的年龄。皇上当年六岁就读书了，现在春天来了，臣等恳请皇帝趁此让皇长子出阁读书。"申时行说道。

让皇长子出阁读书等于承认了皇长子的皇储身份，将来再想改过来就难了。

这些皇帝岂能不知？皇帝随即说道："读书这个东西看资质，朕五岁能读书，但皇长子就不行。"

"资质这个东西还是看后天豫教的，我看皇长子资质聪颖。"申时行反驳道。

此时万历皇帝已经不耐烦了，他摇摇手示意申时行等人退出去。正当申时行等一班内阁大臣退出毓德宫，向外走去的时候，后面传来急促的脚步声。一名内侍走过来说道："皇上已让人唤皇长子来，让先生们见一见。"

申时行听这么一说，立刻停了下来。不大会儿，皇帝又命太监出去询问申时行等人听说能见到皇长子欣喜否。太监出去询问了一下，回来报告皇帝说诸位阁臣欣喜非常。万历皇帝听见后，笑着点了点头。

不久太监出来喊道，皇长子和皇三子都到了，内阁大臣们这才又重新进入毓德宫。只见皇长子和皇三子站在皇帝的身旁，这是大臣们第一次见到皇帝的两个儿子。只见皇长子朱常洛瘦高的个儿，站在那里显得柔弱而可怜。

但内阁大臣并不这么想，能得见皇长子尊容，他们显得异常兴奋，连忙齐声赞叹。皇帝谦虚了一下。

申时行接着又延续了刚才的话题。皇帝说道："已经让太监们教皇子读书了。"

申时行又说道："皇上六岁就读书了，皇长子即使现在出阁读书也是晚了。"

"朕五岁就能读书了。"皇帝又一次纠正了申时行。

接着，申时行又凑过来仔细看着朱常洛。屋内光线昏暗，看不仔细。皇帝亲自将朱常洛引到光线好的地方，让申时行看个仔细。

申时行看完后说道："圣上有此美玉，何不仔细雕琢啊！"

万历皇帝叹了一口气道："朕何尝不知，皇贵妃也一再让朕如此，只是朕考虑到他不是嫡子。"

申时行接着又说了一句客套话，便跟众内阁大臣退了出去。万历十八年春节这天的谈话就此结束。

这次谈话透露了很多重要的信息。为什么申时行一再强调皇帝六岁就出阁读书，而皇帝本人却一再更正自己五岁就能读书？皇帝是想强调读书的资质问题，意思是没有资质，即使年龄大也没有效果。而申时行偏偏不顺着皇帝的思路往下说。

第二个值得注意的话题是皇帝两次提到郑贵妃也劝皇帝立皇长子为太子，此举完全是在维护郑贵妃，平息外界的舆论压力，但皇帝强调这点完全是此地无银三百两。

第三个值得注意的话题是皇帝提到朱常洛不是嫡出，万一将来王皇后又产下男孩怎么办？那么这就透露出一个信息，皇帝不立太子究竟是因为朱常洛是庶出，还是因为别的原因？万历朝的国本之争一直拖到万历二十九年（1601 年）才初步确立朱常洛的太子地位，这就说明万历皇帝绝不是嫌他是庶出才不愿意立其为太子，真实的原因仍旧是郑贵妃所生的那个小皇子朱常洵。

第四个值得注意的问题，也是这次召对中最重要的环节。那就是为什么在申时行等人第一次退出去的时候，皇帝又让太监唤他们回来，说让他们瞧瞧朱常洛。难道皇帝对这位儿子有着浓浓的父子之情？真相绝不是这样。这位皇帝又在演戏，他希望通过此举在群臣面前展现一派父子情深的场景，来让文官们相信自己绝不是不想立这孩子为太子，从而缓和内外气氛。事实表明，这样的戏皇帝以后还会继续演下去。

万历十八年正月间皇帝的这场戏是失败的，他本想在群臣面前展现父子情深的场景，谁知却给文臣们以更大的遐想空间，人们认为这位皇帝是想立皇长子为皇储的。

从二月开始，内阁大学士们不断上疏，要么要求册立东宫，要么要求对皇长子进行出阁豫教。万历这才发现自己弄巧成拙。到了四月，内阁大臣竟然以集体辞职来威胁。

在这种情况下，万历又打起了太极拳。他传令各部衙门、科道官员，明年开始准备东宫册典大礼，后年正式册封。

所有的人都知道皇帝又在演戏了。这位皇帝根本没个皇帝的样子，他说话婆婆妈妈、啰啰唆唆，家长里短非常在行。既然知道皇帝又在演戏，大臣们自然不肯放过。万历十八年的国本之争骤时突兀起来。

册立东宫是礼部分内之事。礼部尚书于慎行率领全体礼部同僚上疏催促皇帝立即正位东宫。皇帝大怒，罚于慎行和他的同僚们三个月的俸禄。

万历十八年的争论就此结束。很快到了万历十九年，整个一年没见任何动静，群臣又将准备新一轮的攻击。此次攻击不是由内阁阁臣发动，而是由低级官僚发动，最后仍然是由内阁首辅申时行、次辅许国、四辅王家屏联名上了一道奏疏。奏疏由许国草拟，许国将申时行的名字列在了第一个。

皇帝看完奏疏后，命内侍去责问申时行为何跟小臣混在一起。申时行有口难辩，只好说他们将我名字列上去了，我根本不知道。

虽然如此解释，但谨小慎微的申时行还是内心不安，于是他给皇帝上了一道密揭。在密揭中申时行说道："臣不知道他们联名上疏的事情，圣上既然有自己的计划，就按照自己的计划来，不要因为一些小臣而妨碍了册立大典。"

万历皇帝看完这份密揭，还随手批复了一句，但他却将这张密揭跟其他奏章混到了一起。这些经过批复的奏章将会转到内阁，再由内阁下发到六科。申时行写给皇帝的密揭到了科道官员手里，其结果可想而知。

这份密揭最终到了礼科给事中罗大纮的手里。罗大纮将申时行的密揭捅了出去，指责申时行表面一套，背后一套。后来申时行府上来人，将这份密揭要了回去。罗大纮再去要时，申时行竟然不给。

万历皇帝接到罗大纮的奏疏，将罗大纮流放边疆，申时行也上疏补救。皇帝的处罚和申时行的行为在朝野引起激愤，人们纷纷将矛头对准申时行。很快，这种攻击的矛头由申时行本人转移到全体内阁大臣。这些低级文官得出的结论是内阁大臣在立储问题上集体跟皇帝合谋，背叛了全体臣僚。

这个罪名是可怕的，在内阁三辅王锡爵已经辞职的情况下，内阁首辅申时行和内阁次辅许国也被迫致仕。此时的内阁只剩下礼部侍郎——四辅王家屏。

在申时行和许国辞职后，皇帝将赵志皋、张位补进了内阁。万历二十年（1592 年）的形势更加艰难。在申时行离去后，内阁也不敢再跟皇帝保持一致。即便在立储问题上皇帝最后屈服了，在其他事项上也换不回文官的合作。所以关于国本斗争的问题已经不仅仅是儒家伦法原则，而是皇权政治跟文官政治的较量问题。

从万历二十年开始，斗争更加激烈化。元月，礼科给事中李献可上疏要求让皇长子出阁读书，皇帝将李献可的奏疏下到内阁，让王家屏拟票处罚。哪知道却被王家屏原封不动地驳了回来，而且还附上了王家屏自己要求皇长子豫教的奏疏。

皇帝依然不依不饶，坚决要处罚李献可。科道言官一共十几人纷纷上疏，他们都遭到罢免或杖责。在这种情况下，首辅王家屏于三月致仕。

王家屏既去，老迈的赵志皋成了首辅。万历皇帝看他那个样子也很为难，便将王锡爵又召了回来。王锡爵回到朝堂后立即上疏要求皇帝册立东宫。皇帝却让一名内侍在深夜来到王锡爵府上，带来了皇帝的密函。

皇帝在密信中写道："立储规则为立嫡不立庶，现在皇后还年轻，万一将来皇后又生子，到时候该如何安置？所以朕的意思是将常洛、常洵、常浩三子一并封王，等数年后皇后再无男嗣，再行册立。卿就按照朕的意思拟票。"

王锡爵看完这道密函后，犯起难来。这很明显是皇帝又在演戏。皇帝想通过三王并封来消除皇长子与皇幼子在身份上的差别，然后再从中捣鬼。

如果不顺从皇帝的意思，内阁的工作也不好开展；如果顺从皇帝的意思，后果也是灾难性的。在这种情况下，王锡爵采取了折中的办法。他给皇帝拟了两票，要么让皇长子认皇后为母，这样可以解决皇长子的嫡长子身份，或者将三个皇子实行三王并封，但同时对何时册立东宫定下一个时间表。

万历二十一年（1593年）正月二十六日，就在王锡爵刚刚回到京城不到一个月的时候，皇帝突然发出三王并封的旨意，并说日后有嫡立嫡，无嫡立长。群臣等了几年，不仅没等到册立皇长子的旨意，反而等来了三王并封，顿时有了被欺骗的感觉。群臣纷纷指责皇帝言而无信。

光禄寺丞朱维京说，"待中宫生嫡"向来无此成制。刑科给事中王如坚的措辞更加尖锐，他直接质问万历皇帝道："你将立储问题从十四年推到十八年，从十八年推到十九年，现在又推到二十一年，我们好不容易等到二十一年，却来个三王并封。如此言而无信、出尔反尔，让人如何信服？"皇帝接到王如坚的上疏，气得浑身发抖。

礼部接到三王并封的旨意，也打了个太极拳。礼部提出册封太子礼和三王并封同时举行。对于此议，皇帝根本不理睬。群臣纷纷涌入内阁质问王锡爵，双方开始破口大骂。在这种强大的舆论压力下，王锡爵被迫收回这两张票拟。但皇帝那里并不屈服。万历皇帝绝望地对王锡爵说道："朕为人君，耻为臣下挟制。若自认错，置朕何地？"但最终的结果还是这位皇帝屈辱地低下了他的头颅。

这是文官政治的胜利，这是士大夫们的胜利。为了所谓的华夏伦理，为了他们的信仰与教条，他们前仆后继，不惜丢掉生命与官职。士大夫们的不屈不挠精神坚守了道德底线。

万历皇帝虽然取消了三王并封的旨意，但他还是以没有嫡长子为由，要求再缓两三年立储。文官中立刻又有人跳出来质问道："你整天不跟皇后同房，如何能来嫡长子？"

万历皇帝连忙解释道："去年冬天皇后身体染恙，朕已经看过了。"皇帝也知道此种解释是苍白无力的。这年的冬天皇帝才和王锡爵第一次见面。自从这位首辅上任以来，皇帝是第一次召见他。王锡爵还是老生常谈，皇帝自然很厌烦。回去后，王锡爵上了一道奏疏。他说道，如果久不立太子，外间就认为是郑贵妃在搞鬼。为了消除郑贵妃的嫌疑，皇上也应该立刻立储。

王锡爵这一招的确狠，直接拿捏住了皇帝命门。皇帝之所以一再强调郑贵妃也是支持立皇长子为太子的，就是因为他害怕外界对贵妃有什么非议。真是害怕什么来什么，王锡爵的话引起了皇帝的不安。他只好先答应万历二十二年（1594年）让皇长子出阁读书。

虽然朱常洛能够出阁读书了，虽然他开始向着太子之位迈出了艰难一步，但皇帝对长子的学习并不重视。按规制，先生授完课后应该赏一顿酒饭，但给朱常洛授课的先生需要自带饭食，而且连笔墨都要自备，过去打赏的钱也没有了，每年三十两银子的薪水，比民间的私塾先生还低，而且还要步行数里去上课。

对于这来之不易的学习机会，朱常洛自然是倍加珍惜。他认真听讲，不像他的先祖正德皇帝那样不耐烦。

朱常洛既已出阁读书，那么册立为太子的事情则已如箭在弦上。从万历二十五年（1590年）开始，小臣们又启动了一轮政治运动，并波及内阁阁臣。这次政治请愿除了要求尽快册立皇长子为太子外，还要求皇长子尽快大婚。

到了万历二十八（1600年）年，从小臣到阁臣，再到勋贵、驸马一起上疏万历皇帝要求册立皇长子为太子，并尽快大婚。到了此时，皇帝的固执早已经摇摇欲坠。但到了这年的秋天，朝中又流传一个耸人听闻的大事件。有人说皇帝之所以对立太子之事拖而不办就是想等皇后死掉，然后立郑贵妃为后，从而解决朱常洵的嫡长子身份问题。实际上这种说法根本站不住脚，从礼制上讲即便皇后死掉，继承皇后之位的也应该是生下长子的王恭妃。另外，即便是郑氏成为皇后，他的儿子也不具备嫡长子的身份。因为嫡长子讲究的是原配。无论从哪一条看，朱常洵都没有皇位继承权。但是皇帝以此为借口，又暂停了朱常洛的册封礼。

万历二十九年（1601年），在内阁首辅赵志皋和次辅沈一贯几次硬顶的情况下，皇帝终于妥协。在历经十五年纷纷扰扰的内外压力下，万历皇帝终于册封皇长子朱常洛为太子，同时举行加冠仪式和大婚礼。三礼仪式结束后，皇帝还专门派人通知早已致仕的申时行、王锡爵，感谢他们在立储问题上的贡献。也许到了这一刻，万历皇帝才长长地舒了一口气。这么多年的政治斗争，为了一个女人，他疲倦了。

虽然朱常洛被立为太子，但这并不意味着国本之争的结束。在朱常洵仍旧滞留京城的情况下，关于皇位继承问题依旧被一些别有用心的人用来炒作，直到万历四十二年（1614年）朱常洵就藩洛阳才彻底结束。那么国本之争从万历十四年申时行上请求册立皇长子为太子的奏疏算起，一直困扰了朝廷近三十年。

一个庞大而复杂的农耕帝国，不需要什么激荡人心的大事件，也不需要什么伟大的君主，它只需要保持权力的平稳过渡，因为这样才能够起到安定人心的作用。当来自西部那个强大的民族灭掉了辉煌一世的商王朝时，我们这个民族彻底告别了渔猎时代，迎来了崭新的农耕时代。为了统治那些蛮荒没有经过开发的土地，周王朝实行了分封制；为了解决权力的继承问题，又实行了嫡长子继承制的宗法制。这种互为表里的政治制度保证了农耕王朝的稳定性，从而使周王朝延续了八百年。周王朝制定了礼乐制度，使我们这个民族开始体面起来。同时，嫡长子继承制更是深入到了这个民族文化的精髓，此种继承制度不仅适用于王位，也适用于爵位和其他一切涉及家族权力的继承问题上。

在这个问题上已经没有人能够抗衡传统的惯性，因为它只需要一种利益的分配规则。通过减少利益参与者的数量来保持一种稳定的政治结构。正像我前面所讲的那样，在这个过程中不需要英明的君主。它不是选优，它只需要君主充当礼仪上的表率即可。正因如此，在万历朝这场国本斗争中，无论万历皇帝有何打算，只要他违背了这一原则，他自己作为皇帝的合法性就会遭到质疑。

万历朝的这场斗争我们应该感谢所有为了维护这种原则而努力的官僚，特别是要感谢申时行和王锡爵这两位首辅，尤其是王锡爵。如果不是万历二十一年王锡爵的硬顶，皇长子就不会出阁读书，而皇长子的出阁读书正是他向皇储迈出的关键一步。

64 戴镣铐跳舞的内阁首辅申时行

申时行作为苏州人，跟此地的大多数官僚一样，低调而有涵养。跟大明王朝大多数首辅一样，申时行年少得志，经历了翰林院学士到部院官员，最后入阁拜相的过程。

申时行原名徐时行，曾被过继给舅舅徐尚珍，成年后又返回申家。虽然他跟徐阶一样都是苏州人，虽然他也跟徐阶一样人情练达，但他无疑比徐阶更加圆滑。在万历十年（1582 年）张居正死后，内外形势已经发生了变化，申时行能够顺应这种形势加入到倒张的队列中来。

虽然张居正对申时行有提拔之恩，但这种提拔之恩在申时行看来显得要清淡得多。他跟张居正的关系不似梁梦龙、张学颜那般亲密，他一直保持着自己的独立性。他不从属于任何政治团体，这也是他能成为政治不倒翁的原因。

在清算张居正的运动结束后，申时行及时踩了刹车，这对于万历皇帝亲政后的局势起到了稳定作用。

万历十二年（1584年）随着倒张运动接近尾声，关于这场争论似乎还迟迟不肯落幕，一些人仍旧拿着张居正的事情互相攻击。在对张居正抄家的时候，刑部尚书潘季驯因为替张居正说话被御史李植弹劾而罢官。如今御史蔡系周、孙愈贤因为跟李植有嫌隙，借着潘季驯有冤弹劾起李植来，而李植的同党江东之、羊可立立刻加入互劾，并将蔡系周、孙愈贤两人划成张居正的同党予以攻击。这样一来皇帝自然站在江、羊、李这边。

本来是一场御史阵营的内斗，江、羊、李偏偏将张居正牵扯进来作为打倒政敌的砝码。这实际上是万历十二年官场上的普遍现象。跟张居正有交情的官员全部面临被罢黜的危险，而跟张居正有仇的官员显示出了越来越强悍的战斗力。首辅申时行已经预感到这个事情再不解决将会给国家造成更大的危害。

进入万历朝，大明官场出现了一种奇特现象，那就是为了扳倒政敌，采取匿名贴大字报的方式。这些大字报通常会揭示一些私密的事情，往往会掀起大波，达到普通奏章无法达成的效果。

申时行的担心不无道理。很快京城就流传着一张大字报，说内阁大学士许国指使蔡系周、孙愈贤弹劾李植，此时斗争的方向发生了变化，局面更加扑朔迷离。首先此时的内阁大学士大多是在张居正主政期间曾经弹劾过张居正的人，所以此案跟张居正已经失去关联，它要么是有人故意将此案跟许国联系起来，要么就是江、羊、李弹劾蔡孙的最终目标是对着许国来的。

事实证明的确是如此。因为随后江、羊、李又开始弹劾申时行。原来他们想将首辅申时行、次辅许国赶走，让他们的老师——三辅王锡爵担任首辅。申时行很快就抓住了他们的把柄，使皇帝将三人连降三级，贬谪外地。

万历十二年的这场惊心动魄的政治斗争依靠申时行的老到一举打垮了江、羊、李的嚣张气焰，直接结束了关于张居正的一切争论，也保护了跟张居正有关联的一大批官僚，安定了人心。

万历第二个十年的形势对于申时行来说依然艰难。严嵩的下场使得他不敢跟皇帝保持一种亲密的合作关系，张居正的下场也使得他不敢有所作为、有所担待。他需要在皇帝与群臣之间保持一种平衡。皇帝也需要他和他的内阁班子充当自己跟低级官僚之间的一块缓冲之地。这种平衡点的把握对于申时行来说是艰难的，稍微不慎，就会遭到参劾而丢官。

任何高高在上者和既得利益者都会遭到全体官僚的敌视，而对于低级官僚的利益却是任何人也触碰不得的。参政的群体日益扩大，舆论权日益下移，这些都会将朝政带入灾难的深渊。所有人都开始小心翼翼，决策的制定更加复杂，任何一项政策执行起来将更加艰难。皇帝和内阁不再信任低级官僚，低级官僚也不再信任皇帝和内阁。大明王朝不仅进入文官政治的时代，更进入了低级文官政治的时代。士大夫们表面看起来意志坚决，实际上精神涣散；这个庞大的王朝表面看起来强大而威严，实际上步履蹒跚。

士大夫们阵营分明，所有人要么成为君子，要么成为小人。一些鸡毛蒜皮的小事情牵连起来也会引起大的政治动荡，首辅的倒台更是家常便饭，文官们的攻击也需要多轮较量后才能够看清他们的真实目的。在这些过程中即便是皇帝也常常被其迷惑，跌入彀中。

申时行取代张四维成为首辅后，力图取得一种平衡，试图在文官中维持一种无可争议的形象。但事实表明这根本就是徒劳的，没人会同情他，正如没人会同情皇帝一样。

有人说朝中有些人在张居正当国期间无所作为，接着就有人弹劾吏部尚书杨巍、礼部尚书沈鲤，说他们不应该事事都听内阁的。随后又因为万历皇帝的陵墓问题弹劾主办者徐学谟，最后又弹劾礼部侍郎高启愚，所有这些被弹劾的人都跟申时行有着或多或少的联系。一旦皇帝受理了对这些官僚的弹劾，那么下一步弹劾的矛头就会直指这位首辅。皇帝是清醒的，他知道这些文官们想干什么，皇帝及时一耳光扇趴了这些烦人的伪君子们。他深刻地知道到了这个时候，必须要维护申先生的清誉，否则在这个国家将无人再敢替自己做事。

据《明史·顾宪成传》，万历十四年（1549 年）顾宪成进京述职，王锡爵跟他谈到了当今的官场特点。王锡爵笑着说："公家居久，知都下近来有一异事乎？”顾宪成当然不知，便请教道：“愿闻之。”王锡爵妙语横生：“庙堂所是，外人必以为非；庙堂所非，外人必以为是。不亦异乎？”顾宪成回答得更妙：“又有一异事，外人所是，庙堂必以为非；外人所非，庙堂必以为是。”说完两人相视大笑。在这种笑声中，两人互相鄙视对方。万历十四年王、顾的这段对话实际上通过大明官场高层与底层的对立，来昭示官僚们对团体利益的看重。在这里没有是非曲直，只有利益。

万历十年以后的形势就是如此，申时行夹杂在这种沉闷的氛围中丝毫动弹不得。他的任何调和皆被群臣认为是虚伪的举动，所有的人都臆想他跟皇帝有什么勾结。

从万历十四年开始，申时行感到更加步履维艰。一方面是皇帝渐渐对上朝、对经筵感到厌烦，另一方面是随着郑贵妃产子，王朝最大的危机突显出来。

皇帝经常抱怨头晕、眼花、四肢乏力。有一次皇帝对申时行说道，自己近来肝火旺盛，用了凉药，谁知凉药将火压到了脚底，导致脚底发痒，然后又挠破脚底，导致行走不便。每当这个时候，申时行总是劝慰皇上多注意身体，以国事为重。

万历十八年（1523 年），甘肃副总兵李联芳亲率队伍冒进出击蒙古火落赤部，全军覆没。消息传来，朝廷上纷纷扰扰，隆庆朝以来形成的边疆和平局面又将摇摇欲坠。人世间点火冒泡的人多，冷静分析全局的人少，大明王朝三百年来绝大部分的战争都是不冷静造成的。杂七杂八的意见堆积起来，再加上决策者对于形势的不明，从而酿成了全国总动员。

对于此事申时行有着冷静分析。蒙古人没必要找大明王朝的麻烦，俺答汗时代对于贡市有着铁了心的依赖，但西北有两个部落卜失兔、火落赤，东北有个部落插汉部总是跟明朝摩擦不断。卜失兔、火落赤还经常跟回部和藏部相互仇杀，而边疆的明军往往又牵扯其中。

正因为申时行了解到这些关系，所以他才劝皇帝冷静处理，结果平息了一场可能产生的冲突。在申时行担任首辅期间，许多事情就是这样在飘摇中解决了，但有些事情可以将就着过，有些事情就不能将就着过。

从万历十四年开始的国本之争才算是真正在申时行身上套上一副镣铐。随着争论的升级，这副镣铐只会越来越紧，而不会越来越松。万历十九年的密揭事件终于终结了这位首辅的政治生涯。对此我们已经无法再说出什么，大明王朝的命运跟人的命运一样在这个纷纷扰扰的 16 世纪晚期随波逐流。

五十六岁的申时行回到了自己的家乡。按理说此时正值壮年，但他却过早地结束了自己的政治生涯。回到家乡苏州后，申时行又度过了二十三个春秋。这二十三个春秋是在江南靡靡细雨、丝竹软语中度过的。虽然他待在山水最好的地方，享受着 16 世纪地球人最好的生活方式，但他的内心仍旧纠结于那些往事之中。

从申时行留下的《赐闲堂集》中我们可以看见这位首辅的内心并不平静，我们可以捕捉到这位首辅心中所留有的那种深深遗憾。二十三年来的几乎每一日，他都在对往事的追索中度过：自己有哪些事情没有做好，自己当时应该怎么做。

我们无法否认申时行一生最大的功绩就是在万历十二年（1517 年）及时将大明王朝从关于张居正的一切争论中拉了出来，避免了更多的人事动荡。万历十二年（1517 年）皇帝精神焕发、神采飞扬，但仅仅过了两年皇帝就发现自己想做的任何事情都做不了，那个鼓满气的皮球立刻泄了气。虽然申时行也不断后悔未能让皇帝成为一个有为的君主，但这是皇帝本身的问题，还有体制的问题，并非申时行所能掌握。

尽管黄仁宇在《万历十五年》一书中将申时行的不作为解释成时代的因素，尽管黄仁宇对申时行的尸位素餐一再进行辩护，但我们无法否认的是，正是因为申时行的无能，让整个万历朝的第二个十年向更坏的方向滑去。他既不能力劝皇帝早立太子以安人心，也不能压制群臣还朝廷一个朗朗乾坤，更不能为皇帝选拔一批能用的人才。

我所说的这一切并非毫无根据。因为在申时行之后，王锡爵的一封措辞激烈的奏疏竟能逼迫皇帝让长子出阁读书。从这个角度出发，张璁的嚣张或者张居正的跋扈，刘瑾的擅权抑或魏忠贤的独裁，从根本上说不容于文官制度或者儒家宪法，但是一定程度上于国却有利。因此，用“失败”一词来对申时行进行总结，我认为是恰当的。

65 操纵朝局的东林党

虽然在万历二十一年（1593 年），在次辅王锡爵的争取下，皇帝让长子出阁读书。虽然也在万历二十九年，在全体臣僚以及勋贵的要求下，皇帝最终册立长子为太子。但这并不意味着斗争的结束。在这场旷日持久的国本之争中，皇帝受到了深深的伤害。他杜绝跟臣僚的一切交流，既不赞扬他们，也不惩罚他们，空缺的职位也不补。他想让所有的官僚绝望，这自然是因为皇帝绝望而产生的一种报复。

从万历的第二个十年起，大明王朝的政治生态出现了一种有趣的现象，那就是高层官僚和底层官僚对立起来。因为底层官僚认为高层官僚妨碍到了他们的利益。在他们眼里，所有的人，包括皇帝和内阁大学士都应该虚心接受他们的批评，遵照他们的行为规范和理念行事。在此过程中如果有任何异议，即不是道德君子。在中国 16 世纪的晚期，在在朝、在野的低级官僚中由于共同的利益逐渐形成一个新的政治团体——东林党，而这一切都要从 1593 年的那场京察开始。

在这一年春天朝廷上发生了一件大事，那就是皇帝抛出三王并封的议题，而新晋内阁次辅王锡爵对此持暧昧态度。众人纷纷将矛头对准王锡爵，直至跟内阁发生全面冲突。

万历二十一年（1593 年）是六年一度的京察年，此次京察主要是低级官吏借此机会整治王锡爵，主要参与者有吏部尚书孙鑨、左都御史李世达、吏部考功司郎中赵南星。孙鑨上来就将自己的外甥吕允昌干掉，而赵南星上来也将自己的亲家王三余干掉。虽然这看起来他们是不徇私情，但明显做得有些矫情，其用意就是给政敌释放出来一种强烈的信号。

果然，内阁次辅赵志皋的弟弟被免职，首辅王锡爵控制的几个言路官员也没通过考察。这场京察于二月结束。三月科道言官刘道隆以拾遗（对没通过考核的官员重新考核，以求留用）论兵部职方司员外郎杨于廷、兵部职方司主事袁黄、吏部稽勋司员外郎虞淳熙，而吏部建议留用虞淳熙，刘道隆要的就是这个效果。因为虞淳熙本身是吏部的人，而且是孙鑨的同乡。

孙鑨等人似乎中了圈套。他们对于政治想得过于简单，此次拾遗明显就是针对负责京察的吏部而来。孙鑨不仅没能保住虞淳熙，反而给自己的团队带来麻烦。很快，刘道隆弹劾孙鑨结党。皇帝也令孙鑨做出解释。吏部考功司员外郎顾宪成给孙鑨代笔上疏抗辩。孙鑨的抗辩没起到任何作用，皇帝对孙鑨罚俸二个月，将赵南星连降三级，贬谪外地。至此由吏部仓促发动的这场京察已经面临难以收尾的结局。

赵南星被调离吏部可以说是打到了对方的命根子上。孙鑨以辞职相要挟，各部堂官纷纷力保赵南星。皇帝第一次感到朝廷的政治走向已经出现了微妙变化，有一股力量在左右舆论的走向，往往一件小事情就可以将这些人钓出来。皇帝明确地知道自己不能退缩，一旦退缩，其后的波涛凶险无法预料。

众人对赵南星的求情没有得到皇帝的理会。接着，佥都御史王汝训、右通政魏允贞、大理寺少卿曾乾亨，礼部郎中于孔兼、陈泰来，礼部主事顾允成、张纳陛、贾严，国子监助教薛敷教轮流替赵南星喊冤，说王锡爵为了庇护同党而处罚赵南星。官员们的锲而不舍只能助长皇帝的斗志。而且针对人事任命问题这么多人口径一致，明显是结成朋党。万历就以朋党罪将陈泰来发配边疆，将于孔兼、顾允成、张纳陛、贾严、薛敷教降三级，贬谪外地。

紧接着，负责此次京察的左都御史李世达又上疏抗辩。皇帝干脆将赵南星、虞淳熙、杨于廷、袁黄全部削职为民。至此，1593 年的这场京察暂时以吏部的失败而告终，但这绝不是意味着这场政治攻击的结束。事实上，斗争的双方都在寻找可以重新点燃战火的引线。所有人都坐在了火山口，随时会莫名其妙地丢掉官位。

到了八月，曾与吏部侍郎赵用贤女儿定亲的太仓人吴之颜的儿子吴镇状告赵用贤“论财逐婿，蔑法弃伦”。这种罪名按说是很重的。大明王朝早已到了因为小事情而引发政治大动荡的时期。这种由小事件引发的大动荡绝不意味着小事情本身有多么大的推动作用，而是因为大的政治事件往往都经过长期的发酵。

这件涉及婚姻诉讼的普通官司引起了户部郎中杨应宿、郑材的关注，只因为这是一件涉及吏部的案子。杨应宿、郑材开始就这件事弹劾赵用贤，而李世达又上疏为赵用贤抗辩，并指责杨、郑二人诬陷，而杨、郑二人又上疏索性连李世达一块打了。而此时吏部文选司又会推以前被万历皇帝免职的言官，皇帝大怒而将文选司官员全司免职。这时候，李世达又上疏乞休，皇帝便批准了李世达的申请。行人司行人高攀龙坐不住了，他蹦出来弹劾内阁指使杨应宿打击吏部和都察院，而皇帝对内阁唯唯诺诺。实际上，高攀龙是正话反说。他知道内阁是奉了皇帝的旨意，但又不好在这个事情上对皇帝发难，只好采取这种指桑骂槐的办法。

杨应宿立即针锋相对，他指责高攀龙上疏是顾宪成在背后挑唆，吏部这帮人专以跟内阁作对为能事，并指责吏部诸位大员贪赃。皇帝对杨应宿的弹劾十分感兴趣。杨应宿的话涉及两个话题：一是1593年的这场政治攻击，吏部是幕后操作者；二是吏部官员贪赃，一旦贪赃落实，可以名正言顺地打击他们，也可以通过抄家缓解宫中开支紧蹙之局面。

据《神宗实录》记载，万历皇帝亲自批示道："近来小臣不修本职业，喜爱搬弄是非。该部院会同该科从实询问杨应宿，何以吏部贪赃？何以高攀龙为顾宪成指使？又问高攀龙，何以朕一事不管，亲批亲点，俱出辅臣之意？明白回话，不许徇私党护。"

皇帝前面的批示表面上看是斥责杨应宿不修本职，实际上是鼓动杨应宿继续发挥能量，深挖赃财，而后面对高攀龙的斥责明显是为王锡爵开脱。结果，高攀龙没解释出来个所以然，杨应宿也没有吏部官员贪污的证据。这样，皇帝将杨应宿和高攀龙两人俱贬到了外地。随后，吏部尚书孙鑨和吏部文选司郎中顾宪成也被王锡爵票拟回家。

接着，又有一些官员弹劾王锡爵，万历皇帝无一例外地进行了处罚。此时，王锡爵已经累了，他已经帮皇帝搞掉了一大批官员。因为皇帝要罢免哪位官员必须经过内阁票拟，所谓的官员们恨王锡爵正是基于此。万历二十一年王锡爵出山，到万历二十二年王锡爵再次致仕，出任首辅仅一年半。在这一年半期间，王锡爵做了两件事情，一件是逼迫皇帝让皇长子出阁读书，第二件是帮皇帝搞掉一批找事的低级官员。完成这件事情后，他便向皇帝提出致仕。皇帝自然舍不得王锡爵走，但锡爵去意坚决，皇帝也只好作罢。

王锡爵离职后，赵志皋再次成为首辅。朝政似乎又重回申时行时代，一个在君主和低级官僚之间跳舞的时代。赵南星、顾宪成已经离开朝堂，高攀龙被贬到地方做小官，也没有什么意思。很快三个人将无锡县东郊的东林书院修整一下，重开已经被张居正禁止的书院讲学。

事实表明，东林书院就是失败者的乐园，精神沮丧者的疗养地。大批在万历朝被斥退的官员去了那里。他们整日发表空议来获得精神上的寄托，从地方骂到朝廷，从朝廷骂到地方。不仅如此，还有一批在朝的低级官僚也跟他们遥相呼应。多年以后这批以低级官僚为主、为低级官僚争取民主权力的党派被冠名以东林党。这是整个大明王朝参政议政群体的扩大和舆论权力下移的结果，一切都依赖于商品经济的发展。随着东林书院的建立，以及参加这个组织人员的扩大，东林书院可以看作中国历史上第一个士绅阶层的团体。它的参与者所秉承的意志与理念也可以看作中国历史上第一个士绅阶级的纲领。

面对东林党的结社，其他人士也纷纷结党自保。赵志皋之后的首辅沈一贯拉拢在朝的浙江籍人士组成浙党，在朝的湖广籍人士组成楚党，山东籍人士组成齐党。十二年后，万历三十三年（1605 年）的京察又如期展开。在浙党领袖、内阁首辅沈一贯的主持下，东林党再次遭到了打击。但以沈一贯为首的内阁派也受到很大创伤。两年后，当有御史再次弹劾他的时候，他便被迫致仕。

从万历二十一年（1593 年）开始运作，一直到万历三十三年（1605 年），东林党政治运作的效益并不高，而且还很拙劣，基本上属于自娱自乐。其关键问题是没有核心人物能够进入决策圈。这一期间，李三才进入了东林党的视野。

李三才是万历二年的进士，因为弹劾张四维和申时行而遭到贬官。李三才好发表议论、结交朋友，活动能力强。当他担任凤阳巡抚又总督漕运的时候，三才成了反对税使官员中最猛烈的一个。这又使得他在缙绅中享有极高的威望。

当沈一贯离去的时候，皇帝对内阁次辅沈鲤十分憎恨。因为沈鲤在一些事情上跟万历皇帝作对，皇帝便命沈鲤致仕。此时内阁还留下了朱赓。朱赓跟王锡爵、沈一贯一样，在大事上跟皇帝保持一致。经过吏部廷推，皇帝又将李廷机、叶向高补进内阁。但皇帝仍将首辅的位置空在那里，他想将王锡爵召回内阁来担任首辅。

内阁大学士拥有密揭专奏的权力。此种密揭不需要通过通政司，可以直接上达天听，也就意味着不必公开。

万历三十五年（1607 年），王锡爵给皇帝上了一道密揭，密揭上是这么说的：

> 臣窃见近来邸报，奸邪结党，倾害忠良，朋比行私，要名讪上。甚者称倾朝为叔李，目皇上为庸主，揣摩逞臆，颐指捏诬，不能悉举。且以近日参政姜士昌之疏言之，其事虽公，其心实私。渠等布满南北，眈眈虎视，无可谁何。更暗伺朝廷动静，以资唇吻，肆毒善类。古云，主辱臣死；又云，见无礼于君者，如鹰鹯之逐鸟雀。皇上受小臣之侮极矣，奸党之无礼极矣。（《明史·列传》卷一百零六）

王锡爵的这道密揭摆明了就是讨皇帝的好，将东林党比作奸党，将自己比作替皇帝逐鸟雀的鹰鹯，意思是自己愿意回到内阁。王锡爵这道密揭等于是吹响向东林党全面进攻的号角。在东林党遍布南北的情报网络覆盖下，这份密揭很快落入李三才手中。李三才将这份密揭原稿抄了下来。这样在这份密揭还没有抵达天听的情况下已经在低级官僚中传开了。

很快东林党就运作弹劾王锡爵。这次出头的是曾经做过常熟知县的段然。他指责王锡爵乱用密揭，进朋党之说，行人事之害。

从低级官僚斗争的诉求来看，他们需要一种舆论权。这表明到了 17 世纪中国，密室政治已经跟这个蓬勃发展的时代格格不入。李三才捅破了密揭事件，给东林党立下一大功。顾宪成高度评价李三才，说他立下社稷第一功，并称他“言足以犯当世之忌而无其险，功足以为端人正士之伟而无其奇，风足以廉顽直懦流映千载而无其高”（《泾皋藏稿》卷八《赠山东佥宪李道甫序》），阿谀到了极点。

密揭事件的公开使得王锡爵再回内阁已经不可能。不久，朱赓去世，李廷机由于受言路攻击闭门不出。这样内阁就只剩下叶向高一人，吏部会推阁臣已经是箭在弦上。东林党不遗余力地推举地方官僚李三才。由于此时的叶向高就是东林系的成员，如果李三才再入阁，就会出现东林党把持内阁的局面。

围绕一个李三才入阁问题，双方较上了劲，朝政有山雨欲来之势。反东林一派的官员邵辅忠，列举李三才“贪”“险”“假”“横”，说李三才矫且伪。“贪”是指李三才派人去各地索要贿赂；“险”是指李三才将各地进贡给皇帝的东西据为己有；“假”是指李三才经常毫无廉耻地骂人，目无法纪结党营私；“横”是指李三才借着漕运总督的职位贪污公款，过着奢侈的生活。（《明神宗实录》卷四百六十五）

邵辅忠对李三才的抨击可以说是去皮见骨，引起了顾宪成的恐慌。他先后给首辅叶向高写了一封信，给吏部尚书孙丕扬写了两封信替李三才辩解。宣大巡抚吴亮抄录了这三封书信，将邸抄送到了各个衙门。

顾宪成的书信在朝野掀起大波。一个被削职的草民竟然遥控政治，干涉朝廷的用人权。中国有句话“不在其位，不谋其政”。顾宪成此举只能是搬起石头来砸了自己脚。

就这样，双方隔空开火，有人支持，有人反对。双方引经据典、挖心刺骨，越来越多的人卷入此事，越来越多的事浮出水面。御史徐兆瑞认为东林书院干预朝政，将这一派官僚命名为东林党，并指出东林党在江南私设税卡，以修书的名义胁迫地方官吏送银子给书院，东林书院动辄到各地讲学，地方政府全以公款招待，东林书院刊印的书强迫各地购买，诸如此类不法事件。最终，徐兆瑞得出的结论是天下只知有东林书院，而不知道有皇帝陛下矣。

事情到了这一地步，李三才入阁再无可能。他也没脸面再继续在朝堂上待下去了，最后在万历三十九年（1611 年）辞去职务。之后，他回到家乡北京通州去了。

虽然李三才没能入阁，还使东林党凭空损失一员大将，但在万历三十九年的南北京察中，由于东林党系的叶向高担任内阁首辅，主其事者也为东林人士，北方京察中大批浙、楚、齐党的人被斥退。而在南京的京察中，把持南方京察的浙、楚、齐党又纷纷将东林党人斥退。在大明的版图上，南北同时上演政治对攻的场面。但当万历四十二年（1615 年）首辅叶向高致仕，浙党人士方从哲接任首辅后形势便逆转而下，大批东林党人被斥退一空。至此，东林党便结束了万历朝的纷纷扰扰，他们的复出已是下一个朝代的事情。

我们对东林党很难做出一个评价。它以低级官僚为主，反映了低级官僚要求言论的自由。但他们对于反对他们的言论同样也持压制态度。所以，这个世界上根本没有绝对的言论自由。所谓的言论自由不过是通过剥夺别人说话的权利来换取自己说话的权利。

的确，东林党成员大多出身士绅阶层。他们通过结社的方式干预朝政、把持公论、奔竞请托、包揽词讼、隐漏钱粮，异己者虽清必驱，附己者虽秽必纳。由此，清朝初年开始严禁士人结社。

无论如何，在那个熙熙攘攘的万历朝，东林党能够坚守儒家伦理道德，在国本之争中仗义执言，最终迫使万历皇帝做出让步，他们的功劳也是应该值得肯定的。

在那个商品经济蓬勃发展的 17 世纪，参政议政群体开始扩大，舆论也开始民间化，东林党人更是提出了“天下之是非自当听之天下”这样具备进步思想的观点。这反映了在商品经济上升时期，新兴的士绅阶级开始积极地追求权利。这在明王朝，在 17 世纪初叶的中国都是一个非常大的亮点，值得我们每个人去骄傲。

对于这样一个政党，我们需要的是高层加以辅导，将它们纳入正常轨道，力争将其危害减到最小，是为帝国之福。

66　利益集团鼓噪的矿税斗争

税赋问题是对整个大明王朝进行研究的重点之一。这也就是说，为什么明初进行各项建设和军事行动都不成问题，而明末组织一场大的军事行动都显得费劲。现在我们知道明朝的灭亡跟元朝一样都是亡于财政破产，也就是财富日益向少数人手上集中。由于皇帝失去话语权，导致征税日益困难。这是历史发展的惯性，历代封建王朝大多如此。

洪武朝天下拟定的田亩数为五亿亩，官田占七分之一，民田占七分之六。官田是指皇庄、军屯、藩王、勋贵、官僚、宦官、学校、寺庙之田；民田是指士绅和自耕农之田。除去部分免税的官田，纳税的官田和民田加在一起的田赋为两千七百万石，折合白银一千六百余万两，商业税二百余万两白银，盐、茶、瓷器、铁等大宗物资上收的税还不如明朝几个草料场的收入。（黄仁宇《十六世纪明代中国之财政与税收》）农业税和商业税税率基本上都是货值的百分之三（《明会典》），之后大体将此作为纳税的标准确定了下来。但随着时代的发展，军屯被破坏，政府雇员增加，人口增长，这些都使得开支变得巨大。而税赋却由于洪武成制和儒家思想的阻碍而无大的增长，加上天下积习已久，抵制变革的力量强大，大明王朝只有晃荡着前行。

到了16世纪，随着商业经济的发展，大量的农业人口转成商业人口，商业占国民经济的比重开始上升。由于传统重农抑商政策的影响和文官集团的阻挠，商业税率却无法提高，征税的关卡也只限于运河和北京的崇文门。所以从嘉靖朝以后，大的商帮动用超过百万两资金的现象已经成为平常（刘克祥《简明中国经济史》）。官绅一体、官商一体，只能将负担压在小民头上。

从正德年间开始，随着宫女和宦官人数增长，大明王朝宫廷开支出现了困难。正德皇帝常常感到手头紧蹙。他时常向户部讨要银两，而且在一些大的开支上拒绝动用宫里的钱。到了万历年间，虽然有张居正留下的几百万两国库存银，但在后来的万历三大征中耗费殆尽，而且皇帝还从宫里拿出不少钱贴补军费，最重要的是还要面对两宫三殿在火灾之后的修复工作。这些都缺乏财政的支持，在这种情况下万历皇帝只好另辟财源。

万历二十七年（1599年），皇帝在跟首辅沈一贯讨论矿监税使时说道："朕以连年征讨，库藏匮竭，且殿工典礼方殷，若非设处财用，安忍加派小民。"

皇帝的想法是绕过户部，直接派宦官去各地开矿，将收取的矿税直接入宫中的内承运库。这样既解决了宫中的开支，余者还可以补贴国库，两难自解。

大明实行的一直是禁矿的策略。对于一个农耕国家来说，开矿和商业一样都会干扰这个国本。在利润的刺激下，大量的人口会蜂拥至这个行业，而且官营的开矿还会刺激民营开矿的兴起，聚集在一起的矿工将会成为社会的不安定因素。成化年间的叶宗留造反就是例证。从洪武朝矿禁以后，直到成化朝，因为财政困难才复而开矿，很快又禁。到了嘉靖朝，又因财政困难，复而又开，再开再禁。所以，当万历皇帝提出开矿后，自然遭到了文官们的激烈反对。

万历二十四年（1596 年）六月，皇帝派出了第一拨采矿的太监，御马监的鲁坤带着户部郎中戴绍科、锦衣卫杨金吾前往河南开矿，又派承运库太监王亮同锦衣卫官员张懋中前往北直隶的真定、保定、蓟州、永平开矿。从此皇帝从皇宫大内陆续向全国各地派出矿监。

昌平有王忠，保定有王虎，昌黎有田进，河南有鲁坤，山东有陈增，山西有张忠，江苏有刘朝用，湖广有陈奉，浙江有曹金，陕西有赵钦，四川有丘乘云，辽东有高淮，广东有李敬，广西有沈永寿，江西有潘相，福建有高寀，云南有杨荣。

从万历二十五年（1597 年）开始，各地的矿监便陆续向大内进贡银子，或几百两或几千两。这些往往能解燃眉之急，所以无论多少都能令皇帝满意。但由于地方官吏一意阻挠，开矿的收益并不大。征税的目标从矿藏转向商业已成了必然。很快，在派出矿监的同时，皇帝又向各地派出税监，而且是一人身兼两职。皇帝是个明白人，在“安忍加派小民”的思维下，他终于懂得向蓬勃发展的商业出手了。

此举自然引起官僚集团的强烈反对。我们知道文人们没有一定的物质做后盾是无法从科举中拼出来的，自小的教育费用就是一大笔开销，还有家族精神力量的传承。所以，这些从科举中胜出来的士大夫们大多出身于商人或缙绅家庭。他们进入仕途后也往往依附于原先的阶层。无论从利益上，还是情感上，他们都会做出有利于本阶层的决策。

从张家湾、卢沟桥到京杭运河，以及长江沿线，布满了面对商人征收商业税的税使。商人的生活从来没有像这般尴尬。很快，官僚们摇动了笔杆子。围绕着征税问题，在 17 世纪前后的中国，一场市民运动正式爆发。

高攀龙在《上罢商税揭》中说道：“商税非困商也，困民也。商也贵买，绝不贱卖，民间物物皆贵，皆由商算税钱。夺民之财，非生财之道也；生财之道，生之，节之，两端而已。”

按照高氏的说法，朝廷根本就不应该征收商业税，朝廷也压根就不应该征税，只要节约，钱便来了。如果朝廷没有充足的财源，面对外敌入侵之时，谁来抵御？面对滔滔黄河水，谁来治理？面对天下灾民，谁来赈济？难道要靠商人出钱吗？从全局来讲，低税率的政策也不一定能保护民众的利益。

李三才的上疏更加措辞激烈，他在万历二十八年（1600 年）上的《请停矿税疏》中说道：“陛下为斯民主，不惟不衣之，且并其衣而夺之；不惟不食之，且并其食而夺之。皇上爱珠玉，人亦爱温饱；皇上爱万世，人亦恋妻帑。奈何皇上欲黄金高于北斗，而不使百姓有糠粃升斗之储？皇上欲为子孙千万年，而不使百姓有一朝一夕？”

高攀龙、李三才极尽夸大之能事，将一个区区商业税说得有如天崩地裂一般，其实质问题仍是他们背后所代表的利益集团。

高攀龙祖上世居无锡。从他的高祖起家中就有田三百亩，而其祖父高材则是亦官亦商，其父高梦龙则经营放贷行业。而另一名上疏的李三才，其家族本就是北京通州张家湾的商人。此次增加商业税收，张家湾就是个重点。加上李三才总督漕运，一旦由宦官在运河沿岸收税，那么由其漕运衙门征收的税额只能减少而不会增加。所以，此次万历皇帝派出税使征税还涉及一个中央和地方利益分配问题。

田口宏二朗在《畿辅矿税初探——帝室财政、户部财政、州县财政》一文中指出：

> 明初以来，在全国府州县城、镇市里设有税课局。经过这些地点的客商们，必须以宝钞形式缴纳商税才能获准通过。然而，从 16 世纪初开始，伴随着宝钞的贬值，各地陆续关闭了许多税课局。不久，折银交纳商税，牙行承包征税的现象逐渐普及起来。随着上述趋势的盛行，商

> 税在州县等地方机关里渐渐成为重要的财源。各个牙行承包征收商税业务以后，各地争先恐后滥立牙行。地方官们付给他们牙帖，以他们所交纳的商税来填充地方政府的经费。并且，16世纪开始折银交纳商税的现象普及以后，地方官们又都把这项收入编入了定额条鞭。这更加减少了这项税目的伸缩性。

田口的这篇论文解释了两个存在的问题：一个是商业税收从16世纪开始便成为地方政府财政的来源；二是地方政府征收的商业税收是定额。一旦皇帝派宦官加征的话，势必减少他们所征收的额度。

除此之外，李三才在朝中向来是以擅长捕风捉影、造谣中伤而闻名，其本人平日里生活奢侈无度、毫不检点。李三才曾对顾宪成说过，他自己“耻效俗人饰边幅，装格套于青天白日之下，作鬼魅技耳”（《泾皋藏稿》卷六），他也在给皇帝的奏疏中说“用人不必择贤者，有才即可”。一次顾宪成路过凤阳的时候去拜访他，头一日饭食简便，第二日饭食豪华，宪成不解，他笑道：“今日从漕运上收了点小钱。”

李三才平日里豪放不羁，不注意言行，才导致不断有御史抓住他的把柄对他进行弹劾。大明宫室里所用的皇木大都取自贵州，沿沅江流入长江，然后再沿京杭运河运到京里来。皇木卸下来的终点就是北京通州的张家湾，而李三才身为漕运总督，其家又在张家湾，这给他偷盗皇木提供了有利条件。

万历四十二年（1614年），御史刘光复劾李三才偷盗皇木，用于营建私宅，而工部侍郎林如楚也指出皇木的确有丢失情况。在这种情况下，皇帝便派林如楚会同科道官员前往三才位于张家湾的家中查看。查看结果令人咋舌，李三才家中瑰丽神奇、崔巍广大、势甚铺张，有一座花园，前后半里，乃是当年皇厂的地基，而大门与二门之间又为原来户部仓库地基。李三才不仅侵占皇产，而且侵占官产。我们知道通州乃是运河的终点，从南方运来的木材和粮食都在这里卸载，所以这里通常都建有皇厂和粮库。不仅如此，李三才家中所用木材都是南方杉木，而且“出卖无主，报税无票”。工部官员既然查勘属实，李三才自然难逃罪责。

此时，李三才已于万历三十九年（1613年）辞去职务，闲居家中。所以，万历皇帝最终也是免去李三才“士”的身份，削为庶民了事。

既然李三才身上有这么些不检点之处，那么其奏疏的分量就可想而知。面对群臣反对商业税的奏疏，皇帝一概留中，不予理睬。在这种情况下，士大夫自然不会善罢甘休，他们便煽动市民暴动。

万历二十七年（1599年）四月二十四日，山东省临清三四千脚夫包围了临清税使马堂的衙门。从衙门里冲出来的兵丁将外面带头的抓了几个进去。这时候外面有人带头高呼：“里面杀人了！”在此人的吆喝下，外面的人一起冲了进去，将税厂焚烧，殴打、踩踏死四十几人。

同年七月，御马监太监陈奉在湖广荆州遭到数千市民投掷石块，随后陈奉在沙市、黄州又遭到市民驱逐。不久，武昌、汉阳万余人包围了陈奉的税厂。众人向里面扔石、放火，好在巡抚带兵火速驱赶了这些围攻的市民。

武昌兵备佥事冯应京弹劾陈奉九大罪状，万历皇帝接到奏疏革去冯应京官职。接着，湖广的一些地方官也上疏弹劾陈奉，皇帝将这些上疏的官员全部免职。当锦衣卫抵达武昌宣布冯应京等人罪状的时候，数万市民发动暴动，再次包围了税厂。陈奉逃到楚王府里一个月不敢露面。市民们焚烧了税厂，并将税厂里的六名官吏打死投入长江。

而万历三十四年(1606年)正月的云南民变则使反抗矿税的斗争达到了最高峰。当月，地方卫所的指挥贺世勋、韩光大率领市民万余人冲进税厂，将税监杨荣打死投入火中，并打死杨荣随从二百多人。消息传来，皇帝几天吃不下饭。而凤阳巡抚李三才更是匪夷所思，他买通牢狱里的死囚，这些死囚纷纷将山东税监陈增的爪牙们咬为幕后主使。结果，李三才将陈增的爪牙一一捕杀。

从上述一系列由征税引发的民变中可以窥见一些复杂的社会矛盾，以及17世纪的中国所产生的一些裂变。

首先，皇帝征收商业税引发了文官利益集团集体反弹。其次，由于商业税已成为地方政府财政的来源，故而他们会在这个过程中一意阻挠，乃至阳奉阴违，而税监为了完成任务，会跟他们发生冲突。当矛盾积累到一定程度，必然爆发动乱。再次，从这几例事件来看，如此大规模的暴动集中爆发，一定是有组织、有预谋的，而这些民乱无疑受到地方政府的默许、纵容，乃至煽动。最后，也是最重要一点，发生于17世纪初叶市民阶层反抗税监的这场运动充分表明了随着商品经济的发展，纺与耕的分离，一个新兴的阶层开始兴起，他们有了独立的财源来对抗统治阶级，其背后是在君主权威被矮化情况下，整个万历朝非君浪潮的兴起。

67　17世纪的中国市民运动

大约从16世纪开始，随着商品经济的发展，一些农民脱离土地进入城市。随着市场的扩大，一些商人开始扩大生产规模。两者结合起来，就形成了机户出资、机工出力的雇佣与被雇佣关系。资本主义萌芽开始在中国出现。这无疑推动了城市化进程。越来越多的人口进入城市，私营手工业开始成压倒性态势产业。所有这一切又推动生产技术的革新。

生产缫丝的缫车比元代更加精良和完善，已研制成功一人执、二人专打丝头、二人主缫的大缫车。《天工开物》记载的花机高一丈六尺，由两人共同操作。提花小厮坐在花楼上提花，织工门楼下织丝，两人配合可织出各种花纹的丝织品。福建织工林洪创造出一种新型的织机，叫作改机，把五层经丝改为四层经丝，从而织成比过去更细薄耐用的新品种。而棉纺织工具如搅车、纺车、织机也均有改进。元代搅车二人掉轴，一人喂上棉英，用工多、效率低。明代各种新型搅车，乃句容式，一人可当四人；太仓式，两人可当八人。有的地方还使用水力纺纱车。我们知道西方的技术革命是以18世纪珍妮机的发明和应用为标志。前面所讲述的这些16世纪的明代纺织机器无疑比珍妮机的纺纱效率提高百倍。这一切都是城市化和海外市场扩大的结果，明代自给自足的自然经济开始解体。

与城市化进程和生产工具革新相伴随的是越来越多的人口进入城市寻找工作，大片的市镇在江南一带拔地而起，越来越多的人口向城市集中，从而带来消费品市场的进一步扩大。你来到任何一个城镇，都可以找到当地的同乡会或者人才中介所，将黄册压在那里。有人帮你找工作，而且这种同乡会所或者职业介绍所还能够提供简单的住宿和饭食。

在每个市镇里都有行会，瓦匠行业有瓦匠行会，丫鬟行业有丫鬟行会，脚夫行业有脚夫行会，织工行业有织工行会。他们定期碰头开会，交流信息，制定行业最低工资标准和工伤补偿标准，或者联合起来罢工对雇主施压，即所谓“奴变”。在这种强大工会组织的压力下，当19世纪的美国工人还在为每天八小时工作制奋斗的时候，在17世纪的明王朝，已经建立了完善的失业救济制度、破产保护制度以及劳动保护行规。

《明神宗实录》卷三百八十记载了这么一件事情：

> 万历三十一年正月，黧面短衣之人，填街塞路，持揭呼冤。今者，萧墙之祸四起，有产煤之地，有做煤之人，有运煤之夫，有烧煤之家，关系性命，倾动畿甸。

原来这件事情讲的是北京西山煤矿的矿工的事情。因为万历二十六年（1598年），皇帝派了一个叫王朝的宦官前往西山收税，此次矿工游行就是因为征税事件引起的。矿主为了少交税，将矿工工资压低，又将矛头往矿监身上扯，并煽动工人游行以向当局施压。从这里我们可以看出，17世纪前后的这场反对矿税的斗争，不光地方官员和雇主参与进来，具备雇佣身份的工人也参与进来，从而使得这场斗争彰显出了一种大的社会变革。而万历二十九年的那场苏州民变无疑将这一切推向了顶峰。

万历二十九年（1601年）苏州税监孙隆开始向机户收税，规定每机一张，税银三钱；每缎一匹，税银五分；每纱一匹，税银两分。按照一两银子等于十钱银子，一钱银子等于十分银子的比价来算，再加上丝绸较高的售价，这点税根本算不上什么。但对于长期习惯于低税率的机户来说，他们却无法忍受，于是便纷纷关闭门户以示抗议。这样导致苏州城内的一万余名织工、纱工、染工失业。失去生计的这些雇工很快将矛头对准了税监，而不是他们的雇主。在封建体制还没有解体的情况下，在工业革命还没有开展情况下，在大型手工工场还没有建立的情况下，劳资双方的矛盾还没有到普遍与尖锐的程度，或许他们还要联合起来共同反对封建的世袭体制。无论这种方式是柔性的，还是革命性的，都能够反映17世纪大明王朝所产生的那种悄悄裂变。

六月初六，机工徐元、顾云、钱大、陆满带领两千人，推昆山机工葛成为领袖。众人在玄妙观宣誓，城内机工听说后纷纷向玄妙观云集，短时间内就汇集了一万余人。为了扩大声势，葛成将这一万人分成六队，众人身穿白色短打，手持木棍，从苏州城不同方向向税厂走去。为了行动的针对性，葛成严明纪律，禁止众人抢劫市民财物。据《五人墓碑记》记载，当队伍行进到灭渡桥时，正碰上孙隆下面的税使黄建节指挥手下在向商贩收税，众人一齐乱打，顿时将黄建节乱棍打死。接着，又打死另一名税官徐怡春。然后，队伍又奔到协助收税的地方官汤莘、丁元复家，纵火烧其屋。葛成严明纪律，严格禁止机工夺人财物，有趁火打劫的机工也被人乱棍殴死。

《税官谣》对这场运动的描述是："千人奋挺起，万人夹道看，斩尔木、揭尔竿，随我来，杀税官。"苏州城内的打税热潮可以说是如火如荼，越来越多的人参与到这场声势浩大的运动中去。这是一个疯狂的时刻，农耕文明的巅峰时代终于到来，农耕文明的蜕变终于到来。让我们欢呼吧！让我们雀跃吧！

第二天、第三天，运动仍在继续。据《苏州织造局志》记载，六月七日，众人又奔向税官潘行禄、周仰云、顾松、郭岩、顾泽、张宜、孙顾等人的家中，将其殴毙。在将这些外围据点清除以后，众人开始转向孙隆盘踞的苏州税厂。

孙隆找到苏州知府朱燮元，让他调派兵马镇压。朱燮元说："国家的兵是用来御敌的，我不能调派兵马去镇压民众，而且众怒难犯，此时调兵无异于抱薪救火。"眼看机工拿着棍棒向自己所在的税厂走来，孙隆赶紧翻墙潜逃出城，躲到了杭州。从此再也没有来苏州。

这次事件反映了商品经济上升时期，地方当局、士绅阶层、小市民为了自身利益所表现出的那种极端自私性，他们没有丝毫为国为民思考的意愿。这次事件也说明了一个问题，那就是皇帝旨在以征税为目的的任何旨意必须要通过官僚集团。任何企图绕过这个集团而付诸实施的行动最终都会在大明归于失败。

既然地方军队调不动，朝廷从太仓调动了不受地方节制的军队前来镇压。当太仓兵备使邹墀带着军队赶到苏州的时候，葛成自动自首，愿意以一己之死承担罪责。面对汹涌而来的机工暴动，万历帝将为首的八个机工首领抓获，另外将税监孙隆召回北京。

葛成既已进入牢狱，每日前来探望的苏州市民络绎不绝，送来的饭食葛成消受不了，便分给其他的囚犯。因为葛成领导的机工暴动保护了商人们的利益，各处的商人也捐献钱财给葛成。葛成却坚决不受。朝廷将葛成等八名机工领袖判死，但苏州地方官府就是不敢执行，朝廷也只好装聋作哑，一直到十三年后才将葛成释放出狱。

16 世纪即将结束的时候，一个很严重的问题并没有引起很多人的关注，那就是财政问题。毕竟对于大多数人来说，他们还没有资格从全局考虑问题，但最高统治者却不得不考虑。一些潜在的隐患似乎无人顾及，他们更多考虑的只是眼前。

社会的经济结构早已发生改变，洪武朝的那种农村模式已经不复存在。无论是经济总量，还是从业人口都向商业转移，但相应的商业税并没有跟上来。万历皇帝是个明白人，他知道通过文官系统增加商业税是不可能的。他便绕开了文官系统，启动了另一系统——宦官系统。但这一系统从嘉靖朝以后已经衰退。由于地方官员指挥不动，所以，派到各地的宦官只有收养一些地痞无赖充当打手。另外，在税收的设计上没有针对性，派往各地的税监几乎将一切商民作为收税的对象，结果不仅收上来的税额少得可怜，而且还搞得全国舆论大哗。

从万历二十五年到万历三十四年，各地税监送往宫中的银两总共才是五百多万两（宋应星《野议・盐政议》）。这些还不如一个大的盐商、海商家庭的资产总额，而且这些税银还有部分贴补到万历三大征之中去。所以，无论是农业税也好，还是商业税也好，税收的设计都没有针对性，小民仍然是纳税的主体，真正应该承担纳税任务的主体却并没有波及。

关于以上观点，日本大阪大学教授田口宏二朗认为："近十年以来，矿税问题屡次引起了世界各地学者的关注。但是这些前辈学者们的看法都有一定的倾向性，都强调了其非法、不合理、剥削的一面，把那个'祸'的原因，简单地归咎于万历皇帝和宦官们的个人素质上。然而作为政策问题的矿税，却很少有人言及。还要指出的是，以往的学者们的研究都仅仅依据明末东林系文人言论而已，关键的问题不是对明末官员们阐述的矿税问题如何进行考察，而是要考察矿税本身的性质和内涵等问题，以及其具体运作的问题。"（田口宏二郎《中国社会经济史研究》）

田口宏二朗的话已经很说明问题。那就是我们对于一项政策不应该从它的本身去考虑，而应该从政策的源头去考虑。如果不去考虑它的因果，未来还会发生这样的政策，甚至会导致更为严重的后果。另外，我们还需注意一个问题，那就是在征收矿税的过程中，内阁首辅赵志皋、沈一贯、方从哲皆采取了默认态度。这更加剧了以商人为主体的东林党与内阁的矛盾。

从 16 世纪晚期开始，因为商业税的原因，市民运动正式发端。这是中枢与地方的博弈、君主与臣僚的博弈、农业与商业的博弈。这明确地表明，这是一个变革时代。

所有这一切的非君浪潮都得因于蓬勃发展的商业经济，以及不断提升的市民意识。当时代已经完成文官化、城市化、私有化的时候，朝廷对工商业的控制是无力的，民营手工业在中国历史上第一次超过官营手工业。此时国家被分割成两个部分，一部分是高高在上的官僚集团，另一部分是低端的商业组织，两者之间只靠已经脆弱的儒家共识维系着。

68　波谲云诡的晚明政局：妖书案和梃击案

万历二十九年（1601 年）的苏州民变已经表明这个农耕王朝已经产生了新的经济成分，君主随心所欲的时代已经一去不复返了。在君主权力被限制的同时，舆论也早已民间化。在万历朝，朝野之间已经没有秘密可言。宫里的事情，士大夫家中的事情，甚至军事秘密都无法保证隐私，而且明朝人还好八卦，越是私密的段子越能引起市民们的兴趣，乃至编成曲来唱。

虽然皇帝在万历二十九年立朱常洛为太子，但是福王并没有离京，郑贵妃依然在皇帝面前吹着耳旁风。对于斗争集团来说，万里长征只是走完了第一步，什么事情仍然都有可能发生。所以这就需要未雨绸缪。在这种情况下，士大夫集团开始运作一系列的政治事件来打击郑贵妃势力。

吕坤在任山西按察使期间，将历史上的烈女事迹编成一本书《闺范》。司礼监太监成炬去山西从书市上购了一本带回宫中。郑贵妃看见后，对于书中没有自己的事迹感到很遗憾。她便自己写了个序，又命人增补了十二篇，将自己的事迹也加了进去，改名为《闺范图说》，并令其兄郑国泰再版发行。

贵妃郑氏此举的确不妥。自己本来就处在风口浪尖上，现在又借修书抬高自己，只能是火上浇油。文官们对此肯定不满，但又不好公开表达，于是便通过写匿名大字报的方式来攻击。明朝将这种匿名大字报叫妖书。

万历二十六年（1598年）五月，受郑贵妃重刊《闺范图说》所带来压力的影响，吕坤上了一道《忧危疏》。他让皇上节约开支，罢征矿税。吕坤此举完全是给这些正愁没处下口的官员们开了一个口子，很快一份匿名大字报出现在京城的大街小巷。这份匿名大字报叫《忧危竑议》，署名人为朱东吉。《忧危竑议》的内容是在吕坤所上的《忧危疏》基础上进行展开。因为《忧危疏》主要谈的是矿监税使问题，并没有谈到国本问题。所以《忧危竑议》采取一问一答的方式大谈国本问题。

朱东吉："我看了《闺范图说》之后，感到此书虽然没有涉及易储问题，但吕坤明显是想让福王朱常洵接替太子位。"

另一人："不可能吧，吕坤乃忠义之士，怎么可能做这样的事情。"

朱东吉："你知其一，不知其二。"

另一人："吕坤既然想通过此书来给天下妇女树立楷模，为何不让朝廷进行官方刊印出版，反而要自己私刻？”

朱东吉：“这你就不知道了吧。孔子见南子的时候，其目的是宣传思想，并不是因为南子身份尊贵而屈尊于她。既然如此，吕坤为了他的阴私目的，也不会为了整饬风化而刻意要让官方出版。”

另一人：“吕坤在这本书中对前朝的皇后大加赞赏，这让本朝的皇后情何以堪啊！”

朱东吉：“你见到自古以来有给现任宫妃写传的吗？肯定是吕坤受了某些人的恩惠。”

另一人：“从古至今贤惠的皇后多矣，为何偏偏要挑中明德皇后，将她放在第一位？明德皇后贤德的事情也多得去了，为何要单单强调明德皇后是由贵妃晋升为皇后？”

朱东吉：“吕坤自然有他的理由。他会说，明德皇后也无子，即使成为皇后，也是跟当今的郑贵妃在某些方面类似而已。所以，你是说不过吕坤的。”

另一人：“大家都说吕坤因为阴谋败露，所以上了一道《忧危疏》来替自己开脱。这岂不是欲盖弥彰？”

朱东吉：“可不是嘛，《忧危疏》表面上看起来是忠肝义胆，实际上是装模作样。”

另一人：“我见《忧危疏》中说了很多事情，单单不提国本问题。”

朱东吉：“你怎么才发现呢？人们越是想得到的东西越是忌讳提及，很多事情只能意会，不能言明。他吕坤还不知道这些吗？”

另一人：“唉！吕先生写此书可能也是有苦衷。我们应该体谅他。”

由于这个时候皇帝还没有立太子，文官们借着写匿名大字报的方式将郑贵妃编书的目的揭露出来。那就是郑贵妃自比明德皇后，想担任皇后，其目的还是为了让自己的儿子继太子位。这份《忧危竑议》表面上是打吕坤，实际上是打郑贵妃。

《忧危竑议》一出，吕坤就知道惊涛骇浪即将来到。他便提前辞去了职务。

果然，一位叫戴士衡的吏科给事中上疏弹劾吕坤包藏祸心，说他先写了一本《闺范图说》替郑贵妃抬轿，然后又上了一道《忧危疏》来替自己解脱。事实上，郑贵妃只是将吕坤的《闺范》进行二次加工而已，并不关吕坤任何事情。但由于它是畅销书，而郑妃又将自己列进《闺范图说》之中，这自然有利于扩大郑贵妃的影响。

戴士衡的上书并没有起到应有的作用，郑贵妃反而哭诉说《忧危竑议》这份大字报出自戴士衡之手。万历皇帝便将戴士衡充军广东了事。皇帝的确跟郑贵妃夫妻情深。他亲自出来替贵妃解释，说《闺范图说》是朕赐给贵妃看的，大家不要在这个事情上再挑事了。

《忧危竑议》明显是人微言轻的低级官僚之手笔。既具有八卦性质，又具备恶毒的政治攻击性质。

万历二十九年，皇帝册立了太子，但福王迟迟不去藩国就藩，群臣的心依然无法安宁。万历三十一年（1603 年），京城又现妖书。此次妖书案明显是高级官僚在参与，不仅涉及国本问题，更涉及党争问题。

十一月份，京城家家门口出现一份小册子。册子上的题目为《续忧危竑议》，看其样子是万历二十六年的续集。其内容是说郑贵妃想让皇帝废掉太子，改立福王为太子，而且还将内阁首辅沈一贯和次辅朱赓牵扯进来。内容仍然是采取一问一答方式，虚拟了一个叫郑福成的人，署名是吏科给事中项应祥编撰，御史乔应甲手书。

一人问郑福成："今天下太平，太子也立了，你还有什么好担忧的？"

郑福成答："怎么能这样说呢？当今的形势好比将火种放在材薪之下。"

那人问："你的话太危言耸听了吧。难道太子的位置不稳吗？"

郑福成："是的。虽然皇帝立皇长子为太子，但是东宫至今一个官吏都没有配备。怎么能够说天下就太平了呢？因为沈一贯的请求，皇帝才立的东宫。但是现在却不配官，就是为了将来改立东宫。”

那人问：“改立谁？”

郑福成：“当然是福王了。”

那人问：“你怎么知道？”

郑福成：“满朝那么多人，为什么要用朱赓。‘赓’者‘更’也，就是要将来更立太子。”

那人问：“有道理。但用朱赓难道就能改立太子吗？不怕大家反对吗？”

郑福成：“这个你就不知道了。天下趋炎附势的人多了去了。皇长子能立为太子，难道次子就不能立吗？”

那人问：“这些趋炎附势的人都是谁？你能说出来吗？”

郑福成：“这有何不可说的。王世扬、孙玮、李汶、张养志、王之祯、陈汝忠、王名世、王承恩、郑国贤、郑贵妃，此其十乱也。”

那人问：“沈一贯难道就不出来说话吗？”

郑福成：“沈一贯为人阴贼。他只会趋利避害，让他出来说话，没门。”

从这段对话我们可以看出，写此书的人明显是针对皇帝不配备东宫官吏而来的。这是对皇帝的警告。撰写此书的人希望能以此逼迫皇帝从速给东宫配备官吏，从而将未来可能发生的不确定性因素消于无形。从这方面来讲，这份匿名大字报无疑具有极强的正面意义。

但此书又涉及浓厚的党争色彩，编写之人除了要达到警告皇帝的目的，还要打击沈一贯和朱赓。我们知道申时行、王锡爵、沈一贯这些阁臣都是因为在国本问题上没有逼迫皇帝太急而遭到小臣的唾骂，但阁臣和小臣由于所处的位置不同，所以考虑的角度不同。阁臣是从全局考虑，他不可能像小臣那样激烈。那样的话只能让皇帝与大臣之间失去缓冲，将事情弄糟。这些小臣们不理解，也不需要理解。事实上，也正是申时行、王锡爵、沈一贯的力争才使得“国本之争”获取最后的胜利。当然了，在这个过程中小臣发挥的作用也不可忽略。

我们还要提及从万历二十一年的京察开始，朝野反对阁臣的小臣逐渐形成一个团体——东林党。在万历二十一年的京察中，这个团体遭受重创。所以，此次匿名大字报事件明显带有党争色彩。

妖书中提到的十乱分别是：兵部尚书王世扬、保定巡抚孙玮、三边总制李汶、光禄寺少卿张养志、锦衣卫左都督王之祯、京营都督佥事陈汝忠，锦衣卫千户王名世、王承恩，锦衣卫指挥佥事郑国贤，以及郑贵妃。这十人都是在国本之争中倾向于皇帝和沈一贯一边的文官和武官。

万历皇帝接到妖书事件的奏报后，立刻命东厂陈炬彻察此事。由于沈一贯跟内阁沈鲤一直有隙，加上沈鲤跟东林党人走得较近，所以沈一贯说妖书是沈鲤的学生礼部侍郎郭正域所作。为此沈一贯派人将与郭正域有关的人全部抓捕归案，进行严刑逼供。逼供的结果并不理想，还打死了一些人，看来沈鲤跟此事并元关联。

由于京营捕快陈汝忠被牵扯到妖书一案，所以他在抓人过程中非常卖力。他将郭正域的师爷毛尚文、郭正域的医生沈令誉抓捕归案。考虑到小孩子不撒谎，陈汝忠又将郭正域奶妈龚氏的十岁女儿带来作人证。到了三法司和厂卫会审那天，东厂的陈炬问那十岁小女孩：“你看到的妖书有几张？”

由于那小女孩根本不知妖书是什么东西，便胡乱答道：“有满满一屋子。”

案子还没有破，办案人员所承受的压力越来越大，京城也是人人自危，不知道什么时候厂卫会跑到自己家里来抓人。在这种情况下，三法司找了一个被顺天府革籍的、到处骗钱的秀才皦生光顶罪了事。

从两次妖书案我们可以明显看见，正是由于皇帝在国本问题上一再拖延和态度暧昧导致群臣的愤恨。他们只能采取这种方式来发泄心中的不满，同时迁怒于那些态度阴晴不定的阁臣。一个国本问题使得万历朝一直笼罩在阴霾之中。这位身材微胖的皇帝的确负有不可推卸之责任。

事情一直没有得到解决的时候，它一定还会以另一种方式体现出来。

万历三十三年，太子朱常洛的侍妾王氏产下一子，也就是后来的天启皇帝朱由校。按说皇长子产子这是好事，但万历皇帝只给王氏封了个才人，并且不允许朱常洛和他的母亲相见。后来朱常洛母亲死了之后，葬礼又极其简单。不久，太子妃死，葬礼又极其草率，加上东宫内不仅连官吏没有配备，侍卫和宦官也少得可怜。这一切似乎都在暗示，这个太子只是临时的，他随时有可能被废掉。这个时候太子的母亲已死，一旦皇后去世，那么郑贵妃会名正言顺地成为皇后。到时候，一切还都是变数。所有人心中都在暗暗着急。这个时候，在文官或宦官的运作下，一个新的阴谋诞生了。

万历四十三年（1615年）五月四日黄昏，一个陌生男子手持木棍闯入太子居住的慈庆宫。由于此时的慈庆宫没有多少人把守，那名男子举着木棍一直闯了进来。途中遇见一太监，那名男子举棍就打，然后又往里闯。在太子居住的大殿前被侍卫和几名太监抓住。

经过审讯，此人交代他名叫张差，蓟镇人氏。但此人明显智商有问题，说话显得有些语无伦次。其实，这样的事情在大明王朝已经发生过两次了。嘉靖十八年，文官们为了反对皇帝南巡，让一个叫孙堂的智障军人跑到宫中大喊大叫；万历元年，张居正和冯保为了诬陷高拱，从戚继光军营中弄了一个叫王大臣的智障者携带匕首进入宫中，说要刺杀皇上。这次策划者们为了预防将来可能发生的变故，不知道从哪里又找了个智障人士来演戏。

张差举杖闯入东宫的消息很快在京城传开。人们自然将矛头对准了郑氏。负责此事的刑部主事王之寀进入牢房提审。他看见张差傻乎乎的样子，便喝道："说不说，不说不给饭，饿死你。"

王之寀又屏退狱中的差役。张差这才说道："小人小名张五儿，蓟州井儿峪人，父张义，病故。舅舅和岳父让我跟不知名的老公公走，说事成后给你几亩地，够你受用。老公公骑马，小的在后面跟。初三歇燕角儿不知名店铺，初四到京。"

"你到京后住在什么地方？"王之寀接着问。

"到不知街道的大宅子。一老公公与我饭，说你先撞一遭。撞着一个，打杀一个。打杀了，我们救你。然后便给我木棍，领我进了宫门。守卫拦我，我拿木棍击他。后来老公公多，我才被抓住了。”张差说。

张差说的都是实情。宫里的老太监去京郊花钱让人找了一个智障人士。张差的舅舅和岳父肯定收了钱。那么关键的问题是谁在幕后策划了此事。很明显，一个智障人士拿根木棍是打不死太子的。所以，幕后策划者只是想把水搅浑。那么此次梃击事件可能是文官联合宦官的一次策划，旨在预防未来可能出现的对太子不利情况。可以说，策划者们真的是用心良苦。

面对大明王朝又一次诡异事件，皇帝想将它淡化，但官僚们不依不饶。他们上疏指责皇帝对太子冷淡，主诉郑贵妃和他哥哥国泰是幕后主使。

五月十一日王之寀在狱中突击提审取得的口供应该是事实真相。因为张差说的是不知名老公公让他打人，没说打谁。但到了五月二十一日，三法司会审的时候，张差又说是郑贵妃宫中太监庞保、刘成指使，而且让他打小爷。明显在二十一号这天，张差出现了翻供。那么在这十天中，是有人去狱中让他将矛头往郑贵妃身上扯。

无论皇帝知道不知道这件事情的真相，他都不想追究下去，以免他心爱的女人受到伤害。二十八日清晨，皇帝又像万历十八年在申时行面前作秀一样，破天荒召集在京的所有官员。这是自万历十九年起皇帝首次公开在群臣面前露面。

群臣来到慈宁宫外，发现仪式庄重。皇帝一身白衣，皇太子朱常洛，皇孙朱由校、朱由检，还有两个皇孙女也站立在一旁。群臣跟随皇帝向已亡的李太后牌位行叩礼，然后皇帝开始发话了：“有人离间我们父子，自己的儿子自己养到三十多岁，又生了这么多皇孙，焉有不爱之理，而且福王已去洛阳就藩，非宣诏不得入宫。”接着，他举起朱常洛的手说：“此儿极孝，我极爱惜。”

这时候，御史刘光复跑出来说话。万历皇帝由于身体虚弱、头晕目眩，听不清刘光复的话，便斥责刘光复不要再说话。哪知刘光复仍然喋喋不休，非要把话说完。皇帝大怒，连声厉声喝道：“锦衣卫何在？锦衣卫何在？锦衣卫何在？”结果无人应答，皇帝只好让几个太监将他捆起来。

许多大臣从来没有见过皇帝如此动怒。首辅方从哲连忙出来说道："无知小臣，请皇上不要放在心上，还是赶快给太子讲课要紧。"

"如此大事，朕岂能不知？但现在正在太后服丧期间，你看我所穿何服？"皇帝对首辅说。

接着，皇帝又举起皇太子的手向群臣问道："你们都看见否？如此儿子，我哪有不爱护的？你们有这样的儿子，难道不爱护吗？"

然后，他又让人将皇孙和皇孙女在石阶上依次排开，在群臣面前亮相，以打消群臣的疑虑。

接着，他又说道："朕与皇太子天性至亲，祖宗祖母都知道。小臣恣意妄言，离间我父子，真是奸臣。"这句话，皇帝连说了几遍，语气加重，以示警告。

然后，皇帝又扭过头来对朱常洛说："你有何话？对诸臣说。"

朱常洛首先肯定了万历皇帝的意见，接着说道："我父子何等亲爱，外廷有许多议论，尔辈为无君之臣，使我为不孝之子。"

虽然皇帝疯疯癫癫地说了一大堆，但他说得并没有自己的儿子到位，尤其是"无君之臣"这个词说得语气已经很重了。朱常洛似乎对于"梃击案"的真相察觉到了什么。不然的话，他不会说得这么重。

听得太子如此说辞，皇帝也赶紧说道："你们听见皇太子说的吗？他说尔等离间，为无君之臣，将使他为无父之子。"

皇帝说完，赶紧示意首辅方从哲回话。万历四十三年（1615 年）的这场闹剧就以这种方式结束了。张差、庞保、刘成被判处死。最后，皇帝再一次面对跪在地上的群臣抚摸朱常洛的头问道："尔等俱见否？"

"都看见了，皇上。"

由于此次召见来人众多，慈宁宫外摩肩接踵，拥挤不堪。众人在退出的时候，队伍更加混乱。从来没有如此近在咫尺地一睹天颜、聆听教诲，群臣个个受宠若惊，莫不欢欣鼓舞，都说是四十年来未有之盛事。

69 西学东渐与东学西渐

万历朝不仅商业发达、思想自由、舆论宽松，而且在这个时期基督教传入中国，也是东西方文化大交流、大碰撞时期。

13 世纪《马可·波罗游记》在欧洲的畅销引起了西方人对东方的广泛关注。书中描写到正处于元朝时中国的那种发达的工商业、繁华热闹的市集、华美廉价的丝绸、宏伟壮观的都城、完善方便的驿道、普遍流通的纸币。大元王朝的繁荣、自由与宽松呈现在这位欧洲人眼中，而这些对处于黑暗中世纪的欧洲人来说无疑是天堂。

到了 15 世纪，奥斯曼土耳其帝国控制了东西方商路，以及货币黄金化，这些都促使了冒险家的形成。在这种情况下，他们首屈一指的目的地就是东方。东西方文化的交流似乎不可避免。

万历二十四年（1596 年），英王伊丽莎白一世写给万历皇帝一封信。抬头是“天命英格兰诸国之女王伊丽莎白致最伟大及不可战胜之君王陛下”。伊丽莎白在信中表达了贸易互惠的想法，希望英中能够进行贸易。但是特使的船在海上遇到了风暴。这封信也随着航船沉到了海底，直到 1978 年才打捞起来。

耶稣会教士，葡萄牙人曾德昭在中国游历了二十二年。1636 年他写成了《大中国志》一书，他在书中写道：

> 他们极其清洁干净。不仅在他们的屋内，也在街上和公共场合，他们通常在街上设有三四处必需的或公共的休歇处。在他们的一切城市中都有医院。我从来没有见过有人行乞。我因此问他们原因何在？他们回答说：大明有完善的福利。每个城市里都有一个大地区，其中有很多给穷人、瞎子、瘸子、老人、无力谋生的人居住的房屋。在他们活着的时候，始终有充分的大米供应。他们每年给全国的老人举行节宴，由皇室支付费用，以示对老人的尊敬。因为老人是道德的代表。这个国家的男

男女女都有很好的体质，匀称而且是漂亮的人，略高。他们对外国人很有礼貌。他们有制作奇特和优良的炮。他们的炮特别好。我同意这个说法，因为我看过一些架在船上的这种炮。它制造得比我们的好，更加坚实。

孩子们在长辈面前必须侧坐，椅子要靠后，学生在老师面前也是如此。孩子们总是被教导说话要恭敬。即使是非常穷的人也要努力工作来供养父母直到送终。

我们惊奇地看到这个国度的贵人有良好的风度、教养和高尚举止，还有他们在询问他们想知道的事情，以及他们答复我问题时候的认真。他们有自己的科学革命和独特的教育体系，各类图书十分丰富。他们富于文明和教养。他们的商业活动早于欧洲商业扩张时代，而且足以与之媲美。他们有先进的大船制造技术，其制造的巨轮设计精良，远先进于欧洲。他们是世界上最先进、最文明的人。

中国人爽快地赞颂邻国的任何德行，勇敢地自承不如。而其他国家的人，除了自己国家的东西以外，不喜欢别的东西。中国人看见来自欧洲的产品，即使并不精巧，仍然发出一声赞叹。这种谦逊态度真值得称羡，特别表现在一个才能超越他人的民族上，对于那些有眼无珠、故意贬低所见东西的人物，这是一个羞辱。

来华的传教士利玛窦在他的《利玛窦中国札记》中对明朝的政治体制如此描述：

我自己亲眼看到即使皇帝也不敢更改这次公开调查的审查官们所做的决定。虽然我们已经说过中国的政府形式是君主制，但从前面所述应该已经很明显，而且下面还要说得更清楚，它在一定程度上是贵族政体。如果没有与大臣磋商或者考虑他们的意见，皇帝本人对国家大事就不能做出最后的决定。所有的文件都必须由大臣审阅呈交皇帝。

我已做过彻底的调查研究，可以肯定下述情况是确凿无疑的。除非根据某个大臣提出的要求，否则皇帝无权封任何人的官或增大其权力。当然皇帝可以对和他家族有关的人进行赏赐。这种情况是经常发生的，但这笔赏赐不能列为公家赠款。皇帝所做的赠礼也不能从公款中提取。”

十三道监察御史在某些方面相当于我们要称之为公众良心保卫者的人。即使是最高的官员，即使涉及皇上本人或皇族，他们也直言无忌。他们如此恪尽职守，真使外国人惊奇，并且是模仿的好榜样。无论皇上还是大臣都逃不过他们的勇敢和直率，甚至有时他们触怒皇上到了皇上对他们震怒的地步，他们也不停止进谏和批评，直到对他们猛烈加以抨击的恶行采取某种补救的措施为止。

所有这些呈送给皇上的书面文件和对他们的答复，都要复制很多份。这样在朝廷发生的事情就迅速传递到帝国的每个角落。这种文件编辑成书，如果内容被认为值得留给后代，就载入本朝的编年史。

几年前，当今皇上想册立他的次子而不是长子为储君。因为这个幼子受到他和贵妃的宠爱。这一更易违反了国法，皇上收到了大量指责他的陈情书，最后皇上在巨大的舆论压力下，在大臣们以集体辞职为威胁的条件下，不得不表示在立储这件事情上改变了主意。

法国启蒙思想家伏尔泰说："中国人用道德代替神学。"

1584年西班牙教士门多萨出版了《中华大帝国风物史》。书中说道："中国的法律不仅惩恶，而且赏善。"

1624年，英国人赫伯特发表了《真理论》。他认为中国人没有享受过"天主的光辉"，但他们一样生活得很好。他借此向神学发动进攻，为启蒙思想的产生奠定基础。

1735年，法国出版了一部有影响力的书。书中说道："在中国，一位学者，尽管是农夫之子，也很有希望达到总督的高位，并且甚至还会成为国家的宰相。因为，作为孩子都是平等的。"

1756年，为了反对英国首任首相罗伯特·沃尔波尔的独裁统治，英国议会开始用中国的文官谏议制度来对他进行抨击。

1697年，德国哲学家莱布尼茨出版《中国近闻》。他在序言中写道："我们从前谁也不信在这个世界上还有比我们的伦理更完善、立身处世之道更进步的民族存在。现在从东方的中国，竟使我们觉醒了。"

英国另一位自然神论者廷德尔发表《基督教探源》一书，直斥神学是不合理的。他主张用孔子"简单朴素的语录"来代替神学。

经过耶稣会士们近百年的传播，从1685年到1789年，终于在欧洲形成了百余年的"中国热"。1769年有人写文章说"中国比欧洲本身的某些地区还要知名"。

百科全书派的一位代表人物——法国哲学家霍尔巴赫更是主张以儒家理性道德观念代替基督教神性道德观念，并且像中国那样把政治和道德结合起来。作为一个西方的旁观者，他更是一针见血地指出："中国是世界上唯一将政治和道德结合起来的国家，是一个德治或以道德为基础的政府。这个帝国的悠久历史使一切统治者都明白了，要使国家历久不衰，必须仰赖道德。"

毛佩琦在他的论文《从明到清的历史转折》中写道："1621年英人伯顿在他出版的《忧郁症的解剖》一书中赞誉中国人勤劳整洁、彬彬有礼，有组织良好、效率很高的政府，有完善的选拔举用人才的文官制度，其科举考试贯彻着公开、公平、竞争、择优的原则等等，以此对照着英国当时黑暗的贵族政治进行辛辣的讽刺。"

他说："中国人从哲学家和博士中挑选官员。他们政治上的显贵是从德行上的显贵中提拔上来的。显贵来自事业上的成就，而不由于出身的高贵。他们官吏的职务，不论在战时或平时，就是保卫和治理他们的国家；而不像许多人那样，只知道放鹰打猎、吃喝玩耍。"

这样，他便开启了"中为洋用"的风气。

从上面的叙述中我们可以发现。在17世纪前后的东西方文化交流中，一方面西方的传教士带来了钟表、几何原理、机械、福音；另一方面，东方的内阁制度、考试制度、儒家文化也由这些传教士带到了西方。“西学东渐”和“东学西渐”同时并举。这个时期正处于欧洲中世纪的晚期，教会的力量依然强大。从欧洲传教士的嘴里和他们的记载里，这些欧洲人发现一个不同的世界，一个跟他们哲学观相似却又显得理性的东方世界。

在 17 世纪的欧洲不可避免地刮起一股中国热。欧洲人发现道德可以代替神学，君权也并非神授，他们不顾一切地汲取儒家文化的营养，并最终通过法国大革命和拿破仑战争将启蒙运动带到了整个欧洲，结束了长达一千二百年的中世纪。

通过上面的论述，我们发现在欧洲的宗教政治行将结束之际，中国的儒家思想以它自然法则和理性原则给欧洲带来一股新风，对于中世纪宗教政治的瓦解和启蒙运动的产生无疑具有加速度作用。与此相反的是，儒家文化在中国经过两千多年的运转却走近了一个死胡同，拜金主义、女色主义、非君主义都在不断地冲刷儒家文化的根基。

介绍了这么些内容，我们还是要回到问题的本源上来，那就是万历朝基督教在中国的传播过程。

基督教大约从唐朝起开始传入中国，后来唐武宗灭佛，导致基督教一度中断。元朝时基督教二次传入中国，洪武灭元后，基督教再次中断。到了 16 世纪末，基督教三次传入中国。

葡萄牙人来到中国沿海的时候，最初是来到一个叫澳门的地方。后来这些葡萄牙人消灭了盘踞在广东沿海一带的海盗，占领了澳门岛。这样他们便在远东有了一个落脚点。他们在岛上修建了澳门城，城上有坚固的火炮，曾经打退了荷兰人的进攻，而且还修建有教堂、神学院，大量的神父从欧洲来到这里。

大概最开始来到澳门的是一个叫沙勿略的人。他想通过澳门进入广东传教，但被广东地方政府所拒。神父从澳门学院的窗口眺望着大陆，喃喃地说道：“岩石呀！岩石！你的大门何时才能打开？”

万历十年（1582 年）意大利传教士利玛窦来到澳门。很幸运的是，新任的两广总督派人来邀请利玛窦去肇庆传教。利玛窦和他的牧师来到肇庆，在那里修建了一座小教堂。但城内的百姓经常将石块扔到他们的房顶。神父的仆人抓住一个正在扔石块的小孩，说要到官府去告他。这边刚说完，那边就有百姓跑到官府去控诉神父虐待儿童。接着，又有人控告利玛窦在肇庆城奸淫妇女。

虽然神父们的进展并不顺利，但他们毕竟从一个小岛上进入到了大陆。但好景不长，这位对基督教宽容的总督被调离，新任总督勒令利玛窦离开广东。但利玛窦已经在肇庆住了七年，离开的时候，神父跟他在这七年时间里发展的基督徒抱头痛哭。

但事实上，神父并没有离开广东，他又被勒令去韶州。在韶州传教的日子，他一样遭到当地百姓的袭击与骚扰。他所发展的基督徒也遭到当局的关押与毒打。在韶州，他认识了前南京礼部尚书瞿景淳的儿子瞿太素，并成功发展了他入教。在瞿太素的运作下，利玛窦得以跟一些士大夫们建立了一种良好的关系。

为了与当地居民融洽相处，利玛窦开始蓄发、穿汉服，开放图书馆让民众免费参观。他绘制世界地图让人们观看，并将西洋玩意儿赠送给当地官员，更为重要的是他将儒学和天主教结合起来。所有这一切都是为了促进基督教在中国的传播。这些无疑获得了成功，自愿入会的人开始增多。他们以士大夫和士大夫的子弟为主。

待在广东并不是利玛窦的理想。他想到南京去，并最终到北京去，甚至还想见到万历皇帝。

1595 年，利玛窦跟南京兵部侍郎石拱辰一起前往南京。时值朝廷正跟日本在朝鲜开战，这期间对外来元素是排斥的，而且南京的士大夫们也担心因此受到言官们的弹劾。进入南京城的利玛窦又被赶了出来。

接着，他折回头去了南昌。在南昌他受到当地一个王爷的接待，并让这位王爷成功入教。但利玛窦在南昌依然不断跟当地居民发生冲突，他深深体会到这个帝国的“华夷有别”。

1598 年，神父重返南京。由于朝鲜之役已经接近尾声，所以他在南京受到了热情接待。士大夫和勋贵们对他绘制的地图，还有机械仪器、几何图形表现出了越来越浓厚的兴趣。

利玛窦对儒家思想中的自然法则、理性法则表现出了浓厚的兴趣，相比程朱理学，他更推崇先秦儒家。因为先秦儒家更符合天道法则、理性法则。程朱理学却强调个人对“天理”的理解与顿悟。推而广之，利玛窦对“心灵顿悟型”的道教与佛教也是排斥的。利玛窦在宗教文化上的不同理解自然在南京遭到了佛教徒的非议。

当时在南京住着一名有名望的僧人，俗名叫李本固。他本是北京城的御史，因为上疏要求万历皇帝册立东宫而被罢官。之后他出家为僧，一直住在南京。

李本固曾在跟儒生的一次辩论会上大谈佛家学说，贬低儒家学说，引起现场一位士大夫的不满。那位士大夫激动地说：“你对本土的儒家思想不加赞赏，反而推崇从外国流传进来的佛家思想，是何道理？利玛窦神父是西洋人，他不也信奉儒家吗？”

这位士大夫既然提到了利玛窦，李本固便邀请利玛窦前来与他辩论。

在一个有很多儒生的公开的场合，利玛窦首先发问：“请问你对造物主有什么看法？”

李本固回答道：“我并不否认有一位造物主存在，但我认为他并不是多么了不起。”

“造物主可以创造天地，你可以吗？”神父接着问。

“我也可以。”李本固答。

此时屋中有一火炉，利玛窦指着那火炉对李本固说道：“那你就造一个一模一样的火炉出来吧。”

“你这不是强词夺理吗？”李本固气愤地说道。

李本固接着又问道：“听说神父会占星，那么神父占星的时候是跑到天上呢？还是星星来到人间呢？”

“都不是。”神父说道。

“占星的时候只是依靠星星在我们头脑中的影像。”神父接着说。

李本固显得很兴奋，他跳了起来说道：“这就对了，用这样的办法，我就可以创造世间万物。”

利玛窦立刻反驳道："我们心中的影像都是来自实物本身。难道说心中的影像就创造实物了吗？"

接下来，宴会开始，大家都落座。在场的儒生谈起了性本善还是性本恶的问题。他们争论了半天也争论不出个所以然。利玛窦抛出了性本善的观点，这得到了儒生的一致赞同。但是李本固却提出了性本恶的观点，随后，李本固开始引用佛家经典。

利玛窦说道："我们互不信奉对方教义，就不要引经据典了。"

随后，这场争论以无果而终。不过，看起来利玛窦似乎占了上风。这场争论其实所面对的焦点是"心性"问题。佛家教义提倡"心性"，而基督教义反对"心性"。基督教义认为人生下来就是有罪的，人要通过信耶稣来赎罪，这样人死后才能升到天堂；而佛家教义提倡人通过省悟来体会到"万物皆空"的道理，从而获得超脱。另外，从儒生们争论儒家思想早已定论的性本善、性本恶的问题可以发现，到了16世纪晚期，大明王朝的儒生似乎对于儒家思想也产生了动摇。

1600年，在南京士大夫们和宦官的帮助下，利玛窦开始乘船沿着运河前往北京。在临清他遇到了宦官马堂。在山东的其他地方他还遇到了李贽。利玛窦将带给皇帝的礼品展示给马堂看。两幅绘在亚麻上的精美图画，一幅是救世主的，另一幅是圣母的，还有一架琴，一架自鸣钟和几个三棱镜。

因为有了太监知情，所以神父要来北京的消息迅速传递给了万历皇帝。皇帝同意神父来京。他对神父带来的这些玩意儿非常感兴趣，尤其是那座机械钟。皇帝将圣母玛丽亚的像赐给了他的母亲。李太后信佛教，便把这图像束之高阁。听人说，无论是皇帝还是太后，都对西方的那种逼真画像感到不适应。这显然反映了东西方文化的差异。

皇帝和宫中的宦官们不懂这种机械钟如何使用，便让利玛窦手把手教宦官们如何使用，一直到教会为止。皇帝还不断派太监去向利玛窦询问欧洲的地理、饮食、文化、建筑、婚姻。当他听说欧洲的君主都居住在城堡中，每天都要上下楼梯，这位皇帝显得十分惊讶。他说道："这不安全嘛，万一摔倒怎么办？"

皇帝不仅对西洋玩意儿感兴趣，他更想亲眼见见这位西洋传教士。但是自己已经有十二年不接见大臣了，而且自己也曾说过除了太监、宫女外，他不见任何人。所以，这位脾气倔强的皇帝不能让自己食言，给文官以口实。他派人画了一幅利玛窦的等身像。皇帝看着利玛窦的画像，笑着说："原来是个回回。"

利玛窦神父最后表示道，自己希望能够在北京传教，并死在这里。神父的请求无疑得到了万历皇帝的批准。

1610年，利玛窦去世，万历皇帝赐地安葬这位神父。从16世纪开始，这些西方传教士不畏艰险，为了自己的理想而奋斗终生，更重要的是他们促进了东西方文化交流。无论对于西方，还是对于东方，这都是一件大事。它标志着东西方开始在思想上开始交流，而不仅仅是经济上。明代的士大夫们保持了平等交流的心态。还有部分士大夫们开始信仰基督教，更为重要的是他们对于西方的机械、几何原理表示出了浓厚兴趣，利玛窦绘制的《坤舆万国全图》更令他们感到震撼。

从利玛窦与僧人的辩论中我们可以看出，基督和儒家同属"修身"类哲学，而道教、佛教、理学、心学则强调心灵的感悟。虽然在17世纪以后，儒学得到欧洲的关注，而且还对启蒙运动产生了催化作用。但不可否认的是，此时在中国，儒家思想却另辟蹊径，它正从理学、心学向隐学、实学（提倡经世济用，反对空谈和坐而论道，以顾炎武为代表）转变。

以下为明朝士大夫和西方传教士所翻译的一些西方书籍，有的是用拉丁文和罗马文写成的。

《测量法义》《表度说》《泰西水法》《几何原本》《同文算指》《乾坤体义》《圆容较义》《天问略》《职外方纪》《远镜说》《寰有诠》《名理探》《主制群征》《寰宇始末》《五纬历指》《性学粗述》《矿冶全书》《建筑十书》《数学札记》《各种精巧的机械装置》《原本》《测量全义》《天体运行论》《哥白尼天文学概要》《地中海航海术》《比例规解》《地球表周与其直径的关系》《宇宙仪》《陆、海双用几何天文测辐仪制造与用法》《磁石测量法》《神功催吐药》《大西洋、地中海盐度、涨落潮海流流动因果实论》《远西奇器图说》《泰西人身说概》《人身图说》《西国记法》《性学觕述》《崇祯历书约》《物理小识》《数度衍》《泰西水法序》《旋韵图》《几何体论》《几何用法》《太西算要》《西儒耳目资》《学历小辩》《日月星晷式》《浑盖通宪图说》《经天该》。

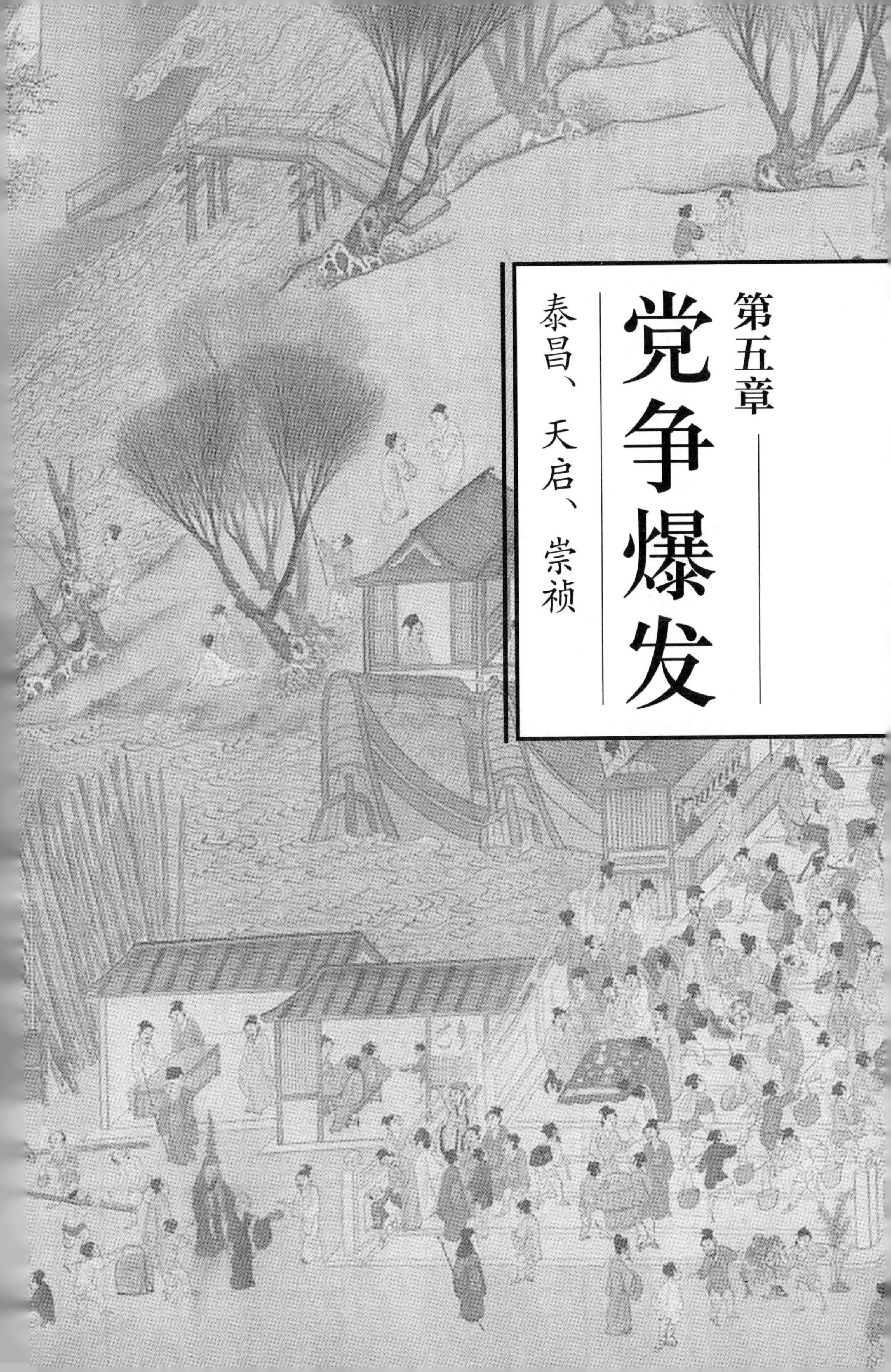

第五章 党争爆发

泰昌、天启、崇祯

泰昌、天启、崇祯三朝的一个典型特征就是党争。万历朝虽然党争就已开始，但还未像这三朝如此明目张胆，如此肆无忌惮。泰昌皇帝短短一个月就死掉了。继任的天启皇帝和崇祯皇帝起初都想重用东林党，但发现这个党派存在的问题后，又开始排斥。天启皇帝治国的手腕是高明的。他不喜欢叽叽喳喳，用一个魏忠贤就令群臣噤声。崇祯皇帝不懂天启皇帝为何要用魏忠贤，他轻易罢人、轻易用人。所以，明朝晚期人事上越来越糟糕，越来越混乱。崇祯皇帝治国的理想化更是将明朝推向深渊。他求治心切，一旦事情没达到他的理想，便大发雷霆，将责任推给他人。其结果便是无人再敢担当。

70 泰昌朝的红丸案与移宫案

万历四十八年（1620年）七月，万历皇帝驾崩，享年五十七岁。

八月，皇太子朱常洛即位，以明年为泰昌元年。他随即发布一系列诏令，从内库中发银补充军饷，召回矿税中使，补充缺位官僚。在万历皇帝临死前，他给太子朱常洛交代了一件事情，那就是将来立郑贵妃为皇太后。朱常洛本是个性宽厚之人，对于父皇的这个要求他自然答应。因为此时万历皇帝的王皇后和自己的母亲王贵妃已经去世。但此举与儒家礼法不符，因为郑贵妃并非万历皇帝的正室，而且也不是朱常洛的生母。所以，这自然又遭到文官的反对。

在梃击一案中，因为太子朱常洛的出色表现，维护了万历皇帝和郑贵妃的声誉，同时郑贵妃也明白了朱常洛的地位已经是不可动摇。她改变了策略，开始讨好朱常洛。加上此时太子妃郭氏已经故去，所以朱常洛身边是缺女人的。郑贵妃开始陆续送了一些女人给朱常洛，其中，朱常洛后来所宠爱的妃子李选侍就是这个时候送来的。

皇宫中的皇子们由于食物过于精细以及长期缺乏锻炼，体质大多不好。朱常洛又是在担惊受怕的环境下长大。万历四十三年的梃击案，才使朱常洛的地位得到改观。他终于可以轻松了。按照一般历史观点，在这五年当中，他的房事过于频繁，对于身体损耗过大。万历皇帝驾崩后，他又连续处理了二十天公务。所以从万历四十八年八月一日登基起，到八月十日他便病倒了。

八月十四日，朱常洛服用了管御药房太监崔文升的药。当天夜里腹泻不止，第二日病情加重。这个时候，朱常洛已经意识到自己快不行了，便于当月二十九日召见群臣商量后事。在此之前，有鸿胪寺官员李可灼献上红丸一枚，但鉴于崔文升用药不当导致病情加重，所以，首辅方从哲便禁止皇帝用此药。

皇帝听说有此事后，便让李可灼进药，死马当活马医。由于此种红丸包含有金属成分，人食用后会感到兴奋。二十九日皇帝服用了一粒，感到效果较好。到了夜晚又服之。第二天，也就是九月一日凌晨，皇帝去世。

那么新皇帝的死因究竟是什么？朱常洛由于长期的心理负担，大约一直便有慢性病。在父皇死后，由于操劳过度，导致旧病复发，加上崔文升用错了方子。所以，到了此刻，朱常洛已经走到了生命的尽头。至于服用红丸，不过是加速了他的死亡而已。事后，东林一系的人借此大做文章。他们攻击郑贵妃，说是贵妃郑氏指使崔文升和李可灼用药害死了朱常洛。实际上，郑贵妃没有加害的理由。朱常洛对郑氏还算尊重。万历皇帝死后，郑氏就想争个皇太后。如果新皇死去，她成为皇太后的可能性就终结了。垂帘听政更不可能，在早已成熟的明代文官政治下，君主政治和女人政治早已结束。

除了攻击郑氏，东林党更将矛头对准具有浙党色彩的首辅方从哲。由于万历皇帝坚决不用东林党的人，所以，东林党企图利用红丸案展开全面翻盘。如此一来，红丸一案就具备了浓厚的党争色彩。

东林党对方从哲的非难是因为方从哲按照光宗遗诏对崔文升、李可灼进行了褒奖，从此也可以看出，光宗对自己的病情是知晓的，绝非药物能够改观。方从哲对崔、李二人的褒奖似乎坐实了某种口实。面对东林党要求处死两人的要求，方从哲又将崔文升票拟为司礼监处理，将李可灼票拟为罚俸一年，后又改票为驱逐回乡。

东林党对方从哲的攻击就由此而来。在方从哲抵挡住的情况下，他们又把矛头对准了乾清宫的那个女人。李选侍是朱常洛的宠妃。万历皇帝死后，郑氏想运作成为皇太后，她则想运作成为皇后。现在朱常洛一死，郑氏则想运作成为太皇太后，李氏则想运作成为皇太后。如若想达到这个目的，只有将皇子朱由校控制在手里。此时，郑氏居住在慈庆宫，李氏则将十五岁的朱由校弄到了乾清宫。

司礼监掌印太监王安赶紧跟众大臣商议，说李氏与郑氏密谋控制朱由校，欲行垂帘听政。众大臣听说后，立即商议以进宫祭奠先皇的名义，将朱由校领出来。主意一定，首辅方从哲率吏部尚书周嘉谟、礼部尚书刘一燝、御史左光斗、兵科给事中杨涟等人连忙进宫。来到乾清宫外，有内侍挡驾。杨涟一顿呵斥，没等到宦官回过神来，众人已推开挡驾之人，径直走进乾清宫。

众人对着先皇的灵柩哭灵完毕，发现朱由校并没有在灵前守灵，便望向王安。王安会意，把脸转向暖阁。众人便一起走到暖阁前跪下，要求见朱由校。李选侍哪里见过这般场景，顿时不知所措。事实表明，无论是郑贵妃还是李选侍，想跟文官斗法，完全是以卵击石。

这时候，王安入内对李选侍说，让朱由校跟文官们见个面就领进来。说完，王安便将朱由校牵了出去。众人见朱由校出来了，不由分说便将朱由校拥到了外面的轿子里。周嘉谟、刘一燝、杨涟、张维贤亲自抬轿，将朱由校抬到应该属于太子居住的慈庆宫。

要说朱由校还是向着郑贵妃和李选侍。众人让朱由校即日登基，朱由校不允，只说九月初六日登基。接下来，众人联名上疏要求李选侍移出乾清宫，搬到仁寿宫去居住。理由是李选侍既不是先皇正室，也不是朱由校的生母。李选侍当然不愿意搬，一直僵持到五日，因为第二天就是朱由校登基之日。左光斗上疏将李选侍比作武则天，李选侍听说左光斗将其比作武氏顿时大怒，派宦官去质问左光斗。面对内侍的质问，左光斗毫无惧色，反而当着内侍的面将李选侍臭骂一顿。面对群臣的步步紧逼和司礼监掌印太监王安的恐吓，这个无知而又可怜的女人只得乖乖地抱着她的女儿皇八妹移居仁寿宫。由此我们可以看出，封建王朝除了皇后外，其他妃子的地位是何等微不足道。

万历四十八年（1620 年）九月六日，朱由校即位，宣布本年余下时间改元泰昌，明年改元天启。

从万历皇帝死到天启皇帝登基，短短四十多天内发生了两件大事。这实际上是国本之争的延续，是国本之争的余震，使文官们将自己内心深处所担心的事情与现实的突发事件联系起来。他们所维护的仍然是儒家伦理规范。天启皇帝的继位并不标志着事情的完结。在几年后，魏忠贤为了打击东林党，编了《三朝要典》，将梃击、红丸、移宫三个事件称为三大案，并对三大案重新定性，借此打击东林党。晚明三大案之说正由此而来。

71 阴暗与狡黠的天启皇帝朱由校

天启皇帝跟其他大多数的明代中后期皇帝一样，都是生于深宫，长于深宫；他也同时跟他的父皇朱常洛一样，自幼承受着极其沉重的心理负担。朱常洛有什么样的感触，他也有着什么样的感受。他与其父一样，也是迟迟得不到册立，迟迟得不到出阁豫教。

但跟朱常洛不同的是，朱由校在这种沉闷的空气中并没有消沉下来。他依然有着孩童般的天真。他喜欢四处戏耍，甚至爬到树上去掏鸟窝。万历四十三年（1615年）梃击案发生后，在万历皇帝于紫禁城召见群臣那种庄严肃穆的环境下，朱由校居然也东张西望，落得万历皇帝一声厉责。

朱由校是一个十分聪明的孩子。这种聪慧程度超过了他的父亲和祖父。天启元年，内阁首辅叶向高上疏说："我皇上聪明天纵，朝讲时临，真可谓勤政好学之主矣。尝见皇上发拟本章，每多传谕，以此仰窥圣心留神庶政。臣等欲一一言之，则不胜其烦，欲默而不言，则又失辅弼之职。皇上尤于燕闲游豫之时，览观经史，深戒怠荒，此宗社苍生之大幸也。"（《明熹宗实录》卷十七）

叶向高认为天启皇帝聪颖好学，早上的经筵时常出席。皇帝对政事的处理也很频繁，但叶向高也同时劝诫皇帝在闲暇的时候也要多读书。

叶向高的上疏实际上对皇帝聪颖、好学表示了赞同。另一方面，也透露了一个信息，那就是皇帝平日里贪玩。天启在回疏中是这样说的："朕在宫中，每日披阅文书，览诵经史及祖宗训录，兼时事忧劳，何有多暇？卿为辅弼元老，正赖责难陈善，匡朕不逮。览奏具悉忠悃。"

天启皇帝表示他在宫中多批阅奏章，诵读经史，十分操劳，并没有多余的时间。叶向高作为首辅，就应该匡正朕的得失。

天启皇帝在军事、边事上自有见地。天启六年（1626年），宁远兵备佥事袁崇焕上疏说，在关外依靠修城屯田就可以让后金投降。天启皇帝接到奏疏后，批示道：

> 作何给授，使军民不相妨？作何分拨，使农战不偏废？作何演练，使农隙皆兵？作何更番，使营伍皆农？作何疆理，足以限戎马？作何收保，不致资盗粮？一切事宜，该抚悉心区处具奏。这本内说，奴子不降，必定成擒，诸臣诸不乐闻。以朕计之，奴未必降，降不足信也；战必能胜，胜无轻谈也。蹈实而做，需时而动。正也，奇在其中矣。该抚饶为之，亦善为之。(《明熹宗实录》卷七十八)

天启帝的意思就是告诫袁崇焕老老实实做好实事，少搞一些大言不惭的把戏。此时天启帝只有二十一岁。处于深宫之中的他，其头脑冷静和务实态度已经在袁崇焕之上。

天启四年（1624年），皮岛总兵毛文龙的一份塘报说，女真人有可能跟蒙古人勾结，从喜峰口入关的。天启帝接到塘报后，批示道：

> 谕内阁：朕览登莱巡抚表可立塘报，准平辽总兵官毛文龙揭前事。为屡获活夷，斩首级，得获鞑马夷器等件。虽功微小，实挫贼锋。其复辽之基，端在斯乎？朕心岂不嘉悦？外呈称奴酋与亲信奸人李茂隆等，昼夜商议，欲以贿买西虏，更换旗帜，借路潘家口等处，进攻谋逆。朕思奴酋所谋，其志不小，更甚于昔也，倘以假道长驱，为害非浅，是以朕不无东顾之忧。卿等传示兵部，作速马上差人前去传与枢辅，总督镇巡，当详计塘报，作何料理？作何策应？筹度周全，务保无虞。其沿途各路，并东征将士，俱要仔细防御，谨慎备尝。及各隘口守把将官，都要昼夜不时防守。还仔细盘诘进贡出入进攻夷人，其中恐有奸细夹带情形。仍传户工二部，并专督辽饷等官，详确毛帅。如果缺粮乏器真情，并拨船及应用器械，一并速发解去军前应用，不得迟滞。有误军机，责有所归。特谕。(《明熹宗实录》)

然而天启皇帝的老师孙承宗却看不出这份塘报里面的利害，对潜伏的危险无法预计。孙承宗说道："奴狡而计稳，必不出此。又恐关城谓虏由他道，便可缓防，以为声东击西之计。"

事实证明，崇祯二年（1629年），皇太极的确率军从喜峰口入关。由此可以看出，天启皇帝在一些问题上的看法比孙承宗更加成熟。这大概是由于两人不同的人生经历所导致。天启皇帝是在需要不断提防人的险恶环境下成长的，而出身缙绅的孙承宗走的是进士、翰林院这条线，并无实际政务经验。所以，两人对待同一问题得出不同的结论也就不奇怪了。天启年间，辽东局势稳定下来了，正是皇帝冷静的头脑所起的作用。

天启皇帝不仅能对一些事情做出独立判断，而且对于边事还十分关心。他为了获取真实的边报，便时常让东厂的人前去刺探。《明熹宗实录》对于皇帝发内帑给边军的记载也是比比皆是。而且为了解决早已存在的财政问题，天启皇帝除了保持万历朝征收商业税的政策不变之外，还对农田的买卖征税。这一方面扩大了财源，另一方面还抑制了土地兼并。从这点可以看出这个小皇帝在制定政策方面的针对性。

天启皇帝除了对军事、国事关心之外，他对身边的人也很好。他将自己的奶娘封为"奉圣夫人"。为了避免自己的老师孙承宗受党争所害，他对孙承宗也严加保护。除此之外，他对皇后张氏和信王朱由检也是维护的。由于张皇后和朱由检不喜欢魏忠贤和客氏，多次在皇帝面前说魏忠贤和客氏的坏话。所以，客氏和魏忠贤一直想找皇后和朱由检的麻烦。但是由于天启皇帝的维护，无论客、魏二人掀起多么大的风浪，两人都能如堤坝一般屹立不倒，从而使客氏、魏忠贤知难而退。

《明季北略》卷二记载了这么一件事情："顺天府丞刘志选劾后父张国纪，上下旨切责。后贤明，客氏忌之。上幸后宫，顾几上书一卷，问何书，后曰《赵高传》也。上默然。忠贤怒，次日伏甲士于便殿。上搜得之，送厂卫。忠贤诬后父谋立信王，欲兴大狱。王体乾曰：'上凡事愦愦，独于兄弟夫妇间不薄，脱有变，吾辈无类矣。'忠贤惧，乃杀甲士以灭口。"

原来皇后张氏曾将客氏叫到宫里训斥一顿，并多次让皇帝处理魏、客二人。

但皇帝对客氏有感情，加上皇帝需要魏忠贤制衡文官。所以，天启帝对张皇后说的这件事一直置之不理。眼见皇帝维护了自己，魏忠贤便散播流言，说皇后是强盗孙二的女儿，而不是张国纪的女儿。接着，魏忠贤便指使顺天府丞刘志选弹劾张国纪。哪知道，天启皇帝根本不去管这些乱七八糟的事情，直接降职斥责刘志选。

这件事情过去没多久，皇帝来到皇后的宫中，发觉桌案上有本书，上书《赵高传》。皇帝知道皇后要表达什么，他没说什么便离开了。不久，皇帝在殿上发觉几个带着兵器的人。皇帝便让人将这几个人带到东厂审讯，审出来的结果是这几个人受张国纪指使，要杀掉皇帝，然后立信王为帝。这件事情自然搞笑。张国纪放着好好的国丈不当，要帮助一个跟自己关系更远的信王？

司礼监秉笔太监王体乾对魏忠贤说道："这件事情你搞得有些离谱了。虽然皇帝平日里对你不闻不问，但并不代表你什么事情都可以做，当心灭你九族。"王体乾的话使魏忠贤如梦方醒。他终于找准了自己的位置，然后将他指使的那几个人杀了灭口。

除了这些特点外，这位年轻的皇帝还有心灵手巧的特点。明太监刘若愚在《酌中志》中写道：

> 先帝好驰马，好看武戏，又极好作水戏。用大木桶、大铜缸之类，凿孔削机启闭灌输，或涌泻如喷珠，或澌流如瀑布，或使伏机于下。借水力冲拥圆木球，如核桃大者，于水涌之大小般旋宛转，随高随下，久而不坠，视为戏笑，皆出人意表。
>
> 圣性又好盖房，凡自操斧锯凿削，即巧工不能及也。又好油漆匠，凡手使器具皆御用监、内官监办用。先帝与亲昵近臣如涂文辅、葛九思、杜永明、王秉恭、胡明佐、齐良臣、李本忠、张应诏、高永寿等，朝夕营造，成而喜，喜不久而弃，弃而又成，不厌倦也。且不爱成器，不惜天物，任暴殄改毁，惟快圣意片时之适。当其斤斫刀削，解服磐礴，非素昵近者不得窥视，或有紧切本章，体乾等奏文书，一边经管鄙

事，一边倾耳注听。奏请毕，玉音即曰："尔们用心行去，我知道了"。

从上面这些叙述中我们可以对天启皇帝有个大致了解。他聪颖、好学，对手工业有着异乎寻常的兴趣；他对军事、边防尤其关心，而且有自己的独立判断，他头脑冷静，不人云亦云；他是个有情有义的人。在某些方面，不像万历皇帝那样薄情寡义。更令人钦佩的是，他有着独特的治国手段。当他发觉文官难以驾驭的时候，便起用魏忠贤这个强权人物加以制约。但我们也明显看出，这个皇帝跟嘉靖皇帝一样喜欢隐藏在幕后指挥一切。很多时候，他更喜欢不闻不问，充当一个重大纠纷最后仲裁者的角色。他的内心阴暗、狠毒，幼年的成长经历培养了他早已洞悉一切之能力，或许王朝发生的一切事情都不能在这个孩子心中激起任何波澜。

天启皇帝登基后，他并不像他的父亲那样对这些帮助过自己的文官产生一丝一毫的感激。他很快发现文官的特点，而司礼监掌印王安却又跟外廷一体。在这种情况下，他的当务之急是除掉王安。

天启元年（1621 年），天启皇帝念王安有拥戴之功，便将王安由司礼监秉笔升为掌印。而王安对天启皇帝处理辽东经略熊廷弼、杨涟一事不满，便对担任司礼监掌印一事坚辞不就。客氏和魏忠贤乘机在皇帝面前进谗言，说王安对圣上不满，这样的人绝不能用。魏、客二人一心置王安于死地，如果此次没能成功的话，将来王安与外廷联手一定会置自己于死地。李选侍就曾经被内外廷联手针对。对于皇帝来说，他对王安的态度也感到不满，他也不希望内外廷联成一体来约束自己。在魏忠贤的安排下，王安被贬到南海子。南海子是皇家猎场，此时南海子的总管是李选侍宫中的太监刘朝。李选侍曾经栽在王安手里，所以魏忠贤将王安安排到这里，其目的可想而知。

在魏忠贤的授意下，刘朝不给王安饭吃。但附近的村民敬重王安的为人，便偷偷送一些食物。刘朝发现后，便将这些村民喝退。王安又偷偷挖了一些胡萝卜藏在袖子里面，等没人注意到的时候再偷偷吃。刘朝已经等得不耐烦了，便让人直接处死了王安。

当魏忠贤将王安“病死”的消息告诉天启皇帝的时候，这位皇帝明白是怎么回事，但他也懒得去问，装作不知道算了。

王安的悲剧的根源在某种程度上是跟汪直、刘瑾、怀恩、冯保等宦官一样，那就是跟文官联系过于紧密。身为宦官，没能认清自己的职责。帝王的思维自然是从全局考虑，任何妨碍这一思维的人和事，无论亲情还是恩情都会舍去。

72 无事生非的东林党

万历皇帝向来对东林党没有好感。他们的问题在于善于占据道德制高点来打击一切政敌。这个党派的人大多以正人君子自称，实际上并无实际的政务经验。从万历中期一直到万历末期，皇帝对这个党派的人都是严防死守。但是泰昌皇帝继位，形势顿时改观。

由于在“国本之争”中，东林党人出力很大。所以，泰昌皇帝对东林党人比较有好感。在他的任用下，万历朝被斥退的东林党纷纷回归朝堂。天启皇帝继位后，仍旧坚持这一用人方针。东林党人刘一燝、韩爌加入内阁，吏部、户部、礼部、兵部皆被东林党人把持，邹元标、赵南星、高攀龙、杨涟、左光斗这些东林大佬们也把持了都察院。但此时的东林党人似乎并不想就此罢手，因为内阁还有位首辅方从哲在。

方从哲虽然籍贯浙江，但他却是在北京长大，严格说来并不是浙党。他实际上是一个在各个政治团体之间舞蹈的人，但因不肯跟东林党同流，东林党人自然不会放过他。弹劾的理由仍然是红丸案与移宫案，说方从哲在处理崔文升、李可灼以及逼李选侍移宫上态度暧昧。

泰昌元年（1620年）十一月，礼部尚书孙慎行上疏说，方从哲指使李可灼进献红丸。即便方从哲没有“弑君”之意，但也有“被弑”之实；在移宫案上，众人让李选侍移宫，唯独方从哲迟迟不愿实行。

与此同时，内阁的韩爌也上疏要求对三案重新定案，要求对崔文升、李可灼、郑国泰重新进行处分。此次，内阁阁臣与部院遥相呼应，的确是大明王朝少有的事情。在三案已经定案的情况下，现在不仅连红丸案和移宫案要重新翻过来，就连五年前由万历亲自定案的梃击案也要翻过来。从这点上，我们可以明显看出东林党翻旧案后面的党争色彩。

在东林党人猛烈的攻击下，方从哲有些吃不消了。朝政已经全部由东林党人掌控，方从哲一人是独木难支。而天启皇帝刚登基，对于一些事情还没有理出头绪，暂时也只能按照惯性走。东林党中的温和派韩爌跟方从哲私下里达成协议，让方从哲致仕了事。方从哲一走，跟东林党走得较近的叶向高第二次成了内阁首辅。

虽然东林党人揪住三案不放，但有一个事实他们没有搞清楚，那就是天启皇帝对此态度如何。事实上，皇帝早就对此案没兴趣了。“梃击案”是万历皇帝亲自定的案，“红丸案”“移宫案”则是天启皇帝亲自定的案。现在东林党人说打人的张差是郑贵妃指使，那实际上就是把万历皇帝定的案子给否定了。东林党对红丸案的翻案，更是公开表明泰昌皇帝是被人毒死的。这些对身为人子的天启皇帝说都是无法接受的。

天启皇帝一直认为他的父亲之所以死亡是因为有旧病。他一再强调自己的父亲“素有旧疾，嗣因皇帝宾天哀痛，劳瘁过伤，以致医药无效”。不仅如此，他还替崔文升、李可灼辩解，说他们是“进药不效，殊失敬慎，但亦臣子爱君之意”。

天启皇帝对泰昌帝妃子李氏也多维护。据《明熹宗实录》，他曾经说道：“朕今奉养李氏于哕鸾宫，月份年例，供给钱粮，俱仰尊皇考遗爱，无不体悉。外廷误听李党喧谣，实未知，朕心尊敬李氏之不敢怠也。”

当御史杨涟上疏历数李氏罪恶的时候，天启皇帝又解释道：“朕令停选侍封号，以慰圣母在天之灵；厚养选侍及皇八妹，以敬皇考之意。尔诸臣可以仰体朕心矣。”（《明史》卷一百一十四）

从皇帝的语气中我们可以发现，虽然皇帝对文臣弹劾李选侍的奏章随声附和，但他明显不想再理此事。所以，不断以“知道了”“李选侍，朕已经责罚了”等话语来搪塞。

虽然如此，但御史杨涟就是听不出弦外之音。他还是坚持他的老一套，一定要皇帝就此事给个说法，并将李选侍比作武则天，要求皇帝对李氏重处。杨涟的行为被客氏和魏忠贤看在眼里，两人开始合计整杨涟。

魏忠贤散布流言蜚语，说由于杨涟等人不断没事找事，李选侍自尽了，李选侍唯一的女儿皇八妹投井死了。实际上，两人都好好活着。接着，魏忠贤又煽动御史贾继春说杨涟勾结司礼监秉笔太监王安逼走方从哲，自己想当首辅。

此时的杨涟被搞得百口莫辩，他只有采取以退为进的策略。泰昌元年（1620年）十二月，杨涟上书请辞。天启皇帝此时对杨涟已经有些烦了，便批了。这样一来，不仅杨涟惊愕，就是东林党人也惊愕。他们没想到杨涟真就这么莫名其妙地回家了。

从天启元年正月开始，不断有东林党派系的人上疏要求召回杨涟，天启皇帝都没有理会。天启皇帝本来对扶其上位的东林党人颇有好感，但东林党人揪住三案不放，颇令他皱眉头。另外，杨涟和其他几个官僚总是在上疏中有意无意提醒，他们在其登基过程中所立下的功劳。这些也构成皇帝反感他们的理由。

在李选侍问题上，皇帝与文官看待的角度不同。李选侍胁迫天启帝只是想要个封号，皇帝考虑的是全局。他不会注重后宫这些婆婆妈妈的事情。但从文官那里来说，情况就不同了，他们要维护儒家礼法，这是他们为什么紧紧咬住李选侍不放的重要原因。

除了在李选侍问题上，文官们喋喋不休的吵闹也同样令皇帝反感。天启二年（1622年）二月，皇帝下旨吏部、都察院：

> 上谕：朕览科道官，屡疏纷嚣，全无正论。辽左继陷，皆因经抚不和，以致官民涂炭。朕深切惊忧。昨张鹤鸣慷慨自请视师，具见忠义为国。江秉谦妄言乱政，已从轻薄罚。今又结党渎奏，各逞已见。不恤国家之急，臣谊何在？尔部院便传与大小各官，以后务要虚心，协力共图宗社大计。将当行事，务着实整理，毋事空言。再有仍前乱言，溷淆是非的，决不姑息。（《明熹宗实录》卷十九）

皇帝的意思是辽左都失陷了，这些大小官员整日吵闹不休，拿不出一个切实可行的应对方案，故而下旨斥责。

皇帝的斥责自然没人当回事，大小官员仍旧是吵闹不休，不久皇帝又下旨斥责：

> 上谕吏部都察院：朕自御极以来日夕冰兢，守我祖宗之法，唯恐失坠。每见科道各官屡次纷嚣，前有旨，不许擅出私揭。昨览报，又见揭帖，显是不遵。全无为国为民，肆行狂噪，嚣讼弗已，是何景象？其中是非公论难泯。自奴酋发难以来，征兵转饷，军民涂炭已极，皆因偏见党论，致使经抚不和，故将辽左疆土尽行失陷。未见恢复奇谋，朕深痛恨。新进后辈，遽司耳目，全无秉公，专行报复，逞意妄言，淆乱国政。本当杖褫。姑从轻薄惩，已后科道各官俱要虚心尽职，共襄国事。再有结党排诬的，朕遵祖制宪章，决不姑息。(《明熹宗实录》卷二十一)

应该说皇帝对外廷的评价是相当有水平的，完全超过了其祖父万历皇帝，将万历皇帝想说而说不出来的话都说出来了。尤其是“全无为国为民”“嚣讼弗已”“皆因偏见党论”“全无秉公，专行报复”“逞意妄言，淆乱国政”这几句总结得非常到位。但皇帝对文官的处罚也是隔靴搔痒，跟他的祖父一样，通常只是罚俸了事。大小臣工仍然是喋喋不休，眼看三案翻不动，他们便将矛头对准了魏忠贤，而皇帝依托着魏忠贤也渐渐显出了他的辣手。

73　天启朝阉党与东林党全面开战

天启三年（1623年）是朝局转向的关键一年。从这一年开始，皇帝逐渐改变东林党主政的局面，开始向朝臣中任命一些非东林党人士。先是让顾秉谦代替孙慎行担任礼部尚书，接着又让顾秉谦、魏广微入内阁，而此时魏忠贤也提督东厂，很快又选用反东林党人士郭巩、阮大铖担任给事中。这些都是明确的信号，山雨欲来风满楼，东林这些官僚们感受到了吗？很快，受东林党排挤的齐、楚、浙、昆诸党以及从东林内部分出来的赣党纷纷投靠魏忠贤，从而形成一个整合后的阉党，东林党的命运再次扑朔迷离起来。

汪文言本是安徽歙县的一名狱吏，因监守自盗，逃至京城。后结交了王安，充当东林党和王安之间的联络人。天启四年（1624年）四月，刑科给事中傅魁弹劾御史左光斗、给事中魏大中，说他二人勾结汪文言乱政。汪文言属于东林党中的居中联络之人，掌握着大量东林党人活动的秘密。阉党拿这样一个小人物开刀实际上是有考量的。他们是想通过汪文言在东林党身上打开一个缺口。

接到奏疏的魏忠贤下令逮捕汪文言，关进镇抚司严加审讯，试图让他乱咬人。汪文言究竟来路不正，关键时刻东林党人开始弃卒保帅，纷纷上疏撇清跟汪文言的关系。与此同时，左光斗、魏大中也上疏攻击傅魁，说傅魁公报私仇。紧接着，首辅叶向高竟也上疏替左光斗、魏大中辩护，希望能将此事淡化处理。天启皇帝接到叶向高的奏疏，也只是说了些不痛不痒的话，所有的人似乎都在等着审讯结果。

经验告诉我们，一味傻等绝不是最佳方案，内部的运作才是最佳选择。东林党人惴惴不安，他们知道一旦汪文言供出来了什么，那就是自己末日的到来。御史黄尊素找到了负责此事的锦衣卫同知刘侨，刘侨跟黄尊素交好，而且跟一些东林党人也有来往。魏忠贤考虑周全，到来头没想到却输在了这个岔路上。在刘侨的干涉下，锦衣卫没审出任何名堂，汪文言被无罪释放。紧接着，魏忠贤迅速撤除了刘侨的职务，换上了自己人。

天启四年四月的这场争斗，由于刘侨的作用，东林党人暂时躲过去了。但双方已经是洞若观火，东林党人骑虎难下。在这场政治斗争中没有退缩者，必须勇往直前扳倒对方才能赢得最终的胜利。

历史上的权臣大都由皇帝支持。皇帝支持他们是出于政局平衡的需要，有些事情帝王不方便去做，便让他们去做。所以，扳倒权臣并不是依靠反对者的强悍，而是要捕捉到那个点，也就是皇帝对其厌烦的那个点，从而抓住时机一击而中。

对东林党人来说，这个时机很快来到。五月份，魏忠贤因为在皇帝面前骑马得罪了天启皇帝。天启皇帝便让他回家住几天。东林党人认为这是皇帝对魏氏厌烦的信号，他们便推动御史杨涟上疏弹劾魏忠贤。

杨涟于天启元年致仕。天启三年（1623 年），皇帝又将其召回。杨涟丝毫没有吸取上次事情的教训，这次又当了别人的枪，只是这次运气不会再这么好了。事实上，东林党对这件小事情完全是一种误判。皇帝赶魏忠贤回家绝不意味着皇帝对他厌烦，实际情况恰恰相反，皇帝对他的圣眷只是刚刚开始。

对于杨涟上疏一事，东林党内部也有不同看法。他们认为杨涟作为党内翘楚，倘若一击不中，则没有回旋的余地，还不如让小臣试探着攻击。倘若有戏，再让大臣上疏弹劾。但个性急躁的杨涟已经等不及了。六月一日，左副都御史杨涟将写好的奏疏递进了宫里去。接到奏疏的宦官顿时倒吸一口凉气，此份弹劾魏忠贤的奏疏措辞之激烈前所未有，完全是匕首见红，不给人一点余地。杨涟完全是一副要杀人的模样。

杨涟在这份奏疏中列举了魏忠贤的二十四大罪状。从魏忠贤的出身一直谈到魏忠贤平日里所为，并说魏忠贤欺负皇亲国戚，害死了皇帝宠爱的妃子，皇后流产也是他下的黑手。杨涟最后总结道，现在人们只知道有忠贤，而不知道有皇上。所以请皇上立即将魏忠贤明正典刑，并让“奉圣夫人”搬出去住。

门房的宦官看完了此疏便连忙将此疏转交给了魏忠贤。魏忠贤看完此疏大惊失色。他连忙拿着此疏找到内阁次辅韩爌。内阁首辅叶向高和次辅韩爌虽然也属于东林派系，但由于位高权重，所以两人也不敢跟底下的小臣走得太近。魏忠贤认为老奸巨猾的叶向高不会替他说话，所以他就找到了韩爌。令他失望的是，韩爌根本就不买账。事情到了这个份上，魏忠贤只有去找皇帝解决。

魏忠贤在天启皇帝面前大哭。天启皇帝看完奏疏不禁怒从心起。他知道这份奏疏就是冲着他来的。魏忠贤是他用的人，现在杨涟弹劾魏忠贤实际上就是弹劾皇帝，这点已经很明显了。皇帝知道必须要保住魏忠贤，这是关系到他权力的问题。一旦在魏忠贤这里顶不住，那么他自己的结局只能是像他的祖父万历皇帝那样。

皇帝降旨对杨涟进行了斥责，说杨涟捕风捉影、造谣中伤。无论杨涟弹劾魏忠贤的理由如何冠冕堂皇，这些都构不成皇帝丢弃魏忠贤的理由。天子处罚宦官的理由往往只有一个，那就是宦官结交外臣。很显然，魏忠贤在这个问题上并没有触犯天子的忌讳。

东林党人一击不中，便希望叶向高能出头。叶向高作为首辅自然跟他们考虑的角度不同，叶向高反对廷臣们这种激烈的方式。这种方式不仅于事无补，反而使事情更加糟糕。这就是阁臣与廷臣总也谈不拢的原因。

叶向高自有他的处事方式。叶向高说，魏忠贤并非像人们所认为的那般使坏。有一次皇帝要爬梯子抓鸟，魏忠贤没让他爬；还有一次皇帝要赏赐小太监衣物，魏忠贤认为这不符合规制，阻止了这件事情。叶向高的这番言论令舆论大哗，东林党人没有想到叶向高竟然说出此番言论。杨涟带头来到叶府上破口大骂。此时，继杨涟弹劾魏忠贤一事已经过去十天了，叶向高必须要表态了。

六月十一日，叶向高上了一个折子，折子中没有对魏忠贤进行过分指责，只是提到目前舆情激愤，希望皇帝将魏忠贤免职了事。实际上此议跟杨涟说的要杀了魏忠贤并无什么区别，都是让皇帝折了一只臂膀。天启皇帝不满意，就下了一道旨意否定了叶向高此议。

叶向高才知道自己这次彻底失算了。自己和稀泥不仅令东林党不满意，也令皇帝不满意。老谋深算的叶向高开始思索补救措施。他令人放出流言，说自己上疏是受东林党人所逼，并非自己所愿。不管皇帝相信不相信叶向高的说辞，这件事情似乎已经过去了。

实际上这件事情远没有过去。投靠阉党的诸党分子和魏忠贤以及司礼监掌印太监王体乾一致同意恢复自嘉靖朝以来中断的本朝旧制——廷杖。如何处理东林党，内廷已经达成了共识。

工部郎中万燝负责天启皇帝陵寝的营建工作，但是缺铜。有人告诉万燝说宫中的破铜烂器堆积如山。实际上并无此事，所以魏忠贤接到万燝请求拨给铜器的奏书后便没有理睬。魏忠贤的态度触怒了万燝。本来这个时候正是文官反对魏忠贤关键时刻，现在自己想要一些破铜烂铁也得不到满足。万燝一怒之下上了一道奏疏，大骂魏忠贤。这样一来，内廷精心准备的梃杖之刑首先用到了万燝身上。

天启下令将万燝杖责一百。这一百杖打得非常重，基本上就是往死里打。打完后，万燝还有一口气，回家四天后死去。

这件事情没过去多久，又发生了林汝翥事件。御史林汝翥是首辅叶向高的外甥，因为杖打了几个犯事的太监，被司礼监掌印王体乾和魏忠贤得知。二人命宦官去抓捕林汝翥，提前得知消息的林汝翥逃出了京城。宦官们找不到林汝翥，便包围了叶向高府，找叶向高要人。虽然这件事情最终以林汝翥回到京城而告终，但它却对叶向高的刺激很大。叶向高知道了自己这个首辅在皇帝心目中的位置，他更知道自己在东林党人那里也沦为笑柄。

叶向高已经失去了舆论的同情。天启四年（1624 年）七月，叶向高离开朝堂回到家乡，皇帝赐予路费，还派专人护送。虽是如此，叶向高内心依然是波涛起伏。他仍旧在纠结于朝堂之上的是是非非。至此，这种飘忽的体制已经使得首辅的任何调和统统归结于失败。

叶向高的致仕对于东林党人来说就是一个明确的信号。他们终于发现这个年轻的皇帝不是一个和善的主儿，但他们绝不甘心就此放弃权力归隐山林。在接下来的廷臣会推中，东林党人仍旧是从团体内选拔，这惹怒了天启皇帝。他在给廷臣的旨意中以“朋党”定义东林党，此举基本上给这个团体定了性。大明王朝的舆论似乎第一次向君主倾斜。

叶向高离职后，韩爌接任了首辅，但内阁三辅顾秉谦、四辅魏广微都是阉党分子。紧接着，天启皇帝又发布了一道诏书，以更激烈的言辞来斥责东林党。皇帝指责他们“内外连结，呼吸答应，盘踞要地，把持通津，念在营私，事图颠倒，诛助众正，朋比为奸欺朕幼冲，无所忌惮。迩年以来，恣行愈甚，忠贞皆为解体，明哲咸思保身，将使朕孤立无与而后快”。（《明熹宗实录》卷四十七）天启帝的话有如一通暴风雨一样，“噼里啪啦”将东林人士打蒙了。无论杨涟等人如何善辩，此刻似乎再也无话可说。高攀龙、赵南星愤而辞职，这样东林人士控制的部曹只剩下吏部和都察院。由于吏部尚书赵南星、都察院左都御史高攀龙已经离职，所以吏部便廷推吏部侍郎陈于廷担任吏部尚书，都察院副都御史杨涟担任都察院左都御史，报上来的结果又令天启皇帝愤怒。因为这对于他来说仍旧是东林党任用同党，党同伐异。他干脆将陈于廷、杨涟以及参加廷推的其他东林党官员一股脑儿免职了事，此时留在朝堂上的东林党只剩下内阁首辅韩爌一人。事实表明，东林党人的阵地不在庙堂，而在民间。在民间，他们可以通过煽动市民起来抵抗皇权。

此时的内阁阁臣有首辅韩爌、次辅朱国桢、三辅顾秉谦、四辅魏广微。韩爌是东林党人，朱国桢属于中间派，顾、魏两人是阉党的骨干。从嘉靖朝以来，权归内阁，所以首辅开始位高权重，票拟权基本上都控制在首辅手中，其他阁臣基本上只有建议权而没有决策权。如今韩爌既为首辅，他的票拟也多数不对天启皇帝的心思。天启皇帝便下了一道旨意，要求韩爌在拟票的时候跟其他阁臣共同商议，如此一来就是通过顾、魏二人架空韩爌。韩爌看到自己也得不到皇帝的信任，阉党那种逼人的态势一天比一天强烈，他似乎也明白了叶阁老的处境，便在天启四年（1624 年）秋天离开了朝堂。对于韩爌的离职，天启皇帝丝毫没有挽留，反而催促他快点离职。这些阁臣跟藩王一样，一旦到了离开的时点，则是半天也不得停留。政治的势利与冷漠，人情的冷暖都在这一刻显露无遗，可是谁又不是置身其中呢？

韩爌走后，按照轮序的原则，次辅朱国桢接替了首辅。他吸取韩爌的教训，对政务不管不问，完全交给顾秉谦、魏广微去折腾。但这也不能使其独善其身。在天启朝的内阁中，任何人想尸位素餐是不可能的。朱国桢终于明白了，自己跟叶向高、韩爌相比，并不比他们高明多少。在天启四年（1624 年）的年底，朱国桢便也致仕了。

天启四年的这场轰轰烈烈的斗争以东林党的全面失败而告终，但它远远还没有到结束的时候。

魏忠贤害怕东林余孽卷土重来，所以有必要将所有的东林党徒罗列一遍，以免有漏网之鱼。从天启五年（1625 年）开始，各种版本的东林党名单开始流传，其中最出名的是归安县韩敬编写的《东林点将录》。这篇《东林点将录》按照梁山一百单八将的形式搜集了一百零八个东林党成员，排了一个座次。位列第一位的就是托塔天王李三才，再加上其他一百零七个成员。可以说此份名单既形象直观，又能将东林党人一网打尽，创作者可谓是挖空心思。魏忠贤有了这样一份名单在手，在日后的斗争中自然有了针对性。尤其是那些隐藏在东林党内部的人，这次完全暴露出来了。日后每一个臣僚的上疏，魏忠贤都会按照这份名单比对；每一次吏部组织廷推，魏忠贤也会按照这份名单比对；遇到京察年，魏忠贤更会按照此份名单比对。这样才能做到知己知彼。

魏忠贤害怕东林党卷土重来，自己在这个位置上能待多久还不知道，或许他也知道皇帝的身体不行，一旦东林党回炉，那面临的将是更大的反弹。魏忠贤开始赌上了他的地位，赌上了他的生命，赌上了他的千古名声。不管他于公还是于私，此刻他已经不管不顾了。

经过阉党成员的集体谋划，他们还是打算沿着天启三年（1623 年）的思路走下去，那就还是要从汪文言这里打开缺口。按照阉党们的想法，汪文言作为官场中的运作分子，一定干有不少阴私之事。只要拿住他严刑拷打，一定能获取有利信息，一旦拿到口供就能凭此抓人。

天启五年（1625 年）正月，阉党授意左都御史乔应甲上疏炮轰东林党，弹劾担任南京户部尚书的李三才收受汪文言贿赂。紧接着，大理寺丞徐大化又上疏重提移宫案。他说："杨涟自恃是先帝留下的顾命大臣，和御史左光斗一起勾结内侍王安，逼迫李选侍移宫。这置先帝于何地？汪文言本是一罪犯，奈何能授中书舍人，昼夜游走于尚书、都宪、侍郎、科道之家。还有杨涟、左光斗之人不追究辽东经略熊廷弼丧师失地之罪，反而收其贿赂予以营救。"

从后面的发展态势我们可以看出，阉党最终抓住了东林党人收受熊廷弼家人贿赂一事大做文章，最终置几个东林党首魁于死地。

天启皇帝接到徐大化的奏疏后立刻下旨逮捕汪文言带回。其实这个案子审不审意义已经不大，东林党人接受熊廷弼家人请托是人所共知的事情。但魏忠贤还是想将案情扩大。

三月份汪文言被押解进京，被关进锦衣卫镇抚司。汪文言受刑不过，供出甘肃巡抚李若星花了五千两银子托他活动巡抚这一职位。天启皇帝闻听后立即将李若星削职为民。这个结果显然不能令皇帝满意，魏忠贤便指使锦衣卫逼供。

这次阉党的斗争性非常有针对性，他们知道“移宫案”是一个大而空的话题，只要抓住东林党接受熊廷弼贿赂这一事件就可以了。锦衣卫指挥使许显纯暗示汪文言往杨涟、左光斗身上攀扯，此时汪文言已经被打得昏死过去。许显纯开列了一个长达二十人的名单，上面罗列了受贿数字，还包括收受杨镐的贿赂。许显纯让汪文言在这份供状上画押签字，然后就拿着它去找魏忠贤了。

天启皇帝看见审出了口供，便让人将杨涟、左光斗、魏大中、袁化中、周朝瑞、顾大章六人抓捕进京。为了防止汪文言翻供，魏忠贤指使许显纯将汪文言秘杀。

魏忠贤让许显纯将杨涟等六人关进镇抚司诏狱后开始严刑拷打，让杨涟等人承认指定的受贿数字。杨涟等人受刑不过，只得承认。所以，最终审定的结果是杨涟接受熊廷弼贿赂二万两，左光斗收了二万两，周朝瑞收了一万两，顾大章收了四万两，袁化中收了六千两，魏大中收了三千两。

既然坐实了六人的罪名，下一步就是追赃。面对数额如此巨大的款项，六人自然拿不出来。锦衣卫拷打又厉害，结果六人全部惨死狱中。既然以纳贿的罪名判定六人，那么现在六人既死，追赃还得继续。所以皇帝又下旨继续追赃，六人的家产全部没收。这样一来不仅搞得六人家破人亡，还连累了他们的族人。为了凑齐“赃款”，他们家乡的民众也纷纷捐款。

天启五年（1625年）阉党与东林党的对决弄得朝廷一片腥风血雨，大明似乎又重回专制时代。本来天启皇帝打算重用东林党人，魏忠贤也希望跟这个团体搞好关系，甚至在皇帝面前说赵南星的好话。但东林党人总是揪住“三案”不放，试图将皇帝操纵在手中。在这种情况下，天启皇帝在方从哲和叶向高都不能用的情况下，只得用魏忠贤充当一个缓冲区。东林党人的结局其根源还是在于自身过于跋扈。这场争斗并没有结束，它在天启六年（1626年）导致了第二次苏州民变。所有这一切并不重要，重要的是导致了辽东经略熊廷弼蒙受千古奇冤，并导致大明王朝在错误的辽东战略上越陷越深。

74　辽东经略熊廷弼的千古奇冤

辽东问题一直是大明王朝一个很棘手的问题。大明王朝控制辽东达二百多年，已实属不易。但这是建立在东北少数民族实力不济的基础上，一旦有人统一了各个部落，那么就会迅速强大起来。这时候要想继续控制辽东已不可能，最实际的办法是退到关内来，减少人力、物力的消耗。

事实证明，万历皇帝最大的优点是识人能力，他知道熊廷弼是解决辽东问题最合适的人选。如果再给万历皇帝十年的时间，相信他是能够解决辽东问题的。熊廷弼也意识到此刻的明军根本不是后金军的对手，那么现实的办法就是固守，实行坚壁清野策略，并派小股部队出边骚扰，以此削弱后金的力量。

所以当熊廷弼来到辽东后，努尔哈赤两次进攻沈阳都被击退，此后再也不敢动了。但熊廷弼脾气暴躁，好骂人，为此得罪了不少同僚。再加上举朝皆想迅速扑灭努尔哈赤，对熊廷弼一意固守的策略不理解。眼看熊廷弼几个月没动静，一些按捺不住的御史开始弹劾熊廷弼“一意坐守，空耗银饷”，而刚上台的天启帝虽然于军事上有自己的独到见解，但是对于前线并不了解，尤其是对熊廷弼不了解。就这样，熊廷弼被罢免，换上袁应泰任辽东经略。

袁应泰主政辽东后开始放弃熊廷弼主守的战略，开始主攻，而且袁应泰治军不严，导致纪律涣散。天启元年（1621 年），沈阳、辽阳相继陷落，袁应泰自杀。此刻，大明在辽东只剩广宁可守。

事实上，在这种局面下，直接将辽东放弃即可。因为山海关的防守效率高，可以节约防守成本，但根本没有人意识到这一点。天启皇帝大概也意识到辽东的陷落跟罢免熊廷弼有关，于是重新起用熊廷弼为辽东经略。与此同时，又任命王化贞为辽东巡抚。

熊廷弼抵京后便提出三方布置策略：广宁作为一路；山海关作为一路；登莱、天津的海路作为一路。天启帝同意了熊廷弼的三方布置策略，便让熊廷弼挂兵部尚书、左副都御史衔，驻山海关，经略辽东。由于王化贞在朝中有东林党支持，加上此时朝廷政策仍然是主攻，所以虽任命熊廷弼为经略，但实际上熊廷弼已被架空，辽东的局势完全由王化贞掌控。兵部尚书张鹤鸣和王化贞之间的奏疏来往完全绕过熊廷弼。

王化贞犯了跟袁应泰一样的毛病，那就是轻敌冒进，将兵力分散化布置。金军进攻的时候不是凭城固守，而是把主力拉到外线去。天启二年（1622年）正月，广宁失陷，王化贞随着逃亡的军士逃出了广宁城。此刻，整个辽东再也无险可守。逃到后方的王化贞见到熊廷弼，请求和熊廷弼一起守宁远和前屯，但此时的熊廷弼却显得十分开心。因为经过近一年的争论，事实证明他的主张是正确的。但熊廷弼也明白此时大局已经不可挽回，目前要做的就是将士兵和辽民尽皆迁入关内，将辽西变成一片焦土。

熊廷弼虽然有自己的想法，但朝廷上下还是奉行“保有疆土”的原则，熊廷弼如此主动将辽西放弃，自然和王化贞一起被下狱。本来天启帝对王化贞打算重判，对熊廷弼轻判，但随后发生的一些事情完全改变了这种情况。

东林党是支持王化贞的，但当他们看到广宁失陷完全是王化贞的责任的时候，他们便丢弃了王化贞，转而来保熊廷弼。而熊廷弼也让自己的家人给东林党人汪文言送钱，作为营救他出狱的活动经费。东林党的人收了这笔钱，这件事情在京城传得沸沸扬扬，人所共知。也就是因为这个事，魏忠贤劝皇帝丢弃熊廷弼作为将来打击东林党的一枚棋子。只有将熊廷弼判死，才能将东林党往接受死囚贿赂上靠，此时的熊廷弼已经完全沦为党争的棋子。辽东局势已经无可挽回，熊廷弼冤屈与否已经不重要，为了获取更大的利益，这些政客什么都可以舍去。

天启二年（1622年）四月，熊廷弼和王化贞一起被判处死刑。但一直到天启五年（1625年），天启皇帝杀了杨涟等六人后，才将熊廷弼处死。由此我们可以看出，这位年轻的皇帝和他的爪牙们从天启二年就已经开始了布局。

75 帝师孙承宗的错误辽东战略

广宁失陷后，天启皇帝随即任命王在晋为辽东经略。王在晋上任后提出了一个关于八里铺驻防的方案，实际上这个方案是解决辽东形势的最好方案。为什么这样说？因为最好的防守地在山海关。但山海关存在一个问题，那就是山海关有一段城墙修建在高岭之下，如此可使敌人居高临下俯视城内。王在晋给出了解决方案，那就是在八里铺再修一道城墙将这些高岭包括进来，如此就可以以最小的预算实现对山海关的防守。

本来这个方案已经获得了兵部尚书张鹤鸣、蓟辽总督王象乾的支持，但这个方案遭到了宁前兵备佥事袁崇焕、主事沈棨、赞画孙元化的反对。袁崇焕把反对意见打成报告越级报给首辅叶向高。袁崇焕的意见得到了礼部侍郎孙承宗的认可。由于孙承宗是天启皇帝的老师，孙承宗便赶走了王在晋，和袁崇焕一起修建了山海关到宁远、锦州的防线。这条防线连绵四百里，且防线内城堡密布，又扩充很多人员，导致每年的军饷就达四百万。到了后期蓟镇防守薄弱，皇太极数次从蓟镇进入关内烧杀掳掠，导致这条防线名存实亡。

实际上，关宁锦防线根本就于事无补。此时的辽东已经成了无人区，还修防线干什么？最好的防守地就在山海关，而不是在宁锦。因为山海关比宁锦更险峻，修宁锦防线实际上就是拉长自己的补给去拉短敌人的补给。如果在山海关防守就是拉短自己的补给而拉长敌人的补给。况且修建宁锦防线耗资巨大，将大量的军队驻扎在关外空耗饷银。

熊廷弼当时在广宁失陷后正是看出了这一点。实际上李成梁、王在晋、山海关总兵高第皆持这种坚壁清野的观点。当时熊廷弼把辽民和军队撤进关内后在三方布置的基础之上提出了四方并进的策略，也就是联合蒙古林丹汗作为一路，由于蒙古骑兵的威胁，努尔哈赤始终不敢跨过辽河，所以辽西实际上由林丹汗防守就可以了，没必要修宁锦防线；第二路是由山海关经辽西进攻辽东；第三路是由毛文龙在海上袭扰叛军，并将辽东居民尽可能多地用船运往内地；第四路由朝鲜克制叛军，并对建州实行封锁。

熊廷弼提出的就是从四路对后金实行封锁。从万历中期开始，北方气温下降，灾荒不断，女真部日子更是难熬。如果能够从四路对后金实行封锁，要不了三五年，后金将会不击即溃。这种坚壁清野的策略最适合于针对后金。如果后金敢前来攻打山海关，那么从海路登岸的官兵和从西路扑来的蒙古军会把叛军的来路掐断，形成关门打狗之势，并且出动水师进入辽河和大小凌河封锁叛军归路。而且不修宁锦线，可以加强蓟镇的防御，这样金军就不会那么容易绕道蒙古从西北部入关。但其后由孙承宗、袁崇焕这等头脑僵化、不知权变之人主政辽东，只知道一门心思按自己意见行事，加之天启帝用人不专，熊廷弼的意见得不到认可，所以辽东问题一直得不到解决，反而拖累国家。

从屯田角度来说，让辽民屯田于关外远不如屯田关内安全。屯田关外导致叛军又有了抢劫的对象。孙承宗、袁崇焕为什么放弃防守效率最高的山海关而跑到几百里地远的宁远和锦州防守，主要原因还是传统的收复土地僵化思维和建立军功的欲望在作怪。事实上，稍微有点军事头脑的人都知道，努尔哈赤不可能打山海关。

为什么这样说？因为华北平原与东北平原之间是沿海边的燕山山脉走向。宁远正是建在山脉上，但燕山山脉在华北平原前面向左拐了一下，给辽西走廊上了一个门，从而形成天下第一雄关——山海关。山海关地势奇伟雄峻，北面山河纵横、交通不便、土地贫瘠，没有海军的大军根本无法展开任何兵力，也无法长期驻扎。山海关以南地势开阔、土地肥沃、交通便利、守卫方可以随时随地增强兵力装备和各种防御物资。这样的地势就决定了在冷兵器时代，从山海关北面永远无法攻破山海关。山海关唯一一次被攻破也是从南面。

当年成吉思汗攻打山海关，成吉思汗用自己的几个女儿贿赂了山海关前的几个部落，发动对山海关的全力偷袭。强大的蒙古军面对战力几乎是不堪一击的金军，仍然在山海关面前碰得头破血流。人力再强，岂能与大自然的鬼斧神工相争。最后，成吉思汗终于明白，从正面是无法攻破山海关的。于是成吉思汗绕道紫荆关，从南面攻击，终于才拿下了山海关。这也是冷兵器历史上唯一一次山海关被攻破，而且是从背面攻破。所以抛弃山海关的雄关天险，而去防守宁锦，实在是错误之极。

从财务预算上我们也可以看出问题。王在晋经略辽东期间把漠南蒙古诸部调过来用几个月了，花销才一万两银子。这不过是山海关几万部队三四天的开销。可孙承宗经略辽东后遣散了这些蒙古军，导致蒙古各部心寒，最终投向后金军。王在晋的意思是暂不扩军，裁撤弱军和富余官员以节约费用，以蓟镇的中、东两协作为山海关的预备队，以山海关的五万部队作为防守主力，再拉拢蒙古诸部，以最小的资源消耗暂时稳住辽东局面，给朝廷财政喘息的机会，为以后的大举力量进攻提供准备。可以说王在晋这个计划非常讲求实用。围绕这个计划，王在晋修八里铺的预算用度非常紧凑、节俭，整个八里铺修建方案才九十三万两银子。可就这样一个节省军费又实用的计划却被孙承宗、袁崇焕生生拆散，接着便是大规模营建宁锦防线，大规模扩军。朝廷开始花钱如流水，对于不堪重负的财政无异于伤口上撒盐。结果到了崇祯朝，财政破产，崇祯只有厚着脸皮让大臣捐款。皇帝做到这个份上真是难为他了。大明王朝的尾大不掉之势也开始了，从宁远到锦州，再到右屯，再到山岔河，最后到耀州城下。就这样一路走，一路修。这不是打仗而是修路。如果朝廷的钱多，估计要修到赫图阿拉了。

王在晋在《三朝辽事实录》卷八中讲道："年来辽左兴供繁浩，臣亦当量力而进，不至束手无措，庶免尾大不掉之患矣。"

基于这种判断，王在晋的策略是尽量节约用度，凭险固守，每年以最小的消耗来稳定局势。其实，大明王朝存亡的关键，不在于后金有多强，反倒在于大明王朝自身有多虚弱。虽然如此，但是以孙承宗、袁崇焕为代表的一帮人，对朝廷的财政问题浑然不觉，根本不知有所谓"量力而行""尾大不掉"这些概念。他们满脑子想的是如何大肆增兵添饷、怎么扩大政绩工程，妄想只要能拥兵十几万似乎就能解决辽东问题了。其结果只是占一些人家不要的地盘，纯属白费银子。所以，他们跟王在晋是谈不拢的。

孙承宗于天启二年（1622 年）九月正式接替王在晋，之后不到一年，庞大的军费开销就逼得朝廷喘不过气来。天启三年（1623年）七月，工科给事中方有度上疏，痛斥孙承宗“上病国家，下厉人民”。方有度在疏中，援引了户部侍郎毕自严提供的数据，以阐述辽东巨额军费的危害。

方有度说道：“北方九边重镇，蓟镇、辽东、保定、宣府、大同、山西、延绥、宁夏、甘肃的“正供”加到一起才三百四十多万，而如今孙承宗在辽西一处的十万军队，每年吃喝拉撒就要耗费饷银四百万。”（《明熹宗实录》卷三十六）如此巨额的军费开支自然要靠摊派来解决，而这些无疑加到了农民头上，商人不会为此出一分钱，此时大明王朝又面对着长达七十年的冰河期气候。这种冰河期气候会使海水、河水的蒸发量下降，从而导致空气中的含水量下降，进而产生干旱。干旱的后果就是粮食产量下降，大面积饥荒，流民增加，朝廷既要赈济又要维稳。这些更使得已经捉襟见肘的财政雪上加霜。

如果想要解开这样一个凶险的死结，那么唯一的办法就是少运动、多调养，别去瞎折腾，静待灾变过去。

其实，后金从来都不要广宁，看看地图就知道。就是说后金连宁远、锦州、大凌河、右屯等地方，通通都会不要。所以孙承宗、袁崇焕折腾关宁锦防线一直延伸至右屯，去获取什么“纵深”是毫无意义的。在崇祯朝，袁崇焕和皇太极议和，皇太极提的其中一个条件就是明金双方以大凌河、辽河为缓冲区。由此可见，后金的统治重心只是沈阳和辽阳，而且为了防备明军的进攻，努尔哈赤还特地将首都从辽阳搬到了沈阳。

天启二年王在晋来到辽东后，他看了一下形势，就明显看出了辽东战争已经结束了。王在晋在给天启帝的奏疏中说道：

奴将弃广宁，而画河以守，我即不能长有广宁，而西虏得之，犹胜奴之踞之也。如此则边境安，而国家安矣。臣尝谓必有复全辽之力量，而后可复广宁，必有灭奴之力量，而后可复全辽。不然启无已之争，遗不了之局，而竭难继之供，不可不虑。

在这里王在晋认为后金不会占据广宁。因为广宁离后金的补给线过长，不好防守。如果让蒙古人占据广宁也是一个不错的选择。如果想收复广宁，必须要有收复整个辽东的能力；如果想收复辽东，必须有消灭后金的能力。否则的话，只能使辽东问题成为财政“尾大不掉之患”，那将导致不堪设想的恶果。

王在晋对辽东问题的洞察明显比孙承宗清楚得多。翻看两人的履历我们也可以看出，王在晋作为地方上提拔而来的官员，经历了户、兵、工、监察、河道等部曹，而孙承宗走的基本上是翰林院、部院到内阁这条线。

孙承宗、袁崇焕的战略从根本上来说还是延续了辽东经略袁应泰、辽东巡抚王化贞的进攻战略，事实已经表明这种战略是错误的。而李成梁、熊廷弼、王在晋、张鹤鸣、高第力主的都是坚壁清野式的防守策略，尤其是王在晋清楚地看到了大明王朝的财政问题，所以才力主收缩的战略来使朝廷恢复元气。

从1622年一直到1644年，二十年的时间里，朝廷每年在关外扔了几百万两银子。如果将这些银子用来发军饷或者赈济灾民，大明王朝的内忧是不是会减少很多？而且积攒的银子也可以组织大规模的军事行动。后金问题最终还是要靠在战场上解决。我们不能说孙承宗的错误战略导致了大明王朝的灭亡，但他无疑是明朝灭亡的一个推手。

其实，说穿了，辽东防线之争并非单纯的军事路线之争，而是政治主张之争。赞同修关宁锦防线的孙承宗、袁崇焕是东林系，而建议于山海关防守的王在晋、张鹤鸣则是阉党系。一切皆往政治上扯，国家焉能不灭？从这一点也可以看出，东林系文官放空炮可以，办实事不行。

76 《三朝要典》与《五人墓碑记》

当一场政治斗争结束后，获胜者必定要以某种书面形式对前阶段的斗争进行总结，以获取舆论上的合理性。嘉靖七年（1528年）修《明伦大典》正是基于此。

经过天启五年（1615年）的政治清洗，东林党的嚣张劲头暂时被打压下去了，一直让天启皇帝如鲠在喉的三案问题此刻到了必须定性的时候。天启六年（1626年）正月，天启皇帝便指派内阁首辅顾秉谦、内阁阁臣冯铨担任《三朝要典》的编纂总裁。这部《三朝要典》历时五个月完成。全书共分二十四卷，其中主要是介绍梃击、红丸、移宫三案。所谓的晚明三案即由此而来。在这部书中罗列了政治事件、群臣的奏书和皇帝的批示，还有评语。《三朝要典》完全从君主的角度对三案进行重新定义，得出了跟文官完全截然相反的观点。

《三朝要典》从万历十四年的国本之争开始，本着正本清源之目的，对东林党人狠扒，着重指出以东林党人为首的文官势力集团几十年来喋喋不休地借助一些琐事损毁君主的名声以达到他们的险恶政治目的。

关于梃击案，《三朝要典》认为，皇祖正值壮年之际，册立东宫稍迟，即遭到群臣的诽谤。这样陷皇祖于尴尬境地，反而使局势难以回旋。等到外廷争论平静下来后，皇祖自然册立先帝为太子。皇祖之所以这样做，无非是想让事出己断。如果皇祖真想谋害先帝，在宫禁严密的情况下，自然可以采取其他办法，有必要让一个疯子持木棍去东宫打人吗？那张差经过审讯早就认定是疯癫之人，可是刑部主事王之寀居心险恶，故意指使张差往别处攀扯。幸亏皇祖在慈宁宫召见群臣才揭露事实真相。

关于红丸案，皇上早就说明先帝身体向来虚弱。皇祖死后，先帝哀伤过度，加上日理万机，导致旧疾发作。而当时竟有人说先帝之疾是由于御女太多所致，这岂是臣子应该说的话吗？事情过去几年了，邪党成员孙慎行突然发难，诬蔑先帝是被红丸鸩杀，而首辅方从哲就是主谋，还试图让皇上处死首辅。幸亏皇上声明“皇考进药亦升天，不进药亦升天”，才杜绝了邪党罗织罪名。

至于移宫一案，先帝在临终之前反复交代两件事，一是让阁臣辅助皇上，二是在皇上登基之前册封李选侍为皇贵妃。由于李选侍侍奉先帝，自然得居乾清宫。先帝驾崩后，李选侍自当移居别宫，但也应等皇上封妃后才是。当时从首辅到其他文臣皆以万岁称呼皇上，为何刘一燝、杨涟、左光斗等人不以万岁称呼皇上，反而要以拥戴之功自居？皇上继位乃天经地义，何须别人拥戴？杨涟、左光斗又勾结内侍王安散播流言，说李选侍欲封皇后，行垂帘听政之举。加上王安从中阻挠，使得选侍封妃一事遇阻，幸亏皇上遵先帝遗命封李选侍为康妃，并治王安之罪。

以上就是《三朝要典》对“三案”的定性。《三朝要典》对“三案”已经提出截然相反的观点。皇帝跟东林党们关于“三案”扯皮的事情我们没必要去纠结，“三案”的事实真相究竟如何，我们也没必要去澄清。但有一点我们需明白，那就是斗争的双方围绕着“三案”喋喋不休，实际上就是为了获取舆论权，最终还是权力之争。无论是万历皇帝、泰昌皇帝，还是天启皇帝，他们都要维护皇家的声誉。但正像《三朝要典》说的那样，东林党围绕着“三案”的确显得有些无事生非、上纲上线，而在《三朝要典》的结尾处编纂者也流露出对东林党将来反扑的担忧。

《三朝要典》的编纂人冯铨称赞《三朝要典》是《春秋》之绝笔，《孝经》之微言。读此使乱臣贼子惧，忠臣孝子感。天启朝的这场政治斗争似乎跟嘉靖朝的那场政治斗争有相似之处。嘉靖皇帝的皇位是依照中国宗法制伦序而继，这点已经是公开的秘密。正德帝的母亲在数年以前就开始运作此事，硬说嘉靖皇帝是杨廷和扶上皇位则有些牵强。至于天启皇帝更是在万历朝就确立了皇储身份。若说杨涟有拥戴之功，则更是天方夜谭。除此之外，杨廷和和杨涟在新帝继位后，又不断提醒皇帝自己的拥戴之功，这自然招致皇帝的反感。

天启六年（1626年）元月份开始修《三朝要典》，阉党的文官们绘声绘色地向天启皇帝描述三案的前前后后。天启皇帝越听越明白，越想越明白。很多以前皇帝不知道的事情现在都知道了，很多以前皇帝想说但说不出口的事情现在全都被文官表述出来了。天启皇帝越想越恨，遂于二月份派东厂去南方抓捕周宗建、缪昌期、周起元、周顺昌、高攀龙、李应升、黄尊素七人。上回派锦衣卫去抓杨涟、左光斗的时候就遭到家乡民众的抗议。人们认为杨涟等人会被放回来，才没有酿成民变。如今厂卫又来捕人，一场大的市民运动不可避免。

三月十五日，北京来的厂卫抵达苏州，吴县县令前往周顺昌家中传达此事。周顺昌被关押在吴县县衙，当地百姓自发地围聚在县衙门前不愿散去。十八日，周顺昌被从县衙押到西察院，一路上百姓夹道执香、哭声震天，巡抚、巡按、知府、县令的轿子被挤得不能通行。好不容易到了西察院，百姓立刻将院子团团围了起来，很多人都站在墙头上、屋脊上，墙上墙外遥相呼应、呐喊。

看此情形，应天巡抚毛一鹭让人将大门打开，放百姓进来。几位本地秀才领着众人带头走来。秀才质问毛一鹭："今日人情如此，明公难道不为自己的千秋声誉着想吗？何不据实奏闻，请皇上开恩？周顺昌不必解往京师，由抚、按勘治。"

毛一鹭面色时阴时阳的，不知道他心里在想什么。他只是随声附和。此时围观的百姓群情激昂地喊道："周爷若死，民亦不愿生。"

厂卫们看到毛一鹭被几个秀才缠住说个没完没了，不耐烦道："今日之事，干秀才何干？囚犯何在？"

群众的怒火正在火山口上，苏州市民颜佩韦站了出来，劈手夺过一名厂卫手里的棍子。接着，市民马杰、沈扬、杨念如、周文元也跳了出来。众人开始围殴从京里来的厂卫。两名厂卫被打死，剩下的翻墙逃走。

到了夜晚，苏州城内有人开始大呼小叫。原来前往浙江抓捕黄尊素的官船正停靠在苏州胥关，不知被何人侦知。众人听说有逮人官船停靠在胥关，便纷纷出动。市民们拥到城外将厂卫痛打，并扔进水中。众人接着放火焚烧了官船，连带朝廷的驾帖、信牌也被烧毁。

为了缓和局势，毛一鹭将带头闹事的颜佩韦、马杰、沈扬、杨念如、周文元抓捕。颜佩韦是商人，马杰是卖苦力的，沈扬是市场上的经纪人，杨念如是卖服装的，周文元是轿夫，五人都是典型的市民身份。

毛一鹭将五人处死。行刑那天，五人意气扬扬、谈笑生死，引颈就戮。事后有人出五十金买下五人头颅，将五人全尸合葬在苏州城外虎丘山上。崇祯元年（1628年），复社领袖张溥写了纪念五人的碑文，名叫《五人墓碑记》。

张溥写道，时值阉党惑乱天下，天下缙绅能够保持独立操守的能有几人？而这五个人身份低微，没受过圣人教诲，却能如此激昂大义、蹈死不顾。他们的英勇行为令那些身份高贵之人何其羞愧。他们五人死得其所。正是他们的死使得阉党有所顾忌，最终保护了苏州百姓。天启六年（1626年）的第二场苏州市民运动由于是在厂卫开读圣旨后开始动手，所以也被称作"开读之变"。

天启皇帝命令抓捕的那七人除了高攀龙在家自缢外，其他六人分别由厂卫或者地方官押送进京，在狱中被折磨致死。天启五年（1625年）死的那六个人被称为“六子”，天启六年死的东林党这七人被后世人称为“七子”。

从天启四年到天启六年，经过血腥清洗并毁禁天下书院后，大明王朝正式结束了波澜壮阔的东林时代。历史进入小东林时代，也就是复社时代，并且在下一个朝代继续影响着政局。

无论如何，皇帝依靠杀人解决问题，是治官无能的表现。

77　崇祯皇帝的雷霆手段

天启皇帝大概跟他的父亲一样有着某种慢性疾病，在一次落水后便一病不起。天启七年（1627年），二十二岁的皇帝突然走到了生命的尽头。他曾有过子嗣，但都夭折。皇位将第四次进入外藩手里。事实表明，外藩继位由于继位者自卑和惶恐而导致一些偏激的行为，会在日后显露出来。猜忌、刻薄、求治心切都将在他们这类帝王身上表现出来，稍有不慎，此种行为甚至会将王朝搞崩溃。但是即使是以外藩身份继位，也是按照宗法制的伦序原则。在这方面，继位者拥有无人可质疑的合法性。

天启七年（1627年）八月，天启皇帝的弟弟朱由检登上皇位，次年改元崇祯，是为崇祯皇帝。朱由检跟朱由校一样，他的母亲刘氏也是早死。当年泰昌帝大概害怕万历皇帝知道他的妃子刘氏死亡，便让人悄悄埋在了西山上。那时西山上有个申懿王朱祐楷的坟墓。朱祐楷是成化皇帝的第十四子，还没有就藩的时候就去世了，所以埋在了西山。当朱由检思母心切的时候，便偷偷问宫中宦官：“西山上有申懿王的墓吗？”

内侍答：“有。”

由检又接着问道：“申懿王墓附近有刘娘娘墓吗？”

内侍答：“有。”

听到这里，朱由检幼小的心灵便悲切起来。他让宦官偷偷去祭奠，待到宦官回宫回复的时候，朱由检不禁泪流满面。朱常洛知道后，便让自己的宠妃李选侍照料朱由检。此时李选侍已经在照料朱由校。由于朱由检是次子，李选侍对待朱由校和朱由检的态度明显不同。这种冷暖，朱由检心知肚明。所以，他的童年似乎活得比朱由校还要艰苦。但随着李选侍生下皇八妹，这种情形开始改观。

由于李选侍产下八妹，朱常洛便将照顾朱由检的任务交给庄妃来做。庄妃没有子女，所以对朱由检格外照顾。这无疑使由朱由检度过了一段快乐的时光。也正是庄妃的溺爱，使得朱由检养成了任性的性格。

朱常洛死后，朱由校失去了依靠。文官们的疯狂表演、李选侍的哭闹，还有宫内关于朱常洛死亡的种种流言，这些都使得只有十岁的朱由检瞪大眼睛望着这一切。这不需要他思考什么，他也思考不了什么。

好在自己的皇兄朱由校爱护自己，封自己为信王，还不用去就藩，仍旧住在宫中。天启四年（1624 年），庄妃去世，朱由检一下失去了依靠。他的周围再次面临真空状态。这个时候，宫内开始传播流言蜚语，说是魏忠贤和客氏害死了庄妃。朱由检对魏忠贤和客氏的跋扈早就看在眼里。在这方面，他跟天启皇帝的皇后张氏结成了联盟，成了宫中专门跟魏、客两人作对的一支力量。

也就是在这个时候，这种冷峻的宫廷生活养成了朱由检不相信任何人的性格。按照常理说，宫廷生活莫不如此，但这些因素无疑在朱由检身上放大了。朱由检这个时候便显示出了双重性格。他时而冷静，时而暴躁；时而显得有主见，时而又显得语无伦次。天启七年（1627 年），朱由检大婚，选的是大兴县生员周奎的女儿。天启皇帝还特地将信王府修缮完毕，供他居住。

当朱由检登上皇帝宝座后，那种发自内心深处跃跃欲试的冲动开始油然而生。他面临的首要问题就是铲除以魏忠贤为首的阉党。因为魏忠贤一直作为自己的对立面存在，他甚至在天启皇帝面前控告自己要谋反。虽然已经做出了这样一个决定，但他并不明白皇兄为什么要重用魏忠贤。

天启皇帝的死和崇祯皇帝的上台对于受苦受难的东林党人来说无疑是福音。他们期盼着局势能有改观，但这也不是举手之间的事情。阉党势力已经渗透到各个行业、各个部门，事情仍旧需要步步为营。

崇祯皇帝继位后，一切仍是照旧。王体乾、魏忠贤这两个宦官依旧大权在握。崇祯皇帝还不断询问他们前朝的政事安排，或者向他们咨询。崇祯皇帝继位后，一切都在有条不紊进行，也显得很安静。可是这种安静却令魏忠贤感到不安。按理说，皇帝作为自己死对头，上台后应该清算自己才对。可是一切照旧，这的确太不正常了。魏忠贤的分析是对的，越是不正常的事情越令人担心。因为你看不见未来的结局。

为了试探崇祯皇帝，魏忠贤开始主动出击。九月，他向皇帝提出辞去东厂提督一职。崇祯皇帝不仅没有答应，反而劝慰一番。此番举动令魏忠贤悬着的心更悬了，他决定继续试探。魏忠贤又上疏请求免去宫中治丧香蜡上的三万两花费，崇祯皇帝这次准了。这样一来，魏忠贤心里又在忐忑不安。皇帝同意减免天启帝的治丧费用，意味着对前朝旧事并非完全留恋，但是却又对自己一再挽留。魏忠贤摸不透皇帝的心思。

眼见自己试探不出来个所以然，魏忠贤便让掌印太监王体乾去试探。因为从崇祯皇帝对王体乾的态度就可以看出对自己的态度。香蜡事件后的第二天，王体乾就上疏请辞。崇祯皇帝同样是宽慰一番，没有答应。接着，魏忠贤第三次出马试探，他要求各地停止修建自己的生祠。面对这番请求，崇祯皇帝给予批准。崇祯皇帝答应了魏忠贤的这番请求，正是以安其心。如果不批准停建生祠的请求，反而显得皇帝在防范他。因为修建生祠的确跟规制不符。

魏忠贤的几番试探都被崇祯皇帝化解，但他仍然没有看出个所以然。他又让江西巡抚和巡按分别上疏请求为他建生祠，以试探皇帝的进一步反应。到了这个时候，皇帝仍然有耐心陪他继续玩下去。面对江西巡抚和巡按的上疏，崇祯以“前番已有旨意”糊弄过去。

为了彻底打消魏忠贤的疑虑，崇祯皇帝开始对阉党成员大加封赏，赏钱、赏物、赏名号、赏官职。经过崇祯皇帝不厌其烦的表演，魏忠贤的疑虑虽然没有完全打消，但心也稍稍安了下来。

魏忠贤这边歇了下来，但是皇帝并没有歇下来。从天启七年（1627 年）底，崇祯皇帝就将原信王府的太监调入宫中担任自己的近侍，又将跟自己关系亲密的徐应元调入司礼监，接着将跟魏忠贤关系密切的宦官纷纷斥退到南京。就这样，皇帝不动声色地将内廷悄悄地控制在手中。皇帝这边在跟魏忠贤过招，天下的臣僚也望在眼里。这里面有失势的东林党，但更多的却是阉党文官。他们大多是官场上的投机分子。他们在揣摩这位新皇帝的心思，随时准备跟上皇上的思路。

事实证明，阉党就是一个松散的联盟。皇帝还没有动手，这个党派就已经开始互相咬了起来。天启七年（1627 年）十月份，都察院云南道御史杨维垣大概嗅到了什么味道，他便上疏弹劾阉党骨干分子兵部尚书崔呈秀。杨维垣属于阉党成员，虽然在对“三案”重新定性中出力不少，但长期得不到重用。现今政治气候陡然生变，杨维垣便产生了改换门庭的想法。

杨维垣的上疏并没有使崇祯皇帝表现出过多的兴奋，他对奏疏置之不理。杨维垣接着又第二次上疏，对崔呈秀进行更加激烈的弹劾。这回皇帝受理了杨维垣的上疏，勒令崔呈秀回家。此举无疑是向外廷释放出一个强烈的信号。天下官僚终于摸准了皇帝的旨意，弹劾阉党的奏疏纷纷飞进乾清宫，而且矛头逐渐指向魏忠贤。

我们看到，皇帝还没有对外廷动手的时候，外廷就已经自乱阵脚。天启七年十一月，登基三个月后，崇祯皇帝开始处理魏忠贤。崇祯皇帝一一列举魏忠贤罪状，将魏忠贤贬至凤阳守陵，将客氏打发到浣衣局洗衣服。魏忠贤行至河北阜城县时自尽身亡，客氏在浣衣局也被虐待致死。接着，各部院的阉党文官皆被一一罢免或定罪充军。

崇祯皇帝在崇祯元年到来之前，以雷霆手段将阉党骨干一网打尽，其速度不可谓不快、手段不可谓不猛，政局变动剧烈。崇祯皇帝的行为反映了他对阉党的刻骨仇恨，但这一行为却轻易击碎了天启皇帝好不容易获取的稳定局面。失去制衡的大明王朝再次变得重心不稳，并在十七年后轰然倒塌。

78 狗咬狗的温钱互攻

阉党既除，东林党自然迎来了春天。东林党人韩爌再次成为内阁首辅，东林党的其他人如李标、钱龙锡纷纷进入内阁。朝廷再次迎来东林内阁的时代。我们可以将之冠以后东林时代，因为这个时代的东林人士较前期要圆润得多。他们或许吸取了天启朝的那种血淋淋的教训，在一些问题上开始变得踌躇起来。与此同时，朝中还有一批无党派人士。这些无党派人士仍旧被东林党冠以阉党。为了区分方便，我们将这些无党派人士称之为后阉党。

此时的崇祯皇帝踌躇满志，他想大干一番，但有一个不容忽视的问题，那就是朝堂是空的。不仅如此，从中枢到地方，甚至在军队，过去万历朝、天启朝的那些精英都到哪里去了？崇祯朝出现的大都是一些陌生的名字，我们甚至不知道他们突然从何处冒出来。原来经过天启和崇祯两朝的政治清洗，一批精于政务的熟练官僚皆被斥退。

崇祯二年（1629年），崇祯皇帝让韩爌内阁开始定阉党的名单。韩爌开列了几次都不能令皇帝满意。皇帝明显想将这次政治清洗扩大化。最终确定的名单高达三百多人。首逆同谋六人，判斩；结交近侍十九人，判斩；结交近侍次等十一人，充军；逆孽军犯三十五人，充军；谄附拥戴军犯十五人，充军；结交近侍又次等一百二十九人，削籍为民；结交近侍减等四十四人，致仕。另外，魏忠贤和客氏的亲属以及宦官又有五十多人受到处罚。

在这三百多人中，有内阁首辅、部院大臣、各道御史、各科给事中，还有各省、各府、州县的官员，包括边关统帅诸如蓟辽总督阎鸣泰、王之臣等人。崇祯朝的政治清洗无疑比天启朝政治清洗的规模更大。他不仅使朝廷丧失了大批成熟的官僚精英，更使得群臣之间离心离德。在朝之人惴惴不安，在野之人针锋相对。虽然崇祯朝的党争不似万历、天启两朝那么尖锐，但这种温吞吞的内耗往往更伤精力。这种无情扩大打击面的行为，既反映了崇祯皇帝偏激的性格，更反映了这个皇帝本身的稚嫩性。他的这种性格缺陷终将会影响这个王朝的平稳运转。

崇祯皇帝即位后就将阉党内阁斥退，所以在崇祯元年组建一套新的内阁班子已经是迫在眉睫。崇祯皇帝曾经想成为一个独立不受党争支配的皇帝，但在崇祯元年的内阁阁臣会推中，他还是不可避免地卷入廷臣的党争之中。

礼部尚书温体仁、礼部侍郎周延儒无疑是崇祯朝非东林人士中的活跃分子。

跟崇祯朝的大多数官僚一样，周延儒也是由南京任上调到北京，他跟温体仁一样在崇祯朝廷注定将会是孤独者。崇祯元年冬，皇帝命吏部廷推阁臣，由于温、周二人都不是东林党人，所以此次会推，两人自然不在考虑之列。

在东林党人、礼部侍郎钱谦益的运作之下，此次廷推的候选人名单全部是东林党人。这的确不是一种正常现象。因为礼部几个侍郎都入选了，但是温体仁这个礼部尚书和周延儒这个礼部侍郎却没有入选。崇祯元年的政治生态又重回天启元年。崇祯帝对天启帝为什么要那么严厉地打击东林党人有了初步的认识——它确实过于自私，过于党同伐异。

周延儒的落选比温体仁的落选更让人不可思议，因为周延儒一直深得崇祯皇帝信任。崇祯元年锦州士兵因为欠饷而哗变，群臣都劝皇帝赶快发饷安抚，但此时财政困难，崇祯皇帝对此问题很谨慎。周延儒体会到了崇祯帝的心思，便上疏说道："现在朝廷需防山海关到宁锦的官兵。前番宁远哗变，朝廷发饷抚之。如今锦州又效仿，长此以往，各地皆效仿之。况且各地驻军粮食充足，单纯的缺饷引不起哗变，所以士兵的哗变一定是军官在煽动。"

周延儒的看法正合崇祯皇帝的心思。他认为这个人跟自己是一条心，从此越发依靠周延儒。在吏部会推阁臣这件事情上，崇祯皇帝跟吏部打过招呼，如今周延儒落选，崇祯皇帝自然认为这里面有猫腻。看来自己想避免党争是不可能的，真是树欲静而风不止啊。

周延儒和温体仁认为这是打击东林党的好时机。周延儒四处散播钱谦益操纵会推的事实。温体仁更是上了一道《直发盖世神奸疏》，揭发天启二年钱谦益主试浙江时收受童生钱千秋的贿赂，以一句水平不高的诗"一朝平步上青天"作为依据定为乡试第一名。由于此事跟此次会推都涉及人事方面，所以崇祯皇帝不由得对钱谦益更加怀疑。

崇祯皇帝决定召钱谦益和温体仁当面对质。钱谦益到了文华殿，就看见温体仁和部院、科道大臣立在那里。崇祯皇帝劈头盖脸就问前朝早已结案的科考舞弊案，钱谦益顿时被问蒙了。他没想到皇帝竟然翻出前朝旧案。

接着，崇祯皇帝便令钱谦益跟温体仁对质。

钱谦益说道："此案是由金保之、徐时敏做下的，况且此案已结，刑部有案卷在。"

温体仁说道："事发后，钱千秋在逃，来刑部过堂的金保之、徐时敏都供称你是主谋。此事既有人证在，如何能隐得？"

两人扯皮扯了良久也没能说出个所以然，崇祯皇帝便命人将温体仁参钱谦益的参疏和钱谦益的辩书一起拿来观看。刚继位的崇祯皇帝于人事上不熟悉，所以将吏部会推上来的候选人名单放进瓶子里，由崇祯皇帝以抓阄的方式来决定阁臣的最终人选。故而此次裁定人选带有占卜的味道。所以，当崇祯帝看到温体仁的奏疏中称"神奸结党欺君""枚卜大典一手握定"等字句，便向温体仁问道："奸党是谁？枚卜大典谁人一手握定？"

温体仁答道："钱谦益之党甚多，臣还不敢尽言。至于此番枚卜，皇上本来希望能公正推举一些真才实学之人，但实际上一切都是钱谦益在背后操纵。"

温体仁说完，吏科给事中章允儒说道："钱千秋一案早已了结，温体仁因为人品不行，所以此次会推没有入选，故而放炮。如果钱谦益真涉及千秋一案，为何温体仁不在会推之前放炮？"

温体仁立即反驳道："章允儒替钱谦益说话，正可见科道官员都是钱谦益一党。枚卜之前，钱谦益无足轻重，我参他做甚？如今钱谦益成了入阁的热门人选。为了替皇上把好用人关，我自然要参他。"

章允儒随即又反驳道："历来小人陷害君子，皆冠之以'党'字，昔日魏广微陷害赵南星、杨涟皆是如此。"

崇祯皇帝听见章允儒将温体仁往阉党身上攀扯，不禁大怒，立即让锦衣卫将章允儒架了出去。接着，温体仁又说道："吏部尚书王永光屡次上疏乞休，且闭门不出，钱谦益指使瞿式耜上门去让王永光将此次会推交给吏部侍郎张凤翔主持。"

听温体仁这么一说，崇祯皇帝便质问王永光。王永光不好得罪东林党人，只好让皇帝去问科道官员耿志炜。听王永光这么说，温体仁继续紧跟不放，连忙质问道："你是六卿之长，执掌会推大事，为何要推到司官身上？"

御史房可壮奏道：“臣等会推是公议。”

“会推的是钱谦益这样的人，难道能说是公议？诸臣奏来。”崇祯皇帝反诘道。

阁臣李标接着说道：“浙江科考一案的确跟钱谦益无关。”

温体仁又连忙说道：“陛下看到了吧，满朝皆是钱谦益一党。钱谦益若不受贿，钱千秋现在就在京师，而且经常往钱谦益府上跑，就是希望钱谦益能够入阁，自己好继续参加会试。”

李标又说道：“前次已经召钱千秋对质了。”

崇祯皇帝连忙说道：“钱千秋闪烁其词，不可凭信。”

眼看皇帝完全倒在了温体仁这一边，周延儒连忙上前帮腔：“皇上再三让臣等回奏，为什么诸臣不敢奏呢？一者畏惧天威，二者碍于情面。总之，钱千秋一案有凭有据，陛下不必再问臣等。”

崇祯皇帝听周延儒这么说，又连忙说道：“朕让九卿科道会推，竟然推的是这样的人，为何不奏？”

周延儒又说道：“大凡会推，表面上看起来公平，实际上就是一二人把持。臣等说也没有用，徒引来灾祸而已。”

周延儒此举等于是将所有责任推到东林党一边。温体仁乘机又补充道：“臣乃孤身之人，满朝俱是钱谦益一党，臣哪敢说啊。此次上疏也是面对会推如此大事，也是为了陛下，为了江山社稷不得已而为之。此事过后，钱谦益一党必定要报复，臣恳请陛下批准臣回归故里。”

崇祯皇帝说道：“汝既为国劾奸，何必求去？”

到了此刻，温体仁、周延儒已经做足了戏。崇祯元年十一月份的这场臣僚之间的对质以温体仁、周延儒的完胜与钱谦益的完败而结束。因为温、周二人都是有备而来，毫无思想准备的钱谦益和他的同僚们在面对皇帝咄咄逼人的问话下早已显得语无伦次。无论双方如何交锋，崇祯元年的这场温钱互攻在它开始之前就已经定了胜负，因为皇帝心中的天平已经倾斜。

钱谦益被免职回乡听勘，钱千秋被刑部重新提审，其他的涉案官员章允儒、房可壮、瞿式耜、梁子璠被一一降职。温体仁、周延儒皆以礼部尚书兼东阁大学士的头衔入阁，两人弹冠相庆。由此崇祯朝依然没有逃脱党争的宿命。

事实表明了东林党在政治上的幼稚性，他们丝毫没有从历史中吸取教训。但他们并不甘心，很快就有御史毛九华弹劾温体仁在杭州给魏忠贤建生祠，还作诗歌颂他。接着又有御史任赞化弹劾温体仁娶妓女为妻、收受贿赂、欺男霸女、夺人田产、干涉诉讼，又说周延儒跟阉党内阁成员冯铨来往紧密。由此可见，东林党千方百计将温、周二人往阉党阵营里划。实际上此时温体仁、周延儒已经深得崇祯帝信任。如今毛九华、任赞化上疏弹劾温体仁、周延儒，只能使崇祯皇帝对东林党的疑心更重。正所谓“攻者愈力，疑者愈坚”。

崇祯皇帝又令温体仁跟毛九华、任赞化对质。温体仁说：“我若给魏逆写诗，必有原稿，但现在原稿在何处？为何只见一个木刻本？陛下可让人找到刻字的木匠，问他原稿从何处而来。”

听完温体仁的叙述，崇祯皇帝便让毛九华答话。毛九华说：“这个木刻是八月份在路上买的。”

崇祯皇帝问：“八月份买的，为何到了十二月份才报告？”

九华答：“我十月份要考试。”

温体仁连忙说道：“我参钱谦益是在十一月份，既然毛九华十月份要考试，为何不在考完试立刻参臣，反而要等到十二月份臣参完钱谦益再来参臣？臣入仕三十年来从未弹劾过别人，只因参了钱谦益，才导致攻者四起。要杀臣、逐臣者无所不用其极，毛九华系钱谦益一党无疑。”

“体仁辩得是。”崇祯皇帝说道。

接着，崇祯皇帝又召任赞化进宫奏对。崇祯皇帝对任赞化说道：“毛九华参温体仁写诗一事况且不实，汝为何又说那么些无根之事？”

任赞化支支吾吾对不上来。温体仁又赶紧说道：“任赞化疏全是诬捏，凡去过臣家乡者都知道，臣娶妻严氏，乃正经人家之女。此一查可明，事事无影，虚捏如此。”

任赞化又连忙奏道：“臣之所言乃采访公论，京城的人都是这么说。”

温体仁又连忙将任赞化与钱谦益结党的证据一一罗列出来。就这样，这场东林党人事后发动的反扑运动就被温体仁轻松化解。皇帝将毛、任二人降级外放。事实上，温体仁和钱谦益都不是善类，但在这场崇祯元年的政治互攻中，温体仁凭借着他那种雄辩的口才和对崇祯帝心理的拿捏，以及高超的政治攻击技巧，在东林党人正准备卷土重来之际，凭借一己之力就将这伙人打得集体噤声。在魏忠贤刚刚自尽而去的时候，温体仁就接着向东林党人开炮，无疑显示出了一种超强的胆量。

也许东林党人至死也不明白，为什么总有这么多人前仆后继地跟他们这个团体作对？他们这种锲而不舍的精神同样碰到了那些具备锲而不舍精神的人。崇祯元年的这场内阁会推事件已经让皇帝对东林党产生了不信任感，而崇祯二年的“己巳之变”却使得东林党加速垮台。

79 袁崇焕、己巳之变和东林内阁的垮台

从后金进攻大明那天起，这个新兴的政权没有一天不想跟明廷议和。他们是想通过战争的方式获得更好的生存环境，获得更自由的贸易条件。努尔哈赤在打下抚顺后就希望跟明廷议和，但被万历皇帝拒绝。天启二年（1622年），明廷广宁之败后，努尔哈赤就提出议和条件：将辽河以西、大凌河以东作为缓冲区，后金为明廷附属汗国，明廷承认后金对辽河以东土地的占领，双方每年互贡，并开放民间贸易市场。

从天启二年一直到天启五年，双方处于休战状态，努尔哈赤一直等着明朝方面派使来议和。结果不仅没有等来议和，反而是明廷在辽西大修关宁锦防线，乃至天启五年（1625年）孙承宗偷袭耀州。天启六年正月，努尔哈赤率大军进攻宁远明显带有以战逼和的意味。

在努尔哈赤死后，皇太极执掌权柄。皇太极依然奉行跟明廷议和的政策。但此时明廷上下根本没有考虑过此议。自从故宋灭亡后，明政权十分忌讳对外议

和。到了晚明，这一僵硬的对外政策仍旧束缚了大明王朝的手脚，从而牵制了大明过多的资源。

蓟辽督师袁崇焕在这个方面无疑是灵活的，他一直希望能通过议和方式来解决辽东问题。在皇太极上位后，他们之间便开始了书信往来。从崇祯二年（1629年）的元月份起，皇太极就迫不及待地派生员郑信、把总任大良携带自己的亲笔信去宁远见袁崇焕，商讨议和的事情。

七月初十日，皇太极派任大良携书再次前往宁远以回复袁崇焕的回信。皇太极这封议和信比前几次写得要详细得多、诚恳得多，以显示自己的议和诚意。据《满文老档》记载，皇太极的信大意为：

金国汗致书于大明国袁大人。我看了我派去的使臣带回来的信。你在信中说辽人祖先的坟墓都在辽东，让我归还辽东土地。我认为此议不妥。辽东之地乃是我们夺取的，并不是你们赐予的。昔日我们两国并没有间隙，和睦相处。你们占据九州万方之地，也太不满足了，还要掠夺我们的土地。私自划界三十里，不让我们越过，至此导致战端开启。老天爷辨别是非，将辽东之地赐我，所以辽东乃上天赐予我们的，怎么能归还呢？

自古以来，兴衰不取决于你们大国。夫天下者，非一人之天下，乃众人之天下也。天赐于谁，则谁得之。昔日大辽为天子，金太祖是大辽的属国。后来大辽皇帝不仁道，而金太祖乃正直之人，所以上天将大辽的辽东土地赐予金太祖。金汗要跟大辽和好，而大辽妄自尊大。后来大辽征讨金国，上天又将大辽之地赐予大金。天赐之地，大金岂能复归还大辽？后来金帝不道，上天将大金西边的土地赐予大元。元太祖派遣使臣议和，金国将使臣羁押，后来上天又将大金土地赐予大元。天赐之地，大金岂能复得乎？后来大元悖逆不道，被明太祖取而代之。如果蒙古人向大明索要土地，岂能还之？

至于你在来信中质问我们为何要征朝鲜，这就更荒谬了。历史上一直是朝鲜在征我们，将我们的先人从鸭绿江以南赶杀到鸭绿江以北。朝鲜征了我们那么多次，我征一次有何不可？再说了，我征朝鲜干你们明国什么事？

辽东虽然有小民遗骸，但难道没有大汗和诸贝勒的坟墓？我向以忠心相处，而万历帝不容，无故欲伐我。迫不得已，告天征之。若不被迫，我等小国岂敢征讨大国耶？天不问国之大小，但论事之是非，故以辽东、广宁地方赐我。若非天赐，辽东、广宁诸坚固之城，及数万之兵守之，即以我少数之兵士，何能克之？自古以来，各国相善则敬之，相恶则报之，此皆自然之理，大人之所知也。我愿罢兵，共享太平。

尔国官员文士都可以向尔帝进言。然而你们都视尔帝如在天上，你们自己又将自己看作是神。总是拿议和不能跟你们的皇帝说来搪塞，又拿议和不合你们大臣的心意来推托，不让我们的信使直达京城面见皇帝，总是就地遣返之。这比当年大辽欺负大金尤甚。今诚心遣使，切盼大人复言。另外，上回虽然没有议和成功，但仍旧优待我使臣并遣返，今特此致谢。(《满文老档》册十七，中华书局 1990 年版。)

皇太极这封书信可以说写得是声情并茂、有血有肉、声泪俱下，读之让人感慨不已。由此可见皇太极极高的汉学修养。他首先驳斥了袁崇焕让他归还辽东一说，接着重点指责袁崇焕从中作梗，不让他的信使直接抵达京城面见崇祯皇帝，从而导致明金之间一战再战。

正月十六，袁崇焕让赵登科携带回信给了皇太极。袁在信中说道：

奉帝命巡辽调兵之兵部尚书袁复书于汗陛下：今观汗复来之信，才知道大汗顺天造福的善心。天之心即汗之心，亦即我之心也。汗若诚心，我岂可弄虚？汗若实心，我岂可作假？两国兴衰均在于天，虚假何用？只是十载军旅，一旦罢之，虽奋力为之，也不是三四人所能胜任，三言两语所能了结。白喇嘛我见过两次，请再思之。(《满文老档》册十七，中华书局1990年版。)

到了七月十八日，皇太极的回信就来了，皇太极在这封信中措词强硬。

金国汗致书于大明国诸臣：我欲息兵以享太平，曾屈尊遣使议和。据闻尔兵部不愿和好，仍愿再战。尔等出能御敌，入能治民，但我每次发兵兴讨，尔等军士被杀，人民被掠，尔等出而不战，袖手坐观。我欲修好，尔等毁坏和议，不念将士军民之死伤，更出大言，导致战争不息。尔等若想和好而我不从，导致起兵端，我民被杀，则非尔等杀之，乃是我自杀之；但是我欲和好，而尔不从，致起兵端，尔民被诛则并非我诛之，乃尔自诛之也。(《满文老档》册十七，中华书局1990年版。)

通过七月十八日这封信可以看出，皇太极已经对袁崇焕打的太极拳厌烦了。在前面来往的书信中，袁崇焕一直说议和的事情必须让边臣来谈，让阁臣参与进来不妥当。皇太极不想让袁当中间人，他想让袁将书信直接呈递崇祯皇帝。但袁崇焕议和乃是私下议和，况且当时的大明根本没有议和的政治氛围，谁谈议和就是死路一条。皇太极根本不知道这点，反而被袁崇焕不断忽悠。

崇祯元年，袁崇焕入京的时候曾经跟内阁阁臣钱龙锡、兵部尚书王洽商讨过此事。钱龙锡、王洽皆不同意议和。关键是议和跟明王朝的对外政策不符，若非最高统治者做出此决定，其他大臣皆不敢提及此事。

但袁崇焕显然对此很热衷，他清楚地看出以大明王朝当时的实力根本不可能战胜后金，唯一的出路就是议和。所以在努尔哈赤去世的时候，他便派喇嘛去吊唁，跟皇太极商讨议和的事情。但他自己又做不了主，所以一直在跟皇太极打太极。他希望在崇祯不知道的情况下，以边帅的身份跟皇太极达成私下里的议和。崇祯二年六月，袁崇焕杀了皮岛总兵毛文龙也正是给私下里议和扫清障碍。因为毛文龙手下的东江军时常骚扰后金。但皇太极需要的是堂堂正正的议和，他的根本目的还是为了通过贸易获取所需要的物资。

有研究者认为，崇祯二年，皇太极对袁崇焕议和的诚意产生了怀疑。他想带兵绕过袁崇焕来到北京城下，将议和的意思直接告诉崇祯皇帝。无论怎样，这个时候后金境内的饥荒已经由不得皇太极继续拖延下去了。他急需议和成功，这样好用后金境内的人参、貂皮、东珠来换取粮食、布匹。

崇祯二年十月份，皇太极率领七万大军越过喜峰口向遵化杀来。十一月十七日皇太极的大军抵达北京城郊牧马场，此时朝廷乱成一锅粥，从内阁到兵部拿不出任何有效的应对措施。朱由检在那里不停地骂。当皇太极的大军抵达京城牧马场的时候，朝廷还以为他的大军在遵化。大同总兵满桂在没有接到兵部调兵函的情况下，自行带兵进京勤王。

很快各路勤王之师向京城奔来。据考证，十一月二十日，大同总兵满桂、宣府总兵侯世禄在德胜门击退后金军的进攻，王承胤部不战而退，袁崇焕、祖大寿带领关宁军稍战且退，将他们后面沙窝门前充当预备队的京营暴露给了后金军队。京营士兵在游击刘应国、罗景荣、千总窦浚三位将军的率领下正面迎击后金军，一直追击到运河，杀敌千余，自己损失数百人。

至此，京城保卫战结束。二十二日，皇太极让被俘虏的王姓太监送议和书进城给崇祯皇帝。眼见递进去的议和书杳无音讯，十二月初一，皇太极率大军开拔，在京畿附近又劫掠了一些物资。

京城保卫战后，崇祯皇帝明白了皇太极入关是因袁崇焕在底下瞎议和。袁崇焕既然想议和，所以不可能跟后金死战。所以无论是有意识，还是无意识，袁崇焕在蓟镇放跑了皇太极。基于这些因素，崇祯皇帝便将袁崇焕下狱。由于袁崇焕在议和的事情上跟内阁钱龙锡和兵部尚书王洽商量过，所以，此事最终还牵扯到了在朝的东林党人。

对于皇太极来说，他还是把事情看得过于理想化了。他简单地认为带书信给崇祯皇帝会促成和议，他也简单地认为带兵入关能够逼和，但是他不知道即使打入北京城绑了崇祯皇帝，大明朝廷在南京另立个皇帝也不一定会议和。这点在洪武宪法里已经明确了的，包括皇帝在内，没人敢提出议和，即便他们想议和。

崇祯二年的这场皇太极入关事件被称作“己巳之变”。它可以看作崇祯元年党争的延续，因为这一突发事件最终摧垮了东林党内阁。

“己巳之变”对于非东林党人来说，或者对于“后阉党”成员来说无疑是个机会。锦衣卫在狱中拿到了袁崇焕的供词。袁崇焕说关于杀毛文龙和议和等事情曾经跟内阁阁臣钱龙锡、兵部尚书王洽商量过。袁崇焕以为抬出这两个人可以解救自己。但殊不知，此举不仅没能解救自己，反而害了自己。接着，御史高捷、史范相继以袁崇焕的事情弹劾钱龙锡、王洽，结果钱龙锡被迫致仕，王洽被下狱。

后阉党分子除掉了钱龙锡与王洽，但内阁还有首辅韩爌、次辅李标。接着，阉党分子又继续发动对韩爌的攻击，将袁崇焕杀毛文龙的事情往韩爌身上攀扯。韩爌自从再次入阁以来，毫无建树，不能设一策，不能拨一人，坐视成败。他已经感到时势不可为，便主动辞去职务。韩爌既走，李标接任首辅。阉党分子接着又弹劾李标。李标走后，周延儒成为首辅。这样，始于崇祯元年冬天的这场党争一直到崇祯三年（1630年）基本稳定下来。这场党争主要原因是东林党在会推中踩偏了脚，但深层原因还是崇祯皇帝在执政开始发现了这个党派一些问题。那就是东林党出身的官员只会空谈，面对“己巳之变”这样的突发事件毫无对策。这个时候，朱由检跟朱由校一样产生了将东林党人全部罢斥的想法，而“己巳之变”无疑加速了这个时刻的到来。

崇祯三年八月份，皇帝将袁崇焕凌迟处死，钱龙锡被下狱。皇帝固然痛恨袁崇焕私自议和招来了皇太极，但深层原因还是为了给打击东林党树立一种合法性。在这方面跟熊廷弼之死有些类似。但崇祯残酷地对待袁崇焕也显示出了这个皇帝偏激的性格。

崇祯二年的“己巳之变”跟正统十四年也先携明英宗进北京，还有嘉靖二十九年俺答汗进犯北京皆有异曲同工之处，都是部落在议和不成的情况下，直接率兵来到大明王朝的首都。一来直接带信给皇帝，二来带有逼和的味道。

当年也先也是通过英宗宦官喜宁来跟北京议和，后来每次议和书信都被于谦阻挡。在这种情况下，也先便携明英宗前往京城议和。嘉靖年间，蒙古俺答部也是在长期议和无望的情况下，在严重的生存危机威胁下才于嘉靖三十九年进入大明境内劫掠。

现在看来，当天启皇帝正准备收拾东林党的时候，如果熊廷弼不让家人贿赂汪文言，也许他就不会死；同样看来，当崇祯皇帝正在一步步斥退东林党的时候，如果袁崇焕不在私下里跟钱龙锡、王洽密谈，或者在锦衣卫审问的时候不交代此事，他大概也不会这么快惨死。毕竟像杨镐、王化贞这样比袁崇焕更失职的文官也是在被关押多年后才死去。如果形势有好转，他们不死也不是没有可能。

崇祯皇帝想罢黜东林内阁的时候，苦于找不到理由，所以便将袁崇焕定成死案。东林人既然跟死案分子有接触，那么自然可以凭借此事打人。关于这点，黄宗羲有清晰的看法，他在给钱龙锡的墓志铭中写道："逆党之恨公者，以为不杀崇焕，无以杀公。"

无论如何，洪武成例有许多准则是人们要遵守的，尤其是阁臣切勿接近边臣。

80 崇祯皇帝的中兴之梦

崇祯皇帝以外藩继位，他跟永乐皇帝一样希望成为一代伟大的君主，挽救大明王朝衰弱的局面。但此时的大明王朝经过二百多年的运转已经积重难返。无论崇祯皇帝如何殚精竭虑，中兴之梦始终是一场泡影。

崇祯皇帝继位之初也将经筵作为一个重点来进行，他甚至将日讲也保留了下来。但崇祯帝跟其他皇帝明显不同，他不满足于讲课先生照本宣科。他希望让讲课先生联系实际，他甚至提出一些问题让讲课先生回答。而讲课先生受制于水平有限，通常不能给予满意的回答。这个时候免不了使得这位新皇帝对这些儒生失望。

一次他问内阁阁臣周道登"宰相当用读书人"何解？周道登支支吾吾答不上来，便说道回去查查书再来。接着，崇祯皇帝又问道："近来大臣奏疏中多提到'情面'二字，何为'情面'？"周道登支支吾吾又无法应对。

一次在礼部右侍郎徐光启讲完《中庸》后，崇祯皇帝问徐光启"知天地之化育”和“其孰能知之”这两者是一回事吗？徐光启答道：“一个强调内知，一个强调外知。”崇祯笑道：“‘知’难道有内外之分吗？”虽然崇祯皇帝对儒家经典的理解有些肤浅，但也反映出他敢于怀疑经典的精神。

崇祯皇帝的风格无疑跟前代皇帝不同，每次经筵或者日讲对讲官来说不再是他们展示自身才华的时刻，而是提心吊胆、惴惴不安的时刻。崇祯十一年（1638年）的一次春讲后，皇帝问礼部左侍郎顾锡畴等人，保举与考选两种选人方法哪种最可靠，结果顾锡畴等人又答不上来。由此可见，明代的一些官员，尤其是翰林院出身的官员，尽管对孔孟之道熟知于心，尽管辞章华丽，尽管满腹经纶，但一旦逆向行之，则显得捉襟见肘。

崇祯皇帝对这些内阁阁臣的真实水平心里自然有一杆秤，所以崇祯朝开始改变内阁阁臣选自翰林院的方式，开始注重选择一些有实际政务经验的人。崇祯皇帝认为这些由科举而选入翰林院的人，虽有才学但不谙政务、脱离实际，坐而论道可以，但实际操作不行，尤其是应对突发事件不行。为了改变这种格局，皇帝一方面选用地方上的知州、知县进入翰林院，另一方面采取让地方官经过吏部会推直接进入内阁，这些方式无疑使得内阁焕发出了活力。

崇祯七年（1634年）的三月，又是一个大比之年，当崇祯皇帝看见那些鱼贯而入的考生的时候，他完全没有李世民那种“天下英雄入吾彀中矣”的感觉。对于他来说，这些考生都是废材。此次殿试是由崇祯帝亲自出题，他改变过去殿试那种空而大的试题风格，出的全是针对时弊的题目。

在这次殿试中，据《崇祯朝野纪》记载，崇祯皇帝一连提了八问：

一、跟朕共治天下的是士大夫，但如今士大夫品行不端，朕想让士大夫们恢复古道，有何办法？

二、女真人的地盘地窄人寡，一旦去攻打朝鲜，三韩不守，这是为什么？

三、如今蓟镇三协和天津、登莱之处朝廷都有重兵把守，导致朝廷军费激增，有何办法消灭后金，恢复疆土？

四、现今流寇蔓延，朝廷缺钱缺饷，一些人不奉公体国，一味让朝廷减免钱粮，朝廷难道不知道抚恤百姓的道理吗？有什么办法既能抚恤百姓，又能充实军费？

五、屯田是解决军费的办法，为何总是不见实际效果？漕粮和马匹都是军队所紧缺物资，为何总是被拖欠，有什么办法杜绝此类问题？

六、如今有没有办法收复河套，对于归降的蒙古人如何安排？蒙古插汉部和河套部联合起来了，有什么办法将他们分开？

七、流寇势大，海盗也时常骚扰，加上水灾、旱灾频发，有什么方法应对之？

八、唐、宋之时文武分得不是那么细致，本朝太祖对人才的任用也颇为灵活，有什么办法提升武将的地位？（《崇祯朝野纪》）

这八问基本上涉及了当前军政、外交、用人等亟需解决的问题。皇帝以“策问”的形式作为殿试试题提了出来。一是想获得一种解决现实问题的办法，二是也想发现一些人才。很可惜，这些参加殿试的贡士们都回答不出个所以然来。在此种情况下，皇帝对科举考试日益失望。

无论是前面谈到的崇祯在经筵和日讲中对讲官的询问，还是在殿试中转换命题风格都反映出了大明王朝的这些官员只擅长就理学、心学发表清谈，难以将他们的知识转换成现实的生产力，其结果就是导致皇帝在用人上的变化。

除了重视有实际政务操作经验的官僚，皇帝还注重恢复洪武朝举荐官员的方法，而且在武举中也更重视考生的武功。他甚至还废除洪武成例，允许朱姓宗室子弟参加科举考试。

崇祯七年（1634年）同样是武选的大比之年，能舞动百斤大刀的只有徐彦琦、王来聘两人，但发榜时却没有两人的名字。崇祯皇帝一问，原来是因为两人文场成绩不佳，不禁大怒。国家罹难至此，还如此重文轻武，崇祯皇帝亲自将王来聘点为武状元。后来王来聘在镇压孔有德叛乱时，身先士卒，不幸战死。

崇祯皇帝在用人上的确不拘一格，他厌恶科举制、厌恶进士出身制、厌恶四书五经制，他力图实行文武并重、科举保举并重、朝官外官并重的选人用人制度。与此同时，他还试图恢复洪武朝那种肃贪的局面。崇祯帝继位后，针对官僚贪污受贿的情况，除了加强御史监察制度外，他还实行厂卫监察、办案的制度。在他的鼓励下，崇祯六年和崇祯七年，厂卫狠办了几件案子。针对边疆军队统帅欺瞒皇帝的情况，崇祯皇帝重新恢复了自嘉靖朝以来被废除的太监监军制度。从崇祯四年（1631 年）起，皇帝就陆续派出宦官前往各地监军，很快边关各地就布满了监军的太监，其程度甚至超过了前朝。

崇祯皇帝的这些新政措施无疑带有变法的味道，而且可以从刘瑾、汪直、张璁、张居正那里找到影子。所以，自然遭到了既得利益者的抵制。

崇祯九年（1636 年），江苏山阳县的一个名叫陈启新的武举跑到宫门外向皇帝进言，他在那里跪了三天。皇帝听说后，便命人将他的奏疏呈进来。陈启新在奏疏上说："天下有三病。士子写文高谈孝悌仁义，而做官后就恣意妄为，这是'科目之病'；国初典史授都御史，贡士授布政使，秀才授尚书，嘉靖时还是进士、举贡、杂流三途并用，现在却只用进士一途。举人、贡生不能升至高官，以至于一中进士就行为放诞，这是'资格之病'；旧制教官也可以作给事、御史，后来稍严，举人为推官、知县者仍可选任，如今只从进士中选用，这是'行取考选之病'。"

陈启新的"三病论"完全说到崇祯皇帝心坎上去了，大概这个陈启新号准了皇帝的脉。崇祯皇帝有意将他任命为吏科给事中，虽然这只是一个正七品的官位，但是它却掌管着朝廷人事的纠察大权。崇祯皇帝违背了用人规律，陈启新既不是进士出身，也不是通过考选得此官职，自然刺激了全体官僚。从此，所有人都不跟陈启新来往，而且不断地收集、整理他的黑料。虽然弹劾一波接一波，但都被崇祯皇帝顶了回去。

崇祯皇帝对陈启新的任用刺激了其他同样心怀此志的人。武举生员李琎向崇祯进言道："缙绅豪富之家，大者家产千百万两，中者百十万两，以万计者不可胜数，应令他们以私产输官助饷，可以满足国家急需。"

李琎的言论可以说是捅破了大明王朝最后一层窗户纸。李琎是想让崇祯皇帝学汉武帝那样实行盐铁酒专卖，通过打击富户来获取国家的营建资金，也就是通常说的削中间来补两端。李琎的提议也的确令崇祯皇帝心动，但是此时早已不是汉武帝那个时代，而是“天下非君王一人之天下”的时代。“君权神授”早已遭到了社会否定。它不仅不是武帝那个时代，就是离洪武朝、永乐朝也早已遥远。虽然“天下非君王一人之天下”，但“国家却是众人之国家”。如果有富户肯捐资助饷，哪怕拿出家产的一小部分，国家也不会危难至此。当人们全凭个人信条行动的时候，而国家又缺乏调动统一行动资源的时候，那么灭亡也是在所难免。李琎的言论自然引起士大夫们的恐慌，内阁大学士钱士升上疏要求将李琎拿法司问罪，崇祯皇帝还是以广开言路的名义将此事推托了。

崇祯皇帝登基以后，的确看出了很多弊病的所在。这些弊病有些是长期的积习。虽然他正在试图纠正，但治国本就没有十全十美的方案。崇祯皇帝求治心切，旧的系统他试图打碎，新的系统又无法建立。他轻易用人、轻易罢人，只能使整个国家动荡不安。

崇祯朝的经济问题比历朝都要突出。在冰河期气候打击下，各地持续大面积的旱灾导致农业歉收。这种灾情不仅发生在北方，而且发生在南方，其结果就是导致各种税收的拖欠。不仅正税如此，附加税也是如此。崇祯皇帝整天拿着账本跟各地督抚算账。就是这种羸弱的财政还要应对巨额的军费和平叛开支，支付四处的赈济，缺饷的士兵和缺粮的饥民时刻成为威胁大明王朝的不安定因素。

而此时外部经济也出现了问题。随着德川幕府在日本逐渐掌权，开始实行闭关锁国的政策，从日本流入明朝的白银顿时中止。与此同时，整个北半球的气候冰河期打击了从欧洲大陆到亚洲大陆的所有国家，日本爆发严重饥荒和叛乱，大批人被饿死。欧洲形势也不容乐观，农民暴动和资产阶级革命此起彼伏，与此同时，海外探险以来所带来的世界贸易量急剧萎缩。这些都打击了大明的出口，导致沿海手工业的破产。

从 16 世纪晚期开始，西班牙和荷兰在东方跟葡萄牙人的争夺中相继败北，因为葡萄牙人抢先跟中国的广东省建立了合作关系。为了防止葡萄牙和中国的商人赚钱，马德里制定了一项新政策，那就是减少在秘鲁的白银开采。恰巧此时由于秘鲁白银开采量过大，导致白银的开采已经无利可图。所有这一切交织在一起使得从 17 世纪流入中国的白银开始剧减，而这对于货币白银化和赋税白银化的中国无疑是灾难性的。

当整个社会都缺银子的时候，农民需要拿更多的粮食才能够换取缴纳赋税的白银。而且白银的稀缺导致整个社会开始窖藏白银，导致更严重的通货紧缩。一旦通缩发生，整个社会经济一片萧条，商户和手工业户开始倒闭，城市开始衰落。大明从南到北，从城市到乡村都动荡起来，佃户反对地主，奴仆反对雇主，农户也开始抗税。白银的缺乏更是导致私铸铜钱激增，银钱比例扩大，通货紧缩和通货膨胀并存。经济作物的种植和灾荒的持续延绵都导致粮价飞涨，这又进一步导致人们对于大米的囤积。饥饿的人们开始在乡村和城市到处流浪觅食，很多房屋人去屋空，很多田地也是人去田荒。在江南以及其他地方，即便有钱买宅买地，也买不来大米。这个时候，人们疑问的是大明王朝为什么还没有倒掉?

大规模的农民暴动从陕西这个地方开始。在持续干旱的打击下，陕北高原已经是颗粒无收。由于朝廷的财政危机，朝廷对于各地的赋税催促又急迫，破产的农村和官吏的催逼将大明的农民带到了悬崖边上。

崇祯二年，行人司行人马懋才向崇祯皇帝描述道："臣家乡陕西延安府，去年一年无雨，草木枯焦。八九月间，乡民争采山间蓬草而食。到十月以后，蓬草吃尽，则剥树皮而食。到年终，树皮又尽，则又掘山中石块而食。乡民中有不甘食石而死者，始相聚为盗。在这种情况下，官府仍严加催科，幸存的百姓只有一逃了之。此处逃往彼处，彼处又逃往此处，转相逃则转相为盗，这是盗之所以遍于秦中的缘由。"

天启七年（1627 年），陕西澄县农民王二首先举起造反大旗。因为澄县知县张斗耀催缴税款，王二带领几百人冲进县城杀了知县。此事陕西巡抚不敢上报，只是私自处理了事。

农民似乎还不是起义的主力军，还有长期领不到军饷的士兵，他们加入义军的队伍，这无疑起到了推波助澜的作用。无论什么时候，从来没见财政像崇祯朝这般紧蹙，仿佛所有的问题都在此刻爆发，作为一名官军似乎还没有义军过得好。

崇祯元年七月，陕西定边营士兵王嘉胤从边关逃了回来，他聚集饥民在府谷起义。不久，白水县的王子顺带领饥民来投，起义顿呈燎原之势。当陕西巡抚还想掩盖的时候，陕西巡按迅速将这一情况报告朝廷。至此，明末的农民起义正式爆发。

无论崇祯皇帝如何殚精竭虑、如何力图中兴，在17世纪席卷全球的气候灾变之下，这所有的一切都只是徒劳而已，所谓的中兴之梦最终成为一场泡影。

81 崇祯朝短暂的政局稳定——体仁内阁

让我们还是把视线转到党争上来。

崇祯元年的温钱互攻和崇祯二年的“袁崇焕案件”基本上将朝中的东林人士斥退一空，东林党再次面临尴尬之局。事实表明，“后阉党”派成员也不是铁板一块，继东林人被斥退一空后，周延儒跟温体仁又互相咬了起来。

周延儒、温体仁相继入阁后，温体仁认为扳倒东林党自己出力最大，正是靠着自己咬得东林党一身毛，才使得崇祯皇帝将东林党人全部罢斥。如今周延儒却位居首辅，而且独断专行，两人渐生龃龉。

很快到了崇祯四年（1631年），温体仁的机会来了。在这年的会试中，周延儒的连襟陈于泰被选拔为会试第一名，老友吴禹玉的儿子、复社领袖吴伟业也高中会元，而主持考试的就是周延儒。接下来，周延儒频繁出错，他任用的大同巡抚张廷拱、登莱巡抚孙元化都因犯事牵连到了他，他的兄长周素儒冒锦衣卫籍领取千户之职，他的家人周文郁被擢升副总兵，更有甚者，京城出现谣言说周延儒收受江湖大盗的贿赂。

这些都令温体仁感到兴奋，他发动言官对周延儒进行弹劾，但周延儒深得崇祯皇帝的信任，此时还不是温体仁能够动摇他的时候。很快，周延儒授意自己控制的言官弹劾温体仁引用私人闵洪学为吏部尚书。闵洪学和温体仁是同乡，这是明了的事情，崇祯皇帝接到言官的上疏，便将闵洪学免职。

崇祯四年的较量以温体仁暂时失利而告终，但双方都在暗暗等待新的机会。

崇祯六年（1633年），周延儒指使他的连襟陈于泰打着陈时政四事疏的幌子攻击温体仁，而温体仁则指使宣府镇守太监王坤弹劾陈于泰盗取科名的操作者就是周延儒。温体仁此招的确高明，他让太监出面弹劾，这样一来，反对者还不好说什么。因为崇祯皇帝此刻已经不大相信文官，只相信宦官。

周延儒不知道这里面的利害关系，他策动给事中傅朝佑上疏，傅朝佑指责王坤宦官干政，而且王坤的奏疏文辞练达、重点突出，背后必定有阴险小人在操纵。实际上这个时候崇祯皇帝由于不信任朝中大臣，已经将太监派到各个要害之地，此举自然遭到文官们的反对，所以关于"宦官干政"已经成了一个敏感话题。本来傅朝佑谈及此事已经有些不合时宜，紧接着，都察院的三把手左副都御史王志道也上疏将矛头直指崇祯的用人制度。他说："近来内臣的举动几乎手握朝纲，辅臣终不敢问一句，以至于辅臣被弹劾，犹忍辱不言，如此有损皇帝圣名。"

王志道的上疏终是触及了崇祯皇帝的敏感神经，本来大面积任用宦官不符合官僚制度，崇祯皇帝对此也没有底气，他担心别人议论。如今此事由御史堂而皇之地提出来，崇祯皇帝自然认为这一切都是周延儒在背后授意，因为这件事，他对周延儒的好感顿时荡然无存。这个时候，皇帝感觉到只有温体仁才符合他的心意，因为温体仁也信任宦官。

温体仁的确有着很深厚的政治功底，他牢牢把握住了崇祯皇帝的心思，从钱谦益开始，再到钱龙锡、周延儒，温体仁每次都能一击而中。对于钱谦益，他往党争上面靠；对于钱龙锡，他往袁崇焕身上靠；对于周延儒，他往"宦官干政"上靠。

虽然周延儒没有温体仁那般机敏，但此刻他也看出王志道犯了崇祯皇帝的忌讳，他连忙上疏申救，但为时已晚，崇祯皇帝将王志道削职为民。后来崇祯皇帝还就周延儒的辩疏对周延儒说了一句话："卿之辩疏，日后录入史书，甚是好看。"

温体仁从这句话捕捉到了周延儒倒台的信息，他立即让刑科给事中对周延儒发动最后一击。崇祯六年六月，周延儒终于离开内阁，温体仁如愿以偿成为内阁首辅。

崇祯皇帝斥退东林党，任用宦官，乃至将温体仁提拔为首辅都可以看作加强中央集权的表现。的确，没有人比温体仁更听话，更对崇祯皇帝的心思。

从崇祯六年六月起，一直到崇祯十年六月止，崇祯朝进入了体仁内阁时代。那么体仁内阁基本上结束了前期纷纷扰扰的党争局面，一些政治上的事务开始趋于稳定，温体仁做事情颇为干练，兵马钱粮、官吏调配，一切都是有条不紊地进行，对于崇祯帝来说再也没有比温体仁更合适的人选。

但对于其他官僚来说，温体仁无疑是大明王朝有史以来最坏的人。虽然宦官也时常跟文官作对，但他们毕竟是宦官；虽然张居正也跟官僚们作对，但他毕竟是张居正；虽然王锡爵也不听从他们的安排，但王锡爵始终是他们詈骂的对象；虽然严嵩也不符合他们的理念，但严嵩没有让他们下不来台。唯独温体仁，这个小人物，凭借着高超的政治手段，轻而易举地将他们击溃，而且将他们安上“结党”的罪名令他们抬不起头来。他们不恨张居正，不恨严嵩，不恨王锡爵，他们只恨温体仁。所以对于明代尤其是明末的官僚来说，温体仁无疑是第一“奸臣”。他们对于温体仁的恨甚至延续到清朝建立，明末的党争甚至延续到清朝建立后的一百多年里，在清政权建立后，这些东林系文人在修《明史》中仍旧延续党争思维对这些非东林系官僚进行大肆诋毁。既然无法在现实中战胜他们，那就在史册中战胜他们，通过如铁的史笔将他们永远钉在历史的耻辱柱上。

温体仁终究不是万能的，在野的东林党渐渐明白，若想扳倒温体仁必须“以其人之道还治其人之身”，那就是将温体仁也安上“结党”的罪名。如此一来所谓皇帝对温体仁的信任自然也就荡然无存，而这一切将由跟温体仁棋逢对手的钱谦益来完成。

温体仁既担任了内阁首辅，他仍然沿着那种惯性往前走。失败者的教训并没有引起这位首辅的警觉，当他失去了他那“孤介”形象的时候，一切已经是不可挽回。

崇祯朝的确缺乏官吏，定“阉党案”斥退了三百人，现在又将东林系官员一扫而空，温体仁上台后也面临着官吏的选用问题。因为这个事情，他开始走出了第一步错棋，因为他想从斥退的阉党分子中挑选适用的人才。

崇祯七年（1634年）八月，崇祯皇帝召见朝臣，让群臣会推吏部尚书。崇祯朝的会推和万历朝的京察一样，都是朝臣、党派倾轧的时候，各种势力针锋相对、竞相角逐。而此次主持会推的吏部左侍郎张捷推举的竟然是已被定成阉党“逆案”的前兵部侍郎吕纯如。当张捷将会推名单呈上去的时候，无论是现场参加会推的勋贵外戚还是全体官僚顿觉愕然。因为这明显带有给钦定逆案翻案的味道，这在本朝是不多见的。本朝钦定的案子大多是在定案皇帝死后才由继任皇帝翻案，所以像这种定案皇帝还在世就进行翻案的，的确不多见。

张捷推举吕纯如不是一件孤立的事件，一方面可以看作后阉党企图借此次会推事件卷土重来，另一方面也可以视为温体仁的又一次政治运作，但无疑这次温体仁踩空了。张捷的提议不仅遭到全体官僚的反对，也遭到了崇祯皇帝的反对。即便崇祯帝想起用旧案成员，但他还不至于自抽耳光。

温体仁担任首辅期间，能做到不动声色地将不符合他心意的人从内阁中去除，而这一切都不被崇祯皇帝发觉。虽然也有不少人弹劾他，但都被崇祯皇帝拒绝，因为崇祯皇帝知道这些人弹劾温体仁实际上是表达对自己的不满。例如工部侍郎刘宗周弹劾温体仁说：“这么多年来，皇上讨厌结党，结果众臣皆互相告奸；皇上喜欢清廉，结果群臣皆曲意逢迎；皇上想励精图治，结果群臣在下面皆碌碌无为；皇上崇尚考核，结果群臣皆在下面吹毛求疵。而这一切都是首辅温体仁造成的。”

刘宗周明说温体仁阴诋皇上，自然引起崇祯皇帝的不快，崇祯皇帝便下旨将刘宗周革职为民。崇祯九年（1636年），朝野发生了两件骇人听闻的事件，这两件事都跟温体仁有关。一个受处分知县的母亲连日来等候在长安街上，只要见到温体仁的轿子就在那里破口大骂，而且还用石块投掷，街上围观的群众齐声喝彩，成为京师一景。崇祯皇帝也没有办法，只得给温体仁增派人手加以保护。紧接着，南京新安卫的一名千户杨光先拉着一口棺材来到京师，杨光先上疏猛烈弹劾温体仁，将国家出现的一切问题都归结于温体仁当政，要求温体仁引罪自去。崇祯说杨光先哗众取宠，将他杖责后充军。

崇祯皇帝的信任和袒护使得温体仁肆无忌惮。任何事情都有一个限度，当温体仁想再次搞钱谦益的时候，这一切已经不再是那么顺利。

温体仁最恨的还是这个钱谦益，这个跟自己一样阴险的家伙。此时的钱谦益无疑成了江南的士绅名流，他在南方不断阴诋温体仁，还有那个崇祯元年跟钱谦益一起被打倒的瞿式耜，现在两人已勾结在一起。钱谦益本就品行不端，很快便有事犯在了温体仁手里。

大明王朝步入晚年，在商品经济发达的江南，地方的事务已经由两种势力来管理，一是地方官府，二是缙绅名流。越到晚明，士绅阶层结社越厉害，他们通过结社的方式控制舆论、抨击朝政、受人请托、包揽诉讼。到了此时，早已经不是洪武、永乐朝了。而钱谦益、瞿式耜居乡干起此类事件无疑是手到擒来。

崇祯十年（1637 年），常熟县民陈履谦因为田产被人霸占的事与人打官司。本来陈履谦有理，但对方比他富有，钱谦益、瞿式耜收受对方钱财帮助对方打赢了官司。陈履谦大恨，便找到了常熟县的书办张汉儒，让张汉儒帮忙搞掉钱、瞿二人。张汉儒平日里也憎恨士绅们为非作歹、把持乡里，一怒之下上疏弹劾钱谦益、瞿式耜五十八大罪状。

张汉儒的奏疏为《直陈江南之大害，预鸣天下之隐忧，一方涂炭已极，万姓水火不堪，为民请命，拼死报国，哀控圣明，迅除元憝，以救灾黎，以安重地事疏》。

张汉儒在奏疏中详细列举了钱谦益、瞿式耜等缙绅名流通过操纵科考、隐漏钱粮、贩卖私盐、私设税目、包揽诉讼、冒顶骗饷、接受投献、奸人妻女、殴杀平民、敲诈本家等诸多不法事件。张汉儒在奏疏的开篇中说道：

窃惟江南财赋甲天下，为诚国家根本之重地，军糈血脉之要区。皇上御极以来，俯念民瘼，不啻三令五申，以安民为首务，以戢暴为宝训。其如元凶大憝，有常熟县原任礼部侍郎今问杖回籍之钱谦益、原任户科给事中今削籍为民之瞿式耜，俩人皆不畏明论，不惧清议，吸人膏血，啖国正供，把持朝政，浊乱官评，生杀之权不操之朝廷而操之两奸，赋税之柄不操之朝廷而操之两奸，致令餍额穷困之民欲控之府县。而府县之贤否，两奸且操之，何也？抚按皆其门生故旧也。欲控之司道，而司道之黜陟，两奸且操之，何也？满朝皆其私党羽翼也。以至被害者无门控诉，衔冤者无地申冤。

尤其是张汉儒所说的“士习之害”更是点出了问题的症结。他说道：

朝廷崇儒养士，岂欲俯首从人。今士习之坏于吴下也甚矣。今有一等轻狂恶少，名借复社，势倚东林，借口士可杀不可辱。一夫填膺，群呼争赴；一事启衅，众怒强梁。或借私事泄愤，托名公呈，拥挤县堂，号为义举；或借同胞为名，指称义愤，嚷闹登门，咤为快事。即官府亦莫可谁何。

尽管张汉儒强调“如一字涉虚，罪甘寸磔”，但这些罪状也多有夸大其词，不过这也从一个侧面揭露了缙绅名流对国家社稷的危害。张汉儒在结尾处提到了这点：

夫二奸者，数其秽行罪状，不啻于余端，计其骗帑诈赃，不下三四百万。当此国家三空四尽之时，两奸剥民脂膏，恣饱贪壑。泣恳皇上，立震乾威，密拿廷鞫，按款究问，追赃助饷，除天下之大奸，弭江南之阴祸，亦足补军需之万一。

温体仁看到这份奏疏，自然高兴得手舞足蹈。这份奏疏所呈内容也十分符合崇祯皇帝朱由检的治国理念，朱由检阅后立即让锦衣卫去江南将钱、瞿二人抓捕进京。

钱谦益入狱后，想到只有一个人大概能救他，那就是司礼监太监曹化淳。曹化淳是崇祯皇帝朱由检在藩邸的旧人，而且还是前司礼监掌印王安的门徒，曾受过魏忠贤的迫害。由于王安与东林党人关系密切，所以曹化淳自然同情东林党人。钱谦益想到这层关系，便让人拿钱托曹化淳营救，曹化淳一口应承下来。

温体仁了解事情出现波折后，便指使此案的引起人陈履谦散布钱谦益“款曹击温”的言论。所谓“款曹击温”就是指钱谦益勾结曹化淳，让曹化淳打击温体仁。

温体仁此举的确踩偏了，他没考虑到曹化淳是崇祯皇帝信任的人。温体仁百密一疏，终于没有堵住曹化淳这个漏洞。崇祯皇帝看案子牵扯到曹化淳，便有些动摇了，加上曹化淳要求彻查此事，崇祯皇帝便答应了。

得到崇祯皇帝允许的曹化淳连夜派东厂前往江南抓捕陈履谦，关进东厂监狱。曹化淳突击审讯，陈履谦受刑不过，只得按照曹化淳的意思招供出这一切都是温体仁在幕后指挥。

曹化淳拿到供词后便去见崇祯皇帝。至此，温体仁“孤臣”的形象彻底崩塌，崇祯皇帝发觉温体仁也是有党的。得到消息后的温体仁便以退为进，上疏乞归，崇祯皇帝便朱笔一批，从此，温体仁结束了八年的阁臣生涯，回到了家乡浙江湖州。

82　应社与复社——波澜壮阔的民间社团运动

现在看来，“东林党”的确是一个泛泛的概念，出身士绅阶层，提倡减税，具备广泛的结社特点，好以清议来约束君主的权力，具备这些行为的人都可以归为东林党。天启、崇祯两朝都不是东林党人的黄金时代，或许他们的舞台只在民间。经过天启一朝的严厉打击，东林党的精英损失殆尽。到了崇祯朝，这些人以一种隐蔽的方式存在，那就是结社。

复社最初的形式是应社，于天启四年（1624 年）杨涟弹劾魏忠贤二十四大罪状后成立。它以文学社的形式存在，但私下里干的仍是政治勾当。

杨彝是江苏常熟县唐市镇人，为当地知名的士绅代表，常常召集文人在家中举办类似文学社的活动。另外，当时江南的文化名流顾梦麟客居在杨彝家中。还有江苏太仓人张溥、张采也是杨家的常客。天启五年（1625 年），杨彝、顾梦麟、张溥、张采在杨彝家中的应亭召开应社大会，江南名士数百人到会，盛集一时。

在文化崩裂的晚明，应社的参与者们重举“尊经复古”的大旗，力图重塑儒家文明。

天启五年东林六君子被杀，天启六年东林七君子被杀，在苏州那场反抗缉缇的市民暴动中，应社无疑是重要的参与者与领导者。到了这个时候，带有强烈政治诉求的政党政治终于在大明王朝出现。当历史学家将视角聚焦在此点时，我们却又不知道它将走向何方。

天启六年（1626 年）苏州市民和生员反对阉党的那场斗争被称为“开读之变”，正是“开读之变”将那些有着相同政治抱负的文人联结在一起，并推动应社这种文学社组织从文学结社向政治结社转变。在这种转变过程中，最终将应社与东林党联结在一起，推动了波澜壮阔的崇祯结社年代，并在清末民国时期达到了一种历史的高峰，最终影响了中国政治的走向。

应社的复古之说主要是反对程朱理学盛行以来的八股文，主张恢复儒家的本来面目。相对于并无明确政治纲领的东林党，应社有着明确的政治纲领，要求入社会员必须遵从这些纲领。

应社主张在家要遵从孝道，在官则要守官节，而且特别注重横向的朋友关系，力图以一种牢固的朋友关系作为建社的基础。应社最初创建者是十一人，其分社机构很快在江南江北其他省份开始建立起来，成员数也在不断增大。

天启七年（1627 年），随着天启帝的去世和崇祯帝的继位，形势发生急剧变化，东林人士纷纷回归内阁，民间的党社运动自然迎来一个春天。随着潮流的涌动以及应社社员纷纷通过科举进入政界，民间的士子开始纷纷结社，几社、闻社、南社、则社、席社、章社、阳社、云簪社、羽朋社、匡社、读书社、大社、端社、邑社、超社、庄社、质社、隐社、金社如雨后春笋般涌现。众多社团的一些观点不尽相同，甚至不停地相互攻击，而且还攻击得十分激烈。

譬如经营章社的临川艾南英和应社的张溥等人就“尊经复古”的方法产生了分歧。艾南英认为应该沿着宋代文人如欧阳修、韩愈的思路来进行，通过宋代的文章来改造今天的文章。而张溥等人则主张直接从秦汉时代汲取营养。对于这点，艾南英攻击应社的人，说应社研究秦汉只是研究秦汉的民俗、器物、官职、山川、地理这些流于表面的东西，而非秦汉的精髓。艾南英进一步指出张溥等人尊经只是像朱熹一样对经典进行随意解释，就像剽窃古人文章的盗贼一般。

艾南英的话似乎揭示了应社的一些表象化的东西，这自然引来张溥等人的不满。他甚至写信给已经成为江西临川知县的张采，要求对艾南英采取措施。无论应社的人如何威逼，艾南英始终不愿意放弃自己的观点，这最终导致章社跟应社决裂，并使得张溥将章社从社团名单上除名。

崇祯元年秋，艾南英听说应社的头头脑脑们齐聚已故王世贞在苏州的弇园，他便也赶到弇园跟这些文人展开了辩论。双方围绕着是否要复古、如何对待八股文进行激烈辩论。艾南英以一种人师的态度对提倡复古的前七子李梦阳等人进行谩骂，几社的领导人陈子龙上前去将艾南英刮了一巴掌。接着，应社的夏允彝与张溥等人也纷纷上前群起攻之。弇园的辩论余波未平，其后双方以书信往来的方式进行辩论。夏允彝写信给艾南英，劝他暂时熄火，但艾南英毫不买账。他接着攻击陈子龙所膜拜的《昭明文选》是“蛆之含粪，以为香美耳”，进而又说陈子龙不知“古文”二字为何意，陈子龙读古人书潦草，为文浮荡，意卑语涩，没有法度，应该闭户十年再来跟自己辩论。

为了避免各社之间的分裂与攻击，增强社团的凝聚力，将所有社团合并的任务已经提上日程。崇祯二年无疑是明末党社运动上极具里程碑意义的年份。在这一年，吴江知县熊开元邀请张溥来吴江讲学，各地文人七百多人闻风而来。张溥遂在吴江召开尹山大会，在会上将所有的会社合并为复社。这的确是一个盛大的日子，各地赶来赴会的士子们乘坐的船只出现在吴江城外河上。这些船连成一片，长达六七里，全城的百姓，包括老人妇女孩童都出来围观，人们欢呼、吆喝，这的确是令所有人激动的时刻。

继崇祯二年的尹山大会后，崇祯三年对复社人来说又是一个欢喜之年，这一年复社的一些重要人物都在当年的乡试中大获全胜，譬如杨廷枢、张溥、吴伟业、陈子龙、吴昌时。这些参加科考的生员们既有着考完后的轻松又有着中榜后的喜悦，他们在秦淮河上荡舟，笙箫乐曲，佳人欢笑，才子吟诗，可谓意气风发。

崇祯三年的金陵大会使得复社开始崭露头角。因为参加科考的人越来越多，此种社团不可避免地跟政治挂钩，在政治上发挥着越来越大的影响力。崇祯三年科考的胜利无疑增强了复社社员的信心，他们将这种喜信带回了各自的家乡，增强了复社的影响力。

继崇祯三年乡试中的崭露头角，在崇祯四年的京城会试中，复社再一次一举夺魁，张溥、吴伟业进入翰林院。两次科举风光大盛使得士子们纷纷加入复社，各地的社员急剧膨胀。在这种情况下，复社的领袖张溥已经酝酿有必要重新举行一次大的集会，以对新入会的社员重新登记注册，并刊刻社稿。崇祯六年（1633年）苏州的虎丘大会是复社成立以来最大的一次集会，云者数千人，大雄宝殿不能容纳，生公台、千人石都是鳞次栉比，往来如织。游人聚观，无不惊叹，家家户户都挂着“复社”的灯笼，连河中盗贼也挂着“复社”的灯笼从而逃避官府的追查。虎丘大会被誉为大明开国三百年来从未有过之盛况。

严密的组织、明确的政治纲领使得复社无疑具有近代政党政治的色彩。

复社浩大的声势、科举中的胜出、社稿的畅销都预示着这个社团强大的生命力和无与伦比的号召力，无论中枢如何静默，到了此时已经不能对它等闲视之。中枢对于这样一个政治团体自然不会有好感，以温体仁为代表的新生派官僚开始对复社采取打压态度，而复社此时也在不知不觉中参与到周延儒与温体仁的争斗中来。

复社在崇祯四年（1631年）的会试中夺魁不是偶然的，身为会试主考的内阁首辅周延儒为了拉拢士绅名流做了倾斜，温体仁遂揪住这一点发动御史弹劾。崇祯四年的周温斗法既是周温较量的开始，也是复社介入政局的开端。

从崇祯四年到崇祯六年，温体仁先后迫使复社的张溥、吴伟业离开庙堂。温体仁担任内阁首辅后，正式向复社开炮。温体仁向复社开炮不是没有原因的，复社的社员科举录取率高也不是偶然的，大量的士子竞相投奔复社更不是毫无缘由。这一切都是因为复社操纵了科举，只有加入复社才能够获取科举成功的可能，不入复社则很难实现这个目标。

张溥离开庙堂之后，很快成为另外一个顾宪成，不可避免地介入朝廷用人和科举。这是一种惯性，一旦启动就无法停止下来。

复社举荐人才分为三种，一种是公荐，一种是转荐，一种是独荐。公荐就是由张溥写信给朝中要员公开举荐；转荐就是让别的官僚出面推荐；独荐就是张溥给主管科考的大臣私下里写信，通过科场舞弊的方式将被推荐人列入上榜名单。

在这种情况下，朝廷的考试权已经纳入张溥手中。很多主管各级科考的官员都是复社成员，在考试还没有举行的情况下，往往考生的名次就已经排出来了。在这种过程中，入榜考生花钱也是不可避免的，若想获取生员资格一百二十两白银必不可少，而在乡试、会试中考生所花的钱则更多。

关于这一点，当时的文人周同谷在《霜猿集》中说道："娄东月旦品时贤，社谱门生有七千。天子徒劳分座主，两闱名姓已成编。"

崇祯七年（1634年）的会试中，张溥仍在加紧活动。张溥找到担任会考官的文震孟、项煜，要求给陈际泰、杨廷庶排个座次。会考结束后，温体仁立刻拿着复社刊印的《国表》来跟中榜名单进行对照，《国表》上有全部复社成员的名单。据测算，崇祯七年的会试，复社占中榜名单的比例高达三成多。不久后，礼部侍郎文震孟被温体仁从内阁中斥退。

崇祯七年是复社发展史上的一个转折点，在这年的甲戌科考中复社的政治野心暴露无遗，而从这一年起对中枢对复社的打击也接连不断。先是温体仁的弟弟温育仁指使宜兴吴炳作戏曲《绿牡丹传奇》来讥讽复社，并让梨园四处宣演，戏曲中尽显复社丑态。复社人也竞相还击，他们命令地方官销毁《绿牡丹传奇》的刻本，并将温育仁家人逮捕下狱。

接着又发生苏州推官周之夔借张采的《军储说》攻击复社张溥、张采事件。周之夔是崇祯四年进士，本来也是复社成员，与二张交好，但其人比较清高，加上看不惯张溥、张采的专横霸道，于是与复社产生分裂。由于江南的商品化经济，很多地方种植了棉花，这导致大米的价格昂贵。为了减轻太仓本地百姓的负担，张采写了《军储说》，建议将太仓要运往北方的漕粮改为直接支付给本地驻军，张溥也为《军储说》写了跋语，所以周之夔以此弹劾复社“悖违祖制，紊乱漕规”。接着，张溥便指使应天巡抚将周之夔免职，周之夔去职之前刊印《复社或问》怒骂复社。

周之夔事件还没结束时，又发生了陆文声弹劾复社事件。陆文声也是太仓人，任临西知县，曾被张采鞭笞。陆文声上疏弹劾复社道：“风俗之弊，皆原于士子。溥、采为主盟，倡复社，乱天下。”接到奏疏后的崇祯帝命江南学政倪元珙调查此事，眼看风声鹤唳，复社方面马上让陆文声的儿子陆茂贞对其父施加压力。陆茂贞对其父说：“复社之党占天下之半，迎其锋刃，恐对子孙不利。”与此同时，复社也对调查此事的倪元珙施加压力，最终倪元珙只得将此事草率了结。

若说这三件事弹劾复社还不是很激烈，那么崇祯九年（1636年）托名徐怀丹的佚名檄文更是对着复社猛烈开火。据陆世仪《复社纪略》卷四记载，这篇文章列举复社十大罪状。

一曰张溥僭拟天王。张溥有何权力敢自称天王？

二曰妄称圣人之名。张溥、张采自称西南两圣人，仿孔子学派，以弟子赵自新等为四配，以吕云孚、吴伟业等称十哲。所到之处，拥弟子三千，虽口诵诗书，实多行无赖。

三曰煽聚朋党。他们在各地劝诱朋党，要求盟约。一开大会，人们不远千里来集，舟船号近万艘。推荐官僚名册满箱，用邮传递的推荐信，比军事信件还快。僧、道、优、倡只要入社，身价骤高。即使清流人望的君子，如果组党，也会给国家造成莫大的危害。如此之辈的朋党，只能使国家陷于丧乱。

四曰妨碍贤者的登用。赏罚之权，当由君主执掌。然而，还没有考试，合格的顺位就已经决定，如非张溥一党，就不会合格。考试官被无视，采否由党人决定，黜陟出于私门，恩威不出主上。

五曰召集非人。集于他们之下的有“名豪权贵之家”或“财虏雄势之子”，廉耻扫地，怀金挟刺。

六曰败坏风俗。他们之中，或士子而歃盟当道，或缙绅而奴隶衣冠。成富贵则父逐其子，得名势则弟倾其兄。五伦之中，长幼、朋友、兄弟已失，只有父子和夫妇。其父子也是父不爱子，子不知父。夫妇也重离合。

七曰诽谤中伤官僚。政治得失，只有有言责者和职守者当议论，而党人不被采用，则以为是君主之恶。左迁党人，则是宰相之恶。总之，只有复社的社友才是好的，非党者都被排除。

八曰使士人品性堕落。复社的社友聚在一起，游博马吊之戏，谈话则专说女人和商人。

九曰窃取官位，丧失功业。由于复社专以党派的利益为优先，堂堂天朝，几无持廉颇、李牧之策者，至于持管仲、乐毅之略者，就更不用说。使得天子只能叹息，由于科举中得不到人才，天子只得把政治委托给宦官；由于文臣中得不到人才，天子不得不把军事委托给武弁。

十曰招来灾害。现在党社占据政界，覆盖朝野，主司都是社友，府县皆为朋徒。杯酒的庸才、贿赂的极恶都被登用，真正的人才在野感叹无聊。

如此十大罪状可以说将复社搅了个天翻地覆。但此时复社也正值鼎盛，加上针对复社的主要打手温体仁正在打击钱谦益，对复社施压则是力有不逮。而随后温体仁在钱谦益一案中败北，这标志着从崇祯七年开始到崇祯十年为止，反对派对复社的打压告一段落。

83　首辅周延儒的二次组阁

温体仁离开庙堂，代替他在内阁主事的是张至发、薛国观，但二人都是温体仁一手带出来的。所以，在温体仁离去后，朝廷奉行的仍旧是温体仁的政策主张，那就是全面推行崇祯帝的用人标准和钱粮赋税政策。既然如此，张至发和薛国观都避免不了跟温体仁一样尴尬的局面。

翰林院编修、复社的吴伟业首先跳了出来，他说："温体仁不学无术，习性阴险，包庇小人，结党营私。然而首辅张至发对他百般赞美，说他‘孤执’，又说他‘不欺’。体仁执政期间，有唐世济、闵洪学、蔡奕琛、吴振缨之徒参赞密谋；又有徐履谦、张汉儒、陆文声之徒排斥异己，哪里谈得上‘孤执’？温体仁家中窝藏盗贼，财产遍布湖州，幕僚中不乏亡命之徒，又哪里谈得上‘不欺’？由此可见张至发与温体仁是一丘之貉。”

紧接着，翰林院检讨杨士聪上疏弹劾吏部尚书田惟嘉贪赃枉法、卖官鬻爵。张至发看到这份奏疏后，立即眷写一份送给田惟嘉，让他预先做好申辩的准备。不料田惟嘉弄巧成拙，还没有等皇帝把杨士聪的奏疏批转内阁公开化，他就迫不及待地为自己辩解。崇祯皇帝感觉到这一定是有人将杨士聪奏疏的内容泄露给了田惟嘉。他便令田惟嘉交代此事，田惟嘉只得将事情的原委兜了出来。皇帝对张至发泄密极其不满。

之后又有人举报张至发的秘书黄应恩受贿，崇祯皇帝将黄应恩下狱。这个时候，张至发感觉到崇祯帝已经不信任他了，便辞去首辅了事。

张至发辞去首辅后，薛国观担任内阁首辅。薛国观在崇祯初年被定为阉党的漏网分子，极受温体仁的赏识。事实表明，温体仁还是受皇帝眷念的。虽然温体仁离开内阁，但跟此事有关的司礼监太监曹化淳也受到了斥责，而且东林党人钱谦益始终也没有再被起用。所以，崇祯皇帝对薛国观寄予厚望，一直希望他能替代温体仁的角色，为国尽忠。但薛国观毕竟不是温体仁，他无法具备温体仁的那种治国才干，也无法做到温体仁的那种廉洁自律。渐渐地有一些关于薛国观违纪的劣迹传到了皇帝的耳朵里。

由于财政空虚，薛国观让崇祯皇帝找宗室、外戚、勋贵捐资助饷，哪知这些勋贵外戚一毛不拔。崇祯皇帝一怒之下逼死了武清侯李国瑞，最终将此事迁怒薛国观。崇祯十二年（1639 年）的考选中，行人司的复社官员吴昌时贿赂薛国观，薛答应授以吴昌时吏科给事中的官职。但到放榜之日，吴昌时却被授以礼部主事一职。吴昌时一怒之下检举薛国观收受贿赂。到了此时，薛国观的倒台已经是势所必然。

从崇祯十年（1637 年）起，东林党和复社联起手来陆续干掉了温体仁、张至发、薛国观。到了这个时候，推举谁为首辅已经是摆上日程的事情。崇祯帝和复社双方都有一个共同的人选，那就是曾经的首辅周延儒。对于崇祯帝来说，周延儒是自己信任的对象。时至今日，这种信任仍然没有衰减。对于复社来说，正是首辅周延儒的袒护，复社的领袖张溥、吴伟业等人才得以于崇祯四年的会试高中，所以周延儒也是复社人能够接受的对象。

倒掉薛国观的吴昌时也给张溥写信，让他帮忙运作周延儒复出。此时张溥也清楚地认识到，从东林或复社体系内部推举人担任内阁首辅已经不可能，所以退而次之，只能将力量集中在周延儒身上。于是乎张溥、吴昌时四处为周延儒复出活动，涿州冯铨、河南侯恂、桐城阮大铖等六人各出资白银一万两入股，一共凑集白银六万两作为周延儒复出的活动经费。

复社对周延儒复出不遗余力不是没有条件的。张溥跟周延儒达成的条件主要有三项：一是减免东南税粮；二是任用东林党和复社的人员；三是减少宦官对政治的参与力度。这几项条件周延儒都作为复出的条款向崇祯帝提出，崇祯帝都接纳了。就这样，因为周延儒的复出，暂时缓和了皇帝跟东林党、复社清流之间的矛盾，东林党人和复社人士子又迎来一个短暂的春天。

在大明王朝已经生命垂危的时刻，周延儒的复出无法挽救这个王朝，对于复社来说也无法将开放的言路长时期地延续下去。崇祯十四年（1641年），在周延儒复出后不久，复社的领袖人物张溥病逝。崇祯十五年（1642年），明廷对农民军的招抚政策失败，李自成和张献忠大举转向进攻，而周延儒内阁和被起用的东林党人刘宗周却拿不出任何有效的应对策略。在这种情况下，“阉党”路线卷土重来。无论是内部还是外部，崇祯十五年都是崇祯一朝的转折点。

事实上，在国家濒临崩溃之际，复社的主张并不具备现实可操作性。减免钱粮本就使得破产的财政雪上加霜，广开言路也终究会丧失政权的凝聚力。到了这个关头，已经是如何扑灭内忧的时刻。党派的征伐、赋税的免征、言路的开放与否根本不是这个破败的王朝所应该考虑的议题。

赋税的减免必须建立在国家财政充裕的基础之上，官员的任用也必须建立在被任用官员能够为国家大计出谋划策的基础之上，但是这些条件都不具备。

大明已经是积重难返了，绝不会因为某项人事任命会突然变好或者突然变坏。

此时的状况对于皇帝来说似乎又重现了崇祯元年的无力感，因为东林党人和复社士子的复出，一群碌碌无为、惶惶不可终日的官僚占据朝堂之上。崇祯皇帝放眼望去，竟没一人可用，没一策可出。

崇祯十六年（1643 年），清军破关深入到京畿附近劫掠，崇祯皇帝让周延儒出城指挥战斗。当周延儒赶到通州的时候，清军正准备撤走。周延儒既不敢追击，也不布置沿途拦截，只是待在通州闭门不出，而且不断地写战报给崇祯，里面都是报喜不报忧的话。王朝衰落至此，任何人仿佛都开始作秀，在静等着它倒下的那一天。

周延儒的这等作为被崇祯帝知道后，他彻底失望，于是便勒令周延儒致仕。事情远没有结束，周延儒的门生范志完被以纵兵抢掠罪判死。接着，周延儒的干儿子——复社领袖吴昌时又被人交代出招权纳贿、泄露机密等诸多罪状。崇祯帝将吴昌时处死，又勒令周延儒自裁，这已经是崇祯十六年（1643 年）十二月间的事，此时距大顺军破城只有四个月的时间。周延儒是大明王朝第二位被皇帝处死的首辅，第一位是夏言。前面还有两位丞相，李善长和胡惟庸。

周延儒二次组阁为时两年，就这样尴尬收场了。周延儒最终逃脱不了自戕的结局。复社的梦想、周延儒的抱负、崇祯帝的尝试都在这一刻灰飞烟灭。

84 杨鹤的主抚和洪承畴的主剿

自天启七年王二在黄土高原上举起首义大旗以来，到崇祯二年有王嘉胤、罗汝才、张献忠、高迎祥相继反叛。此时，崇祯帝也不得不对西北重视起来了。在原陕西巡抚无法应对叛乱的情况下，吏部会推左副都御史杨鹤担任三边总制，以刘广生为陕西巡抚，张梦鲸为延绥巡抚，协助杨鹤平叛。

事实上，崇祯帝仍然没有认识到问题的严重性。这个时候朝廷对陕西的政策仍然是以安抚为主，因为他认为这都是失去生路的饥民所为。而且这个时期，皇帝将重点也放在辽东问题和朝廷官员的任用上。

这期间，陕西的王嘉胤部崭露头角，高迎祥、李自成、张献忠都成了他的部下。除此之外，还有颇为剽悍的王左挂、神一元所部。由于崇祯二年的“己巳之变”，延绥、宁夏、固原、甘肃、临洮五镇兵马被调去拱卫京畿，所以对于杨鹤来说，平叛兵力捉襟见肘，他便起用前宁夏总兵杜文焕从延绥、固原调兵三千进剿。

杜文焕在对待民变问题上跟杨鹤截然相反。杜文焕坐镇宁夏的时候就以凶狠著称，如今杨鹤主抚，而杜文焕主剿。督抚不合无疑是平叛的大忌，前面已经有魏学曾、叶梦熊和熊廷弼、王化贞的教训。杨鹤一方面对于王嘉胤猛攻延安、庆阳隐瞒不报，另一方面开始积极招抚王左挂部。在杨鹤加紧对叛军招抚之际，杜文焕却带领山西、陕西、临洮、宁夏四镇兵马猛攻王嘉胤部，不料官军大败。接着，神一元所率义军攻陷宁塞，杀明参将陈三槐及杜文焕的家人十几口。

杨鹤任三边总制两年，陕西的势态并无太大改观。在这种情况下，崇祯四年关于对待民变的政策朝廷又开始了争论。陕西巡抚练国事说道：“边关缺饷，军心不稳，乞求发饷数十万两济之。”职方郎中李继贞说道：“朝廷以三十万担米的价格在陕西附近购买粮食赈济灾民，造反的农民就会重新为民，而打算造反者则会打消这个念头，造反大军将会不攻自破，甚至还会有人主动献出贼寇首级。”

从这里我们可以看出，官僚们认为饥民为贼乃是饥饿所致，兵为贼者乃是缺饷所致。崇祯帝对此说也颇为赞同，说道：“寇亦我赤子，宜抚之。”在这种情况下，主抚似乎成了朝廷不容置疑的决策，而这一切都是缺饷所致。话说回来，没有钱不能够发兵进剿，但没有钱也同样无法安抚。

崇祯四年（1631 年），义军最厉害的首领神一元在保安之战中阵亡，其弟神一魁担任义军将领。神一魁率领数万大军进攻宁夏，败明军指挥使王英，攻合州、庆阳，势不可挡。在这种情况下，杨鹤开始将招降的重点放在神一魁身上。神一魁请降，被授予守备职衔，和其部众一起四千人被安置在宁塞，其他六七千人解甲归田。

对神一魁的招降成功无疑给皇帝的招抚政策树立了榜样，皇帝心中也甚慰。

虽然如此，但延绥巡抚洪承畴显然并不认同朝廷的主抚方略。他率领曹文诏、艾万年对王嘉胤部发动猛攻，败王嘉胤于阳城，王嘉胤战死。西北最大的义军头子王嘉胤的战死对各路义军来说是个沉重打击，众义军头领纷纷投降。

形势虽然看起来那么喜人，但问题并没有解决。要将反叛的士兵归还到军中，那么就要发饷；要将造反的农民遣返回乡，那么就要发给种子、农具还有安置费用。这些对于朝廷来说都是不可能的，所谓的叛军归降实际上就像瓦上之霜一样没有任何意义。

很多已经归降的叛军聚拢在一起不肯散去，一些回乡的反叛者也还是依靠着过去的惯性不停地在家乡骚扰、劫掠。看似安静的陕北高原犹如一个随时会被再次点燃的火药桶。

不久，神一魁手下的头目茹成名由于不满意封赏，殴打杨鹤手下参将，被杨鹤擒杀。此举无疑动摇了降军本就蠢蠢欲动的心。神一魁手下另两个头目张孟金、黄友才挟持神一魁再次发动反叛，攻占陕西北部重镇宁塞。

神一魁的再次反叛无疑标志着朝廷主抚政策的破产，这些反叛者在崇祯帝眼里再也不是什么皇帝的“赤子”，转而成了没有信誉的“恶贼”。皇帝为了保全自己的面子，立即让锦衣卫赶赴陕西将杨鹤缉拿来京。

朝廷安抚政策的失败绝不是杨鹤的责任，关键问题就在于朝廷剿抚不定。杨鹤虽然主抚，但洪承畴却主剿，甚至残忍杀害投降的义军。这些都减少了义军对投降的信心，对于他们来说，朝廷已经没有信誉可言。

杨鹤被免职后，崇祯帝任命洪承畴为三边总制，负责平叛事务。洪承畴上任后，完全抛却前期的主抚，对义军展开大规模进剿。崇祯五年（1632年）春天，洪承畴率甘肃总兵杨嘉谟、固原总兵杨麒、临洮总兵曹文诏、延绥总兵王承恩、宁夏总兵贺虎臣五路大军围剿陕西义军，双方在庆阳西壕展开主力会战，义军大败。此战将陕西境内的义军势力基本上镇压下去了。

陕西境内的战火虽然熄灭，但是义军首领王自用率领三十六营士兵避开陕甘的官军主力进入山西境内，开辟了晋东南战场。义军既进入山西，接着便以山西为跳板开始进入河北南部和河南北部，此举直接威胁到大明王朝的心脏京师。到了此时，这场叛乱已经不是在陕西高原上那样只闻其声不见其人，而是一个俯冲就可以冲到京师来的实实在在的威胁。

为此崇祯帝调昌平副总兵左良玉进入河北跟义军作战，接着调延绥总兵曹文诏入山西平叛，又调四川副总兵邓玘率川军和土司兵入河南进剿，然后又派宦官陈大全、阎思印、谢文举、孙茂霖担任曹文诏、张应昌、左良玉、邓玘四支军队的监军。四路官军在河北的战况并不理想，朱由检又急调京营入河北作战，而高迎祥率张献忠、罗汝才乘着黄河冰封向南渡过黄河进入淮河流域，这已经是崇祯六年（1633 年）十一月间的事情。

义军的主力终于转移到了南方，尤其是昔日聚集流民的荆襄之地。到了这个时候，无论是杨鹤的主抚还是洪承畴的主剿都宣告破产，朝廷需要制定新的应对策略。

针对农民军四处流窜而各地镇抚推诿观望的现象，有人提出来必须设立平叛总督负责一切平叛事宜。在这种情况下，崇祯帝将延绥巡抚陈奇瑜升为兵部右侍郎，总督陕西、山西、河南、湖广、四川五省军务。陈奇瑜上任后即马上着手此事，他令陕西巡抚练国事驻陕西商洛，从西北方向围剿义军；郧阳巡抚卢象升驻湖北房县，从西南面围堵；河南巡抚玄默驻河南卢氏县，从东北面围剿；湖广巡抚唐晖驻湖北南漳，从东南面围堵。

在四路大军围堵的情况下，陈奇瑜亲率大军进攻荆襄之地。崇祯七年（1634 年）六月，陈奇瑜大军将高迎祥、张献忠、李自成的七万大军围困于陕西安康县的车厢峡达两月之久，其间阴雨连绵、山洪暴发，义军减员过半，在不得已的情况下，李自成诈降而出。此举无疑将陈奇瑜四路围剿的计划毁灭，崇祯帝免去陈奇瑜五省总督之职，重新以洪承畴代之。

崇祯八年（1635 年），义军克中都凤阳，朱元璋的老家顿成一片火海。消息传来，举国哀悼。攻克凤阳后，义军分成两股，一股由高迎祥、李自成率领折回河南，另一股由张献忠率领转向南方。无论崇祯帝如何痛恨农民起义军，此时还真是得静下心来好好应对。在任命洪承畴为五省总督的同时，崇祯帝又任命卢象升为五省总理，洪承畴在陕西，卢象升在河南，两人互为犄角。

85　平叛总督杨嗣昌的“十面张网”

崇祯九年（1636 年），继义军头领王嘉胤战死后，义军的又一主要头领高迎祥被俘杀，但中原的流寇仍呈剿不灭的大势。崇祯十年（1637 年）三月，崇祯在平台召见杨鹤之子杨嗣昌，杨嗣昌向崇祯提出自己的“四正六隅，十面张网”策略。具体说就是以陕西、河南、湖广、江北四个地区为四正，作为围剿农民军的主战场；以延绥、山西、山东、江南、江西、四川为六隅，作为辅助战场，由这六个地方的巡抚协助围剿；“四正”加“六隅”构成“十面之网”，由总督、总理二臣重点进剿。“四正六隅，十面之网”策略对崇祯帝非常有吸引力，他似乎看到了流寇被绞杀的希望。他任命杨嗣昌为五省总督，杨嗣昌又举荐熊文灿为五省平叛总理。杨嗣昌议兵十二万，由于户部无饷可拨，杨嗣昌又建议加征剿饷二百八十万两。

杨嗣昌信誓旦旦提出“下三个月苦功夫，了十年不结之局”，所谓“三个月苦功夫”就是以崇祯十年十二月到崇祯十一年二月之间的三个月为期。杨嗣昌提出的“十面张网”可谓大手笔，却遭到了陕西巡抚孙传庭的反对。孙传庭认为各地边军已经抽调一空，再议兵十二万已是空谈；连年增派加饷已穷尽民力，再加饷势必无法征齐，而且还会导致更大规模的民变。孙传庭认为应该集中兵力进攻陕西的李自成部，打歼灭战。到了此时，谁是谁非已经不是那么重要，无论是围还是剿，事实表明都难以奏效，也许根本就没有人知道下一步将会走向何方。

被杨嗣昌寄予厚望的熊文灿上来就跟杨嗣昌对着干。在洪承畴、孙传庭、左良玉对农民军的进剿过程中，他却打起了招抚大旗。也许他仍认为，天下的农民军是剿不尽的。在庐山的时候，熊文灿拜会了一位名僧，请求指点迷津。名僧说道：“吾料公必抚，然流寇非倭寇比，公宜慎之。”

崇祯十年（1637 年）十月，李自成进逼成都，洪承畴亲率大军入川进剿。崇祯十一年（1638 年），洪承畴在潼关包围了李自成部，李自成仅率十八人突围出去。与此同时，左良玉在南阳会战中击败张献忠，张献忠退守谷城。崇祯十一年四月，张献忠在谷城投降，十一月，罗汝才在均州投降。这意味着从崇祯四年神一魁二次反叛以来朝廷历经七年对义军的围剿终于取得阶段性成功。天天吃不好饭、睡不好觉的崇祯帝似乎可以松口气了。

虽然杨嗣昌最初也不同意熊文灿的主抚，但自己既然已经夸下“三月平贼”的海口，如今三月之期早就过了，杨嗣昌为了兑现当初的诺言，也就不管是剿还是抚了。对于崇祯帝来说，他也乐于见到这个局面，只要天下安定，他是不管采取何种措施的。但招抚之路，崇祯四年已经走过，这已经证明不是一条解决问题的道路，因为朝廷无法给叛军提供令他们满意的生活待遇。这些饥民一旦走上反叛、劫掠的道路，便再也无法停止下来。

正当局势看起来稍稍安定之际，由于以黄道周为代表的儒臣强烈反对跟清廷议和。崇祯十一年（1638 年）九月，清军再次破关南下，攻入京畿之地。崇祯十三年（1640 年），清军围困锦州，朝廷急调参与平叛的陕西总督洪承畴前往辽东。崇祯十四年（1641 年），崇祯帝命洪承畴发动锦州会战。明军大败，从此彻底丧失了与清军进行野战的能力。

在此期间，杨嗣昌又提出以九边为主练兵七十三万的计划，为此再加派练饷七百三十万两。到了如今，人们觉得杨嗣昌脑子是不是进水了，这七百三十万两的加派能收得上来吗？而令人匪夷所思的是崇祯皇帝居然答应了。

崇祯十二年（1639 年）五月，张献忠重举反叛大旗。这无疑惊醒了杨嗣昌、熊文灿，或许此时的朱由检对此已经麻木了。再次反叛的张献忠将进军目标锁定在官军统治力量薄弱的四川，张献忠在房县大败左良玉大军。八月，崇祯再次任命杨嗣昌为平叛总督，挂尚方宝剑南下平叛。

崇祯十三年（1640 年）二月，左良玉、贺人龙于四川万源的玛瑙山大破张献忠部，接着杨嗣昌移师重庆。由于义军作战的流动性，官军常常找不到其踪迹，加上四川境内多山谷，所以常常搞得疲惫不堪。由于官军已经进川，张献忠便开始率部出川。

崇祯十四年（1641 年）正月的开县一战，义军大败追击的左良玉部，接着破襄阳城，杀襄阳王朱翊铭。在明军主力入川作战后，李自成也没有闲着。他从陕西进入河南，攻下洛阳，杀福王朱常洵，并打出“均田免粮”的口号。而张献忠部在南方也打出免征三年钱粮的口号。自此义军已经具备了革命纲领，应者云集也就是这个时候的事情。

崇祯十四年是那场农民起义的转折点，从此义军完全占据了中原战略据点，开始转向了反攻。二月三十日，杨嗣昌在湖北沙市徐家园病死，其“十面张网”计划、中原围剿、四川追击随之成为梦中之梦。

崇祯十四年开始，这场平叛战争走向失序。在这一年，大明王朝第一次陷入两线作战的窘地。虽然“攘外必先安内”是至理名言，但“攘内必先安外”同样是至理名言，可是大明王朝从上至下都没能放下高姿态跟外族议和。当陈新甲跟清朝议和泄密后，换来了举国的骂声。在这种情况下，连皇帝都被这种舆情所绑架。所有的决策一开始都是建立在不利的环境以及偏激与冲动的情绪下。

杨嗣昌的“十面张网”政策无疑超越了明廷的物力、人力、财力，在他自知难以奏效的情况下，重新举起招抚大旗。朝廷政策的失败绝不应该归结于招抚政策，我们对于问题的看法不应该看其本身，而是应该追其原因。朝廷之所以一而再再而三地提出招抚政策，正是在围剿难以奏效的情况下应对财政匮乏的无奈之举。无论是主抚还是主剿，在这种财政疲乏状况下都收效不大，也许唯一的办法就是将河南、陕西让出来，实行割据，然后再凭借重要的据点固守，待朝廷恢复元气。

86　崇祯帝景山自缢

崇祯十四年（1641 年）洛阳、襄阳的失守基本上定义了明廷十四年来平叛战争的失败。经历了十四年的战争，农民运动早就已经成型。在这场旷日持久的围堵中，明廷已经耗费最后一抹资源。从此不再是官剿民，而是民剿官。明廷已经是无兵可派，无饷可发，只是依靠开封严防死守。

崇祯十四年（1641 年）二月，李自成第一次围了开封。在开封就藩的周王朱恭枵拿出五十万两银子助饷，加上其他地方的援军渐至，李自成遂撤了开封之围。李自成攻不下开封，又调转马头于十一月份破南阳，杀唐王朱聿镆、总兵猛如虎。打下南阳后，李自成于十二月份第二次包围了开封。眼见开封城第二次被围，周王朱恭枵又发钱自救。由于开封作为宋金曾经的首都，故而其坚固程度比北京城尤甚，李自成二攻开封仍没得手，便包围了偃师的左良玉部。

义军经过浴血奋战，逐渐扫清了开封的外围，于崇祯十五年（1642 年）四月第三次包围了开封。从李自成在河南两年来的表现可以看出，官兵根本不敢撄其锋芒，完全是跟在义军后面疲于奔命，双方力量对比已经出现了转折。崇祯帝先后派出的傅宗龙、汪乔年皆败于李自成之手。所以当崇祯帝任用侯恂为平叛总督的时候，侯恂就建议道："如今中原已成糜破之区，失地十之七八，为今之计不如放弃河南，以保定巡抚杨进、山东巡抚王永吉防守黄河以北，凤阳巡抚马士英、淮徐巡抚史可法防守江淮，陕西总督孙传庭防守潼关，臣和左良玉防守荆襄，困死李自成。"

应该说侯恂是个明白人，也许他所说的是唯一能抵制农民军的方法，但崇祯帝听不进这些。他所想的就是如何尽快将农民军剿灭。他就像一个偏执而任性的孩子，全然不顾双方的实力对比。

接着，各路平叛官军跟闯军在朱仙镇展开崇祯十四年以来最大规模的一次主力会战，官军再次大败。左良玉只带了几个人逃了出来，其他各路平叛总兵也都纷纷溃逃。朱仙镇会战的失败说明开封已经无力再救。此时开封已经被围三个月，城内粮食殆尽，居民开始吃树皮、草根，或者捞河中小虫、小鱼，甚至开始食人。此时城内官军和黄河以北的守军共同制定一个决策那就是掘开黄河大堤，水淹城外农民军。六月底开封城北的黄河口被挖开，但是水量不大，只是沿着黄河泛滥的故道将护城河填满了，反而阻挡了义军对开封城的攻打。

此次李自成围攻开封，当地居民和守军誓不投降。在这点上跟洛阳形成鲜明对比，故而李自成三围开封而不破。到了九月中旬，黄河发生秋汛，滚滚黄水直向开封奔来，首先从西北门冲入，接着从东南门冲出，连带下游的江苏和安徽也被水淹。城内一片汪洋，只剩钟、鼓两楼，相国寺、延庆观及周王府的屋脊在水中可见。盘踞在城西北的农民军当场被冲死一万多人，城内三十万居民只余两万多人。由于开封被大水淹没，此时攻打开封已经没有意义，李自成遂向大本营南阳撤退，在郏县大败出潼关前来围剿的孙传庭部。

孙传庭遵崇祯帝旨意，刚出潼关就遭到大败，只好又退回关内。此时，河南境内只剩保定总督杨文岳镇守的汝宁。李自成打下汝宁后，接着南下进攻退守襄阳的左良玉部，然后又陆续打下荆州、钟祥县，而左良玉带兵顺江南下守南京去了。

在如此形势下，皇帝为了边疆安全考虑，依然不愿意抽调边军，只是依靠着各省七拼八凑的军队来平叛。此时中原几省能打的只剩下陕西的孙传庭了。崇祯十六年（1643 年），皇帝任命孙传庭为七省平叛总督，出潼关向河南进发，另外命左良玉从九江往河南夹击。

崇祯十六年九月，孙传庭出潼关的大军在唐县战败，随后又返回潼关。此时，李自成已经不想再在河南、湖北跟官军纠缠了，因为这个地方毕竟处在官军四处包围之中，不利于建立稳固的根据地。李自成想打回陕西去，再从陕西经山西直接进攻北京。十月份，李自成手下大将刘宗敏进攻潼关，孙传庭战死。

潼关一失，全陕再也无险可守。崇祯十七年（1644 年）正月，李自成改西安为长安，建立大顺政权，建元永昌，自称大顺王。与此同时，张献忠在四川成都建立大西政权。二月份，李自成率十几万大顺军开始向北京挺进，一路由己率领，经大同、宣化、居庸关进攻北京；另一路由偏师刘芳亮率领经真定、保定进攻北京。此时崇祯还是死守面子，既不南迁也不让宁远总兵吴三桂放弃宁远带兵入关。

从二月份到三月份，沿途总镇总兵、监军太监纷纷投降。北京城内一片光怪陆离，上至高官，下至百姓都已经做好了开城请降的准备。十七日，大顺军兵临城下，李自成让投降太监带进来让崇祯帝让位的文书。十八日大军开始攻城，太监曹化淳打开彰义门。十九日清晨，兵部尚书张缙彦打开正阳门，义军蜂拥而入。

在这一天，崇祯逼迫皇后、嫔妃上吊，砍死、砍伤了自己的女儿，接着对天启张皇后说道：“你也去死。”

随后崇祯帝跟宦官王承恩赶到故宫北面的景山自缢身亡。临行前皇帝写下：

“朕凉德藐躬，上干天咎，然皆诸臣误朕。朕死无面目见祖宗，自去冠冕，以发覆面，任贼分裂，无伤百姓一人。”

虽然京城内的官僚、百姓都打开城门，“喜洋洋”地迎闯王，但事情往往出乎人们意料。此时，李自成的队伍面临跟官军一样的问题，那就是军饷。在皇宫里并没有搜到预想的军饷，李自成便把目标对准京城的官僚、缙绅。接连不断的拷问和斩杀让人们对这个新政权失去信心。这个时候，大明的精英集团已经跟这个新政权决裂。在当时条件下，一个既没有决然的手腕又不懂得如何跟士绅合作的政权是无法久存的。

二十日，吴三桂带领他的四万关宁军抵达京城附近，但此时京城已经陷落。早在元月份，崇祯就命吴三桂弃守宁远，带领他的关宁军进京勤王。但内阁辅臣不愿意承担弃地责任，他们不愿意拟票，崇祯帝又不愿意绕过内阁乾纲独断，导致机会一再错失。等到吴三桂三月十六日抵达山海关的时候，离京城陷落仅剩三天了。

李自成自率七万大军出城迎战吴三桂，吴三桂见占不着便宜便回到山海关搬来了清军援兵。四月二十二日，双方于山海关外爆发石河大战，义军失利。李自成被迫撤出北京城，退往陕西，自此清廷开始了问鼎中原的历程。

当这些明朝官僚投降了清廷后，他们发现投身于这个政权是明智的。此时的清朝政权已经在关外成熟运作了三十年，懂得如何与上层官僚阶层合作，以换取士绅们的支持，而义军政权还没有从战争的惯性中脱离出来。这正是吴三桂没有选择投降大顺政权的原因，因为他知道自己一旦投降面临的将会是跟他的同僚们一样的下场。

进入崇祯朝，所有的不确定因素都大大加速了，东南经济萧条，大批手工工场倒闭，还有从北到南的旱灾、饥荒，满洲数次入侵，农民运动此起彼伏，上个朝代的奢安之乱仍在继续，一直到崇祯十年才渐渐结束，而民变和满洲入侵却贯穿了整个崇祯朝的十七年，所以王朝陷入的是三面作战，而且东南沿海的手工业者暴动也在酝酿之中。

无论崇祯帝对农民军采取何种政策都是没有作用的，现在讨论这些已经毫无意义。在 17 世纪上半叶那场巨大的冰河期气候打击下，北半球从西向东没有多少国度能够抵挡得住，大明王朝也绝不例外。

崇祯帝的那种僵硬政策最终是毫无悬念地葬送了大明王朝。虽然他也想跟满洲人议和，但他希望能由内阁大臣堂而皇之地提出来，而且他还要推辞甚至斥责，然后内阁大臣再以死谏之，他再勉为其难。但很显然没有人愿意这样做，因为前宋议和、割地的阴影始终笼罩在整个大明王朝。当他授意杨嗣昌跟满洲议和的时候，黄道周跳出来谩骂。当崇祯帝让他解决当前问题的时候，黄道周又提不出任何有效的应对措施。皇帝最反感这样唱高调的官员。当皇帝二次让陈新甲跟满洲人议和的时候，议和的事情不幸走漏了风声。当面对全天下指责的时候，皇帝再也不敢提议和的事情。

在义军正向京城挺进的初期，皇帝就想南迁到南京去，但他又不好意思提出，他希望内阁阁臣提出来，他再拒绝，然后再接受。可是没有人愿意提出此议。前宋南迁的阴影还在，人们仍然记得正统年间徐有贞因为提出南迁之议被天下的官僚骂得狗血淋头。从此人们知道，大明王朝死也要死在北京。崇祯帝此举的确不负责任，虽然博得个“君王死社稷”的美名，但是却使得南方的政权失去了正统性，也使得南明王朝成一盘散沙之势，被清军各个击破。

朝廷在撤宁远卫、命吴三桂带兵进关的事情上仍然执行僵化的政策。李自成的部队快到北京的时候，朝廷还在为这件事情吵闹不休。从皇帝到大臣没有任何人愿意承担撤兵弃地的责任，王朝都快灭亡了，人们还在为关外一个毫无意义的孤城喋喋不休。这个王朝所背的包袱太沉重了，这绝不是崇祯帝一个人的责任。所有僵化的政策在大明王朝建立初期就已经确定了。推而广之，它在“靖康之变”的时候就已经确立了。继续推而广之，它在“安史之乱”的时候就已经确立了。崇祯帝并不明白这一点，在王朝将亡的时候，他发出怒吼：“诸臣皆误朕。”

在大明王朝存续的二百七十七年里，虽然以不和亲、不赔款、不议和、不割地、不纳贡，天子守国门、君王死社稷赢得一个刚硬的形象，但现在看来这背后也透着深深的无奈。

崇祯朝的十七年，崇祯帝一直在自相矛盾中徘徊。他时而看起来意志决绝，时而看起来又犹豫踌躇；他时而看起来信心满怀，时而看起来又如形影相吊；他时而看起来充满温情，时而看起来又残酷冷淡。宽容与猜忌、热情与阴冷、高傲与自卑、自信与虚伪、理性与偏执、谨慎与冲动同时在这个皇帝身上体现，既折磨了自身，又折磨着大明王朝。

令人无奈的崇祯朝终于过去，但留给人们的思索却总也不会停止。僵硬的政策、对峙的君臣、连绵的灾害都会将这个王朝推向不归路。

第六章 帝国日落

弘光、隆武、绍武、永历

人们都会有疑问，为何有南宋，却没有南明？原因还是财政破产。南明朝廷缺乏金钱支配各支抗清力量，以至于他们各自为政，甚至相互杀伐。但进入南明，党争仍在继续，甚至比前朝更加激烈。为了斗倒对手，他们甚至不顾皇帝的声誉。到了此刻，也许所有人都觉得这个王朝该亡了，也许应该尽快亡掉。

清兵入关后，虽然投降者络绎不绝，但抵抗者也是层出不穷。士农工商、凡夫俗子皆出现在抗清第一线。正像历史学家黄仁宇说的那样，“看来要是有合适之领导，各地方人士不是没有牺牲之决心”。但这个合适的领导在哪里呢？

87 弘光政权的建立

崇祯帝自缢的消息传到南京是四月十二日的事情。南京作为大明陪都，自有一套班子系统，就这样大明首都在王朝运转二百多年后又回到了这里。

南京的官僚一方面在举办崇祯帝的丧事，另一方面则在准备拥立新的继承人。崇祯帝的儿子们在乱军中都不知去向，天启帝又没有子嗣，所以继承人只有从万历帝的子嗣中找。按照伦序规则应该是福王朱常洵的长子朱由崧。在洛阳城破的时候，他逃了出来，如今正在江苏淮安。但万历帝弟弟朱翊镠的儿子潞王朱常淓也从卫辉逃了出来，此时也在淮安。按照伦序规则，皇位当然应该由朱由崧来继承。但很不幸，东林党人和复社的人反对，他们提名朱常淓继承。从这里我们可以看出，万历初年，东林党人依托儒家继承规则发动对万历帝的政治攻击，到如今，他们自己又违反这一继承规制，可以说是自抽耳光。无论人们是怎么想的，东林党又一场国本之争在大明的南方政治版图上上演。

此时南京掌权的主要是两人，一是兵部尚书史可法，另一人是凤阳总督马士英。史可法作为左光斗的门徒是典型的东林党人，而马士英作为周延儒的门人则属于阉党体系，但马士英掌握兵权。所以从这方面来看即便是到了南明王朝，东林党人复出的希望仍然很渺茫。

如果在立储问题上再站在东林系文人的立场上来说话，那么就显得无聊了。无论如何，所谓的“阉党”分子这次的确站在了道德制高点上。马士英的拥立提议得到了江北四镇四位将军的支持，他们是高杰、刘良佐、黄得功、刘泽清。他们聚集在太监韩赞周家宣布了效忠朱由崧的誓言，当然了，还有那位阉党的骨干分子阮大铖。

五月份，马士英用军队将朱由崧送至南京城。到了此时，东林党人不得不低头了。崇祯十七年（1644 年）五月三日，朱由崧即位监国，十五日，即皇帝位，是为弘光帝。史可法以兵部尚书兼内阁首辅。此时内阁还有三人，分别是户部尚书高弘图、翰林院学士姜曰广、凤阳总督马士英。看起来内阁四人除了马士英外其他三人都是东林党，似乎呈一边倒之势，但事情并不是这样，因为此时南明已经重回勋贵和武将时代。

马士英在朝中得到诚意伯刘孔炤、忻城伯赵之龙的援助，这都是手握兵权的勋贵。当重回南京后，你会发现这里突然有很多跟朱元璋一起打天下人的后世子孙。他们继承着先辈们的爵位，经过二百多年的养尊处优，在当地已经是树大根深，成为一支左右政局的力量。这些都会给东林党的执政带来麻烦。虽然力量的对比有利于非东林人士，但吏部尚书张慎言是东林党人，这就意味着东林党人掌握着会推大权。

马士英自然不甘于在外面晃悠，他要进入朝堂掌握大权，而东林党人也希望史可法去外面带兵，可以说双方各有所需。当马士英进入朝堂担任首辅的时候，史可法便去了江北总督兵马。

大明重回南方，在江北设立了四镇，四镇总兵分别为高杰、刘良佐、黄得功、刘泽清。每镇士兵的编制为三万人，每位士兵年饷二十两白银，此外还有左良玉在湖北的五万军队以及南京京营的六万军队，这样算下来大明在南方总共有兵力二十三万。史可法所需要去督促的就是驻扎在江北的四镇兵马。

史可法的离去点燃了第二次学生运动。第一次学生运动是崇祯十一年（1638年）南京太学生沈寿民上疏反对杨嗣昌添兵加饷、增税、招抚政策引起的，继而导致南京的太学生发表《留都防乱公揭》。《留都防乱公揭》的发表使得这一学生运动达到顶点。所谓“留都”就是指南京，“防乱”就是防“逆党”之乱，“逆党”就是指被崇祯帝定性的“阉党”。复社的这些太学生们认为逆党成员都是主张跟满洲议和，主张对农民军安抚，所以对这些人应该坚决打击，防止他们卷土重来。《留都防乱公揭》就是在这一背景下发表的。学生们对逆党的戒备并不是空穴来风，因为受逆党案牵连的前吏科给事中阮大铖正在南方活动，居中联络逆案中的同僚。《留都防乱公揭》于崇祯十一年（1638年）八月份公开印刷流传，上面有复社一百四十人的签名。《留都防乱公揭》的发表的确起到了预期的作用，因为在崇祯一朝，逆党案始终没有翻过来。

如今史可法离去，第二次学生运动又爆发了。南京的太学生们以“秦桧在内，李纲在外”掀起了抗议马士英的浪潮。此次上疏有三百四十人签名，比第一次学生运动更为浩大。不用说，复社的太学生们将马士英比喻成了秦桧，史可法比喻成了李纲。

形势似乎又回到了天启初年，东林党人对非本党人士进行疯狂打击，大有不灭之誓不罢休之势，而这些非东林人士的反扑已经是势所必然。事实证明，东林党和复社对于诸如温体仁、阮大铖这样既阴险又有着很强活动能力的异见人士有着刻骨的仇恨和锲而不舍的戒备。而处于风暴中心的马士英很快要跟阮大铖结成牢固的联盟发动反扑。

马士英跟阮大铖很早以前就认识，此次马士英能入阁，阮大铖也出力不少。到了六月份，马士英、南京守备太监韩赞周、刘伯温的后人诚意伯刘孔炤带着阮大铖见了弘光帝，弘光帝让马士英票拟任命阮大铖为兵部侍郎。此举遭到了东林党人、内阁阁臣姜曰广的强烈反对。他说任命大臣必须得到六部九卿会推才行。接着，东林党的在朝官僚纷纷反对阮大铖入仕，甚至有人将崇祯二年定的阉党名单重新递上，以提醒阉党名单里有阮大铖的名字。与此同时，在崇祯朝已经被销毁的《三朝要典》也被人递了上去。到了此时，明眼人已经看出来了，此事已经越搞越大，搞不好要对崇祯朝所钦定的逆案进行全面翻盘，大明的政治局面再次扑朔迷离起来。

88 党争的延续——顺案与逆案

阮大铖声泪俱下地在弘光帝面前揭露东林党人是如何对郑贵妃和老福王进行迫害的，绘声绘色地描绘东林党如何对自己进行谩骂、攻击。弘光帝授予阮大铖兵部右侍郎职位，并让他巡视江防。阮大铖复出，对于东林党人来说的确不再美妙。很快，东林党的反对派找到一个新的理由，那就是当北京城陷落的时候，一些东林系和复社的官僚投身大顺政权，而当李自成败退北京之后，他们其中的一些人又回到了南方，其中就有陈名夏、项煜。

阮大铖说他们是大顺政权派来的奸细，要求进行清查。就这样经过紧锣密鼓的准备，崇祯十七年（1644年）十二月正式发布顺案，处分共分六等。

一等磔。有宋企郊、牛金星等十一人。

二等斩秋决。有光时亨、周锺等四人。

三等绞拟赎。有陈名夏、项煜等七人。

四等戍拟赎。有钱位坤、侯恂等十五人。

五等徒拟赎。有宋学显、方以智等十人。

六等杖拟赎。有潘同春、李桐等八人。

就这样顺案作为抵制东林党而被提了出来，并最终扩大化。从崇祯十七年到弘光元年，东林党人再次被打翻在地。顺案对于弘光政权的消耗是巨大的，当那些正人君子投降李自成的消息传到江南，人们都惊讶了。所有人都对这些信奉儒家纲常的叛徒感到愤怒与不解，尤其是当人们听说这些降顺的东林党人甚至将李自成比作尧舜，并劝说李自成速速平定江南的时候，人们更耻于与此类人为伍。周锺的好友黄淳耀听说周锺降顺后，巨大的反差让他无法接受，居然病倒。巨大的信仰崩塌在江南掀起一场地震，这些降顺文官的家人、亲朋好友再也没脸见人，象征家族荣耀的牌匾、祠堂皆被愤怒的学生砸毁，甚至他们的房子也被人放火焚烧。无论顺案中的人日后是降闯还是降清，他们在历史上甚至包括他们的后代都被判了“死刑”。

顺案的发生使得一部分打算南下的官员就地投降清朝，已经回到南方的官员在家乡待不下去，纷纷逃了出去。有的逃向湖广的左良玉大营唆动左良玉发动兵变，还有的人跑到扬州的史可法大营。

在制造顺案打击东林和复社的同时，马士英、阮大铖又着手翻逆案，并重新出版《三朝要典》。但这些都被弘光帝抵制住了。虽然马、阮的理由冠冕堂皇，虽然东林党反对弘光帝登基，但朱由崧无疑还是否决了马、阮的提案。关于此事，弘光帝早就有言在先，对于崇祯二年打击阉党的逆案，原则上不做翻案，除了极个别有才能有特殊需要的人。

虽然大的框架被弘光帝敲定，但个别逆案中的成员复归政界已是势所必然。除了阮大铖担任兵部侍郎外，张捷开始担任吏部尚书，蔡奕琛担任吏部侍郎，杨维垣担任通政使。

在弘光朝，马阮集团对东林和复社的打击绝对不仅仅是依仗顺案，这种打击是全方位的。他们联络宗室、勋贵、宦官发动对东林党和复社的全面排挤。这种排挤无疑会对南明政权造成伤害，它降低了这个政权的凝聚力，使得这些受打压的人纷纷投向清朝或者大顺，再或者跑到左良玉和史可法那里去煽动。

当大明王朝半壁江山沦陷后，“文官误国”的言论开始在南方流传，一些勋贵开始提议仿照明初让勋贵参与治国。因为明初洪武帝就让魏国公徐达担任丞相，所以他们提议让刘伯温的后人诚意伯刘孔炤担任内阁大学士，此举遭到东林党人的强烈反对。

崇祯十七年（1664 年），当吏部会推的阁臣名单都是文官的时候，勋贵与文官的矛盾终于爆发。五月二十三日，魏国公徐达后人徐弘基、安远伯柳升后人柳祚昌、信国公汤和后人汤国祚、诚意伯刘伯温后人刘孔炤、忻城伯赵彝后人赵之龙跑到朝堂上倾泻不满。刘孔炤还拔出小刀追赶吏部尚书张慎言，被弘光帝喝止后，刘孔炤“嚎嚎”大哭。

弘光帝说道：“朝廷用人都由吏部负责，这是规制，朕也没有办法。不过，授予你们纠劾之权，你们看如何？”

弘光帝此举实际上允许勋臣们参与属于科道官员纠察的权力，虽然勋贵对此满意，但是文官又不干了。内阁阁臣高弘图、姜曰广强烈反对，说此举会搞乱政治。在这种情况下，弘光帝只得收回勋贵们的纠劾权。

虽然这场勋贵与文官的斗争以勋贵的失败而告终，却也释放出一个信号，当大明王朝驶入弘光朝，由于北方沦陷，文官政治在南明已经岌岌可危，勋贵政治、武将政治、豪强政治正在重新显现。

虽然勋贵没有取得相应的权力，但他们跟马士英、阮大铖一起对东林党和复社的人进行詈骂。安远伯柳祚昌将张采骂成“复社之凶”，将杨廷枢骂成“至贪至横之举人”，将顾杲骂成“极险极狂之监生”。更令人感到不解的是，阮大铖居然勾结钱谦益，将钱谦益也拉拢到阉党这边来了。钱谦益也跟着阮大铖和这些勋贵对东林党和复社进行谩骂。时间到了南明，党争不仅不休，而且越来越激烈。

弘光帝并不是一个想做皇帝的人，他也是于无奈中被扶上帝位。当他君临天下的时候，他也希望能够稳定住局势，所以他一再询问大臣们有何良策来应对江北的防务。但弘光朝早已经是一盘松散的棋局，勋贵、武将、豪强、权臣无不削弱着仅存的一丝凝聚力。

东林党自然不是任人宰割的鱼肉，在阮大铖炮制顺案的同时，他们就一直在反击。这个时候，双方的斗争有意思了，基本上是你打你的，我打我的，我不会针对你抛出的议题进行解释。你提逆案，我提顺案；你提顺案，我接着提阉党。

崇祯十七年（1644 年）秋，南京城内传出一首儿歌，内容是："相公止爱钱，皇帝但吃酒。职方贱如狗，总督满街走。扫尽江南钱，填塞马家口。"这样一来，东林党编的儿歌不仅将马士英、阮大铖骂了，就连皇帝也骂了。事实上，这个时候街头巷市已经流传关于弘光帝的种种负面新闻。

接着，礼部尚书顾锡畴上疏称马士英、阮大铖为阉党，弘光帝不理。顾锡畴见弘光帝不理，又上疏要求弘光帝取消崇祯帝对温体仁的封谥，弘光帝又不理。接着跑到左良玉军中的官员怂恿湖广巡按黄澍上疏弹劾马士英十大当斩罪状。马士英、阮大铖一直想翻逆案，不翻逆案就很被动，但一直被弘光帝压着。到了如今，面对东林系咄咄逼人的态势，马、阮二人开始炮制新的名堂来打击政敌。

阮大铖将东林和复社的人编成两本名录，一作《蝗蝻录》，另一作《蝇蚋录》。阮大铖将东林和复社人比作蝗虫、苍蝇、蚊子。《蝗蝻录》收录有十八罗汉、五十三善财童子、七十二贤圣菩萨，《蝇蚋录》收录的有八十八活佛，三百六十五天王，五百尊阿罗汉。这样算下来，被阮大铖列入黑名单的一共有一千多人，大概就是从复社《国表》中抄录来的。

阮大铖炮制"两录"是想借此将东林党和复社的人搜集一空，打击一空，他甚至指派东厂的侦缉开始捕人。当形势险峻的时候，东林党和复社的人开始了绝地反击，一方面炮制新三案来攻击朱由崧继位的正统性，另一方面怂恿左良玉发动兵变。

89 南渡三案

旧三案是指梃击案、红丸案、移宫案。梃击案是东林党人为了打击郑贵妃、确立太子地位而炮制的；红丸案、移宫案是东林党为了在万历帝死后控制朝政所纠缠的事情。这三件事情本来是政治事件，结果却被阉党用来修《三朝要典》，并定义为三案。

在新阉党咄咄逼人的态势下，东林和复社人运作大悲和尚案、童妃案、真假太子案，开始了绝地反击。崇祯十七年（1644 年）底，南京西城兵马司接到守门士卒来报，说有一自称法号大悲的僧人说他是崇祯的儿子定王朱慈炯。弘光帝听说后立刻让提督京营的忻城伯赵之龙、锦衣卫冯可宗讯问。

定王朱慈炯还是个孩子，所以这个和尚不可能是定王，但是赵之龙非常高兴，他希望能将这件匪夷所思的事情往东林和复社上面靠。

和尚说道："我是定王，如今国家有变，所以我出家了。本来这个皇位应该是我的，但我不感兴趣。福王荒淫无道，不应该居此位。我闻潞王贤明，这皇位理应由潞王继承，我劝尔等速速让福王逊位。"

事实表明，这又是一个精神不正常的人。这已经是大明发生的第四次以牺牲智障人士来搅乱政局的事件。听完大悲和尚的话，赵之龙感到好笑，便说道："定王还是个小孩子，你怎么可能是定王？"

大悲和尚听这么一问，自己也觉得失言，他又说道自己是万历帝的儿子，是万历帝跟宫女所生，一直寄养在民间。赵之龙又问他认识朝中哪些大臣，他说他认识申时行和钱谦益。

大悲和尚说的话肯定是有人教他说，但由于此人属于智障人士，所以并没能按照原话表达出来。他说出了钱谦益，这应该是指使者让他这么说。我们前面说过，这个时候钱谦益已经跟阮大铖勾结在一起，成了东林党的叛徒，所以东林党将这件事情往钱谦益身上攀扯也很正常。最后经过刑部审讯，才得知大悲和尚乃是徽州一朱姓人士，在苏州某寺出家。

阮大铖认为这是个机会，他让大悲和尚往史可法、高弘图、姜曰广、张慎言身上咬，而且还开列了一串长达一百四十三人的名单，让大悲和尚指证这一百四十三人是幕后指使。但弘光帝明显不想这么做，马士英也不希望这样，结果这件事情只好以将大悲和尚处死作罢。

大悲和尚案处理没多久，就闹出童妃案。弘光元年（1645 年），河南巡按御史陈潜夫上奏称有一童氏女子自称是弘光帝昔日在藩邸的王妃，现已正派人送往南京。

弘光帝听说后大怒道："朕元配黄氏，续配李氏，黄氏早死，李氏在贼兵破城后自杀，何来童氏？"

这位童氏在一路被护送南京途中举止轻浮，始终以皇后自居，沿途各州县衙门皆将她作为皇帝的妃子礼遇。但她动辄对地方官员破口大骂，甚至在吃饭的时候掀翻桌子，当沿途官员跪在轿子外面的时候，她甚至掀开轿帘露出尊容喊出一声"免礼"。地方官员皆窃笑，看来众人心里都有数，但却又没有人揭穿。

童氏到了京城后即被关进锦衣卫诏狱，弘光帝并不理睬她，不久她即病死或饿死。虽然童妃案以一场近乎荒诞的结局收场，但民间舆论沸沸扬扬，人们皆说弘光帝薄情寡义，抛弃糟糠之妻。

童妃案不久之后，又发生了真假太子案。由于北京城破后，崇祯的三个儿子朱慈烺、朱慈炯、朱慈炤下落都成了谜，估计散落民间的可能性较大。弘光元年，当南明政权正在认定三个皇子已经殉难，而且要确定谥号的时候，鸿胪寺少卿高梦箕却忽然奏称先帝太子朱慈烺从北面来了，现在正在杭州。

原来去年十二月间，高梦箕家奴穆虎从北方南下的时候遇到一少年。少年举止高贵，二人结伴而行。到了夜晚脱衣就寝的时候，穆虎发现这个少年内衣上织有龙纹。穆虎询问，少年说他是太子。到达南京后，少年来到孝陵突然伏地痛哭。高梦箕对此深信不疑，于是便将他送往杭州照看。

这少年到了杭州，时间长了便露出富贵的神态。他谈吐不俗，仰首阔步，杭州市民皆对他不能等闲视之。

弘光帝听完高梦箕的表述，大为震惊，连忙令太监李继周去杭州找这个少年。李继周在金华浦江的观音寺内找到这名少年，那少年正在面壁作观。李继周扑通一声跪在地上说道："奴婢叩见小爷。"

少年闻听，转过身来，打量了李继周一番，缓缓地道："我认得你，但遗忘姓氏。"

李继周说道："奴婢姓李，贱名继周，曾服侍过小爷。现奉新皇爷旨意，迎接小爷进京。"

少年问道："迎我进京做甚，让帝位给我吗？"

李继周道："此事奴婢不知。"接着李继周便将这位少年带到京城。

弘光帝听说少年到了，便令从北边来的张姓和王姓太监前去察看。两名太监一见到少年便立即跪在地上抱着他的双脚号啕大哭。两人见天寒地冻而少年衣着单薄，便一齐解衣给他穿上。

此事轰动一时。京城人闻言太子到此，人人面露喜色，大谈其事。人们纷纷前往少年居住的善庆寺拜访，一时之间，文武官员投帖拜访者络绎不绝。

虽然派去的太监做足了戏，但那少年究竟是不是朱慈烺，他们也说不出个所以然。朱由崧又令认识太子的太监卢九德去看。卢九德到了寺内，正视半天，一时难辨，半晌不语。

少年突然呵斥道："卢九德！你何不叩首？"

卢九德一听此言，如五雷轰顶，不由扑通一声跪下叩头。

少年却突然问道："你隔几时竟肥胖至此，可见在南京受用。"

两人又寒暄了一会，卢九德便叩首道："小爷保重！"

卢九德回宫后对弘光说道："有些像，又有些不像。"

正当此事陷入僵局的时候，有人指认出此少年乃是驸马王昺侄孙王之明。王之明跟太子容貌相像，而且做过太子东宫侍卫，就这样弘光帝命令群臣会审。

会审那天，弘光召保国公朱国纯、首辅马士英及曾为东宫讲官的刘正宗、李景廉同六部九卿科道官员会审少年于大明门外。

群臣先后到场，少年向东踞坐。只见他长发垂肩、肌肤白嫩、身躯伛偻、面带愁容。

一名官员将紫禁城的图放在他的面前问道："此为何图？"

少年道："这是北京宫殿。"然后指着承华宫说："这里是我居所。"指着坤宁宫说："这是母后居所。"

另一名官员上前问道："公主现在何处？"

少年说："不知道，想必死了。"

又一名官员问："听闻公主曾同宫女叩周国舅门？"

少年道："同宫女叩国舅门者是我。"

这时候，刘正宗上前问："我是东宫讲官，你认识我吗？"

少年转头一看，不答。

刘正宗又问："当年讲所在何处？"

少年答："文华殿。"

刘正宗摇摇头，又问："仿书为何？"

少年答道："诗句。"

刘正宗又问："写几行？"

少年答道："写十行。"

刘正宗再问："讲读何先何后？"

少年答："忘了。"

正当刘正宗再想问题来问他的时候，少年笑道："你以为我是假的，便当假的好了，我原本就不想跟皇伯争夺皇位的。"

接着，兵科给事中戴英复上前问："先帝十六年冬御中左门亲鞫吴昌时，太子侍旁，何事何语？"

少年闭口不答。

戴英又问："嘉定伯何姓何名？"

少年仍不答。

辨认结束后，刘正宗进宫奏道："眉目全不相似。所言讲所、仿书悉误。"

兵科给事中戴英也奏道："王之明假冒太子，其伪无疑！然稚年何能办此，必有大奸人挟为奇货，务在根究，宜敕法司严讯。”

第二日又让前东宫讲官詹事府少詹事方拱乾前来辨认。皂役喝令少年跪下，少年仍像前次一样面西蹲踞。众官拥着方拱乾向前，有人指着方拱乾问道：“此为何人？”

少年一见，即道：“方先生。”

一官厉声喝道：“你是王之明！”

少年道：“我南来，从不曾自己说是太子。你等不认罢了，何必改易姓名？”

虽然还没有一个确切的结果，但百官已经认定少年便是王之明。弘光帝听众人这么说，便命人将少年好生护养。

至此南渡三案就结束了。但事实上这三件事远没有结束，它们所带来的效应却持续发效，可以说策划者基本上达到了目的。

这三件事情都透着一股邪气，它们发生的时间前后连贯，都是在阉党制造顺案对东林和复社穷追猛打之际发生，而且都是针对弘光政权的合法性而来。虽然并没有让弘光政权垮台，但民间舆论已开始纷纷指责弘光帝，使得这个新生的政权开始摇摇欲坠。

对于大悲和尚案，那个和尚是个疯子这点确定无疑，他甚至记不清自己究竟是定王还是其他王。他上来就质疑朱由崧继承皇位这件事情，显得有些急躁和令人怀疑；童妃案中那个自称童氏的女人，从她轻浮的举动就可以看出她并不是福王的妃子，至于她是谁，从何处来，已经不得而知了；第三个案子中的那个自称太子朱慈烺的少年应该是一位假太子，因为前去辨认的宦官都不能肯定，而且昔日宫中的讲官询问少年一些讲读的事情，他也支支吾吾回答不上来，最后干脆不再回答。至于人们所说的少年容貌酷似驸马的侄孙王之明，这倒有可能，而且他在东宫呆过，对宫中的事情也知道一些。

三件案子虽然都平息了，但舆论对朱由崧的指责却越发强烈起来。人们宁愿相信这些事情都是真的，也就是朱由崧抛弃自己的女人，为了皇位不认前太子。这个时候京城里便有歌谣：“若辨太子诈，射人先射马。若要太子强，擒贼先擒王。”实际上从弘光皇帝不断让官员和太监辨认太子也可以看出来，若这位南渡太子真的是朱慈烺，他也想把位置让出来。在这方面他自己后来说道：“朕也想找到太子，若这位少年真的是太子，朕也愿意把皇位让出来，可惜不是啊！”

接着便有一些官员上疏反对朱由崧对待南渡三案的态度。虽然朱由崧进行了斥责，但是当带兵在外的左良玉也上疏反对的时候，形势开始急转。这个弘光政权已经面临着分裂的危险。

90　左良玉兵变和弘光朝的覆灭

无论是国本之争还是阉党与东林党之间的“战争”，仍旧在这个风雨飘摇的南明王朝中上演。这种激烈程度、血腥程度、卑鄙程度甚至超过了历代，并最终导致南渡三案的爆发。

南渡三案背后的事实真相我们不得而知，究竟是不是东林党和复社在幕后指挥我们也没有确切的证据，但透过事件发生的脉络，我们却可以清晰看见东林党和复社在背后运作的特点。

在南明王朝的运作中除了无休止的党争外，军队也出现了很大问题。江北四镇加上湖北左良玉的一镇，都成了不让文官控制的地方军阀。士兵不仅缺军饷，而且还缺粮食。弘光王朝跟崇祯王朝一样，面对羸弱的财政，只好让士兵们自己筹措补给，士兵们的纪律开始涣散起来。他们公开骚扰城市和乡村，官兵已经成了半官半匪，无论他们走到哪里，都受到当地百姓的鄙视，地方官员甚至紧闭城门禁止他们入城。

为了让这些军队能够继续为南明政权效命，朝廷将江北四镇的统帅连带左良玉都授予爵位，而且还允许他们绕开兵部直接提拔军中将领。到了此时，无论是江北四镇，还是湖北的左良玉军镇无疑都成了不受文官系统节制的藩镇。虽然南明出现了五大藩镇，但这五大藩镇既没有强大的实力来对抗清兵，也没有凝聚在一起的可能性。

在整个崇祯朝对付义军的过程中左良玉一直战斗在最前线，义军跑到哪里，他打到哪里。但到了最后几年，他总是被李自成打，所以他一直龟缩在荆襄之地不敢出来。

在左良玉的仕途中有一位关键人物，那就是东林党人物侯恂。左良玉的提拔得益于侯恂，从这个意义上讲他也属于东林党派系，所以自然受到南京方面的打压。

随着清军逐渐打败了陕西的义军，李自成为了跟四川的张献忠会合便于弘光元年（1645 年）三月南下荆襄，加上湖广巡按御史黄澍说弘光帝不认太子朱慈烺，就这样左良玉为了避李自成锋芒，同时也为了表达对弘光帝的不满，便以"清君侧"为由顺江而下直往南京奔去。

左良玉来到九江后，见到了驻扎在这里的江楚总督袁继咸。当袁继咸告诉左良玉那个太子并非真太子的时候，左良玉才意识到自己上了黄澍的当。但这个时候无论是左良玉的部队还是袁继咸的部队都不听二人的指挥，在这种情况下，年老多病的左良玉忧愤而死。接着，他们的部下合兵一处拥戴左良玉的儿子左梦庚为新的统帅，继续沿江东下，连克彭泽、东流、建德、安庆，最终抵达南京的外围太平府。

此时长江防线从西到东是黄得功、刘良佐、高杰、刘清泽，其中高杰和刘良佐都是原先李自成队伍的成员。由于黄得功和刘良佐防守西线，故而朝廷将黄得功的军队调到江南防守，刘良佐的军队调到江北防守，这样南北同时夹击左军，迫使左良玉大军退回九江。

虽然左军退回去了，但此时清军已经开始南下，东线清军进踞山东，西线清军进踞河南。朝廷立刻派高杰进驻开封，阻止清军从中原南下。高杰来到开封后便前往河南东部的睢州，去督促那里的守将许定国。许定国这个时候已经投降了清廷，这点大家都知道，高杰也知道，但他并没有将此事放在心上，他希望通过自己的督促能够让许定国转变立场。高杰带了五千兵马来到睢州城外，许定国亲自出城迎接，他对高杰毕恭毕敬，并邀请高杰入城。高杰根本就不将许定国放在眼里，他似乎想大摇大摆地进城，同行的河南巡抚劝高杰不要进城。高杰根本就不将这种劝诫放在心里，他带着几十名随从进了城。

无论许定国开始有没有杀心，但当高杰在宴席上斥责许定国投降清廷并规定开拔日期的时候，许定国的确起了杀心。当天夜里，高杰和他的几十名随从被杀死。第二天清晨，外面得到消息的高杰的五千兵马攻破了睢州城，这些士兵进得城来乱杀乱砍，睢州城顿时便陷入一场浩劫。

正在扬州督师的史可法得到高杰被杀的消息后，顿时明白中原已无险可守。虽然朝廷重新让高杰之子高元爵承袭高杰爵位，但高元爵已经无力约束高杰的数万兵马，高杰手下士兵顿时如鸟兽散，只剩高杰部将李成栋退守徐州。

最能打仗的高杰既死，等于说是南明小朝廷在西路失去了抵挡清军的门户。西路清兵分两路，一路攻徐州，一路攻亳州。徐州守将李成栋和江北四镇之一的亳州守将刘良佐尽皆投降清廷，转而充当清军进攻南明的马前卒，就这样江北四镇已去两镇。

紧接着驻守淮安的刘清泽也降清，多米诺骨牌效应一旦发生则会发生连锁反应，这样，江北四镇只剩黄得功一镇。事情到了这个时候已经没有悬念，清兵四月破扬州，六月破南京，接着又围攻黄得功驻守的太平府。黄得功在江上与清兵作战时中箭而死，逃到黄得功这里的弘光帝被俘后被送到北京处死。

至此，持续一年时间的弘光王朝正式覆灭，虽然随后在各地又建立了隆武、鲁王、绍武、永历、宁靖王以及其他的一些零星明朝宗室政权，但由于大明是两京一十三省，弘光朝又控制了黄河以南的大半个中国，所以我们认定当南京被攻破，二百七十七年的明王朝基本上就结束了。

91　明朝灭亡的原因

从唯物主义的角度来说，世上没有不灭亡的东西，王朝同样也是这样。周八百年，汉四百年，盛唐、两宋各三百年。无论多么强大的王朝，三百年似乎都成了它们的大限。任何事物的消亡自然有它的规律。

大明王朝跟历史上的所有王朝一样，亡于财政破产。财政破产的原因好理解，无非是收得太少，开支过大。

实际上明朝的灭亡在朱元璋时代就已经种下了，那种僵硬的低税率刚好够洪武朝的开支。因为那个时期运河还没有疏通，军屯又发展得很扎实，徭役是无偿的。当全国的田赋达到两千七百万石的时候，朱元璋就将它作为定额固定下来。从此，大明的税赋就按这个数额收取，无论是新开垦的土地还是增加的粮食产量，都不作为新的田赋起科。但随着时间的推移，这个数额的税额已经无法再满足朝廷的开支。

从正统年间起军屯制就开始慢慢遭到破坏，朝廷财政不得不每年贴补各地的军需，而且这种补贴金额到了后期越来越大。从永乐年间起，随着首都北迁，大量人员也移到了北方，这就需要每年将大批粮食沿京杭运河运到北方，而这些每年都是巨大的花费。不断增多的太监、宫女、官僚、宗室亲王同样是巨大的开支。一条鞭法的改革实施之后，对于力役的征用也要用白银支付。到了晚明，在极端气候以及僵硬民族政策下，大明的维稳费用也开始令人咋舌。

朱元璋既定下两千七百万石定额税赋，再想增加则十分困难。因为明朝奉行的是儒家体制和洪武宪法，任何增税都会遭到文官们的强烈反对。在这种文官政治下，离开了官僚们则什么事情也干不成，这是其一；其二就是那种阻碍变革的惯性横亘其中。无论是一个人还是一个国家，当你习惯一种生活方式或者习惯一种体制的时候，任何的变革都会让你产生不适应的感觉，你就会奋起反对。话说回来，你选择什么样的生活方式或者国家选择什么样的体制都是经过正反两个方面长期的对比，一切自然有它的道理，轻易去变更或许只会使事情更糟糕。正所谓，不改革会死，改革只会死得更快。

增税困难除了这两个原因，还有第三个原因。事实上，从明代中期开始，全国的经济结构和从业人口结构都发生了变化，那就是商业占国民经济比重日益上升，商业吸纳的就业人口日益增加。在稍晚些的时候甚至出现了出卖劳动力的产业工人。这些都说明财富正从农业向商业转移，朝廷的征税目标也应该转向商业领域。但士绅阶层出身的官员跟商业有着千丝万缕的联系，这个领域成了不允许他人染指的禁脔，对农业增税还有商量的余地，对商业增税则没有任何商量的余地。这点在万历朝那种惊心动魄的矿税斗争中已经有了清晰的表现。

提到明朝，除了激情澎湃的儒家文化外，还有那种成熟的文官政治。朝廷的一切事物不再是依靠君主决断，而是依靠文牍。官僚无须见面，只需要通过文字就可以解决一切政务。这种强大的文官政治依靠的不再是君主或者权臣，而是制度，一种任何人都必须遵守的制度。当君主的权力被这种制度削弱的时候，国家的决策不再是从全局考虑，而是从局部考虑。任何的决策都要符合儒家的最大利益，符合少数人的利益。

当一个泱泱大国镇压农民暴动还需要向勋贵借钱的时候，那么天下的财富都到哪里去了？自然都到少数人手里去了。国家没钱，底层民众没钱。国家既没有资源平叛，也没有资源应付外敌入侵和赈济民众。民众生活不下去的时候，自然也要揭竿而起。少数民族活不下去了，自然要起义或者破关南下。如果我们形象地比喻一下，晚明的经济格局实际上就是两头小，中间大。高层和底层干瘪，中层膨胀。实际上每个王朝初建的时候都是通过暴力革命将膨胀的中层革除掉。这个时候高层和底层是健康的。但是随着时间的推移，一些积习或者一些惯性导致财富日益向少数人手中集中。这种日益膨胀的中层既推倒了高层也压垮了底层，民众又将揭竿而起，然后开始新一轮的洗牌。周而复始，如此而已。我们似乎已经没有办法破解这个难题。的确，在技术条件达不到的情况下，一切都只有在循例中度过。

文官政治、儒家体制、洪武成宪这些都阻碍了晚明增税的可能性。除此之外，我们还需要注意一个问题，那就是粮食的减产也在敲打着明朝。

虽然气候作为粮食减产的一个因素我们不得不承认，但商品经济的过度发展也是一个本质原因。当商业所获得的利润远大于农业的时候，就会导致大量的农业人口向商业转移，而一条鞭法的实施却使得商业化进程大大加速了。当所有的税收都要通过银两交税的时候，人们就不会再种植稻米而是种植经济作物。所以到了晚明江南人的口粮需要湖广供给。大面积田地种植的是棉、麻、桑树和茶树。为了控制下游的生产成本，士绅也会加大对土地的兼并力度。当大面积灾荒来临的时候，人们有钱买宅、买田，却买不来粮食。

而对于普通农户来说，既然税收可以以银两来缴纳，那么在一定程度上来说就无需再跟土地发生关系。自己可以将土地卖掉或者租给他人耕种，然后进入城市靠打工获取银两。农村人口在减少，城市人口在增加，这些都冲击了国之本。

嘉靖九年（1530年），林希元在《王政附言疏》中写道："今天下之民从事于商贾技艺、游手游食者，十而五六。"

明人何良俊在《四友斋丛说》卷十三中写道："昔日逐末之人尚少，今去农而改业为工商者，三倍于前矣。昔日原无游手之人，今去农而游手趁食者，又十之二三矣。大抵以十分百姓言之，已六七分去农。今一甲所存无四五户，则空一里之人，奔走络绎于道路，谁复有种田之人哉？吾恐田卒污莱，民不土著，而地方将有土崩瓦解之势矣。可不为之寒心哉？"

另外，明代的《苏州府志》也记载："聚居城郭者十之四五，聚居市镇者十之三四，散处乡村者十之一二。"

除此之外，因为一条鞭法的实施，农民受到的剥削比以前更重了。过去收实物税的时候，农户将打好的粮食交到指定地点就可以了，现在还要拿到市场上卖掉再交税。而卖粮的时点都一样，粮商乘机压价。这样农户受的盘剥更大。如果所缴纳银两的成色不好，官府还要让他们拿回去重新熔铸，这又要交一笔费用。东南地区这些经济外向型的地方还好，西北地区这些白银惠及不到的地方情况则更差。这也是民变从西北爆发的原因之一。

当一切都商品化，当白银成为唯一流通的货币之后，一个庞大的商业集团正在逐步吸干底层的农业资源。人们对于这种物化的产品产生一种宗教式的狂热。经营实体的人赚不到钱，经营货币的人大发其财，整个社会进入一种资本狂欢的局面。

历史学教授李宪堂认为："正是白银，使统治者加大了对下层民众剥夺的强度，助长了聚敛和腐败的水平，以前所未有的速率消耗着社会成长的机能。白银推动着经济的轮子飞转，像抽水机一样把底层的财富抽向高处。阶级与地区之间的贫富分化空前加剧，基层民众尤其是白银所灌溉不到的边缘地区的民众陷入了一贫如洗的境地。"

对于货币白银化的问题，社科院研究员万明也认为："白银给各阶层创造了改变生活方式和社会地位的条件。由此，阶级结构发生了变化，社会结构发生了变化。晚明社会几乎各个阶层都投入到了市场交换之中。无论是情愿的，还是不情愿的，都不可避免。整个社会呈现出白银时代的显著特性，即对货币财富的倾力追求。白银成为货币基本形态，带来了新的因素和新的问题。社会由主要是农耕的比较单一的形态向多元形态发展变化，反映在人与人的社会关系上，是向经济关系的转变。确切地说，是由对人的依附关系向对物的依赖关系的转变。这正是从传统向近代的社会转型过程。在这一历史性的转折中，统治者不得不在经济结构变迁中做出制度调整。而当人们普遍进入货币为主导的社会关系时，人伦关系失去了往日的温馨，增添了新的色彩。乡村失去了旧日平静的秩序，滋生出多样的行为类型。城市由于工商业的兴盛，而喧嚣了起来。白银货币化推动了整个社会关系乃至社会结构的变化，一个与传统农耕社会迥然不同的新的社会图景开始凸显了出来。”

从李宪堂和万明的叙述中我们发现，到了晚明，当白银成为唯一流通的货币之后，社会的财富也变得以白银来衡量，所有人开始追求白银。在这个过程中，富人能更轻松地获取这种财物，而穷人却要花费比过去更多的心血来获取它。贫富差距进一步扩大，越到产业链的上游赚钱越快，越到产业链的下游赚钱越难，整个社会经济畸形发展。到了明代晚期，粮食缺乏，导致粮价猛涨。作为基础商品的粮食一旦价格上涨，带来的是整个社会的通货膨胀，加上私铸钱的混乱，所有这一切都是过度的商品化所带来的。

大明王朝实行文官政治，使得一切试图加强中央集权的可能性化为乌有。当农耕帝国的农业基础依然脆弱或者技术条件达不到的情况下，实行过度的商业化只能是带来资源配置的扭曲。一个以农业为基础的国家，却由于商业经济的过度发展，最终耗尽了王朝的资源，搞垮了这个王朝。

92　明朝——一个向近代转型的王朝

启蒙思想，简单地说就是从过去的思想桎梏中解放出来形成一种新的思想。从欧洲来看，它主要是反对神学，彰显人性。从中国来看，它产生于明代的异端思想，肯定人的认知权利。

在欧洲经过一千年的神学统治后，人们终于发现理性可以代替神学，到了此时，教会的统治开始摇摇欲坠，这是18世纪的事情。而在东方的中国，经历两千年的孔孟思想后，在明代的中国，人们发现底层民众也可以有认识权利，真理就在日常生活中的时候，儒家等级秩序也开始摇摇欲坠，这是16世纪的事情。

无论是欧洲的启蒙思想，还是中国的启蒙思想，这都是思想界的大事，它表明了那个伟大的时代和那个时代一切值得我们骄傲的理由。而无论从西方来看，还是从东方来看，启蒙思想的产生都得益于商品经济的发展和受教育人口数量的增多。除此之外，它还跟市民运动息息相关。

时至今日我们还可以从欧洲文艺复兴运动、法国大革命、拿破仑战争中捕捉到那时代跳动的脉搏。而明代代表中国农耕社会发展的较高阶段。当整个王朝完成文官化、商业化、城市化、白银化、私有化的时候，启蒙思想破土而出已是必然，这个封建等级大厦开始摇晃，伦理纲常受到冲击，波澜壮阔的时代开始到来。整个社会开始舆论民间化，参政、议政群体扩大化，士人结社普遍化，男女开始平等化，人人开始积极追求自己的权利。这的确是一个伟大的时代。

在启蒙运动影响下，从16世纪开始，在西方与东方同时开始了一场裂变。也就是从封建社会开始向近代全面裂变。这种裂变皆是从思想、制度、经济三个方面进行。

思想方面，欧洲产生了文艺复兴运动。人们反对教会的说教，反对天主教对人性的压制，开始关注人本身的需求，崇尚理性与科学，由此发动了一场宗教改革运动。制度方面，君权神授被否定，天赋人权开始被宣扬。英国和法国相继通过《权利法案》和《人权宣言》，限制君主的权力。经济方面，伴随着大航海时代的到来，海外市场被开拓，传统的手工技术无法满足生产需要，通过技术革新促使资本主义生产方式的到来。而这所有一切都依赖于商品经济的发展。

同样的是，这所有的一切也都在大明王朝进行着，并掀起了一场波澜壮阔的启蒙运动、非君浪潮和资本主义萌芽。这一切依靠的是原生态中华文明的内生性推动，属于华夏文明自身的发展与裂变，而不是由外力推动。这点更难能可贵。

它思想自由、文化昌盛，启蒙思想裂土而出。随着商品经济的发展，城市人口的增多，人们更注重人本身的需求。儒家等级秩序和纲常名教摇摇欲坠，人们发现真理就在日常生活之中，人人皆可为圣贤。从明代中期开始，以唐伯虎为代表，到徐渭和公安三袁，中国的文人、诗人、画家刮起了一股“性灵”之风。他们更注重周围的现实世界，关心人本身的发展。它还诞生了两场公有制试验。在大明王朝那远离尘嚣的小山村，两位思想家正在进行乡村试验和群体主义。他们发起了一场旨在以公有制为目标的空想运动。到了明末，思想家黄宗羲更是提出“天下为主君为客”“士大夫出而为仕是为了天下”“用天下之法取代皇帝一家之法”等具备民主特征的观点。

它开创了君臣共治时代。当一切制度都完备后，皇帝开始垂衣拱手，整个国家依靠制度运行。在这里，君主的权力被大大约束，国家大事由内阁票拟，然后报司礼监批红，再由六科签发。皇帝跟他的军队脱离了关系，军队由兵部调配，文官统领。皇帝终身被限制在宫中，不准随意出宫。每次皇帝出宫都要跟文官集团进行一场激烈的斗争。皇帝被迫严格遵循儒家礼法，早朝、郊祀、庙祀、经筵都要有条不紊地进行，稍有疏忽，就会换来文官肆无忌惮的詈骂。皇位继承规则严格按嫡长子制进行，皇帝无任何权力改变。内阁大臣由吏部召集六部九卿科道、勋贵外戚会推。财政开支由户部提出预算方案，内阁会议讨论通过。在这里，皇帝没有任何干预的权力。洪武成制、儒家礼统、文官制度使得对君主的约束达到了极致。

它还具备技术革命发生的基础。当海外市场持续扩大，传统手工生产无法满足需要的时候，明王朝便产生了很多技术革新的设备。人口向城市集中，商品经济在发展，财富在积累。这些都促使以雇佣关系为核心的资本主义生产方式产生，进而诞生了代表市民阶层利益的团体，并在此基础上发起了轰轰烈烈的民间社团运动。东林党和复社皆是有着新兴要求的组织。他们以上层缙绅为主，具备普遍结社的性质。他们操纵舆论，干预朝政，反对增税，主张君臣共治。苏州那两次市民暴动标志着这种运动发展到了顶峰。除此之外，在那场苏州民变中，工人阶层随后登上历史舞台，从而引发了明代的一场轰轰烈烈的工人运动。它终于使明王朝达到了农耕文明的临界点。

当盛唐在经历安史之乱轰然倒塌之后，随后建立的宋、明两朝就像缠上裹脚布的小脚女人裹足不前。虽然它们也曾是汉文明的辉煌期，但在那种官僚制度和儒家文化下，无论是中枢还是底层都被压制得令人沮丧而又无味。压制人性的理学成为两朝的指导思想，前几朝所发生的外族入侵事件成了大明王朝发展的桎梏。它既要大踏步前进，又无法甩掉历史包袱，最终在1644年轰然倒塌。我们对于明王朝的研究都是在这种受到极端压制的前提下进行的，但它依然具备令人振奋的东西。正像我一直要提醒读者的，虽然它的中枢始终保守，但民间一直是波澜壮阔。

安史之乱暴露出了旨在影响后世近千年的许多问题。比如藩镇问题、武将问题、民族问题，所有这些问题将不得不让宋、明两朝为它埋单。宋朝建立后，为了加强中央集权，费尽了脑筋，结果导致了一个规模庞大的官僚集团，而这也就是宋朝积贫积弱的开始。为了防范武将，宋、明都实行文官制度。到了明代，甚至实行军户制度。事实证明，实行文官制度的确保持了王朝的稳定，但对少数民族的防范又提高到了无以复加的地步，仇视、歧视、打压使王朝付出了巨大的维稳资源。

大明王朝跟宋朝一样，奉行儒家体制，而且是一种极端保守、压抑人性的儒家体制。先秦的那种血性、张扬的儒家文化已经被阉割得不成样子。

我们回过头来看大明王朝，它在中国大历史中处于一种什么样的位置？春秋战国可以看作东方汉人文明的第一世代，汉唐可以看作第二世代，宋明可以看作第三世代。春秋战国是一个充满战争的血性时期，同时也是一个文化昌盛的年代；而汉唐是文明的巅峰时代，它自由、活跃、包容、开放而又显得高瞻远瞩、信心满怀；到了宋、明时期，那种理学思想使得一切都压抑起来，它开始防范一切，封闭一切。

从大的方面来看，明王朝的建立正处在西方中世纪的尾端和文艺复兴的初期。虽然它处在一个大航海时代，但西方的裂变无法影响到东方的儒学大国。这些丝毫不会引起这个古老国家的兴趣，它只是被动地跟随外部世界的节拍跳动。

如果说大明王朝对外部世界产生了何种影响的话，那就是它的儒家文化通过传教士传到了西方成为资产阶级对抗教会政治的武器，并推动了文艺复兴和宗教改革的产生。

那么二百七十七年的大明王朝究竟是一个什么样的王朝？这是一个文官政治高度成熟的王朝，这是一个儒家文化占绝对统治地位的王朝，这是一个启蒙思想和劳资纠纷同时产生的王朝，它同时又是一个极度排外的王朝，一个漠视生命的王朝，一个自私、冷漠、毫无同情心的王朝。

君臣恨、大国梦、民族魂，都在风云激荡的明朝时代。

跋

2006年7月我从武汉大学研究生毕业。之后的两年，正是网络明史学派对明史进行“颠覆”与“重构”的两年，各种创新观点深深地吸引了我。传统史观将明朝描写得黑暗与专制，但读《万历十五年》，我发现皇帝不上朝是因为制度很完备。又如英国女王和日本天皇也不上朝。明朝皇帝重用宦官是因为明朝本就两套官僚系统，一套文官系统，一套宦官系统。所以，重用宦官应该被当作历史本身来研究，而不应该掺杂个人色彩。

华裔历史学家黄仁宇的大历史观对我产生了深刻影响。它使我知道，原来历史也可以这样解读。对于历史，我们应该抛弃个人先入为主的印象，要多去问几个为什么。要深挖历史背后的因果，而不要被表象煽动情绪，这样解读出来的历史才更接近客观事实与真相。有的独立学者对明史的解读更是惊世骇俗，认为明亡的是在技术条件达不到的情况下超前发展所致。政治制度上中央集权被削弱，经济体系过度商品化，这些都冲毁了明朝统治的根基。

但黄仁宇的论述有些云里雾里，不是那么直接与简洁。例如，黄仁宇认为中国传统社会以道德代替法律是一切问题之根源。但事实是，中国跟西欧不一样，中国幅员辽阔、人口众多，大部分人都生活在乡村，长期处于农业社会。对于这样的一种社会状况，用道德来管理的确比单纯的法治成本更小。而有的独立学者一再强调，万历与崇祯对于明亡没有责任，但明亡的确跟他们有关系。

后来我研究发现了一些别人没有挖掘，或者说已经挖掘但还没有被主流史观注视的东西。比如明代启蒙运动、异端思想、人文主义、公有制试验、工人运动、市民运动、波澜壮阔的党社运动、极具宪政特点的文官与内阁制度。这一刻，我觉得有必要对这个封建王朝进行“重构”。因为这些都表明，在那个传统的农耕与儒家文化的王朝，已经产生了一些现代裂变的因子。

我对明史的真正关注与研究应该始于2008年。因为我的第一部长篇历史小说《万历朝鲜战争》就动笔于那个时候。当时学术界对明史的研究比较碎片化。比如黄仁宇的《万历十五年》专讲万历怠政的原因，以及闲扯一些毫无关系的人与事；日本学者小野和子的《明季党社考》则专讲晚明的党社运动；还有方志远、李洵、林延清、樊树志等学者的明史专著则专讲一个皇帝；而独立学者杜车别那部《明朝灭亡原因和中国古代政治制度超前发展》则专讲晚明一些导致明朝覆灭的因素。市场上缺乏一部深刻、系统、全面、颠覆性的重讲明代通史的著作。所以，2010年6月份，我便开始了这部书稿的创作。创作的过程是愉悦的，这种愉悦是任何事物都无法比拟的，使我感到自己像一位洞悉历史的“巨人”。也许以后我还会做其他事情，但此生做的最伟大的事情便是创作了这部明代通史的书稿。我相信时间会证明这一点。

在创作的过程中，我查阅了大量史料。这个过程也是对明史观梳理的过程，我又发现了一些有趣的事情。比如方志远认为成化朝是整个有明一代的转折点，这种转折是从思想、制度、经济三方面进行的；李洵认为正德的荒诞代表那个时代中国贵族的一种绝望。的确，皇帝是压抑的，他们只是作为一种执行礼仪的木偶存在。溥仪说，我只是紫禁城的一个囚徒。除此之外，我还发现其他一些有趣的事情。比如严嵩，抗倭、开关、盐税改革都是在他主持下进行的。严嵩就是一个替嘉靖背黑锅的角色。他过得很苦，但就是因为迎合皇帝，被同僚打成奸臣。还有万历派宦官收矿税，不是出于贪财，而是明代财政的确到了山穷水尽的境地。天启和崇祯最初都重用东林党，但随后发现这个党派的确有问题，便又开始打击。另外，王振、刘瑾、汪直、魏忠贤这四位在中国历史上臭名昭著的宦官，在他们专权、擅政的同时，在军事、肃贪、整顿经济秩序方面也颇有建树。最后，还有明朝灭亡的原因，跟历史上其他封建王朝一样，都是由于财富集中在少数人手里，统治者失去了调配资源的能力。

瓜熟蒂落。能完成这样一部著作，我感到非常骄傲和自豪。

参考文献

戴德、戴圣：《礼记》，中华书局，2017

朱元璋：《御制大诰》，明洪武十八年内府刻本

《明实录》，中华书局，2016 年

陆容：《菽园杂记》，中华书局，1985 年

刘定之等：《否泰录 北使录 正统临戎录 北征事迹 正统北狩事迹》，商务印书馆，1937 年

邓士龙：《国朝典故》，北京大学出版社，1993 年

海瑞：《海瑞集》，中华书局，1962 年

申时行：《明会典》，中华书局，1989 年

朱国祯：《皇明史概》，江苏广陵古籍刻印社，1992 年

王在晋：《三朝辽事实录》，全国图书馆文献缩微复制中心，2002 年

文秉：《烈皇小识》，北京人民出版社，2002 年

顾秉谦等：《三朝要典》，原国立北平图书馆甲库善本丛书，2014 年

顾宪成：《泾皋藏稿》，中国社会科学出版社，2021 年

谈迁：《国榷》，中华书局，2013 年

黄宗羲 :《明儒学案》，商务印书馆，1933 年

吴应箕等 :《东林始末》，神州国光社，1938 年

李清 :《南渡录》，浙江古籍出版社，1989 年

谷应泰 :《明史纪事本末》，中华书局，1977 年

刘若愚 :《酌中志》，北京古籍出版社，1994 年

计六奇 :《明季北略》，中华书局，2015 年

张廷玉等 :《明史》，中华书局，1974 年

《满文老档》，中华书局，1990 年

林仁川 :《明末清初私人海上贸易》，华东师范大学出版社，1987 年

林延清 :《嘉靖皇帝大传》，辽宁教育出版社，1993 年

方志远 :《成化皇帝大传》，辽宁教育出版社，1994 年

林金树、高寿仙 :《天启皇帝大传》，辽宁教育出版社，1994 年

樊树志 :《万历传》，人民出版社，1998 年

马可 · 波罗 :《马可波罗游记》，中国文史出版社，1998 年

邓乾德 :《诸子百家》，巴蜀书社，2000 年

[美] 黄仁宇 :《十六世纪明代中国之财政与税收》，三联书店，2001 年

刘克祥 :《简明中国经济史》，经济科学出版社，2001 年

谢国桢 :《明代社会经济史料选编》，福建人民出版社，2004 年

白寿彝 :《中国通史》，上海人民出版社，2004 年

小野和子 :《明季党社考》，上海古籍出版社，2006 年

[美] 黄仁宇 :《万历十五年》，三联书店，2006 年

[美] 牟复礼、崔瑞德 :《剑桥中国明代史》，中国社会科学出版社，2006 年

苗棣 :《崇祯皇帝大传》，中国社会出版社，2008 年

李洵 :《正德皇帝大传》，中国社会出版社，2008 年

[意] 利玛窦、[比] 金尼阁 :《利玛窦中国札记》，中华书局，2010 年

曾德昭 :《大中国志》，商务印书馆，2012 年

[美] 黄仁宇 :《中国大历史》，三联书店，2014 年